rigada por tudo sogia! És a melhor du mundo
Prometo que sera para sempre ♥

1.03.13 – Test II,1

8/9

Technischer Sekundarunterricht Luxemburg
Enseignement secondaire technique du Luxembourg

Mensch und Raum

Unter der Leitung von Romain Diederich

bearbeitet von:

Dirk Bordignon — John Braun
Frank Bronder — Romain Diederich
Nicole Ganser-Servé — Jean-Louis Helbach
Laurent Hilger — Maryse Kass
Yola Klein-Kaufmann — Marc Recht
Annick Reitz-Schilling — Guy Schmit
Øistein Schmit — Patricia Schneider
Gisèle Winant-Coner

unter Mitwirkung der Verlagsredaktion

Das Gesamtwerk Mensch und Raum –
TECHNISCHER SEKUNDARUNTERRICHT LUXEMBURG
begreifend die Bände 7 sowie 8/9
wurde in Abstimmung mit der COMMISSION
NATIONALE POUR LES PROGRAMMES DE
GÉOGRAPHIE DE L'ENSEIGNEMENT
SECONDAIRE TECHNIQUE und dem
MINISTÈRE DE L'ÉDUCATION NATIONALE, DE LA
FORMATION PROFESSIONNELLE ET DES SPORTS
in Luxemburg entwickelt.

Cornelsen

Vorwort

Dieses Schulbuch wurde zweisprachig angefertigt. Dabei wurden Deutsch und Französisch parallel gesetzt. Da Deutsch die Hauptunterrichtssprache ist, wurden die Texte ins Französische übersetzt. Hierbei wurde darauf geachtet, dass sich der französische Satzbau eng am Deutschen orientiert, um es dem Schüler zu ermöglichen den Text parallel zu verfolgen. Es ist jedoch klar, dass diese Vorgehensweise zum Teil auf Kosten des französischen Sprachstils ging, was in dieser Unterrichtsstufe jedoch aus didaktischen Gründen sinnvoll ist.

Die Informations- und Kommunikationstechnologien (TIC's), die im Geographieunterricht eingesetzt werden, wurden direkt in das Schulbuch integriert. So findet man didaktische Computerprogrammreferenzen, sowie Internetadressen in den dazu passenden Kapiteln. Es ist jedoch klar, dass diese Angaben nur darauf hinweisen, dass diese Medien in jenen Kapiteln einzusetzen sind, dass aber hierfür noch Zusatzinformationen notwendig sind. Diese findet man in « mySchool » (unter „Ressources: Domaines et disciplines: Enseignement postprimaire: Sciences: Géographie"). Dies gilt besonders für die Internetadressen, die in mySchool regelmäßig aktualisiert werden und mithilfe von Hyperlinks einfach abzurufen sind.

Avant-propos

Ce manuel scolaire est bilingue allemand-français. Les deux textes ont été placés en parallèle. Comme l'allemand constitue la langue véhiculaire, les textes ont été traduits de l'allemand en français. Afin que l'élève puisse suivre les textes en parallèle, la construction des phrases françaises a été largement calée sur celle des phrases allemandes. Il est évident que cette façon de procéder, pédagogiquement juste à ce niveau d'enseignement, s'est en partie faite au détriment du style de la langue française.

Les technologies de l'information et de la communication (TIC's) mises en oeuvre dans l'enseignement de géographie ont été intégrées directement dans le manuel. Ainsi, trouve-t-on des références de logiciels pédagogiques, de même que des adresses internet dans les chapitres correspondants. Il va cependant de soi que ces références ne font qu'indiquer l'emploi de ces médias dans ces chapitres, mais que pour ce faire des informations supplémentaires sont nécessaires. L'on trouve celles-ci dans « mySchool » (sous „Ressources: Domaines et disciplines: Enseignement postprimaire: Sciences: Géographie"). Ceci vaut particulièrement pour les adresses internet qui sont régulièrement actualisées dans mySchool et qu'on peut facilement atteindre grâce à des liens hypertexte.

Redaktion: Hans-Ragnar Steininger
Gestaltung und technische Umsetzung: sign, Berlin
Kartographie: Cornelsen Kartographie, Bielefeld
Graphik: Franz-Josef Domke, Hannover;
       Dieter Stade, Hemmingen
Übersetzung: Nicole Abt, Berlin
       Myriam Iofrida, Berlin/Paris

Titelfoto: Brooklyn Bridge in New York (Alan Schein/CORBIS)

www.cornelsen.de

Die Links zu externen Webseiten Dritter, die in diesem Lehrwerk angegeben sind, wurden vor Drucklegung sorgfältig auf ihre Aktualität geprüft. Der Verlag übernimmt keine Gewähr für die Aktualität und den Inhalt dieser Seiten oder solcher, die mit ihnen verlinkt sind.

1. Auflage, 4. Druck 2010

Alle Drucke dieser Auflage sind inhaltlich unverändert und können im Unterricht nebeneinander verwendet werden.

© 2003 Cornelsen Verlag, Berlin

Das Werk und seine Teile sind urheberrechtlich geschützt. Jede Nutzung in anderen als den gesetzlich zugelassenen Fällen bedarf der vorherigen schriftlichen Einwilligung des Verlages.
Hinweis zu den §§ 46, 52a UrhG: Weder das Werk noch seine Teile dürfen ohne eine solche Einwilligung eingescannt und in ein Netzwerk eingestellt oder sonst öffentlich zugänglich gemacht werden. Dies gilt auch für Intranets von Schulen und sonstigen Bildungseinrichtungen.

Druck: CS-Druck CornelsenStürtz, Berlin

ISBN 978-3-464-65595-5

Inhalt gedruckt auf säurefreiem Papier aus nachhaltiger Forstwirtschaft.

Inhaltsverzeichnis | Table des matières

Die Erde – Gliederung in Zonen	6		**La Terre – structuration en zones**	6
Die Klimazonen der Erde	8		Les zones climatiques de la Terre	8
Die Vegetationszonen der Erde	10		Les zones de végétation de la Terre	10
Afrika – wasserarmer Norden	12		**L'Afrique – Nord, pouvre en eau**	12
Afrika im Überblick	14		Vue d'ensemble de l'Afrique	14
Die Sahara – die größte Wüste der Erde	16		Le Sahara – le plus grand désert du monde	16
Wüstenformen	16		Les formes de déserts	16
Die Wendekreiswüsten	17		Les déserts tropicaux	17
Die Entstehung der Wüstenformen	18		L'apparition des formes de déserts	18
Wusstest du dass ...	19		Savais-tu que...	19
Oasen – Inseln im Sandmeer	22		Les oasis – des îles dans la mer de sable	22
Nomaden früher und heute	28		Les nomades, autrefois et aujourd'hui	28
Sahelzone – ein bedrohter Lebensraum	32		Le Sahel – un espace de vie menacé	32
Sahel heißt Ufer	32		Sahel, synonyme de littoral	32
Ursachen der Hungerkatastrophen	34		Les causes des grandes famines	34
Hoffnung für den Sahel?	36		Espoir pour le Sahel?	36
Kapverdische Inseln	40		Îles du Cap-Vert	40
Von der Wüste bedroht	40		Menacées par le désert	40
Kennst du Afrika?	44		Connais-tu l'Afrique?	44
Der Orient – Reichtum durch Erdöl	46		**L'Orient – la richesse grâce au pétrole**	46
Der Orient im Überblick	48		Vue d'ensemble de l'Orient	48
Erdöl vom Persischen Golf	52		Le pétrole du Golfe Persique	52
Die Entstehung des Erdöls	52		La formation du pétrole	52
Die Förderung von Erdöl	54		L'extraction du pétrole	54
Vom Fundort zum Verbraucher	56		Du gisement au consommateur	56
Verarbeitung und Verwendung	58		Traitement et utilisation	58
Die Bedeutung des Erdöls	60		L'importance du pétrole	60
Konflikte um Erdöl	61		Les conflits autour du pétrole	61
Die Golfstaaten früher und heute	62		Les États du Golfe, autrefois et aujourd'hui	62
Kennst du den Orient?	64		Connais-tu l'Orient?	64
Asien – bevölkerungsreichster Kontinent	66		**L'Asie – le continent le plus peuplé**	66
Asien und die GUS im Überblick	68		Vue d'ensemble de l'Asie et de la CÉI	68
Indien – Wachstum ohne Grenzen?	72		L'Inde – un accroissement sans limites?	72
Bevölkerungsexplosion	72		Explosion démographique	72
Ernährungsprobleme	76		Problèmes alimentaires	76
Chinas Weg zu einem modernen Staat	80		La Chine sur la voie d'un État moderne	80
Landschaften in China	80		Paysages de Chine	80
China – mehr als eine Milliarde Menschen	82		La Chine – plus d'un milliard d'habitants	82
Der chinesische Weg in der Bevölkerungspolitik: Die „Ein-Kind-Familie"	84		La voie chinoise dans la politique démographique: la „famille à enfant unique"	84
China auf dem Weg zum Industriestaat	86		La Chine en route vers un État industrialisé	86
Die Kehrseite des Wirtschaftserfolgs	90		Le revers du succès économique	90
Japan – ein führender Industriestaat	92		Le Japon – grande puissance industrielle	92
Land und Landesnatur	94		Le pays et sa nature	94
Der Wandel zur führenden Industriemacht	96		Le passage à une puissance industrielle majeure	96
Ursachen des Erfolges	98		Les raisons du succès	98
Neulandgewinnung	100		La poldérisation	100
Der Preis des Erfolges	101		Le prix du succès	101

Russland und die GUS	104	La Russie et la CÉI	104
GUS – Gemeinschaft Unabhängiger Staaten	104	CÉI – Communauté des États indépendants	104
Russland – Kernstaat der GUS	108	La Russie – le pays central de la CÉI	108
Russland und die GUS – Vielvölkerstaaten mit politischen Problemen	110	La Russie et la CÉI – États pluriethniques avec des problèmes politiques	110
Kennst du Asien und die GUS?	112	**Connais-tu l'Asie et la CÉI?**	112

Entwicklungen und Problemräume in Amerika — 114
Développements et régions à problèmes en Amérique — 114

Amerika – von Alaska bis Feuerland	116	**L'Amérique – de l'Alaska à la Terre de Feu**	116
Nordamerika	118	L'Amérique du Nord	118
Kanada – zweitgrößtes Land der Erde	118	Le Canada – le deuxième pays du monde de par sa superficie	118
– Kanada: Ein Einwanderungsland	118	– Le Canada: un pays d'immigration	118
– Abbau der Rohstoffe in Kanada	120	– L'exploitation des matières premières au Canada	120
– Eskimoleben früher und heute	122	– La vie des Esquimaux, autrefois et aujourd'hui	122
Entwicklungen in den USA	126	Développements aux États-Unis	126
– West-Ost-Profil durch die USA mit Landschaftszonen	126	– Profil ouest-est à travers les États-Unis et grandes zones paysagères	126
– Weltstadt New York	128	– New York, la métropole mondiale	128
– Landwirtschaft in den USA	132	– L'agriculture aux États-Unis	132
– Sonnenstaat Kalifornien	136	– La Californie, l'État du soleil	136
Süd- und Mittelamerika	142	L'Amérique du Sud et Centrale	142
Der tropische Regenwald am Amazonas	142	La forêt tropicale en Amazonie	142
– Der Naturraum	142	– L'espace naturel	142
– Tropenwaldzerstörung	148	– La destruction de la forêt tropicale	148
Mexico City	152	Mexico City	152
Kennst du Amerika?	156	**Connais-tu l'Amérique?**	156

Australien – der ferne Kontinent	160	**L'Australie – le continent lointain**	160
Naturraum und Klima	162	Le milieu naturel et le climat	162
Landwirtschaft	164	L'Agriculture	164
Die Aborigines	166	Les Aborigènes	166
Kennst du Australien und Ozeanien?	168	**Connais-tu l'Australie et l'Océanie?**	168

Antarktis – Eiskeller der Erde	170	**L'Antarctique – congélateur de la Terre**	170
Naturraum und Klima	172	Le milieu naturel et le climat	172
Lebensfeindliche Schatzkammer	174	Trésorerie hostile à la vie	174

Entwicklungsländer und Entwicklungshilfe	176	**Les pays en voie de développement et la coopération au développement**	176
Merkmale von Entwicklungsländern	178	Caractéristiques des pays en développement	178
Entwicklungshilfe	182	La coopération au développement	182
Entwicklungshilfe aus Luxemburg	186	La coopération au développement du Luxembourg	186

Die Erde – ein bedrohter Lebensraum	190	**La Terre – un espace de vie menacé**	190
Naturkatastrophen	192	Catastrophes naturelles	192
Die Plattentektonik und ihre Folgen	192	La tectonique des plaques et ses conséquences	192
– Die Plattentektonik	192	– La tectonique des plaques	192
– Erdbeben	198	– Tremblements de terre	198
– Vulkane	202	– Volcans	202

Tropische Wirbelstürme	208	Les cyclones tropicaux	208
– Die Entstehung	208	– La formation	208
– Die tropischen Wirbelstürme der Erde	209	– Les cyclones tropicaux de la Terre	209
– Auswirkungen auf den Menschen	210	– Effets sur l'homme	210
– Erkennung und Namengebung	211	– Repérage et dénomination	211
Tornados	212	Tornades	212
– Die Entstehung	212	– La formation	212
– Verbreitungsgebiete	212	– Zones de répartition	212
– Auswirkungen auf den Menschen	212	– Effets sur l'homme	212
Anthropogene Bedrohungen	214	Menaces anthropogènes	214
Die Verknappung der Rohstoff- und Energiereserven	214	La pénurie des réserves en matières premières et en énergie	214
– Die Gründe für die Verknappung	214	– Les raisons de la pénurie	214
– Der ungleiche Verbrauch	214	– La consommation inégale	214
– Begrenzte Rohstoffe	216	– Matières premières limitées	216
– Zukunftsperspektiven	216	– Perspectives d'avenir	216
Der Aralsee – ein Meer stirbt	218	La Mer d'Aral – une mer mourante	218
– Naturraum	218	– Le milieu naturel	218
– Folgen des Bewässerungsprojektes	220	– Les effets du projet d'irrigation	220
– Gibt es noch eine Chance?	222	– Y a-t-il encore une chance?	222
Treibhauseffekt und Ozonloch	224	L'effet de serre et le trou de la couche d'ozone	224
– Die Erdatmosphäre	224	– L'atmosphère terrestre	224
– Der Treibhauseffekt	226	– L'effet de serre	226
– Das Ozonloch	228	– Le trou de la couche d'ozone	228
Saurer Regen und Waldsterben	234	Les pluies acides et le dépérissement des forêts	234
Sterbende Meere	238	Le dépérissement des mers	238
Nachhaltige Entwicklung – ein Lösungskonzept für anthropogenbedingte Bedrohungen	244	Le développement durable – un concept de solutions aux dangers générés par la présence humaine	244
Kennst du Naturkatastrophen?	246	**Connais-tu des catastrophes naturelles?**	246
Kennst du die Welt?	**248**	**Connais-tu le monde?**	**248**
Fachbezogene Arbeitsweisen	**250**	**Méthodes de travail spécifiques**	**250**
Auswerten von Fotografien	252	Analyser une photographie	254
Auswerten von Tabellen	256	Analyser un tableau statistique	257
Arbeiten mit Diagrammen	258	Travailler avec des diagrammes	259
Arbeiten mit Klimadiagrammen	260	Travailler avec des diagrammes ombrothermiques	261
Auswerten von Karten	262	Analyser une carte	264
Anfertigen von Kartenskizzen	266	Réaliser un croquis	268
Arbeiten mit verschiedenen Materialien	270	Travailler avec différents outils	271
Arbeiten im Internet	272	Travailler avec l'Internet	274
Registerlexikon	276	Dictionnaire de registre	276
Computerprogramme	288	Liste des programmes informatiques	288
Bildquellen	288	Sources des images	288

Die Erde – Gliederung in Zonen

Eiswüste

Borealer Nadelwald

Mittelmeervegetation

Wüste

La Terre – Structuration en zones

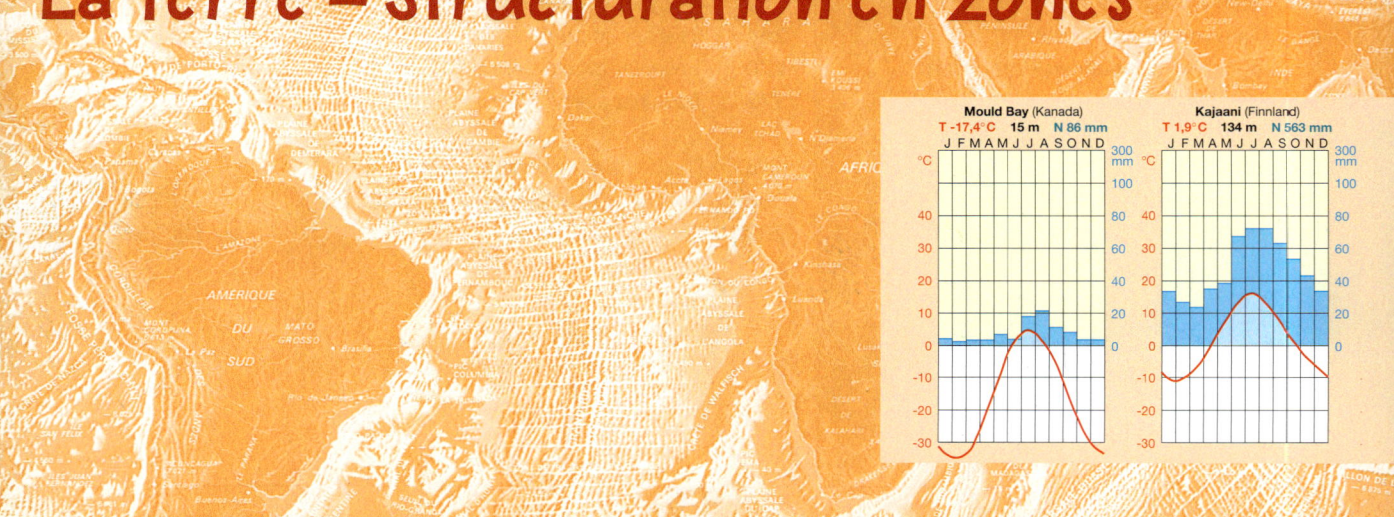

Mould Bay (Kanada)
T -17,4°C   15 m   N 86 mm

Kajaani (Finnland)
T 1,9°C   134 m   N 563 mm

Laubwald

Steppe

Savanne

Tropischer Regenwald

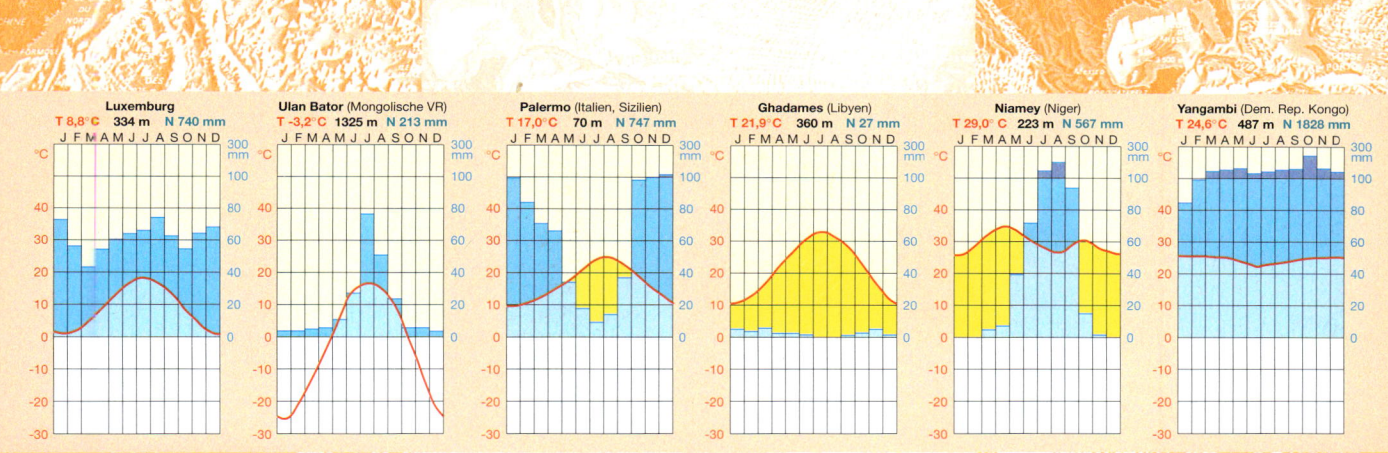

Luxemburg	**Ulan Bator** (Mongolische VR)	**Palermo** (Italien, Sizilien)	**Ghadames** (Libyen)	**Niamey** (Niger)	**Yangambi** (Dem. Rep. Kongo)
T 8,8 °C 334 m N 740 mm	T -3,2 °C 1325 m N 213 mm	T 17,0 °C 70 m N 747 mm	T 21,9 °C 360 m N 27 mm	T 29,0 °C 223 m N 567 mm	T 24,6 °C 487 m N 1828 mm

Die Klimazonen der Erde | Les zones climatiques de la Terre

Als **Klimazonen** bezeichnen wir große Räume der Erde, die vor allem durch gleiche oder ähnliche Temperaturen und Niederschläge gekennzeichnet sind. Sie umspannen die Erde als unterschiedlich breite Gürtel und verlaufen dabei etwa parallel zum Äquator.

Die Klimazonen sind zuerst eine Folge der unterschiedlichen Sonneneinstrahlung auf die Erde (M1). Bei der klimatischen Gliederung der Erde kommen jedoch noch weitere Faktoren hinzu (M2, M3):
- der Einfluss kalter und warmer Meeresströmungen
- die Verteilung von Land und Meer (Kontinentales Klima/Seeklima)
- der Verlauf von Gebirgen und ihr Einfluss auf die Niederschläge
- die Höhenlage

Wenn wir das Wort **Tropen** hören, denken wir an hohe Temperaturen und hohe Niederschläge in den Ländern am Äquator, z. B. in Afrika oder Südamerika. Die Menschen, die hier leben, brauchen sich nicht um warme Kleidung zu kümmern.

Bei **Polarzone** und **kalter Zone** denken wir an Eis, Kälte und Schnee wie in Grönland. Hier müssen sich die Menschen mit dicken Pelzjacken, Handschuhen und Mützen vor der Kälte schützen.

Zwischen Tropen und Polarzone liegt als Übergang die **gemäßigte Zone**. Die Monatsmitteltemperaturen und Jahresniederschläge erreichen hier weder extrem hohe noch sehr niedrige Werte. Es fallen insgesamt in allen Monaten ausreichend Niederschläge, sodass die Flüsse und Bäche immer Wasser führen. Im Winter ist es nie lange sehr kalt, dafür muss man aber mit kühleren und regnerischen Sommern rechnen.

Die heißesten Orte mit Tagestemperaturen über 50 °C liegen in den **Subtropen**. Hier befindet sich auch die größte Wüste der Erde, die Sahara. Die Menschen schützen sich hier durch weite, meist helle Kleidung und Kopfbedeckungen vor der starken Sonnenstrahlung.

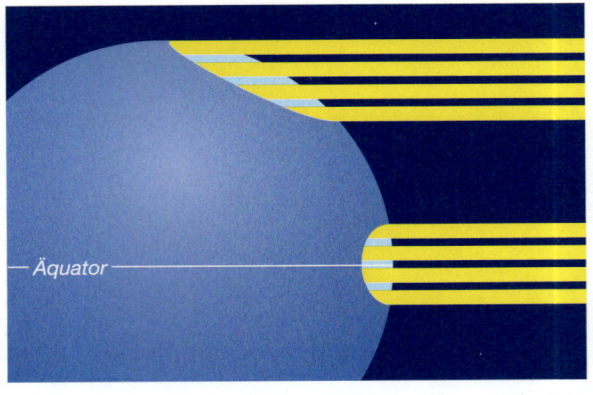

M1: Sonneneinstrahlung auf der Erde

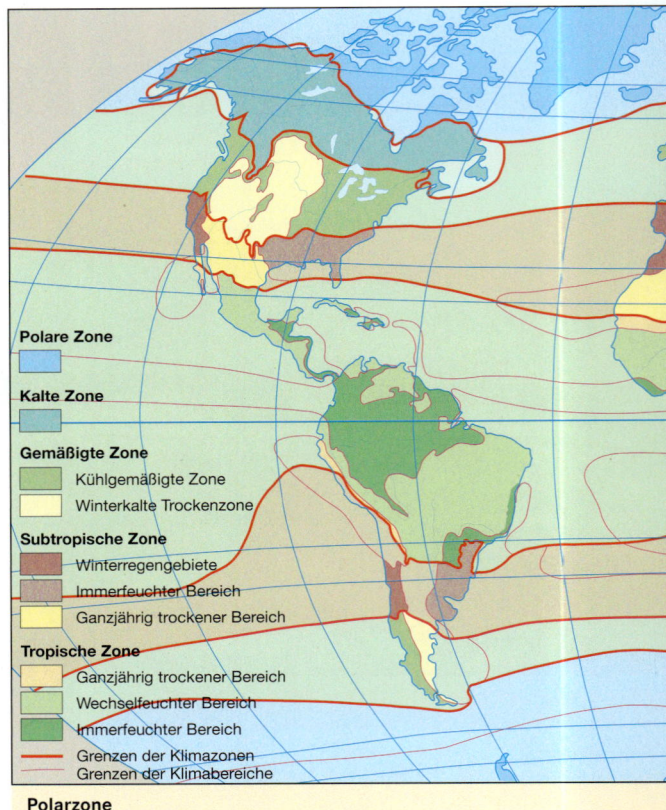

Polare Zone

Kalte Zone

Gemäßigte Zone
- Kühlgemäßigte Zone
- Winterkalte Trockenzone

Subtropische Zone
- Winterregengebiete
- Immerfeuchter Bereich
- Ganzjährig trockener Bereich

Tropische Zone
- Ganzjährig trockener Bereich
- Wechselfeuchter Bereich
- Immerfeuchter Bereich

— Grenzen der Klimazonen
— Grenzen der Klimabereiche

Polarzone
— Jahresmitteltemperatur unter 0 °C
— Alle Monate unter 10 °C
— Wachstumszeit kürzer als 100 Tage

Kalte Zone
— Jahresmitteltemperatur um 0 °C
— Höchstes Monatsmittel über 10 °C
— Wachstumszeit 100 – 160 Tage

Gemäßigte Zone
— Jahresmitteltemperatur 8 – 12 °C
— Alle Monatsmittel unter 23 °C
— Wachstumszeit länger als 160 Tage
  a) Kühlgemäßigte Zone
  b) Winterkalte Trockenzone

1. Beschreibe für die Klimadiagramme Seite 6/7 den Jahresgang der Temperaturen und die Verteilung der Niederschläge im Jahr. Ordne die einzelnen Stationen den Klimazonen der Erde zu.
2. Vergleiche das Klima in Nordeuropa mit der Ostküste Nordamerikas. Begründe die Unterschiede. Verwende dazu eine Atlaskarte, in der Meeresströmungen eingetragen sind (M3).

http://www.klimadiagramme.de

Die Erde — Gliederung in Zonen

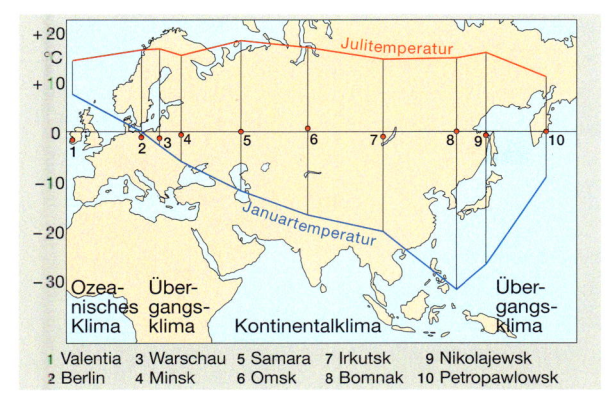

Le terme **zones climatiques** désigne de grands espaces terrestres se caractérisant essentiellement par des températures et des précipitations identiques ou similaires. Ces zones forment des ceintures de largeur différente entourant la Terre plus ou moins parallèlement à l'équateur.

Les zones climatiques résultent d'abord de la différence d'ensoleillement sur la planète (M1).
D'autres facteurs viennent cependant s'ajouter à la classification climatique terrestre (M2, M3):
- l'influence des courants marins froids et chauds,
- la répartition entre terre et mer (climat continental/ climat maritime),
- le tracé des chaînes de montages et leur influence sur les précipitations,
- l'altitude.

Le terme de **zone tropicale** évoque, des températures élevées et d'importantes précipitations dans les pays équatoriaux, p. ex. en Afrique ou en Amérique du Sud. Les populations vivant dans ces régions n'ont pas besoin de vêtements chauds.

Zone polaire et **zone froide** sont synonymes de glace, de froid et de neige comme au Groënland. D'épaisses vestes de fourrure, des gants et des bonnets y sont nécessaires pour se protéger du froid.

La **zone tempérée** se trouve entre la zone tropicale et la zone froide. Les températures moyennes mensuelles et les précipitations annuelles n'y sont ni extrêmement élevées, ni extrêmement basses. Les précipitations mensuelles sont suffisantes pour alimenter constamment en eau les rivières et les ruisseaux. En hiver, la période de grand froid n'est généralement pas très longue; l'été, par contre, est souvent assez frais et pluvieux.

Les régions les plus chaudes avec des températures diurnes supérieures à 50 °C sont situées dans la **zone subtropicale**. C'est ici que se trouve le plus grand désert du monde: le Sahara. Les populations qui y vivent se protègent du fort ensoleillement par des vêtements de couleur claire ainsi que des coiffes.

M2: Ozeanisches und kontinentales Klima

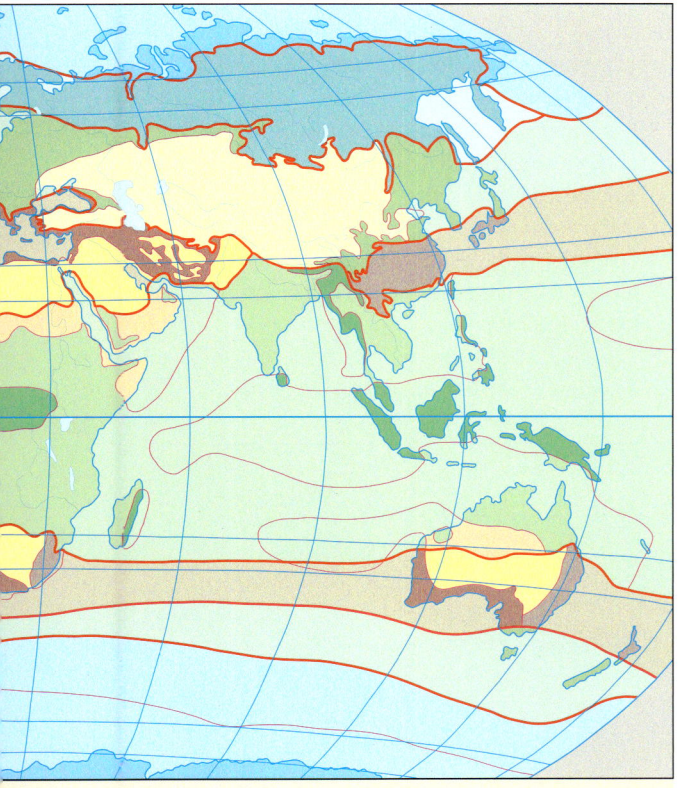

1 Valentia 3 Warschau 5 Samara 7 Irkutsk 9 Nikolajewsk
2 Berlin   4 Minsk   6 Omsk   8 Bomnak   10 Petropawlowsk

Subtropische Zone
— Jahresmitteltemperatur 15–20 °C
— Niedrigstes Monatsmittel zwischen 2 und 13 °C
— Höchstes Monatsmittel über 23 °C
  a) Winterregengebiet (Mittelmeerklima)
  b) Immerfeuchter Bereich
  c) Ganzjährig trockener Bereich (Wüstenklima)

Tropische Zone
— Jahresmitteltemperatur um 25 °C
— Niedrigstes Monatsmittel über 13 °C
— Geringe Jahresschwankungen der Temperatur
  a) Ganzjährig trockener Bereich (Wüstenklima)
  b) Wechselfeuchter Bereich
     (Wechsel von Regen- und Trockenzeit)
  c) Immerfeuchter Bereich

M3: Die Klimazonen der Erde (mit Klassifizierung)

1. Décris l'évolution annuelle des températures et la répartition annuelle des précipitations pour les diagrammes climatiques des pages 6 et 7. Classe chacune des stations dans la zone climatique terrestre correspondante.
2. Compare le climat d'Europe du Nord à celui de la côte Est de l'Amérique du Nord. Explique les différences. Utilise une carte d'atlas sur laquelle sont indiqués les courants marins (M3).

Klimagramm

La terre — structuration en zones

Die Vegetationszonen der Erde | Les zones de végétation de la Terre

Die **natürliche Pflanzendecke** der Erde hängt von Licht, Wärme, Wasser und Nährstoffen ab. Das Wasser wird von den Wurzeln aufgenommen und durch feine Röhren zu den Blättern geleitet. Dort werden mithilfe des Lichtes aus einem Teil der Luft und aus dem Wasser Nährstoffe bereitet.

In den verschiedenen Klimazonen wachsen jeweils nur bestimmte Pflanzen: In der Polarzone und in den Wüsten gibt es fast keine Vegetation, in den immerfeuchten Tropen dagegen gedeihen unzählige immergrüne Pflanzen. Allgemein gilt: In den feuchten Klimazonen herrscht der Wald vor, in den trocknen Klimazonen die Grasvegetation.

In den trockneren Gebieten der Erde haben sich die Pflanzen angepasst:
- Die Kakteen z. B. haben eine lederartige, feste Haut, ihre Blätter sind zu Stacheln umgebildet. So kann nur wenig Wasser verdunsten (M5).
- Die Dattelpalme z. B. hat lange Pfahlwurzeln, damit sie auch tief liegendes Grundwasser erreichen kann (M6).
- Die Affenbrotbäume („Baobabs") in den Savannen Afrikas können Wasser im Stamm speichern (M7).

La **végétation naturelle** terrestre est dépendante de la lumière, de la chaleur, de l'eau et de substances nutritives. Les racines absorbent l'eau qui est transportée aux feuilles par de fins canaux. C'est là que des substances nutritives sont préparées à l'aide de la lumière à partir de l'air et de l'eau.

Seules certaines plantes poussent dans les différentes zones climatiques: il n'y a pratiquement pas de végétation dans la zone polaire et dans les déserts; par contre, on trouve un nombre infini de plantes sempervirentes dans la zone tropicale humide. On peut dire, de manière générale, que la forêt prédomine dans les zones climatiques humides et la végétation herbacée dans les zones climatiques sèches.

Les plantes se sont adaptées aux conditions des régions sèches du globe:
- Les cactées, p. ex., possèdent une peau résistante comme le cuir, leurs feuilles se sont réduites à des épines. Il n'y a donc que très peu d'eau qui s'évapore (M5).
- Le dattier, p. ex., est doté de longues racines pivotantes lui permettant d'atteindre l'eau des nappes phréatiques profondes (M6).
- Les baobabs des savanes africaines peuvent emmagasiner l'eau dans leur tronc (M7).

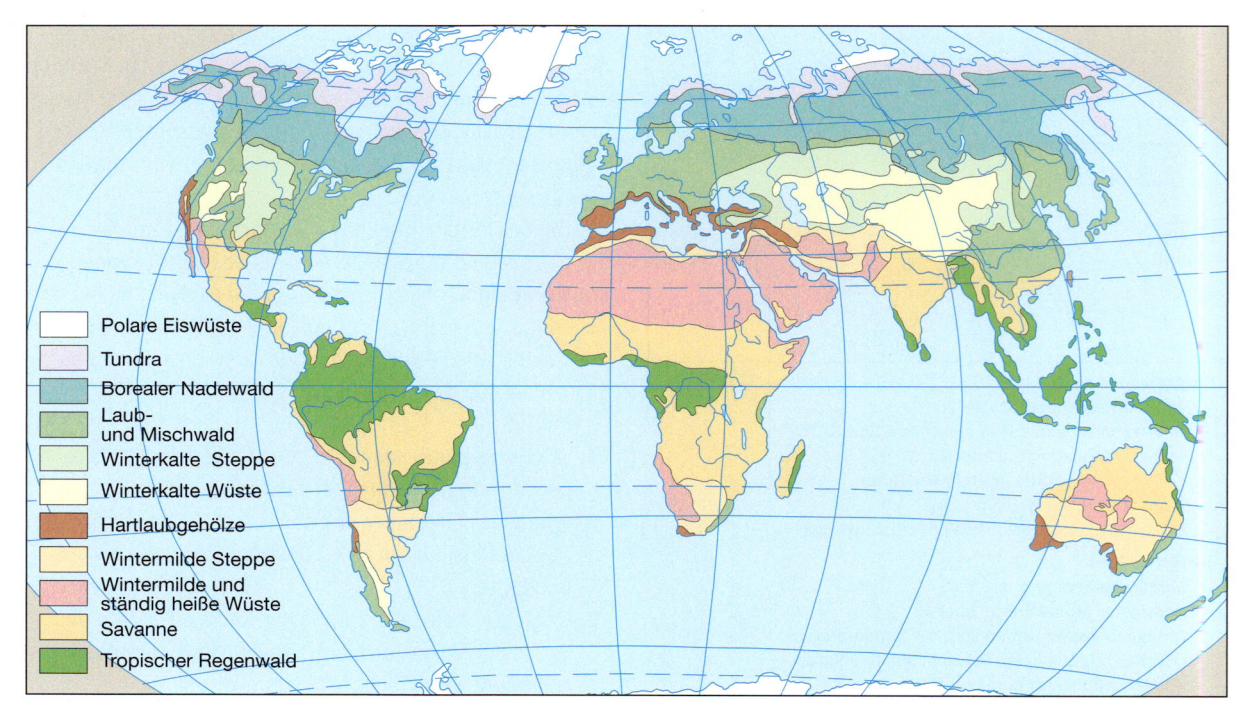

Legende:
- Polare Eiswüste
- Tundra
- Borealer Nadelwald
- Laub- und Mischwald
- Winterkalte Steppe
- Winterkalte Wüste
- Hartlaubgehölze
- Wintermilde Steppe
- Wintermilde und ständig heiße Wüste
- Savanne
- Tropischer Regenwald

M4: Vegetationszonen der Erde

Klimagramm | Lebensraum Wüste

Die Erde — Gliederung in Zonen

In der Zone des borealen Nadelwaldes wachsen nur wenige Baumarten, weil die Temperaturen tief und die **Wachstumszeiten** kurz sind.

Auch die **Kulturpflanzen** konnten bis vor wenigen Jahrzehnten den Klimazonen zugeordnet werden. Der Mensch hat seine Landnutzung daran angepasst oder er greift mit technischen Mitteln ein:
- Ist es zu kalt, zieht man die Pflanzen in Treib- und Gewächshäusern.
- Ist es zu trocken, wird bewässert (M8).
- Ist der Boden nährstoffarm, wird gedüngt.
- Ist die Pflanze zum Anbau schlecht geeignet, züchtet man eine, die den natürlichen Bedingungen entspricht.

1. Stelle in einer Tabelle die Vegetations- und Klimazonen Europas und Afrikas einander gegenüber (M3, M4).
2. Nenne für jede Vegetationszone zwei Kulturpflanzen (Atlas, Lexikon).
3. Welche Vegetationszonen fehlen auf der Südhalbkugel? Begründe (M4).

On ne trouve que peu d'espèces d'arbres dans la zone de la forêt boréale de conifères en raison des basses températures et des courtes **durées de phases de croissance**.

Les **plantes cultivées** pouvaient également être classées, il y a quelques décennies encore, selon les zones climatiques. L'Homme y a adapté l'utilisation de ses terres et il fait appel à des moyens techniques:
- s'il fait trop froid, il fait pousser les plantes dans des serres,
- si le sol est trop sec, il emploie l'irrigation (M8),
- si le sol est trop pauvre en substances nutritives, il utilise des engrais,
- si la plante convient mal à la culture, il en cultive une qui est adaptée aux conditions naturelles.

1. Compare les zones végétatives et climatiques de l'Europe à celles de l'Afrique dans un tableau (M3, M4).
2. Nomme deux plantes cultivées pour chaque zone de végétation (atlas, encyclopédie).
3. Quelles zones de végétation sont absentes dans l'hémisphère austral? Quelles en sont les raisons (M4)?

M5: Kaktus

M7: Baobab

M6: Dattelpalme

M8: Bewässerung im Oasengarten

Afrika – wasserarmer Norden

Oase

L'Afrique – Nord, pauvre en eau

Markt in Douz

Traditioneller Karawanentransport

In der Sahara

Afrika im Überblick | Vue d'ensemble de l'Afrique

Afrika ist der zweitgrößte Kontinent. Von der Nordküste bis zum südlichsten Punkt sind es etwa 8000 km, die größte West-Ost-Ausdehnung beträgt 7500 km. Mit einer Fläche von 30 Mio. km² ist Afrika dreimal so groß wie Europa.

Der größte Teil des Kontinents liegt auf einer Höhe zwischen 200 und 2000 Metern. Es gibt nur wenige Tieflandgebiete. Eine gebirgige Zone zieht sich von Äthiopien über Ostafrika nach Südafrika hin. Der höchste Punkt ist mit 5895 Metern der Kilimandscharo in Ostafrika.

Es gibt viele große und wasserreiche Flüsse, vor allem im mittleren und südlichen Afrika. Die bedeutendsten sind der Nil (ca. 6000 km), der Kongo und der Niger – beide mehr als 4000 km lang.

Der größte Teil Afrikas liegt in den **Tropen**. Das ist der Bereich zwischen dem nördlichen und dem südlichen Wendekreis. Zwischen beiden Kreisen scheint die Sonne im Laufe eines Jahres hin und her zu wandern. An den Wendekreisen steht sie einmal im Jahr senkrecht, an allen anderen Punkten dazwischen zweimal.

Vom Äquator ausgehend gibt es zu den nördlichen und südlichen Wendekreisen hin eine gleichartige Abfolge von Klima- und Vegetationszonen.

L'Afrique est le deuxième continent de par son étendue. 8000 km séparent la côte nord du point situé le plus au sud, la largeur est-ouest atteint 7500 km. Avec une superficie de 30 millions de km², l'Afrique est trois fois plus grande que l'Europe.

La plus grande partie du continent se situe entre 200 et 2000 mètres d'altitude. Il n'y a que quelques zones de basses terres. Une zone montagneuse s'étire de l'Éthiopie à l'Afrique du Sud en passant par l'Afrique de l'Est. Le Kilimandjaro en Afrique de l'Est est le point culminant avec une altitude de 5895 m.

Il y a beaucoup de grands fleuves riches en eau, surtout en Afrique centrale et australe. Les plus importants sont le Nil (environ 6000 km), le Congo et le Niger, tous deux faisant plus de 4000 km de long.

La majeure partie de l'Afrique est située en **zone tropicale**. C'est la partie située entre le tropique du Cancer et le tropique du Capricorne. Entre ces deux tropiques, le soleil semble effectuer un va et vient au cours de l'année. Aux tropiques, il apparaît à la verticale une fois par an et deux fois aux autres points entre ces tropiques.

De part et d'autre de l'Équateur, on trouve la même succession de climats et de zones de végétation en direction des tropiques nord et sud.

In der Sahara — **In Nigeria**

Mittelmeer — Wüste — Savanne — Tropischer

Afrika — wasserarmer Norden

Im Bereich des Äquators liegen die **immerfeuchten Tropen** mit dem **tropischen Regenwald**. Nach Norden und Süden hin geht er in die **Savannen** über. Dies ist der Bereich der **wechselfeuchten Tropen**, in dem es Regen- und Trockenzeiten gibt. Je weiter die Entfernung vom Äquator ist, desto kürzer werden die Regenzeiten. Schließlich gehen die immer trockeneren Savannen allmählich in die **Wüsten** über. Die Sahara ist die größte Wüste der Erde.

Die meisten Menschen in Afrika leben von der Landwirtschaft. In den trockeneren Gebieten dominiert die **nomadische Viehwirtschaft**. **Ackerbau** wird häufig nur zur **Selbstversorgung** betrieben. Daneben gibt es aber auch den **Plantagenanbau** von Früchten, die fast nur exportiert werden: Kaffee, Bananen, Kakao, Ananas, Ölpalmen, Erdnüsse und Baumwolle.

Afrika ist reich an Rohstoffen: Diamanten, Gold, Kobalt, Mangan, Kupfer, Chrom, Phosphat und Erdöl. Diese Bodenschätze werden meist nicht im eigenen Land verarbeitet, sondern weitgehend in die Industriestaaten exportiert. Da die Weltmarktpreise für diese Rohstoffe seit Jahrzehnten fast gleich geblieben sind, verdienen afrikanische Länder immer weniger. Viele sind von Entwicklungshilfe abhängig. Bedeutende Industrien gibt es fast nur in der Republik Südafrika sowie in einigen nordafrikanischen Ländern.

Dans la zone équatoriale se trouvent les **tropiques humides** avec la forêt tropicale. Vers le nord et le sud on passe progressivement à la **savane**. C'est la **zone tropicale à humidité variable** où il y a une alternance de périodes de pluies et de périodes sèches. Plus la distance à l'équateur est grande, plus les périodes pluvieuses se raccourcissent. Finalement, la savane de plus en plus sèche fait progressivement place aux déserts. Le Sahara est le plus grand **désert** de la Terre.

La plupart des Africains vivent de l'agriculture. Dans les zones sèches, l'**élevage nomade** domine. L'**agriculture** est souvent pratiquée dans un seul but d'**autosuffisance**. A côté, on trouve cependant des **plantations** fruitières, principalement destinées à l'exportation: café, bananes, cacao, ananas, huile de palme, cacahuètes et coton.

L'Afrique est riche en matières premières: diamants, or, cobalt, manganèse, cuivre, chrome, phosphate et pétrole. Le plus souvent, ces richesses ne sont pas transformées dans ces pays, mais principalement exportées vers les pays industrialisés. Comme les prix du marché mondial de ces matières premières sont restés pratiquement les mêmes depuis des décennies, les pays africains gagnent de moins en moins d'argent. Beaucoup sont dépendants des aides au développement. Seuls l'Afrique du Sud et quelques pays du nord de l'Afrique possèdent des industries d'une certaine importance.

Klimagramm

In Kamerun — **In Tansania** — **In der Namib**

Regenwald — Savanne — Wüste — Atlantischer Ozean

L'Afrique — Nord, pauvre en eau

Die Sahara – die größte Wüste der Erde | Le Sahara – le plus grand désert du monde

M1: Hamada

M2: Serir

Wüstenformen

Seit zwei Tagen schon quält sich unsere kleine Kolonne durch die Felswüste, die **Hamada** (M1). Das Land ist übersät mit dicken Steinen. Immer wieder müssen wir größere Gesteinsbrocken umfahren oder wegräumen. Manche sind so scharfkantig, dass sie die Flanken der Reifen zerschneiden. Dreimal schon mussten wir einen Reifen wechseln, und das bei mehr als 40 °C. „Die scharfen Kanten entstehen, wenn die Steine durch Frost- oder Hitzesprengung zerplatzen", erklärt uns Jean, der Geograph.

Um 7 Uhr schlagen wir das Lager auf. Die Dämmerung ist kurz und bald wölbt sich ein tiefschwarzer Himmel über uns. Die Hamada endet an einem leichten Geländeabstieg und vor uns liegt – so weit das Auge reicht – eine tischebene Fläche, die über und über mit Kies bedeckt zu sein scheint. „Die **Serir** (M2)", ruft Jean, „unsere Rennstrecke!"
In der Kieswüste können wir mit hohem Tempo fahren.

Nach Stunden müssen wir an der steilen Uferkante eines ausgetrockneten Flusses stoppen. „Ein Wadi", erklärt Jean. „Am sandigen Grund könnt ihr sehen, dass hier manchmal Wasser fließt. Der weiche Boden verlockt manche Reisende, dort ihr Zelt aufzuschlagen. Wenn es flussaufwärts einmal regnet, füllt sich das **Wadi** (M3) schnell mit Wasser. Man sagt, dass in der Wüste mehr Menschen ertrunken als verdurstet sind."
Am nächsten Morgen wird die Kieswüste sandiger. Bald sind wir mitten im **Erg** (M5), in der Sandwüste. Ja, so haben wir uns die Wüste vorgestellt: goldgelber, feinrippiger Sand und herrliche Dünen! Aber nun wird das Fahren wieder schwerer. Immer wieder sitzen die Wagen im weichen Dünensand fest.

Les formes de déserts

Depuis deux jours déjà, notre petite colonne se traîne à travers le désert rocheux, le **Hamada** (M1). Le pays est recouvert d'énormes pierres. À plusieurs reprises, nous devons éviter ou dégager de gros blocs de pierre. Certains ont des côtés tellement tranchants qu'ils coupent nos pneus. Trois fois déjà, nous avons dû changer les pneus, et cela par plus de 40 degrés. „Les côtés coupants se forment, quand les pierres éclatent sous le gel ou la chaleur", nous explique Jean, le géographe.

A 7 heures, nous installons notre campement. Le crépuscule est court et bientôt un ciel noir s'étire au-dessus de nous.
Le Hamada finit sur un terrain légèrement en pente et devant nous s'étend, aussi loin que porte le regard, une surface plane qui semble couverte de gravier. „La **serir** ou reg" (M2) s'écrie Jean, „notre piste de course".

Dans le désert de gravier, nous pouvons rouler à vive allure. Après plusieurs heures, nous devons nous arrêter au bord abrupt de la rive d'une rivière asséchée. „Un wadi" explique Jean. „Vous pouvez voir à son fond sableux que l'eau coule parfois ici. Le sol mou amène parfois quelques voyageurs à y installer leur tente. S'il pleut en amont de la rivière, le **wadi** (M3) gonfle rapidement. On dit que plus de personnes sont mortes noyées qu'assoiffées dans le désert."
Le lendemain matin, le désert de gravier devient plus sableux. Nous nous trouvons bientôt au milieu de l'**erg** (M5), dans le désert de sable. Oui, c'est bien ainsi que l'on s'imaginait le désert: du sable fin doré et des dunes magnifiques. Mais maintenant, conduire devient à nouveau difficile. À plusieurs reprises, les voitures restent bloquées dans les dunes sableuses.

Afrika – wasserarmer Norden

M3: Wadi

M5: Erg

Die Wendekreiswüsten

Die meisten Wüsten der Erde liegen im Bereich der Wendekreise (M4). In den heißen Gebieten des Äquators steigen regelmäßig feuchte Luftmassen auf, kühlen ab und es kommt zu heftigen Gewittern mit ergiebigen Niederschlägen (M6). In großer Höhe fließen die abgekühlten Luftmassen nach Norden und Süden ab. Im Bereich des nördlichen und südlichen Wendekreises sinken sie wieder ab. Dabei erwärmen sich die Luftmassen. Als heiße, trockene **Passatwinde** strömen sie anschließend aus Nordost- und Südostrichtung zum Äquator zurück. Der Nordostpassat und der Südostpassat sind warme Winde, die das ganze Jahr über gleichmäßig aus derselben Richtung wehen. Sie entziehen dem Boden und den Pflanzen viel Feuchtigkeit. Deswegen liegen in ihrem Bereich auch die größten Wüsten der Erde.

Les déserts tropicaux

La plupart des déserts se trouvent près des Tropiques (M4). Dans les régions chaudes équatoriales, des masses d'air humides s'élèvent régulièrement, se refroidissent et entraînent la formation de violents orages avec d'abondantes précipitations (M6). À haute altitude, les masses d'air refroidies s'écoulent vers le Nord et le Sud. Elles redescendent au niveau du Tropique septentrional et du Tropique austral tout en se réchauffant. Elles convergent ensuite du Nord-est et du Sud-est vers l'équateur sous forme **d'alizés** chauds et secs. L'alizé nord-est et l'alizé sud-est sont des vents chauds soufflant régulièrement toute l'année de la même direction. Ils absorbent beaucoup d'humidité du sol et des plantes. C'est aussi pour cette raison qu'on y trouve les plus grands déserts du monde.

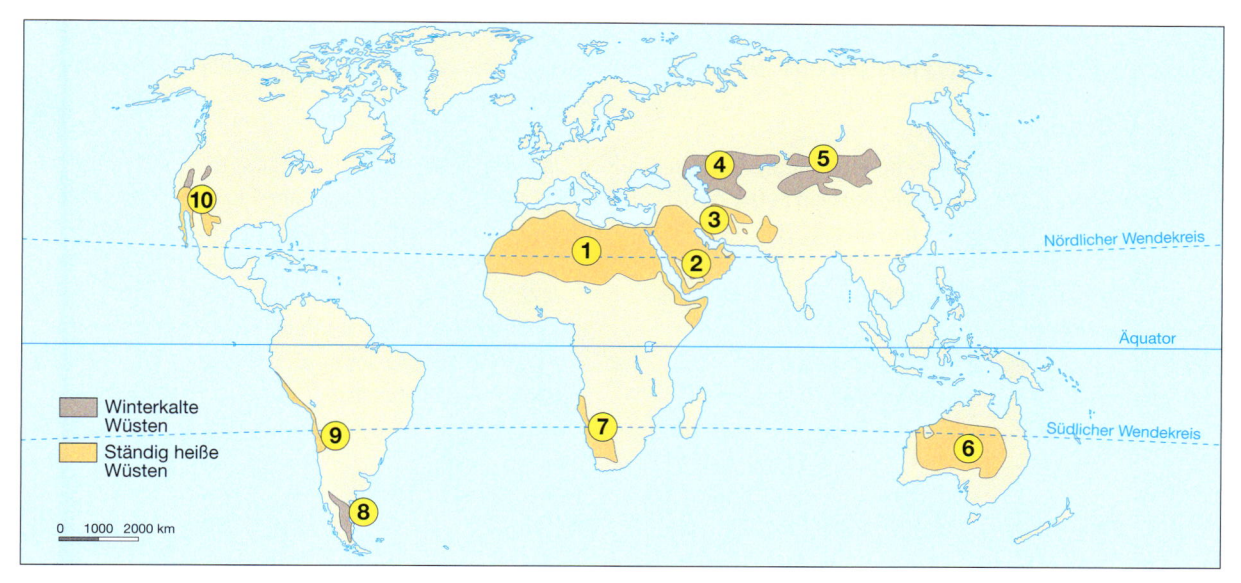

M4: Wüsten auf der Erde

L'Afrique — Nord, pauvre en eau — 17

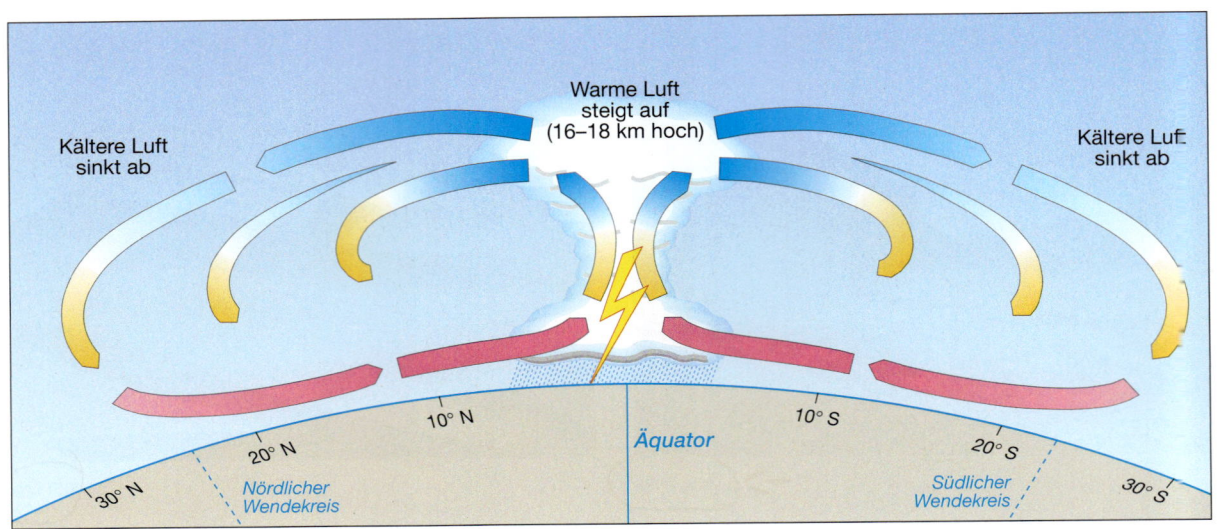

Die Sahara – die größte Wüste der Erde | Le Sahara – le plus grand désert du monde

M6: Der Passatkreislauf

Die Entstehung der Wüstenformen

Starke Temperaturschwankungen sind typisch für die Wendekreiswüsten. Das Gestein kann tagsüber 80 °C heiß werden und die Steine dehnen sich aus. Nachts kühlt es auf etwa 10 °C ab und die Steine ziehen sich zusammen. Dadurch entstehen starke Spannungen im Gestein, die sich irgendwann schlagartig entladen. Große Felsbrocken zerspringen (M8) und werden allmählich immer mehr zerkleinert. So kommt es zur Ausbildung verschiedener Wüstenarten: Felswüste, Kieswüste, Sandwüste. Diesen Verwitterungsprozess nennt man **Erosion** (M7).

Der ständige Wind bläst feinere Bestandteile (Sand, Staub) fort und lagert sie zu großen Dünenfeldern ab. Die feinen Sandkörner schleifen die Basis der am Boden liegenden Felsbrocken ab und lassen bizarre **Pilzfelsen** entstehen (M9).

1. Beschreibe die Bodenbeschaffenheit der drei Wüstenlandschaften. Welche Probleme müssen Reisende mit dem Auto in diesen Wüsten bewältigen? Erstelle eine Tabelle.
2. Erkläre die Entstehung der verschiedenen Wüstenlandschaften (M7).
3. Wie heißen die bezifferten Wüsten aus M4? Unterstreiche die Wendekreiswüsten. Ordne sie den Kontinenten zu.

L'apparition des formes de déserts

Les déserts tropicaux se caractérisent par de fortes variations de température. Les roches peuvent atteindre une température de 80 °C pendant la journée et se dilater ainsi. La nuit, la température retombe à environ 10 °C, entraînant la rétraction des roches. Il en résulte de fortes tensions qui, à un moment, se déchargent brusquement. De gros blocs de pierre éclatent (M8) pour être progressivement réduits en petits morceaux. Il se forme ainsi différents types de déserts: le désert rocheux, le désert de gravier, le désert de sable. Ce processus s'appelle l'**érosion** (M7).

Le vent soufflant en permanence emporte les plus fines particules (sable, poussière) et les dépose en formant de grands champs de dunes. Les fins grains de sable érodent la base des blocs de pierre au sol, créant ainsi de bizarres **rochers fongiformes** (M9).

1. Décris la nature du sol des trois types de déserts. À quels problèmes doivent faire face les voyageurs en voiture dans ces déserts? Dresse-en un tableau.
2. Explique la formation des différents types de déserts (M7).
3. Comment s'appellent les déserts numérotés sur la carte M4? Souligne les déserts tropicaux. Classe-les en fonction des continents.

Lebensraum Wüste

Afrika — wasserarmer Norden

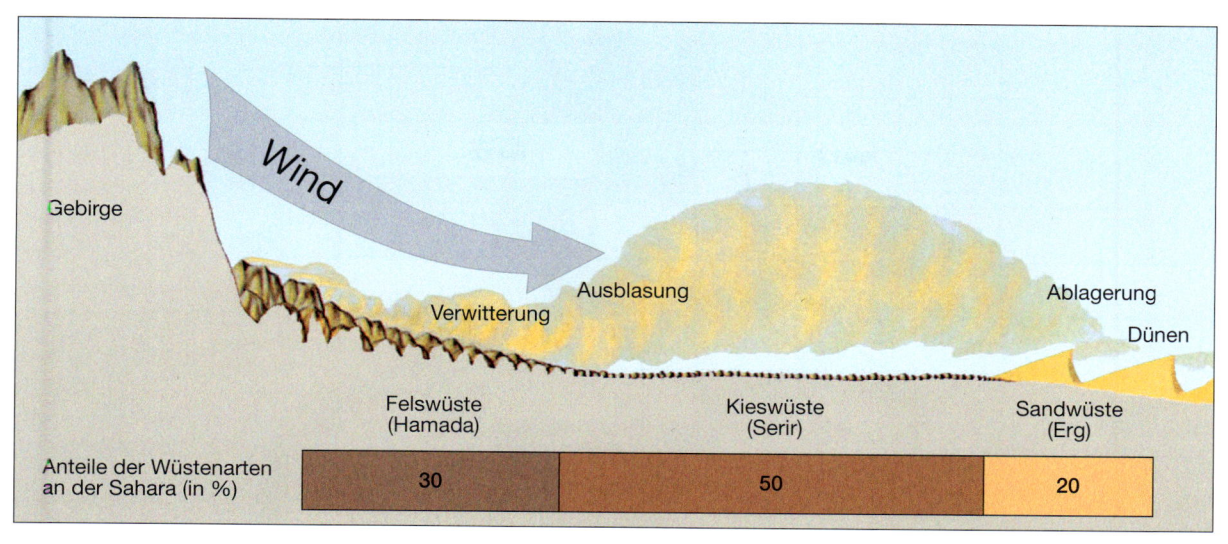

M7: Die Entstehung der Wüstenformen

Gebirge — Wind — Verwitterung — Ausblasung — Ablagerung — Dünen

Felswüste (Hamada) — Kieswüste (Serir) — Sandwüste (Erg)

Anteile der Wüstenarten an der Sahara (in %): 30 / 50 / 20

M8: Felsen bersten

M9: Pilzfelsen

Wusstest du, dass ...

- die Wüsten weltweit eine Fläche von 14 Mio. km^2 einnehmen, was der Fläche der Antarktis entspricht?
- man in der Wüste ertrinken kann, wenn plötzlich Regen ein Wadi in einen reißenden Strom verwandelt?
- durch Stürme der Wüstenstaub bis zu 10 000 m hoch in die Atmosphäre gewirbelt werden kann und sich dann über die gesamte Erde verteilt?
- der Temperaturunterschied zwischen Tag und Nacht in der Wüste bis zu 50 °C betragen kann?
- die Dromedare tellerartige Hufe haben, damit sie nicht im Wüstensand versinken?
- es Oasen gibt, wo es über 100 Jahre nicht geregnet hat?

Savais-tu que ...

- les déserts du monde entier occupent une surface de 14 millions de km^2, ce qui est l'équivalent de la superficie de l'Antarctique?
- l'on peut se noyer dans le désert si la pluie transforme brusquement un wadi en un torrent impétueux?
- les tempêtes peuvent propulser la poussière du désert dans l'atmosphère jusqu'à une altitude de 10 000 m et la répandre sur toute la planète?
- dans le désert, la différence entre les températures diurnes et nocturnes peut atteindre 50 °C?
- les dromadaires ont des sabots en forme d'assiette empêchant qu'ils ne s'enlisent dans le sable du désert?
- il existe des oasis où il n'a pas plu depuis plus de 100 ans?

L'Afrique — Nord, pauvre en eau

Die Sahara – die größte Wüste der Erde Le Sahara – le plus grand désert du monde

Senkrecht:

1 Künstliches Oasenprojekt im Südosten Libyens

2 Landschaft im Südwesten Algeriens

3 Ort im äußersten Süden Algeriens

Waagerecht:

4 Hochgebirge im Süden Algeriens (deutscher Name)

5 Arabische Bezeichnung für Kieswüste

6 Nach dieser Stadt wurde der ägyptische Kanal benannt

7 Hochgebirge im Niger

8 Zweitwichtigste Stadt des Islam

9 Luftspiegelung, die Trugbilder in der Wüste erzeugt

10 Größtes Land der Sahara

11 Wanderhirten

12 Siedlung mit bewässerten Gärten in der Wüste

13 Heilige Stadt des Islam

14 Südlich dieser Stadt wurde der Nil gestaut

15 Die „blauen Ritter" der Sahara

16 Hauptstadt des Jemen

17 Arabische Bezeichnung für Felswüste

18 Siedlung südlich des Plateaus von Tademait

19 Ausgetrocknetes Flussbett

20 Saharaland zwischen Mauretanien und Niger

21 Stadt mit berühmten ägyptischen Pyramiden

22 Lebensader Ägyptens

23 Hauptstadt von Marokko

24 Hochgebirge im Norden des Tschad

25 Arabische Bezeichnung für Sandwüste

Afrika — wasserarmer Norden

verticalement:

1 Projet d'oasis artificielles dans le sud-est de la Libye

2 Paysage au sud-ouest de l'Algérie

3 Lieu dans l'extrémité sud de l'Algérie

horizontalement:

4 Massif montagneux dans le sud de l'Algérie

5 Nom arabe du désert de gravier

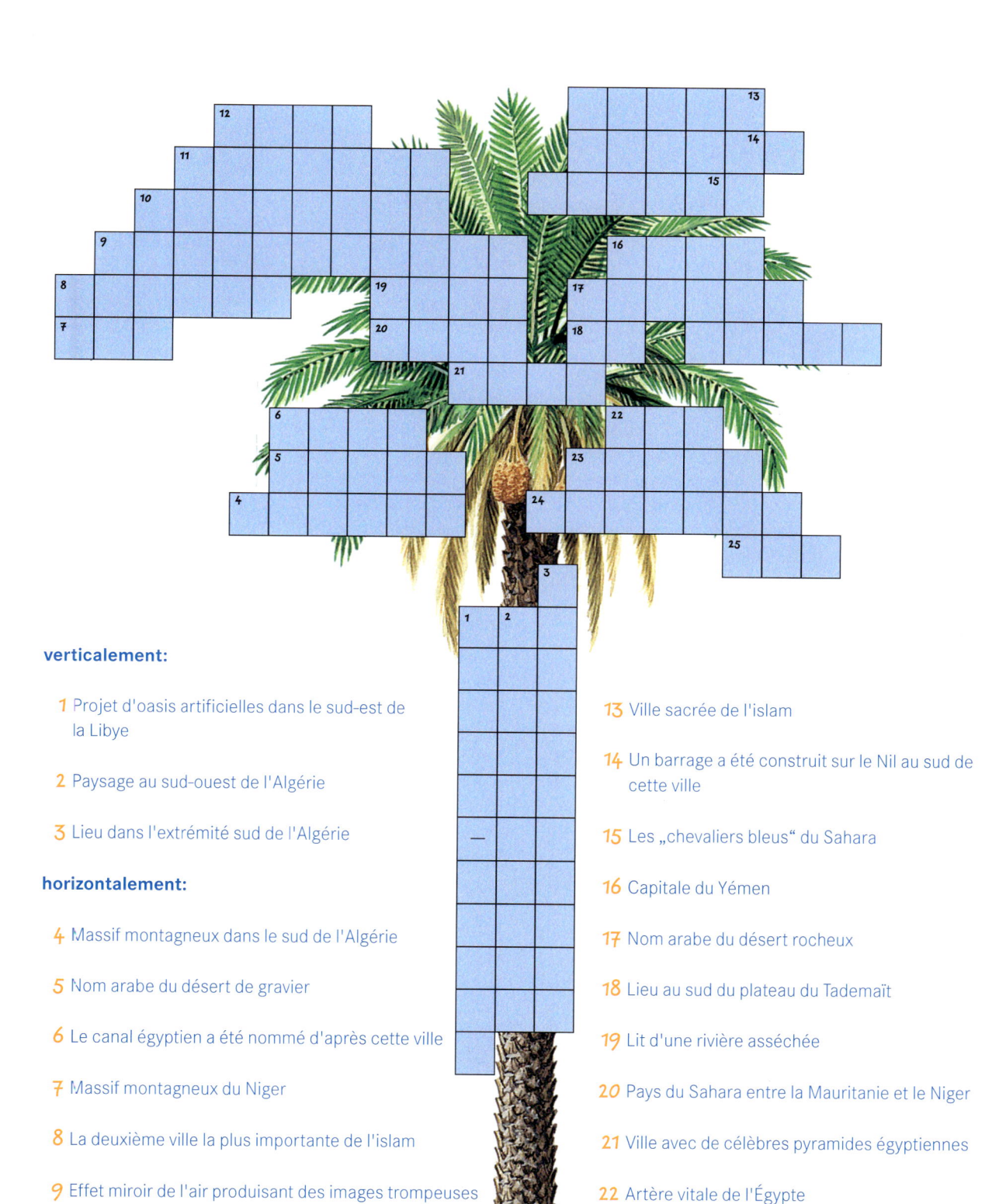

6 Le canal égyptien a été nommé d'après cette ville

7 Massif montagneux du Niger

8 La deuxième ville la plus importante de l'islam

9 Effet miroir de l'air produisant des images trompeuses dans le désert

10 Le plus grand pays du Sahara

11 Bergers voyageurs

12 Ville, village dans le désert avec des jardins irrigués

13 Ville sacrée de l'islam

14 Un barrage a été construit sur le Nil au sud de cette ville

15 Les „chevaliers bleus" du Sahara

16 Capitale du Yémen

17 Nom arabe du désert rocheux

18 Lieu au sud du plateau du Tademaït

19 Lit d'une rivière asséchée

20 Pays du Sahara entre la Mauritanie et le Niger

21 Ville avec de célèbres pyramides égyptiennes

22 Artère vitale de l'Égypte

23 Capitale du Maroc

24 Massif montagneux au nord du Tchad

25 Nom arabe du désert de sable

L'Afrique — Nord, pauvre en eau

Die Sahara – die größte Wüste der Erde | Le Sahara – le plus grand désert du monde

Die Foggara ist eine traditionelle Form der Oasenbewässerung.
Kilometerlange, von ehemaligen Sklaven gegrabene Stollen erschließen weit entferntes Grundwasser und leiten es in die Oase. Den Verlauf der Wasserleitung markieren bis zu 50 m tiefe Reinigungsschächte. Heute verfallen viele Foggaras, weil die Instandhaltung teuer ist und die dafür benötigten Arbeitskräfte fehlen.

M1: Foggara-Oase In-Salah

Oasen – Inseln im Sandmeer

Erreicht man nach mühsamem Weg durch das „Meer ohne Wasser", dem „bahr bel ã mã", wie die Araber die Wüste nennen, endlich eine Oase, erfasst man die Bedeutung dieses Wortes: Rastort. Das Ohr vernimmt das lang vermisste Geräusch von fließendem Wasser, das Auge erfrischt sich am Grün der Bäume. Das Leben der Wüste scheint hier versammelt zu sein. Die meisten der rund zwei Millionen Menschen der Sahara leben in Oasen, den **„grünen Inseln"** in der Wüste.

Aber woher kommt das Wasser in der Wüste? Die spärlichen Niederschläge verdunsten sehr schnell.
Um an das lebensnotwendige Wasser zu gelangen, haben die Wüstenbewohner seit Jahrhunderten zahlreiche Methoden entwickelt. Man unterscheidet je nach Wasservorkommen und Wassergewinnung verschiedene **Oasentypen**.

Oasentypen

In vielen Teilen der Sahara befinden sich **Grundwasservorräte**. Grundwasseroasen liegen häufig am Gebirgsrand. Der Qued Saoura kommt aus dem Hohen Atlas. Im Oberlauf führt er ständig Wasser, im Mittel- und Unterlauf ist er ein Wadi. Ein Teil des im Oberlauf einsickernden Wassers fließt als Grundwasser nach Süden. Diesen Grundwasserstrom nutzen die am Wadi gelegenen Oasen (M1).

Auch in großen Tiefen befindet sich Grundwasser. In vielen Oasen gibt es heute moderne **Tiefbrunnen**, die große Mengen Wasser aus bis zu 2000 m Tiefe fördern. Dieses Wasser ist mindestens 6000 Jahre alt, hat aber den Nachteil, dass es mit einer Temperatur von etwa 60 °C aus dem Boden kommt. Es muss gekühlt werden, ehe man es zur Bewässerung verwenden kann.

In einigen Oasen steht das Grundwasser unter Druck. Wird es angebohrt, so schießt es in Form eines **Artesischen Brunnens** von selbst an die Oberfläche.

Les oasis – des îles dans la mer de sable

Quand après un pénible parcours à travers la „mer sans eau", le „bahr bel ã mã", comme les Arabes appellent le désert, on atteint enfin une oasis, on saisit le sens de ce mot: lieu de repos. L'oreille perçoit le bruit longtemps absent de l'eau qui coule, l'œil se ravit du vert des arbres. La vie du désert semble regroupée ici. La plupart des deux millions d'habitants que compte le Sahara vivent dans des oasis, les **„îles vertes"** du désert.

Mais d'où provient l'eau du désert? Les rares précipitations s'évaporent très rapidement.
Pour accéder à l'eau vitale, les habitants du désert ont développé au cours des siècles diverses méthodes. Selon les types de gisements et d'exploitations de l'eau, on distingue différents types **d'oasis**.

Types d'oasis

Il y a des **nappes phréatiques** dans de nombreuses parties du Sahara. Les oasis à nappes phréatiques se trouvent souvent au pied de massifs montagneux. Le Qued Saoura prend sa source dans le Haut Atlas. Dans son cours supérieur, il contient toujours de l'eau; dans son cours moyen et inférieur, c'est un wadi. Une partie de l'eau du cours supérieur s'infiltre et coule vers le sud sous forme de nappe phréatique. Les oasis proches du wadi utilisent cette nappe (M1).

On trouve également des nappes phréatiques à grandes profondeurs. On utilise aujourd'hui dans de nombreuses oasis des **puits à grande profondeur** modernes pouvant prélever d'importantes quantités d'eau d'une profondeur allant jusqu'à 2000 m. Cette eau est vieille d'au moins 6000 ans; elle présente toutefois l'inconvénient de sortir du sol avec une température d'environ 60 °C. Il faut donc la refroidir avant de pouvoir l'utiliser pour l'irrigation.

Dans certaines oasis, l'eau est sous pression. Lors du forage, elle jaillit automatiquement à la surface sous forme d'un **puits artésien**.

Eine traditionelle Form der Oasenbewässerung sind die **Foggaras** (M1 Foggara-Oase In-Salah). Kilometerlange gegrabene Stollen sammeln Sickerwasser und leiten es mit leichtem Gefälle in die Oase. In Abständen von 10 bis 15 Metern führen senkrechte Schächte zu den Stollen, die der Entlüftung und der Reinigung dienen. Sandwälle verhindern, dass Sand in die Schächte geweht wird. Heute verfallen viele Foggaras, da die Instandhaltung zu teuer ist.

Die **Flussoase** des Nils ist die größte Oase der Erde. Der Nil führt ganzjährig Wasser, obwohl er über 2000 km durch die Wüste fließt. Auf seinem Weg zur Mündung verdunstet und versickert Wasser oder wird für die Bewässerung entnommen. Daher führt der Nil nicht wie andere Flüsse seine größte Wassermenge an der Mündung, sondern fast 2000 km stromaufwärts.

1. Beschreibe die unterschiedlichen Möglichkeiten des Wasservorkommens und die jeweiligen Methoden der Wassergewinnung in verschiedenen Oasentypen (M2).
2. Erkläre die Bezeichnungen: Grundwasser, Quelloase, Flussoase.
3. Flüsse in Deutschland führen an der Mündung mehr Wasser als am Mittellauf. Beim Nil ist das anders. Warum?
4. Suche mithilfe des Atlas weitere Fremdlingsflüsse wie den Nil.
5. Beschreibe die Gliederung der Oase In-Salah (M1). Warum stehen die Häuser in der Wüste?

Les **foggaras** sont une forme traditionnelle d'irrigation des oasis (M1 Oasis à foggara In-Salah). Sur plusieurs kilomètres de longueur, des galeries creusées recueillent l'eau d'infiltration et la conduisent avec une légère pente vers l'oasis. Tous les 10 à 15 mètres se trouvent des puits verticaux servant à l'aération et au nettoyage des galeries. Des remblais empêchent le sable de tomber dans les puits. Aujourd'hui, de nombreuses foggaras sont délabrées en raison des coûts d'entretien trop élevés.

L'**oasis fluviale** du Nil est la plus grande oasis du monde. Le Nil véhicule de l'eau tout au long de l'année bien qu'il traverse le désert sur plus de 2000 km. Sur son parcours vers l'embouchure, l'eau s'évapore et s'infiltre ou est prélevée pour l'irrigation. C'est pourquoi, le Nil ne possède pas son plus grand débit à l'embouchure comme c'est le cas pour les autres fleuves, mais presque à 2000 km en amont.

1. Décris les différents types de gisements d'eau et les méthodes correspondant à l'exploitation de l'eau dans les différents types d'oasis (M2).
2. Explique les termes: nappe phréatique, oasis à source, oasis fluviale.
3. Les fleuves en Allemagne possèdent un plus grand débit d'eau au niveau de l'embouchure qu'au niveau du cours moyen. Dans le cas du Nil, il en est autrement. Pourquoi?
4. Recherche, à l'aide d'un atlas, d'autres fleuves allochtones comme le Nil.
5. Décris la disposition de l'oasis In-Salah (M1). Pourquoi les maisons sont-elles construites dans le désert?

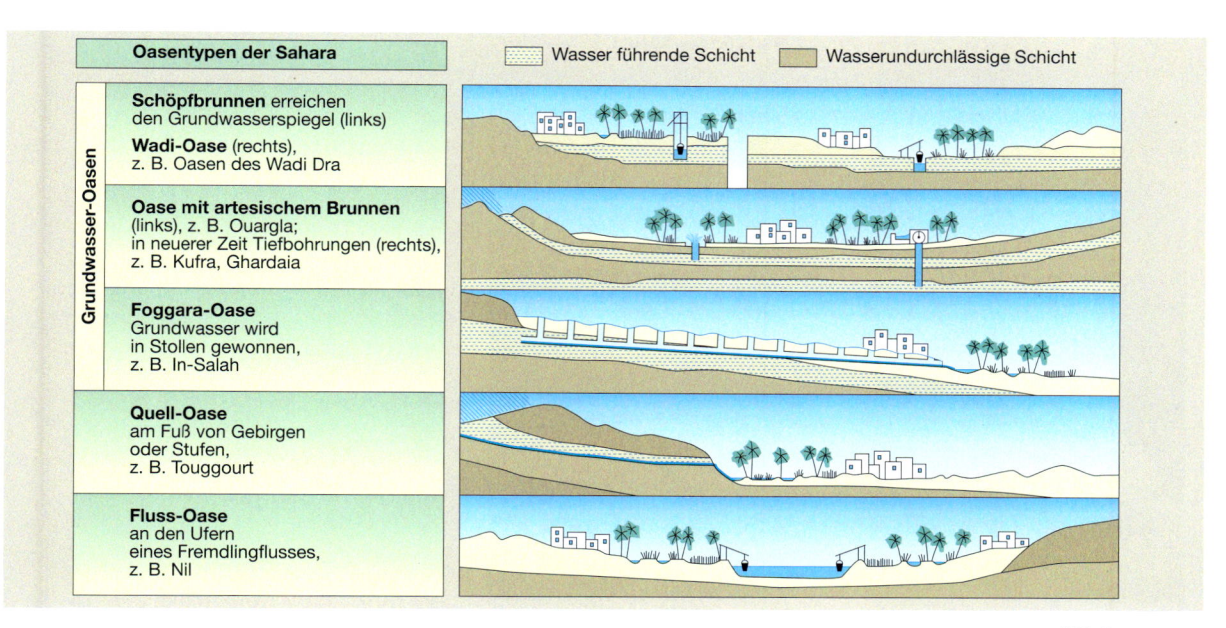

Oasentypen der Sahara — Wasser führende Schicht, Wasserundurchlässige Schicht

Grundwasser-Oasen:
- **Schöpfbrunnen** erreichen den Grundwasserspiegel (links)
- **Wadi-Oase** (rechts), z. B. Oasen des Wadi Dra
- **Oase mit artesischem Brunnen** (links), z. B. Ouargla; in neuerer Zeit Tiefbohrungen (rechts), z. B. Kufra, Ghardaia
- **Foggara-Oase** Grundwasser wird in Stollen gewonnen, z. B. In-Salah

Quell-Oase am Fuß von Gebirgen oder Stufen, z. B. Touggourt

Fluss-Oase an den Ufern eines Fremdlingsflusses, z. B. Nil

M2: Oasentypen

L'Afrique – Nord, pauvre en eau

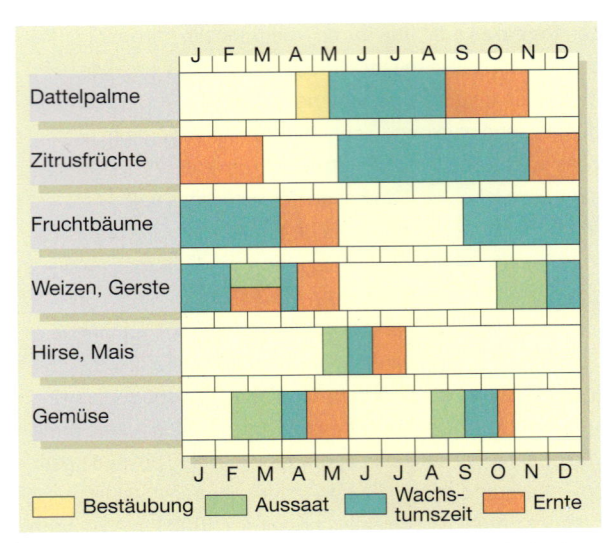

Die Sahara – die größte Wüste der Erde | Le Sahara – le plus grand désert du monde

M3: Anbaukalender in der Oase

Legende: Bestäubung | Aussaat | Wachstumszeit | Ernte

Traditionelle Oasenwirtschaft

Wasser schafft Leben. Die Oasenbewohner wissen, dass sie es nicht verschwenden dürfen.

Überall da, wo Grundwasser zur Verfügung steht, wird es nach genau festgelegten Zeiteinheiten auf die einzelnen Parzellen verteilt.

Die Oasenbauern nutzen ihre bewässerten Gärten intensiv im **Stockwerkbau**. Das Dach bildet die Schatten spendende Dattelpalme. Sie ist die wichtigste Pflanze, da von ihr alle Teile verwertbar sind.

Das mittlere Stockwerk bilden die mediterranen Obstbäume: Zitrusfrüchte, Feigen, Aprikosen, Mandeln, Granatäpfel und Ölbäume. Im Erdgeschoss wachsen Getreide, Gemüse, Gewürze sowie Tabak und Pfefferminze für Tee.

Zum Problem der **Bewässerung** kommt in den Oasen die Aufgabe der **Entwässerung**. Die starke Verdunstung verursacht **Bodenversalzung**, nicht nur in der Sahara, sondern in allen Trockenräumen der Erde, in denen die Verdunstung höher ist als der Niederschlag.

1. Beschreibe die Wasserverteilung in Oasen.
2. Berichte über die Wirtschaftsweise in Oasen:
   a) Beschreibe den Stockwerkbau.
   b) Erläutere den Anbaukalender (M3).
   c) Die Dattelpalme gilt als „Königin der Oase". Erkläre (M7).
3. Die Dattelpalme wird vielseitig genutzt. Erkläre.
4. Welche Personengruppen trifft man auf einem Oasenmarkt? Was bieten sie jeweils an?

M4: Stockwerkbau

Oasenmärkte sind wichtige Umschlagplätze für Waren aller Art. Früher transportierten Handelskarawanen von hier aus Salz, **Hirse**, Gewürze und Elfenbein durch die Wüste. Heute beladen Händler ihre Lastkraftwagen mit Tomaten, Datteln und Tabak für den Export und bringen Konsumartikel und Plastikgeschirr in die Oase. Seit Jahrhunderten verkaufen Oasenbauern auf dem Markt ihre Ernteüberschüsse, und Nomaden tauschen Kamele, Schafe, Ziegen oder deren Fell und Wolle gegen Früchte sowie Gemüse.

Lederwaren, Tonkrüge, Silberschmuck und andere Produkte der einheimischen Handwerker finden bei Nomaden, zunehmend auch bei durchreisenden Touristen ihre Abnehmer.

M5: Bedeutung der Oasenmärkte

Afrika – wasserarmer Norden

Économie traditionnelle des oasis

L'eau est la base de vie. Les oasiens savent qu'ils ne doivent pas la gaspiller.

Partout où il y a des nappes phréatiques, l'eau est répartie sur chaque parcelle selon des unités de temps précises.

Les oasiens utilisent leurs jardins irrigués qui sont **construits en étages**. Le dattier, fournisseur d'ombre, forme le toit. C'est la plante la plus importante vu que l'on peut utiliser toutes ses parties.

Les arbres fruitiers méditerranéens forment l'étage du milieu: citroniers, figuiers, abricotiers, amandiers, grenadiers et oliviers. Au rez-de-chaussée poussent les céréales, les légumes, les épices ainsi que le tabac et la menthe pour le thé. Au problème de l'**irrigation** des oasis vient s'ajouter le problème du **drainage**. La forte évaporation entraîne la salification du sol, non seulement dans le désert du Sahara mais dans toutes les régions sèches du globe où le taux d'évaporation est supérieur au taux de précipitations.

1. Décris la répartition de l'eau dans les oasis.
2. Explique le systéme d'économie pratiqué dans les oasis.
   a) Décris la construction en étage.
   b) Explique le calendrier des cultures (M3).
   c) Le dattier est considéré comme le „roi de l'oasis". Pourquoi (M7)?
3. Le dattier est utilisé à diverses fins. Explique-les.
4. Quels groupes de personnes rencontre-t-on au marché d'une oasis? Quels produits offrent-ils?

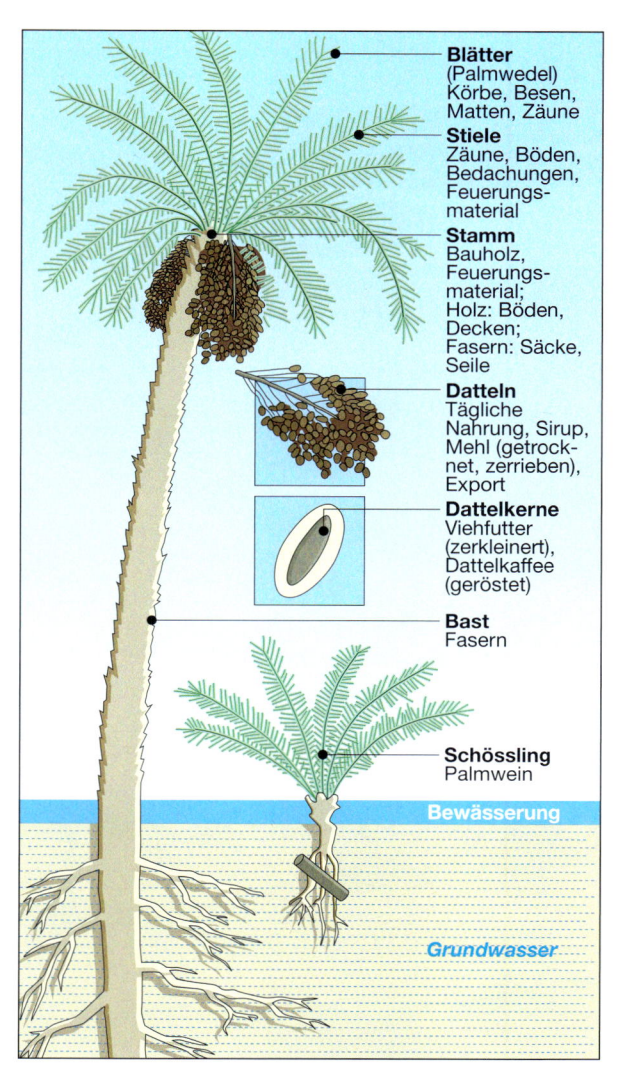

M7: Nutzungsmöglichkeiten der Dattelpalme

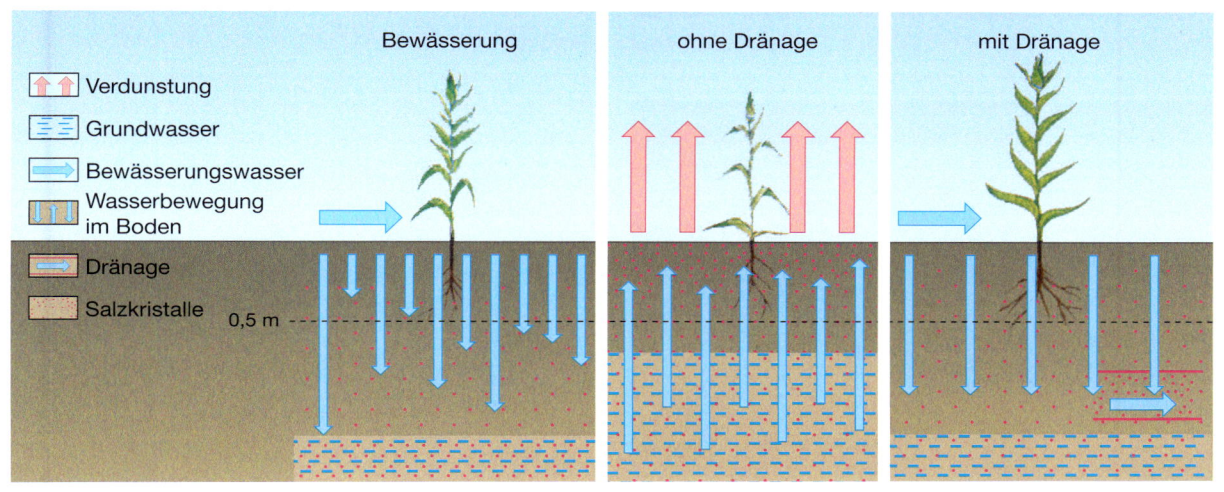

M6: Einfluss von Bewässerung, Dränage und Verdunstung auf die Versalzung in Trockenräumen

L'Afrique — Nord, pauvre en eau

Die Sahara – die größte Wüste der Erde | Le Sahara – le plus grand désert du monde

Oasen im Wandel

Die medizinischen und hygienischen Bedingungen in den Oasen sind besser geworden. Die Qualität des Trinkwassers wurde gesteigert. So sank vor allem die Säuglings- und die Kindersterblichkeit. Die Zahl der Geburten aber ist gleich geblieben. Die Folge hiervon ist ein hohes *Wachstum der Bevölkerung*.

Bodenschätze, besonders Erdöl und Erdgas, wurden entdeckt. Man baute Straßen, Flugplätze und Pipelines. Heute sind viele Oasen durch Teerstraßen untereinander und mit großen Städten verbunden.

Oasen, die an Verkehrswegen oder günstig zu Bergbau- oder Erdöllagerstätten liegen, wuchsen durch **Zuwanderung**. Durch Tiefbrunnen konnten neue Großprojekte mitten in der Wüste entstehen, z. B. bei den Kufra-Oasen in Libyen. Dort werden heute bereits 15 000 ha Ackerland mit riesigen selbstfahrenden Beregnungsanlagen bewässert. Man baut Getreide an sowie Futterpflanzen für Schafe, die in großen Farmen gezüchtet werden. Der Wasserverbrauch ist jedoch sehr hoch.

M8: Bewässerungsflächen in Kufra (Libyen)

Für viele Oasen allerdings bringt der Fortschritt Probleme. Es gibt Oasen, in denen nur noch alte Menschen wohnen, die von Geldüberweisungen ihrer Kinder leben. Teile der Oasengärten können nicht mehr bewirtschaftet werden, denn die Arbeitskräfte fehlen. Andere Oasengärten versalzen zunehmend, da die Dränagesysteme nicht mehr in Stand gehalten werden. Es gibt sogar ganze Oasen, die verfallen, da neue Tiefbrunnen in der Umgebung ihnen das Wasser entziehen. Der Grundwasserspiegel sinkt bedenklich, sodass alten Oasen vielerorts die Lebensgrundlage entzogen wird.

M9: Versandete Oase

1. Beschreibe anhand der Abbildung M6 die Vorgänge bei der ganzjährigen Bewässerung mit und ohne Entwässerung.
2. Erkläre Vor- und Nachteile der Tiefbrunnen.
3. Nenne wichtige Bodenschätze in der Sahara und beschreibe wie diese mit Hafenstädten verbunden sind (Atlas).

M10: Beregnungsanlage

Afrika — wasserarmer Norden

Oasis en mutation:
Les conditions médicales et hygiéniques dans les oasis se sont améliorées. La qualité de l'eau potable est meilleure. Voilà pourquoi le taux de mortalité infantile a baissé. Le nombre des naissances est, toutefois, resté constant. Il en résulte une importante *croissance démographique*.

Des richesses naturelles furent découvertes dans les oasis, en particulier du pétrole et du gaz naturel. Des routes, des aéroports et des pipelines furent construits. Aujourd'hui, de nombreuses oasis sont reliées entre elles et rattachées à de grandes villes par des routes goudronnées.

Les oasis se trouvant à proximité de voies de communication ou d'exploitations minières ou pétrolières se sont agrandies en raison de l'**immigration**. Grâce à des puits très profonds, d'importants projets purent voir le jour au milieu du désert comme c'est le cas, p. ex., dans les oasis de Koufra en Libye. Aujourd'hui, plus de 15 000 ha de terre arable sont irrigués déjà grâce à d'énormes installations d'irrigation mobiles. On y cultive des céréales ainsi que des plantes fourragères pour les moutons élevés dans de grandes fermes. Toutefois, la consommation en eau est très élevée.

Cependant, le progrès crée de nombreux **problèmes** dans les oasis. Il existe des oasis où ne vivent que des personnes âgées recevant des virements bancaires de leurs enfants. Certaines parties des jardins ne peuvent plus être exploitées car il y manque de la main-d'œuvre. D'autres jardins subissent progressivement les effets de la salinisation vu que les systèmes de drainage ne sont plus entretenus. Certaines oasis sont délabrées car dans leur entourage de nouveaux puits profonds les privent d'eau. Le niveau des nappes phréatiques baisse de manière préoccupante, ainsi les vieilles oasis n'ont plus de raison d'être.

1. À l'aide de la figure M6, décris les processus d'irrigation au cours de l'année avec et sans drainage.
2. Quels sont les avantages et les inconvénients des puits à grande profondeur?
3. Énumère des richesses naturelles importantes du Sahara et décris comment celles-ci sont transportées vers les villes portuaires (atlas).

Lebensraum Wüste

http://www.g-o.de

M11: Oasenbauer

M12: Dattelverarbeitungsbetrieb

M13: Tiefbrunnenwasser für die Bewässerung

L'Afrique — Nord, pauvre en eau

Die Sahara – die größte Wüste der Erde | Le Sahara – le plus grand désert du monde

M1: Salzkarawane

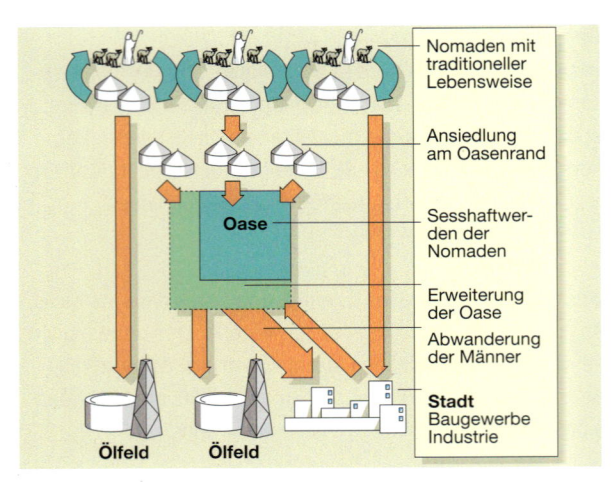

M3: Wanderbewegungen in der nördlichen Sahara

Nomaden früher und heute

Neben den sesshaften Oasenbauern entwickelte sich in der Sahara eine ganz andere Lebens- und Wirtschaftsform, die der **Nomaden**. Als Wanderhirten ziehen sie mit ihren Kamel-, Ziegen-, Schaf- und Rinderherden von einem Weideplatz zum anderen.

Das wichtigste Tier der Nomaden in der Sahara ist das Kamel (M2, M4). Seine Ausdauer und Schnelligkeit ermöglichen es, die riesigen, unbewohnten Räume zu durchqueren. Neben der Viehzucht machte daher der Karawanenhandel viele Nomaden wohlhabend.

Les nomades, autrefois et aujourd'hui

Outre les oasiens sédentaires, un autre mode de vie et un système économique différent se développent au Sahara: celui des **nomades**. Avec leurs troupeaux de chameaux, de chèvres, de moutons et de bœufs, ils se déplacent d'un pâturage à l'autre.

Au Sahara, le chameau est l'animal le plus important pour les nomades. Son endurance et sa rapidité permettent de traverser les énormes espaces inhabités. Outre l'élevage, le commerce des caravanes a permis à de nombreux nomades de s'enrichir.

- Die Körpertemperatur passt sich der Umgebung an. Erst bei 41 °C beginnt das Kamel zu schwitzen.
- Das Fell speichert die Körperwärme des Tages für die kalte Nacht.
- Doppelte Augenlider und verschließbare Nasenlöcher verhindern das Eindringen von Sand.
- Lederartige Gaumen vermeiden Verletzungen beim Fressen von Dorngestrüpp.
- Tellerartige, beschwielte Hufe ermöglichen das Laufen im Sand.
- Kühlung durch lange Beine, denn am Boden ist die Luft am heißesten.

M2: Das Kamel (Dromedar) – ein Kind der Wüste

Die **Salzkarawane** der Kel-Aïr (M1) ist eine der letzten großen Karawanen der Sahara. Sie wird heute noch durchgeführt, da ihre Reiseroute für Lkws nur schwer zu befahren ist. Aber die meisten Karawanen lohnen sich nicht mehr, die Konkurrenz der Lkws ist zu groß. Auch die Tierzucht ist gefährdet. Auf Grund häufiger Dürren finden die Nomaden nicht immer ausreichende Weideplätze für ihre Herden, Brunnen und Wasserstellen sind oft ausgetrocknet.

So leben nur noch wenige Menschen in der Wüste als **Vollnomaden**, die ständig mit ihren Herden von einer Wasserstelle zur anderen ziehen und auf der Suche nach Weideplätzen oft bis zu 1000 km zurücklegen. Die meisten Nomaden sind **Halbnomaden** (M3). Ein Teil des Stammes zieht mit den Herden von Wasserstelle zu Wasserstelle, die Frauen, Kinder und Greise wohnen ganzjährig am Rand der Oase in Zelten. Manchmal haben sie kleine Häuser gebaut oder sind in Siedlungen übergesiedelt, die die Regierung errichtet hat (M6). Vor allem die jungen Männer sind auf der Suche nach Arbeit in die Städte gezogen oder zu den Ölfeldern abgewandert.

1. „Ata Allah" (Gottesgabe) nennen die Nomaden das Kamel. Begründe diesen Namen.
2. Erläutere, warum das Kamel für das Leben in der Wüste bestens ausgerüstet ist.
3. Wie machen sich die Nomaden das Tier zu Nutze?

La **caravane du sel** de Kel-Aïr (M1) est l'une des dernières grandes caravanes du Sahara. Elle continue d'exister aujourd'hui parce que son itinéraire ne peut être que difficilement emprunté par les camions. Mais la plupart des caravanes ne sont plus rentables. Les camions sont une trop grande concurrence. L'élevage aussi est menacé. En raison de la sécheresse répétée, les nomades ne trouvent pas suffisamment de lieux de pâturage pour leurs troupeaux; les puits et les points d'eau sont souvent desséchés.

Il ne reste que très peu de **nomades à part entière** dans le désert circulant d'un point d'eau à l'autre avec leurs troupeaux et parcourant souvent jusqu'à 1000 km à la recherche de pâturages. Les autres sont des **semi-nomades** (M3). Une partie de la tribu se déplace d'un point d'eau à l'autre avec les troupeaux tandis que les femmes, les enfants et les vieillards habitent toute l'année dans des tentes au bord de l'oasis. Certains ont construit de petites maisons ou habitent dans des cités que le gouvernement a fait construire (M6). En particulier les jeunes hommes migrent dans les villes ou sur les terrains pétrolifères à la recherche de travail.

1. Les nomades appellent le chameau „Ata Allah" (don du Ciel). Justifie ce nom.
2. Explique pourquoi le chameau est tout particulièrement bien doté pour vivre dans le désert.
3. Comment les nomades utilisent-ils le chameau?

La température du corps s'adapte à l'environnement. Le chameau commence à transpirer seulement à partir de 41°C.

Le pelage du chameau emmagasine la chaleur du corps de la journée pour la nuit froide.

Des paupières doubles et des trous de nez se refermant empêchent le sable de pénétrer.

Des palais aussi résistant que du cuir empêchent les blessures lors de la pâture d'arbustes épineux.

Des sabots gonflés et en forme d'assiette permettent au chameau de se déplacer dans le sable.

Refroidissement grâce aux longues pattes car c'est au niveau du sol que l'air est le plus chaud.

M4: Le chameau (dromedaire) – un enfant du désert

Die Sahara – die größte Wüste der Erde | Le Sahara – le plus grand désert du monde

Die Regierungen der nordafrikanischen Länder tun viel um die Nomaden **sesshaft** zu machen (M7). Die Nomaden müssen sich an die Grenzen halten. Pass- und Zollbestimmungen sowie Ein- und Ausfuhrbeschränkungen gelten auch für sie.

Sie müssen Steuern zahlen, ihre Kinder sollen lesen und schreiben lernen. Aus den „Herren der Oasen" sind abhängige Menschen geworden. Junge Männer wandern nach Norden um bei der Oliven- oder Weinernte zu helfen, einige gehen sogar als Gastarbeiter nach Europa. Wer großes Glück hat, wird Lkw-Fahrer oder Fremdenführer (M9). Viele lösen sich dabei von ihrem Stamm und bleiben nach einigen Jahren in den Städten.

Les gouvernements des pays nord-africains font tout leur possible pour que les nomades deviennent **sédentaires** (M7). Les nomades doivent respecter les frontières. Ils doivent se plier aux réglementations douanières et observer les contrôles frontaliers, se soumettre aux restrictions d'importation et d'exportation.

Il faut qu'ils payent leurs impôts, leurs enfants doivent apprendre à lire et à écrire. Les „maîtres des oasis" sont devenus des personnes dépendantes. Les jeunes vont vers le Nord pour faire la cueillette des olives ou faire les vendanges; certains émigrent même en Europe pour y travailler. Ceux qui ont beaucoup de chance deviendront conducteurs de poids lourds ou guides (M9). Nombre d'entre eux quittent leur famille pour rester, au bout de quelques années, dans les villes.

Lebensraum Wüste

M5: Oase Timimoun (Algerien)

Afrika — wasserarmer Norden

4. Erläutere den Aufbau einer Oasenstadt (M6).
5. Nenne Entwicklungen, die die traditionelle Lebensweise der Nomaden gefährden.
6. Die Auflösung einer alten Lebensweise bringt Probleme. Nenne Gründe, die für oder gegen die Ansiedlung von Nomaden sprechen.

4. Décris la structure d'une oasis (M6).
5. Explique les développements qui menacent le mode de vie traditionnel des nomades.
6. La désagrégation d'un ancien mode de vie entraîne des problèmes. Énumère les raisons pour ou contre l'installation de nomades.

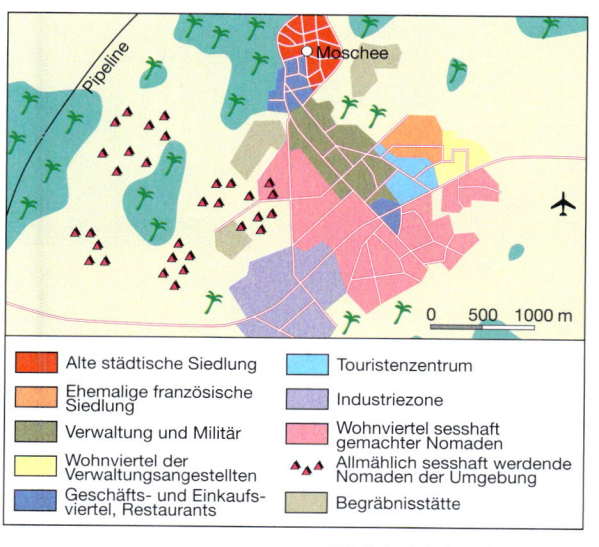

Legende:
- Alte städtische Siedlung
- Ehemalige französische Siedlung
- Verwaltung und Militär
- Wohnviertel der Verwaltungsangestellten
- Geschäfts- und Einkaufsviertel, Restaurants
- Touristenzentrum
- Industriezone
- Wohnviertel sesshaft gemachter Nomaden
- Allmählich sesshaft werdende Nomaden der Umgebung
- Begräbnisstätte

M6: Beispiel einer Oasenstadt

M8: Erdölförderung in der Wüste

M7: Dauersiedlung ehemaliger Nomaden

M9: Touristen in der Oase Gabès

L'Afrique – Nord, pauvre en eau

Sahelzone – ein bedrohter Lebensraum | Le Sahel – un espace de vie menacé

M1: Viehherde im Sahel

M2: Bevölkerungsentwicklung der Sahelstaaten (nach: Weltbank, Weltentwicklungsbericht, verschiedene Jahrgänge)

Sahel heißt Ufer

Wenn arabische Kaufleute nach wochenlangem Durchqueren der lebensfeindlichen Wüste Sahara an deren Südrand das spärliche Grün der Dornsavanne erblickten, erschien es ihnen wie das rettende „Ufer". Dieser 400 km breite Landschaftsstreifen, der sich über 5000 km vom Atlantischen Ozean bis zum Roten Meer hinzieht, erhielt den Namen „Sahelzone" (M3). Er gehört zu den Grenzräumen der **Ökumene**, d. h. den bewohnbaren Räumen.

Das Hauptproblem der hier lebenden 44 Mio. Menschen sind die geringen **Niederschläge**: zwischen 200 und 500 mm im Jahr. Die Sahara rückt nach Süden vor, jährlich gehen 20 000 km² an Weide- und Ackerflächen verloren. Die Ausbreitung der Wüste ist ein Vorgang, den man in vielen Trockengebieten der Erdoberfläche beobachten kann. Fachleute nennen ihn **Desertifikation**.

Die Menschen haben sich an diese Verhältnisse angepasst. Im *nördlichen* trockenen Teil des Sahel leben vor allem Nomaden, die ihre Viehherden auf großen Flächen halten. Den feuchten Süden des Sahel bevölkern überwiegend sesshafte **Hackbauern**. Während der Regenzeit pflanzen sie Hirse, Erdnüsse und Baumwolle. Daneben halten sie auch einige Rinder, Ziegen und Schafe für den Eigenbedarf. Häufig kommt es zu Konflikten zwischen den beiden Gruppen, weil durch starkes Bevölkerungswachstum der Lebensraum für beide Gruppen zunehmend kleiner wird.

Sahel, synonyme de littoral

Quand, après une traversée de plusieurs semaines dans le désert hostile du Sahara, des commerçants arabes perçoivent enfin la rare verdure de la savane sur le bord sud, ils ont l'impression d'avoir atteint le „**littoral**" sauveur. Cette bande de terre de 400 km de large s'étendant sur plus de 5000 km de l'océan Atlantique à la Mer Rouge a reçu le nom de „région du Sahel" (M3). Elle fait partie des régions frontalières de l'**œcoumène**, c.-à-d. des régions habitables.

Le problème principal des 44 millions de personnes vivant ici est le problème des **faibles précipitations**: entre 200 et 500 mm par an. Le Sahara s'étend de plus en plus vers le sud, 20 000 km² de pâturages et de surfaces cultivées disparaissent chaque année. L'expansion du désert est un phénomène que l'on peut observer dans de nombreuses régions arides de la Terre. Les scientifiques parlent de **désertification**.

Les populations se sont adaptées à cette situation. Dans la partie *nord* et aride du Sahel vivent essentiellement des nomades, gardant leurs troupeaux sur de grandes surfaces. La partie sud du Sahel est principalement peuplée de **paysans sédentaires pratiquant la culture à la houe**. Durant la saison des pluies, ils cultivent du millet, des cacahouètes et du coton. Ils élèvent également des bovins, des chèvres et des moutons pour leurs propres besoins. Il y a souvent des conflits entre ces deux groupes vu que l'espace vital diminue progressivement en raison d'une croissance démographique importante.

Afrika — wasserarmer Norden

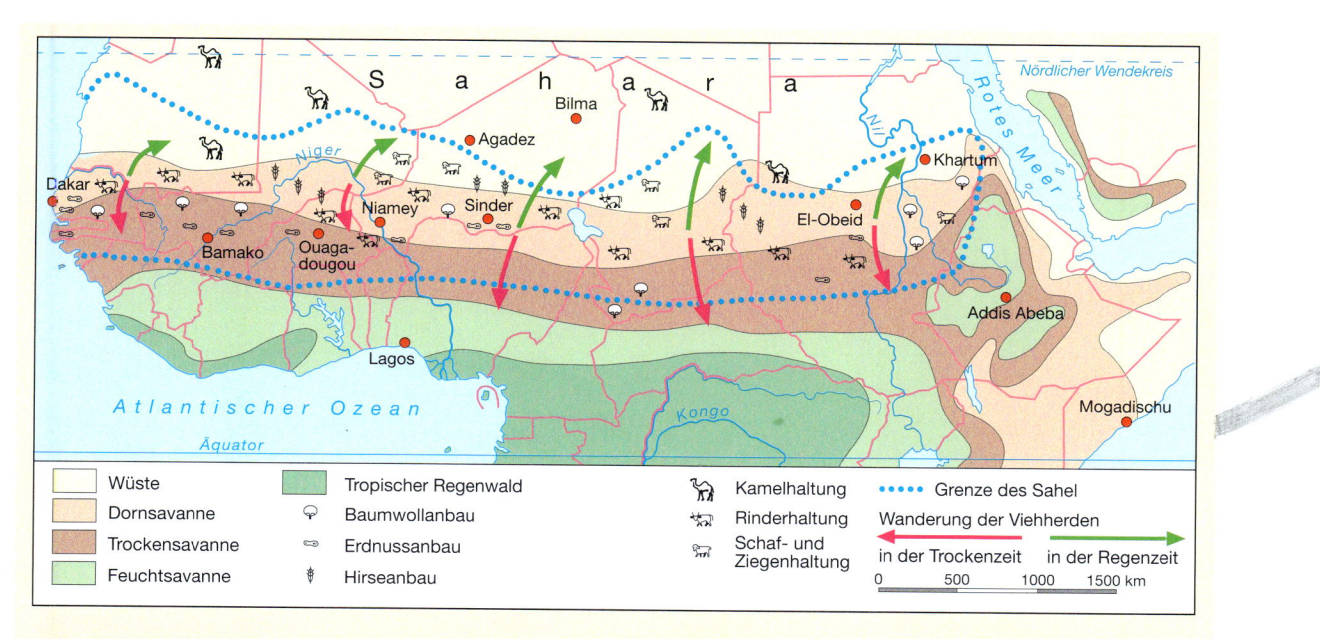

1970: Dürre im Sahel

1974: Hungerkatastrophe in Mali
Von Hunger gezeichnete Menschen in überfüllten Lagern, verdurstetes Vieh, vertrocknete Felder: Seit Wochen stehen uns diese Bilder und Schlagzeilen aus Mali und fünf anderen westafrikanischen Staaten vor Augen. Die diesjährige Dürre – die schwerste einer Serie von niederschlagsarmen Jahren – führt im Sahel zu Hunger und Tod: 100 000 Menschen sind bereits gestorben, nahezu die Hälfte des Viehbestandes ist verendet oder musste notgeschlachtet werden.

1983: Hunger und leere Brunnen im Niger
Kaum zehn Jahre nach der letzten Hungerkatastrophe wird die Sahelzone erneut heimgesucht. Das gesamte Gebiet leidet schwer unter einer Trockenperiode, die von Meteorologen als die schlimmste seit zweihundert Jahren überhaupt bezeichnet wird. In den letzten Monaten fiel im Niger kaum ein Regentropfen. Die Ernten wurden immer spärlicher, sodass die Vorräte aufgebraucht sind. Rund drei Millionen Menschen können von den Hilfsorganisationen nur unzureichend versorgt werden, weil die Lastkraftwagen mit Lebensmittellieferungen das Landesinnere schlecht erreichen.

1995: Bürgerkriege lassen eine Ernte nicht zu
Weite Teile Ostafrikas sind von schwerer Nahrungsmittelknappheit und Hungersnot bedroht. Besonders schwierig ist die Lage in Ruanda, dessen ohnehin kritische Ernährungslage sich durch Bürgerkrieg und Massenflucht dramatisch verschärft hat. Aber auch in Somalia und im Sudan bewirken kriegerische Auseinandersetzungen, dass Wälder verbrannt, Felder vernichtet, Bewässerungsanlagen zerstört und Dürren ausgenutzt werden um den Gegner zu treffen. Die einstigen Herren der Wüste – die Nomaden – sollen gezwungen werden die Staatsgrenzen zu respektieren: Diese sollen auf den Wanderungen zu Wasserstellen und Futterplätzen von den Herden nicht mehr überschritten werden. Das würde jedoch ein Ende der Nomadenwirtschaft bedeuten.

M3: Hungernde Menschen im Sahel

L'Afrique – Nord, pauvre en eau

Sahelzone – ein bedrohter Lebensraum | Le Sahel – un espace de vie menacé

	Fläche in Mio. km²	Bevölkerung in Mio. (2000)	Acker	Weide in % der Gesamtfläche	Wald
Burkina Faso	0,27	11,5	10	37	26
Mali	1,24	11,4	2	24	6
Mauretanien	1,03	2,7	1	38	15
Niger	1,27	10,8	4	8	2
Senegal	0,20	9,4	27	20	28
Sudan	2,50	31,1	3	14	11
Tschad	1,29	7,9	3	35	16
zum Vergleich Deutschland	0,35	82,0	37	17	29

(nach: Statistisches Jahrbuch für das Ausland 2001)

M4: Staaten der Sahelzone

	Viehbestand (in Mio.) (Rinder, Kamele, Schafe, Ziegen)				
	1960	1970	1980	1990	2000
Senegal	3,5	5,1	5,4	8,4	11,5
Mauretanien	8,8	10,0	9,7	10,8	15,3
Mali	11,8	16,7	19,1	17,2	23,
Burkina Faso	4,5	6,7	9,4	15,6	20,2
Niger	10,7	13,0	13,8	10,2	13,7
Sudan	23,1	34,9	51,3	59,7	*124,3
Tschad	8,4	9,5	10,0	9,6	14,2

(nach: FAO-Studien und -Statistiken 2002, *vermutlich Fehler in der FAO-Statistik)

M5: Entwicklung des Viehbestands

Ursachen der Hungerkatastrophen

Dürrezeiten entstehen erst, wenn mehrere Jahre nacheinander ein erheblicher Niederschlagsmangel zu verzeichnen ist. Dann sinkt der Grundwasserspiegel, die Vegetation stirbt ab und die Brunnen versiegen.

Fortschritte in der Medizin trugen zu einem starken **Wachstum der Bevölkerung** bei (M2). Durch bessere medizinische Versorgung ging die Kindersterblichkeit zurück. Immer mehr Menschen mussten ernährt werden. Dies führte zu Veränderungen in der Wirtschaftsweise der Sahelbewohner.

Unter dem Bevölkerungsdruck schoben die Hackbauern der südlichen Sahelzone ihre Anbaugebiete ständig nach Norden. Dabei kam es zu einer Überschreitung der ackerbaulichen **Trockengrenze**. Die Erträge in diesen Gebieten waren deutlich niedriger als im Süden, auch kam es zu häufigen Missernten. Man bestellte immer größere Anbauflächen, alle Bäume und Sträucher wurden gerodet, Kräuter und Gräser entfernt und der Boden gelockert. Die weitständigen Hirsepflanzen schützten die Erde jedoch nicht so gut gegen Wind wie die natürliche Vegetation. Es kam zur Abtragung des Bodens: **Bodenerosion**.

In der Vergangenheit dienten die Tiere der Nomaden weitgehend der Selbstversorgung, als Tauschobjekte, als Rückhalt für Notzeiten und als Altersvorsorge. Jetzt, als die Nachfrage nach Fleisch zunahm, achteten sie auf eine Vergrößerung der Viehherden ohne gleichzeitig mehr Weideland zur Verfügung zu haben (M5).

Auch **Tiefbrunnen**, die mit Unterstützung von Entwicklungshilfegeldern gegraben wurden, trugen dazu bei, dass der Viehbestand zunahm. Die neuen Bewässerungsanlagen liefern ganzjährig Wasser, sodass in ihrem Umkreis Tausen-

Les causes des grandes famines

Les périodes de sécheresse apparaissent seulement quand les précipitations sont extrêmement rares pendant plusieurs années d'affilée. Le niveau des nappes phréatiques baisse, la végétation meurt et les puits se tarissent.

Les progrès médicaux ont contribué à une **croissance démographique** importante (M2). Grâce à une meilleure assistance médicale, la mortalité infantile baissa. Il a fallu nourrir davantage de personnes. Ceci entraîna chez les habitants du Sahel des changements du système économique.

Sous la pression démographique, les paysans du sud du Sahel déplacèrent constamment leurs zones de culture vers le Nord. Ceci entraîna le dépassement de la **limite d'aridité** pour la culture à la houe. Les rendements dans ces régions étaient bien inférieurs à ceux réalisés dans le Sud; à ceci vinrent s'ajouter beaucoup de mauvaises récoltes. Des surfaces arables toujours plus grandes furent labourées, tous les arbres et arbustes furent déracinés, les herbes et graminées arrachées et le sol ameubli. Toutefois, les tiges de millet ne protégèrent pas aussi bien la terre contre le vent comme le faisait la végétation naturelle. Ceci entraîna l'**érosion du sol**.

Par le passé, les bêtes des nomades servaient essentiellement au ravitaillement autonome ou comme objets d'échange, ils constituaient une réserve pour les temps difficiles et une „assurance vieillesse". Lorsque la demande en viande augmenta, ils augmentèrent le nombre des troupeaux sans, toutefois, disposer de pâturages plus étendus (M5).

De même, des **puits à grande profondeur**, réalisés grâce à l'argent de l'aide au développement, contribuèrent à l'augmentation du cheptel. De nouvelles installations d'irrigation fournissent de l'eau tout au long de l'année de sorte

Afrika — wasserarmer Norden

de von Tieren die Vegetation niedertrampeln und kahl fressen. Die **Desertifikation** nimmt nach Süden hin immer mehr zu (M6).

Die Wüste dehnt sich aber auch deshalb aus, weil die Sahelbewohner den Baumbestand der Savanne vernichten. Die **Abholzung** geschieht notgedrungen: Holz wird verwendet als Brennmaterial, zum Bau der Wohnhütten, zur Einfriedung der Felder und Weiden. Mit Brandrodung gewinnt man neue Ackerflächen. Um die Städte herum sind in einem Umkreis bis zu 100 km baumlose Gebiete entstanden.

Auch Europa ist an den Hungerkatastrophen nicht unschuldig. In der zweiten Hälfte des 19. Jahrhunderts wurden Länder des Sahel **Kolonien** der europäischen Industrienationen. Diese bestimmten, welche Agrarprodukte angebaut werden mussten. Das Kulturland wurde ausgeweitet, Exportfrüchte wurden angebaut, z. B. Baumwolle, Erdnüsse. Als die Sahelländer selbstständige Staaten wurden, setzten die neuen einheimischen Herren diese Politik fort: Anbau von **Cash-Crops** anstelle von Grundnahrungsmitteln. Hungersnöte waren damit vorprogrammiert: Während 1973 Flugzeuge, voll geladen mit Tomaten, Bohnen, Auberginen und Erdnüssen, den Sahel verließen, war die Not leidende Bevölkerung auf Nahrungsmittelhilfe angewiesen.

1. Welche Vegetationszonen umfasst die Sahelzone?
2. Nenne die Länder in der Sahelzone.
3. Wodurch tragen die Bewohner der Sahelzone zum Vordringen der Wüste bei?
4. Erkläre die Begriffe: Überweidung, Bodenerosion, Desertifikation.

que des milliers de bêtes piétinent et détruisent la végétation à leur proximité. La **désertification** s'intensifie vers le sud (M6).

Mais le désert s'agrandit aussi parce que les habitants du Sahel détruisent les arbres de la savane. Le **déboisement** devient une nécessité: le bois est utilisé comme combustible, ainsi que pour la construction de huttes et comme clôture des champs et pâturages. Les brûlis permettent de gagner de nouvelles surfaces arables. Des régions déboisées sont apparues autour des villes dans un rayon pouvant atteindre jusqu'à 100 km.

L'Europe aussi est responsable des grandes famines. Pendant la seconde moitié du XIXe siècle, les pays du Sahel devinrent les colonies des pays **industrialisés européens**. Ceux-ci ordonnèrent quels produits agricoles devaient être cultivés. Les surfaces agricoles furent agrandies et on y cultiva, par exemple, du coton et des cacahouètes pour l'exportation. Quand les pays du Sahel devinrent des États indépendants, les nouveaux dirigeants nationaux poursuivirent cette politique: **culture commerciale** au lieu de production de denrées alimentaires de base. Les famines furent ainsi programmées: en 1973, alors que des avions remplis de tomates, de haricots, d'aubergines et de cacahouètes quittaient le Sahel, la population dans le besoin était dépendante de l'aide alimentaire.

1. Quelles zones de végétation comprend la région du Sahel?
2. Nomme les pays formant la région du Sahel.
3. De quelle manière les habitants de la région du Sahel contribuent-ils à l'avancée du désert?
4. Explique les termes suivants: surpâturage, érosion du sol, désertification.

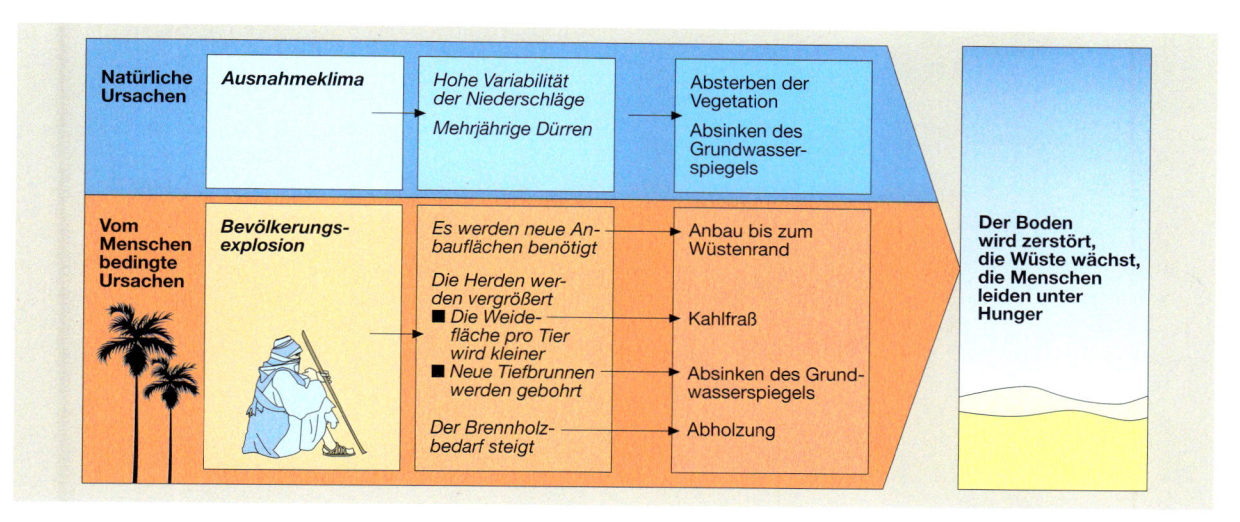

M6: Ursachen der Desertifikation

Sahelzone – ein bedrohter Lebensraum | Le Sahel – un espace de vie menacé

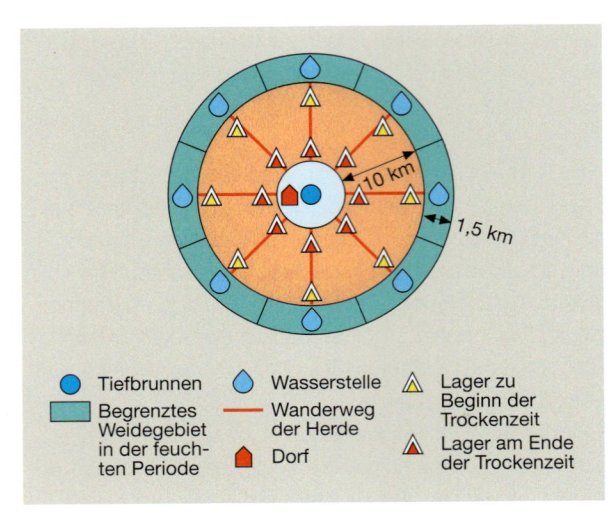

M1: Weiderotation

Legende:
- Tiefbrunnen
- Begrenztes Weidegebiet in der feuchten Periode
- Wasserstelle
- Wanderweg der Herde
- Dorf
- Lager zu Beginn der Trockenzeit
- Lager am Ende der Trockenzeit

M2: Aufforstung

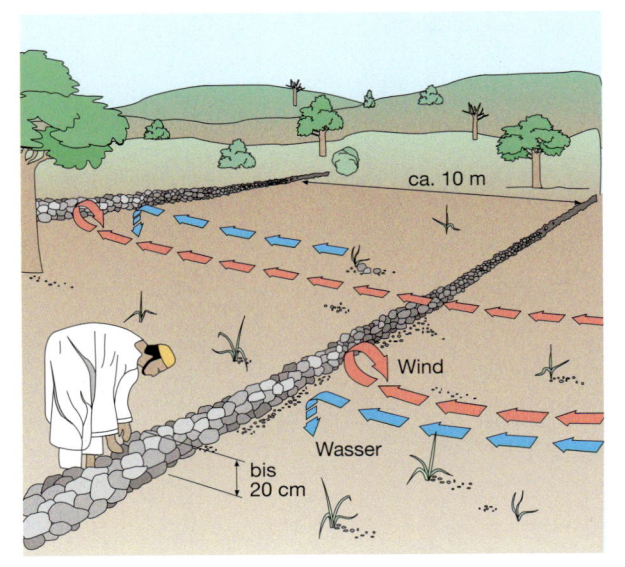

M3: Schutz durch Steinwälle

Hoffnung für den Sahel?

Überweidung führt zur Zerstörung der Pflanzendecke. Der entblößte Boden wird von Wind und Regen abgetragen, besonders in der Umgebung von Tiefbrunnen. Die planmäßige Züchtung hochwertiger Fleisch- und Milchrassen könnte die Einnahmeverluste ausgleichen, wenn die Zahl der Tiere bewusst verringert wird. Darüber hinaus ist eine verbesserte **Weiderotation** (M1) unumgänglich: Herden sollen in der Regenzeit weiter entfernte Wasserstellen nutzen, damit sich die Pflanzendecke um die Tiefbrunnen erholen kann.

Um das Vordringen der Wüste zu verhindern, ist die Senkung des *Holzverbrauchs* ein wichtiger Schritt. Dies kann geschehen durch:

- Bau einfacher *Lehmöfen* (M7), die weniger Holz benötigen als offene Kochstellen; traditionelle Lebensgewohnheiten müssen sich ändern.
- Nutzung der reichlich vorhandenen **Sonnenenergie**. Voraussetzung ist allerdings, dass die Solaröfen (M9) leicht zu reparieren sind. Auch müssen die Menschen bereit sein ihre Hauptmahlzeit von abends auf mittags zu verlegen.
- Einsatz von **Biogas** (M4) zum Kochen und Heizen.

In Gebieten, in denen die Pflanzendecke bereits stark geschädigt ist, zeigt die planmäßige **Aufforstung** mit schnell wachsenden Akazien erste Erfolge (M2). Die Bäume bilden einen Windschutz, verhindern die Austrocknung des Bodens und ihr Laub dient zur Bodenverbesserung.

Während der Regenzeit verwüsten Sturzbäche die Felder. Durch die Anlage niedriger *Stein-* und *Erdwälle* quer zu den Hängen lässt sich die Abschwemmung des Bodens verringern. Man kann zusätzlich Büsche und niedrige Bäume pflanzen (M3).

Geschützt durch diese Wälle, lagert sich auf den Parzellen feiner, fruchtbarer Boden ab und das Wasser versickert nur langsam. So bleibt das Erdreich länger *feucht*, der Grundwasserspiegel steigt, die Felder können für den Anbau genutzt werden. Im Schatten der Kleindämme bildet sich auch Tau, der bei ausbleibenden Niederschlägen dem Boden Feuchtigkeit zuführt.

Espoir pour le Sahel?

Le **surpâturage** entraîne la destruction du tapis végétal. Le sol nu est érodé par le vent et la pluie, en particulier à proximité des puits à grande profondeur. L'élevage systématique de races à viande et de races à lait de haute qualité pourrait compenser les pertes de recettes si l'on réduisait consciemment le nombre de bêtes. De plus, il est indispensable de pratiquer une meilleure **rotation des pâturages** (M1): durant la saison des pluies, les troupeaux doivent se déplacer vers des points d'eaux plus éloignés afin que le tapis végétal autour des puits puisse se régénérer.

La réduction de la *consommation de bois* est une mesure importante pour empêcher l'avancée du désert. Ceci peut se faire de manière suivante:
- constructions de *fours en terre glaise* (M7), nécessitant moins de bois que les foyers à flamme nue; les modes de vie traditionnelles doivent changer.
- Mise à profit de l'**énergie solaire** disponible à profusion. Toutefois, les fours solaires (M9) doivent être faciles à réparer. Les populations doivent aussi accepter de prendre leur repas principal à midi au lieu du soir.
- Utilisation de **biogaz** (M4) pour faire la cuisine et pour chauffer.

Dans les régions où le tapis végétal est déjà fortement détruit, le **reboisement** systématique avec des acacias à croissance rapide montre déjà des résultats positifs (M2). Les arbres forment une protection contre le vent, empêchent l'assèchement du sol et leur feuillage permet d'améliorer la qualité du sol.

Durant la saison des pluies, des torrents dévastent les champs. Il est possible de réduire l'avulsion du sol en construisant des *remblais* assez bas et des *murettes* à tracé transversal par rapport aux versants. On peut aussi planter des buissons et des arbustes (M3).

Grâce à ces protections, une couche fine et fertile se dépose sur les parcelles et l'eau ne s'infiltre que lentement. Le terrain reste *humide* plus longtemps, le niveau de la nappe phréatique augmente et on peut exploiter les champs. À l'ombre des petits remblais, de la rosée se forme fournissant de l'humidité au sol en cas d'absence de précipitations.

M4: Biogasbehälter

M5: Nutzung der Sonnenenergie

M6: Wüste im Vormarsch

Sahelzone – ein bedrohter Lebensraum | Le Sahel – un espace de vie menacé

Bei Hungerkatastrophen wurden Tausende von Menschen durch Nahrungsmittelspenden aus dem Ausland gerettet. Diese Spenden sind jedoch kein Mittel, um die **Ernährungsprobleme** im Sahel auf die Dauer zu lösen. Wenn Getreide kostenlos oder sehr billig im Land abgegeben wird, fallen die Preise für dieses Produkt. Die Einheimischen stellen den Anbau ein oder produzieren nur noch für den Eigenbedarf. Dadurch wird die Abhängigkeit von Spenden immer größer. Besser wäre es, den Bauern durch relativ hohe Erzeugerpreise den Anreiz zu vermehrtem Anbau zu bieten. Außerdem soll weniger für den Export angebaut werden, sondern die einheimische Lebensmittelproduktion muss unbedingt gesteigert werden.

M7: Geschlossene Feuerstelle

M8: Hirsefeld, von Sand bedroht

M9: Solarofen

5. Welche Veränderungen haben in der Sahelzone stattgefunden?
6. Die Desertifikation beginnt häufig in der Umgebung der Tiefbrunnen. Begründe warum?
7. Warum stellt der Brennholzbedarf eine besondere Gefahr für den Sahel dar?
8. Erkläre das Prinzip der Weiderotation.
9. Unterscheide Sofortmaßnahmen von solchen, die erst langfristig wirken.

Erstellen eines Strukturschemas „Dürre im Sahel"

Ereignisse wie die Hungerkatastrophe in der Sahelzone haben nicht nur eine, sondern vielfältige Ursachen. Ein Eingriff wie z. B. der Bau eines Staudamms wirkt sich ganz unterschiedlich auf Mensch und Natur aus. Ein Strukturschema kann solche Ursache-Wirkungs-Zusammenhänge verdeutlichen. Darüber hinaus hilft es, sich Sachverhalte (z. B. vor einer Klassenarbeit) besser einzuprägen. Am besten geht ihr folgendermaßen vor:

- Besorgt Packpapier oder Plakatkarton, farbiges Papier, Schere, Klebstoff, dicke Filzstifte.
- Schreibt jeweils einen Begriff oder stichwortartig einen Sachverhalt auf einen Papierstreifen.
- Legt die beschrifteten Streifen auf das Packpapier und ordnet sie: Welche Zettel zeigen Ursachen, welche Folgen?
- Versucht nun durch Verschieben der Papierstreifen ein sinnvoll geordnetes Schaubild zu entwickeln (z. B. Tabelle, Flussdiagramm, Schema mit Verästelungen)
- Klebt nun die Streifen auf das Packpapier auf und verdeutlicht die Zusammenhänge mit Pfeilen.

Afrika – wasserarmer Norden

Lors de graves famines, des milliers de personnes furent sauvées grâce aux dons en denrées alimentaires venant de l'étranger. Mais, à longue échéance, ces dons ne sont pas une solution aux **problèmes d'alimentation** du Sahel. La distribution gratuite ou à bas prix de céréales dans le pays entraîne la chute des prix de ces produits. Les autochtones en arrêtent la production ou la limitent à leur besoin personnel. Ceci entraîne une dépendance encore plus grande en dons. Il serait préférable d'inciter les paysans à accroître leurs cultures en leur proposant des prix élevés pour leurs produits. En outre, ce n'est pas l'exportation qu'il faut renforcer mais plutôt la production locale de denrées alimentaires.

5. Quels changements ont eu lieu dans la région du Sahel?
6. La désertification commence souvent à proximité des puits à grande profondeur. Explique pourquoi.
7. Pourquoi le besoin en bois de chauffage représente-t-il un danger particulier pour le Sahel?
8. Explique le principe de la rotation des pâturages.
9. Fais la distinction entre les mesures d'urgences et celles à effet à longue échéance.

2.4.1984

Die Wüste holt sich täglich 16 Meter Land

Lautlos, scheinbar unaufhaltsam rückt sie vor und verschlingt jährlich sechs Millionen Hektar fruchtbaren Landes: die Wüste – eine tödliche Bedrohung für alles Leben.
Wenige Kilometer von Kargi entfernt, im Grenzgebiet zu Äthiopien und Somalia, beginnt die von nur wenigen Büschen belebte Steppe. 4000 Nomaden versuchen hier 50 000 Tiere zu ernähren.

In der Sahelzone wurden die Brunnen zur tödlichen Falle

Sie bauten Brunnen, um den Menschen in der Sahelzone zu helfen. Doch es scheint, dass die Entwicklungshelfer gerade so die Dürre zur Dauerkatastrophe machten.

M 10: Zeitungsmeldungen

Réalisation d'un schéma structurel: „La sécheresse au Sahel"

Les évènements comme la famine dans la région du Sahel ont de nombreuses causes. Une intervention comme, p. ex., la construction d'un barrage a un effet bien différent sur les populations et sur la nature. Un schéma structurel peut mettre en évidence les rapports entre causes et effets. De plus, il permet de mieux retenir les faits (p. ex. avant une composition).

- Procurez-vous du papier d'emballage ou du carton à affiches, du papier de couleur, une paire de ciseaux, de la colle et de gros stylos-feutres.
- Écrivez sur une bande de papier un terme ou un fait sous forme succincte.
- Placez ces bandes sur le papier d'emballage et ordonnez-les: quelles bandes indiquent les causes et quelles bandes les conséquences?
- Essayez maintenant de réaliser un diagramme correctement ordonné en déplaçant ces bandes de papier (p. ex. un tableau, un organigramme, un schéma à arborescence).
- Collez ensuite ces bandes sur le papier d'emballage et mettez les corrélations en évidence avec des flèches.

http://www.biologie.uni-hamburg.de/b-online/afrika/sudan/brunnen.htm
http://www.biologie.uni-hamburg.de/b-online/afrika/sudan/sahel.htm
http://www.hjp.ch/burkina/default.htm

M 11: Beschriften der Papierstreifen

Kapverdische Inseln | Îles du Cap-Vert

M1: Trinkwasserversorgung auf der Insel Santiago

M2: Fischerboote in einer Bucht der Insel Santiago

Von der Wüste bedroht

Lässt der Name „Kapverdische Inseln" grüne Inseln mit üppiger Vegetation vermuten, so ist genau das Gegenteil der Fall. Trockenheit und karge Landschaften herrschen vor. Der Name wurde 1462 zum ersten Mal gebraucht um die „Inseln hinter dem grünen Kap" (Cabo Verde) bei Dakar zu bezeichnen. Insgesamt umfasst die Inselgruppe mit ihren 4033 km² sechs unbewohnte und neun bewohnte Inseln, auf denen sich die 440 000 Einwohner unregelmäßig verteilen. Die östlichen Inseln Sal, Boa Vista und Maio sind ziemlich eben und trocken. Die übrigen Inseln sind dagegen gebirgig und deshalb feuchter. Die zunehmende Trockenheit bereitet den Inselbewohnern zurzeit die meisten Sorgen. Gemeinsam mit acht anderen Sahelstaaten versucht Kap Verde die Ausdehnung der Wüste zu bremsen.

Hohe Arbeitslosigkeit, kaum Industrien, geringe landwirtschaftliche Nutzfläche, Armut und Dürrekatastrophen veranlassten viele Kapverdier die Inseln zu verlassen. Heute leben fast doppelt so viele im Ausland wie auf den Inseln selbst. Bereits in den 1960er-/70er-Jahren kamen viele Kapverdier als portugiesische Gastarbeiter nach Luxemburg. Sie stammen vor allem von den Inseln Santo Antão, São Vicente und Santiago. Man schätzt, dass heute mehr als 5000 Einwohner Luxemburgs kapverdischen Ursprungs sind. Mit keinem anderen Land der Dritten Welt unterhält Luxemburg engere Kontakte. Zahlreiche staatliche Entwicklungsprojekte wurden bzw. werden noch durchgeführt.

Menacées par le désert

Bien que le nom „Îles du Cap-Vert" suggère des îles à végétation luxuriante, c'est exactement le contraire qui est vrai: la sécheresse et l'aridité dominent. Ce nom fut employé pour la première fois en 1462 pour désigner les „îles derrière le Cap-Vert" (Cabo Verde) près de Dakar. Cet archipel, dont la superficie totale est de 4033 km², comprend six îles inhabitées et neuf îles sur lesquelles se répartissent de manière inégale 440 000 habitants. Les îles orientales Sal, Boa Vista et Maio sont assez plates et sèches. Les autres sont, au contraire, très montagneuses et, de ce fait, plus humides. La sécheresse croissante est actuellement le soucis majeur des insulaires. En collaboration avec huit autres États du Sahel, les îles du Cap-Vert tentent de freiner l'avancée du désert.

Un chômage élevé, peu d'industries, peu de surfaces utiles pour l'agriculture, la pauvreté et la sécheresse ont poussé de nombreux Capverdiens à quitter l'archipel. Aujourd'hui, ils sont deux fois plus nombreux à l'étranger que sur les îles. Déjà au cours des années 1960/70, de nombreux Capverdiens immigrèrent au Luxembourg comme travailleurs portugais. Ils proviennent pour la plupart des îles Santo Antão, São Vicente et Santiago. On estime qu'aujourd'hui plus de 5000 habitants du Luxembourg sont d'origine capverdienne. Avec aucun autre pays du Tiers-Monde le Luxembourg entretient des contact aussi étroits. De nombreux projets publics de développement ont été ou sont encore réalisés.

Afrika — wasserarmer Norden

M3: Hafenstadt Mindelo (Insel São Vicente)

Seit 1975 ist die ehemalige portugiesische Kolonie unabhängig. Kap Verde zählt zu den ärmsten Ländern der Erde. Das Land besitzt keine Energierohstoffe und kaum Industrien. Nahezu alle auf den Inseln verbrauchten Waren, darunter auch ein hoher Anteil an Lebensmitteln, müssen eingeführt werden.

1. Beschreibe M1. Welches Hauptproblem haben die Bewohner dieser Landschaft?
2. Was sind die wichtigsten wirtschaftlichen Aktivitäten der Inselgruppe?
3. Vor welche natürlichen Probleme sehen sich die Menschen auf den Kapverdischen Inseln gestellt?
4. Worin liegt die geostrategische Bedeutung der Inselgruppe früher und heute begründet?

L'ancienne colonie portugaise est indépendante depuis 1975. Les Îles du Cap-Vert font partie des pays les plus pauvres du monde. Le pays ne possède pas de matières premières énergétiques et peu d'industries. Presque toutes les marchandises consommées dans l'archipel doivent être importées, y compris une grande partie des denrées alimentaires.

1. Décris M1. Quel est le problème principal des habitants dans cette région?
2. Quelles sont les activités économiques les plus importantes de l'archipel?
3. À quels problèmes naturels sont confrontés les habitants des îles du Cap-Vert?
4. En quoi consiste l'importance géostratégique de l'archipel autrefois et aujourd'hui?

L'Afrique — Nord, pauvre en eau

Kapverdische Inseln | Îles du Cap-Vert

Mit einer Vielzahl von Kratern, Vulkankegeln, tief eingeschnittenen Tälern und scharfen Graten gehört **Santo Antão** zu den gebirgigsten Inseln. Klimatisch ist die Insel wie alle gebirgigen Inseln zweigeteilt. Der fast das gesamte Jahr wehende NE-Passat wird an den Gebirgshängen zum Aufsteigen gezwungen und bringt der N- und NE-Seite Feuchtigkeit. Hier fallen 300–900 mm Niederschlag pro Jahr. In den bewässerten Tälern wird Zuckerrohr angebaut. Aus dem Zucker wird „Grogue", ein starker Rum, gebrannt. Die S- und SW-Seiten der Inseln im Lee des NE-Passats bleiben trocken.

São Vicente gehört zu den kleinen Inseln. Einstigen Wohlstand verdankt die Insel Mindelo (50 000 E.) dem wirtschaftlichen Zentrum der Inselgruppe. Es entwickelte sich in einem riesigen Naturhafen, der Teil eines versunkenen Kraters ist. Im Hafen lagert in großen Öltanks Erdöl, das gebraucht wird um in der neuen Meerwasser-Entsalzungsanlage das so dringend benötigte Trinkwasser zu gewinnen.

Brava ist die kleinste der bewohnten Inseln des Archipels. Sie gilt als die grünste und fruchtbarste Insel. Daher wird sie auch die Blumeninsel genannt. Häufig liegen mächtige Nebelwolken über dem Hochplateau und spenden den Pflanzen die nötige Feuchtigkeit.

Die Insel **Fogo** besteht lediglich aus einem aus dem Wasser reichenden Vulkankegel, dem Pico de Fogo. Mit 2829 m Höhe ist er der höchste Berg der Kapverdischen Inseln und Beobachtungen nach immer noch aktiv. Die fruchtbare Lavaerde eignet sich gut für die Landwirtschaft. In der Caldera wird Wein angebaut und an den NE-Hängen befinden sich Gärten und Kaffeeplantagen.

Touristen, die im Flugzeug anreisen, landen auf der Insel **Sal**. Dort befindet sich der einzige internationale Flughafen der Inselgruppe. Er stellt eine wichtige Einnahmequelle dar, weil er von den großen Fluggesellschaften auf ihren transkontinentalen Flügen zum Auftanken genutzt wird. In großen Salinen wurde bis 1984 Salz (port. *sal*) durch Verdunsten des Meerwassers gewonnen. Die flache Insel ist nahezu vegetationslos. Kilometerlange Strände und kristallklares Wasser bieten die besten Voraussetzungen für den Strandtourismus.

São Nicolau ist wie die westlichen Inseln sehr gebirgig, mit bis zu 1300 m aufragenden Vulkankegeln, tiefen Tälern, schmalen Küstenstreifen und bizarren Felsformationen, die steil ins Meer fallen. Eine wichtige Erwerbsquelle ist der Fischfang von Tarrafal aus. Fischfabriken verarbeiten den Thunfisch für den Export.

Die Desertifikation des Archipels wird besonders deutlich auf der Insel **Maio**. Hierfür ist vor allem eine rücksichtslose Überweidung der Insel durch Ziegen verantwortlich. Ein großräumig durchgeführtes Aufforstungsprogramm zeigt erste Erfolge. Neu angelegte Akazienwälder dehnen sich bereits auf natürliche Weise aus und liefern genug Holzkohle für die Versorgung des gesamten Archipels.

Santiago ist die größte Insel des Archipels. Hier liegt Praia, die Hauptstadt der Republik. Sie ist Sitz der Regierung sowie aller wichtigen Behörden und Firmen. Seit der Unabhängigkeit 1975 hat sich die Bevölkerung mehr als vervierfacht (97 000 E.). Wegen des starken Bevölkerungswachstums kommt es immer wieder zu Problemen bei der Strom- und Wasserversorgung. An der NE-Küste befinden sich die größten Bananenplantagen des Archipels. Daneben werden die Hauptnahrungsmittel Mais und Bohnen in Mischkulturen angebaut. Die kleinen Dörfer an der W- und S-Küste leben vom Thunfischfang.

Boa Vista („Schöne Aussicht") ist die weiße Insel. Sie ist nahezu unbewohnt. Ein Fünftel der Insel bedecken kilometerlange menschenleere Strände und weiße Wanderdünen. Der Sand wird teilweise durch die kräftigen Passatwinde aus der Sahara hierher verfrachtet.

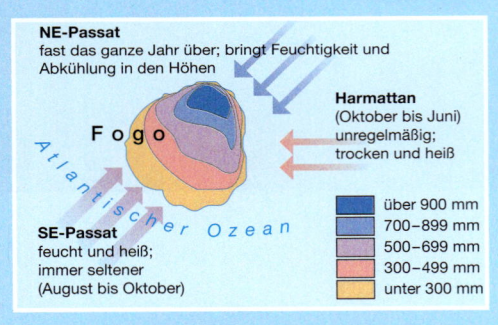

Niederschlagsverteilung auf der Insel Fogo

http://www.sodade.de

Afrika – wasserarmer Norden

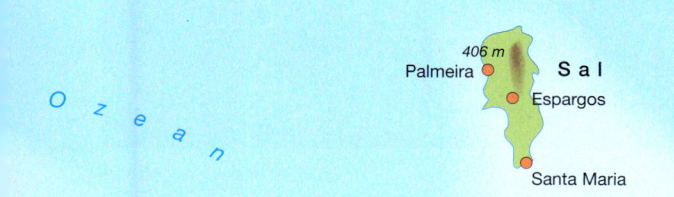

Santo Antão fait partie des îles les plus montagneuses avec ses innombrables cratères, puys volcaniques, vallées profondes et crêtes. Du point de vue climatique, l'île est divisée en deux parties comme toutes les îles montagneuses. L'alizé du nord-est soufflant presque toute l'année est obligé de remonter les versants montagneux, apportant ainsi de l'humidité au côté nord-nord-est. Les précipitations annuelles varient ici entre 300 et 900 mm. On cultive la canne à sucre dans les vallées irriguées. Un rhum fort appelé „Grogue" est distillé à partir du sucre obtenu. Les côtés sud et sud-ouest des îles sous l'alizé du nord-est restent sèches.

São Vincente fait partie des petites îles. Elle doit sa prospérité d'antan à la ville de Mindelo (50 000 habitants), le centre économique de l'archipel. Cette ville se développa auprès d'un immense port naturel faisant partie d'un cratère englouti. Du pétrole, stocké dans de gros réservoirs dans le port, sert à faire fonctionner la nouvelle installation de dessalement d'eau de mer pour produire l'eau potable tant nécessaire.

Brava est la plus petite île habitée de l'archipel. Elle est considérée comme l'île la plus verte et la plus fertile. C'est pourquoi on l'appelle aussi l'île aux fleurs. De gros nuages brumeux recouvrent souvent le haut-plateau, fournissant aux plantes l'humidité nécessaire.

Fogo est uniquement formée d'un puy volcanique émergeant de l'eau: le Pico de Fogo. Cette montagne de 2829 m d'altitude est la plus haute de l'archipel capverdien; des observations ont montré qu'il s'agissait d'un volcan encore actif. Le sol sur roche volcanique convient parfaitement pour l'agriculture. Dans la caldeira on cultive la vigne; sur les versants nord-est on trouve des jardins et des plantations de café.

Les touristes se rendant en avion aux îles du Cap-Vert atterrissent sur l'île de **Sal**. C'est ici que se trouve le seul aéroport international de tout l'archipel. Il représente une importante source de revenus car les grandes compagnies aériennes l'utilisent pour le ravitaillement en carburant lors des vols transcontinentaux. Jusqu'en 1984, la production de sel (en portugais sal) eu lieu dans de grandes salines par évaporation de l'eau de mer. Cette île plate n'a pratiquement pas de végétation. Ses plages de plusieurs kilomètres et son eau cristalline offrent les meilleures conditions au tourisme balnéaire.

Comme les autres îles occidentales, **São Nicolau** est très montagneuse avec des puys volcaniques atteignant jusqu'à 1300 m, des vallées profondes, d'étroites bandes côtières et de bizarres falaises tombant à pic dans la mer. La pêche à partir de Tarrafal représente une source de revenus importante. Des usines poissonnières préparent le thon pour l'exportation.

La désertification de l'archipel est particulièrement visible sur l'île de **Maio**. Un surpâturage sans ménagement par des chèvres en est principalement responsable. Un important programme de reboisement donne des premiers résultats positifs. Des forêts d'acacias récemment plantées s'étendent déjà naturellement, fournissant suffisamment de charbon de bois pour alimenter l'ensemble de l'archipel.

Santiago est la plus grande île de l'archipel. C'est ici que se trouve Praia, la capitale de la république. Elle est le siège du gouvernement, de l'administration et des sociétés les plus importantes. La population a plus que quadruplé (97 000 habitants) depuis l'indépendance en 1975. En raison de la forte croissance démographique, il y a souvent des problèmes d'alimentation en électricité et en eau. Les plus grandes bananeraies de l'archipel se trouvent sur la côte nord-est de l'île. A côté, les principaux aliments – le maïs et les haricots – sont produits en culture mixte. Les petits villages sur la côte ouest et sud vivent de la pêche au thon.

Boa Vista („Belle Vue") est l'île blanche. Elle est presque inhabitée. Des plages vides de plusieurs kilomètres de longueur et des dunes mouvantes de sable blanc occupent un cinquième de la surface de l'île. Le sable est y en partie transporté depuis le Sahara par les puissants alizés.

http://www.oefse.at/Downloads/laender/KPV2003.pdf

L'Afrique — Nord, pauvre en eau

Kennst du Afrika ? | Connais-tu l'Afrique ?

M1: Pyramiden von Giseh

M2: Höchster Berg Afrikas

1. Um welche Gebiete handelt es sich beiderseits der Linien E–E und F–F (M3)?
2. Eine Inselgruppe liegt vor der Westküste Afrikas. Sie ist das Heimatland vieler Einwandererfamilien in Luxemburg. Wie heißt diese Inselgruppe?
3. M1 zeigt eine der berühmten Pyramiden von Giseh am Nildelta. In der Nähe liegt die Hauptstadt dieses nordafrikanischen Staates. Nenne die Hauptstadt.
4. Wie heißt der größte afrikanische See, an den 3 Staaten grenzen (M5)?
5. Der wasserreichste Strom Afrikas entspringt auf der Südhalbkugel, fließt ein Stück auf der Nordhalbkugel und mündet auf der Südhalbkugel in den Atlantischen Ozean. Er gibt einer Beckenlandschaft seinen Namen. Wie heißt der Strom, wie heißt das Becken?
6. Die beiden höchsten Berge Afrikas sind schneebedeckte Vulkane und liegen in der Nähe des Äquators. Wie heißen sie?
7. Nenne einen Strom Westafrikas, der 2 Ländern seinen Namen gab und in den Golf von Guinea mündet. Wie heißen die beiden Staaten?
8. Nenne eine Küstenwüste im Südwesten Afrikas.
9. Suche die Namen verschiedener Küstenabschnitte Westafrikas, nördlich des Äquators, die an Exportprodukte während der Kolonialzeit erinnern.
10. Die Mine „Big Hole" von Kimberley in Südafrika war eine der bedeutendsten Lagerstätten von Edelsteinen. Welcher Edelstein wird hier gefördert (M4)?

1. De quelles régions s'agit-il de part et d'autre des lignes E–E et F–F (M3)?
2. Devant la côte ouest-africaine se situe un archipel n'appartenant à aucun pays d'Afrique. C'est la patrie de nombreuses familles d'immigrés vivant au Luxembourg. Comment s'appelle cet archipel?
3. M1 montre l'une des célèbres pyramides de Gizeh dans le delta du Nil. La capitale de cet État nord-africain se trouve à proximité. Quel est le nom de cette capitale?
4. Comment s'appelle le plus grand lac africain aux frontières de 3 États (M5)?
5. Le fleuve africain au plus grand débit prend sa source dans l'hémisphère sud, s'écoule en partie dans l'hémisphère nord pour retourner dans l'hémisphère sud et se jeter dans l'Océan Atlantique. Un bassin porte son nom. Comment s'appelle ce fleuve, comment s'appelle ce bassin?
6. Les deux plus hautes montagnes africaines sont des volcans recouverts de neige qui se trouvent à proximité de l'équateur. Comment s'appellent-elles?
7. Comment s'appelle le fleuve d'Afrique occidentale donnant son nom à deux pays et se jetant dans le golfe de Guinée. Comment s'appellent ces deux États?
8. Quel est le nom d'un désert littoral d'Afrique du sud-ouest.
9. Cherche le nom de différentes sections côtières d'Afrique occidentale, au nord de l'équateur, qui font penser à des produits d'exportation de l'époque coloniale.
10. La mine „Big Hole" de Kimberley en Afrique du Sud fut l'un des plus importants gisements de pierres précieuses. Quelle pierre précieuse y est extraite (M4)?

http://www.helmut-zenz.de/hzafrika.htm

Geographie Trainer

Afrika — wasserarmer Norden

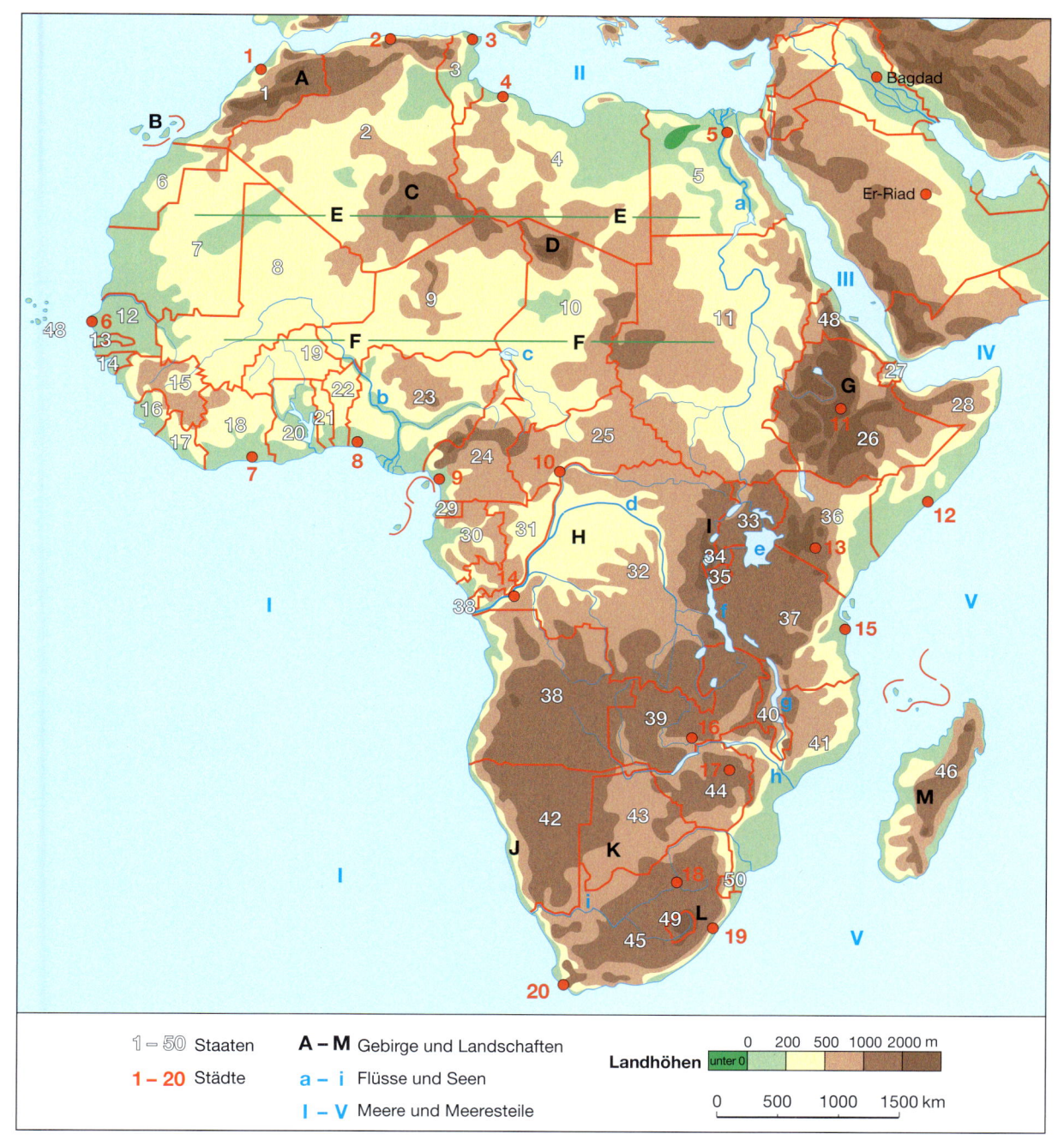

1 – 50 Staaten   A – M Gebirge und Landschaften
1 – 20 Städte   a – i Flüsse und Seen
                 I – V Meere und Meeresteile

Landhöhen: unter 0 | 0 | 200 | 500 | 1000 | 2000 m

0   500   1000   1500 km

M3: Stumme Karte Afrika

M4: Geschliffener Edelstein

M5: Größter See Afrikas

http://gw.eduhi.at/programm/dehmer/puzzle/puzzle9.htm

L'Afrique — Nord, pauvre en eau   45

Der Orient – Reichtum durch Erdöl

Hotel in Dubai **Ras Tanura – Tanklager im größten Erdölverladehafen**

L'Orient – la richesse grâce au pétrole

Petroleum-Hafen Mina el-Ahmadi (Kuwait)

Bohrcamp in der Wüste (VAE)

Die Kaaba in Mekka

Der Orient im Überblick / Vue d'ensemble de l'Orient

M 1: Wasserverteiler in einer Oase

M 2: Wassertürme in Kuwait

Naturraum und Klima

Zwischen Asien und den Kontinenten Europa und Afrika bildet der Orient eine Art *Brücke*. In der Türkei reicht er mit einem Zipfel nach SE-Europa und mit Ägypten stellt er die Bindung zu Afrika her.

Der Orient gehört zum **Trockengürtel** der Alten Welt, der sich von der Sahara über die Arabische Halbinsel bis nach Innerasien erstreckt. Das Klima ist sommerheiß und meist sommertrocken. Der Großteil des Orients erhält weniger als 250 mm Niederschlag pro Jahr. Wüsten, Halbwüsten und Steppen überwiegen. Direkt an den Küsten des Mittelmeeres und des Schwarzen Meeres übersteigen die Niederschläge 500 mm im Jahr. Dort finden wir die typische **Mittelmeervegetation**.

Anbau ist nur dort möglich, wo ausreichende **Wasserressourcen** vorhanden sind. Dort wo die Niederschläge für einen Anbau nicht mehr ausreichen, wird Nomadismus betrieben: Bergnomadismus in den Gebirgssteppen Anatoliens und Irans sowie Flächennomadismus in großen Teilen der Wüsten und Halbwüsten der Arabischen Halbinsel.

Wirtschaft und Kultur

Die **Wirtschaft** und das gesellschaftliche Leben des Raumes werden seit Jahrzehnten stark durch die Förderung von **Erdöl** und Erdgas geprägt, die sich auf das Gebiet des Persisch-Arabischen Golfes konzentrieren. Dort lagern knapp 60 % der bekannten Erdöl- und über 25 % der Erdgasreserven der Welt.

Starkes Städtewachstum, Aufgabe traditioneller Lebens- und Wirtschaftsformen, teilweise Übernahme westlicher Lebensart, Bau neuer Industrieanlagen sowie gestiegener Wohlstand haben viele Erdölstaaten radikal verändert.

Klimagramm

Espace naturel et climat

L'Orient forme une sorte de *pont* entre l'Asie et les deux autres continents que sont l'Europe et l'Afrique. En Turquie, une pointe atteint l'Europe du sud-est; par le biais de l'Égypte il établit la liaison avec l'Afrique.

L'Orient fait partie de la **ceinture aride** de l'Ancien Monde qui s'étendait du Sahara à l'Asie centrale en passant par la péninsule arabique. Le climat est d'une chaleur et d'une sécheresse presque toujours estivales. Les précipitations annuelles sont inférieures à 250 mm dans la majorité de l'Orient. On y trouve essentiellement des déserts, des semi-déserts et des steppes. Directement sur les côtes de la Méditerranée et de la Mer Noire, les précipitations annuelles dépassent 500 mm. On y trouve la **végétation méditerranéenne** typique.

Les cultures sont possibles uniquement aux endroits où les **ressources en eau** sont suffisantes. Là où les précipitations sont insuffisantes pour toute forme de culture, on trouve le nomadisme: le nomadisme des montagnes dans les steppes montagneuses de l'Anatolie et de l'Iran ainsi que le nomadisme de plaine dans de grandes parties des déserts et semi-déserts de la péninsule arabique.

Économie et culture

L'économie et la vie sociale de la région sont fortement marquées depuis des décennies par l'exploitation du **pétrole** et du gaz naturel qui se concentre dans la zone du golfe Arabo-Persique. On y trouve presque 60 % des réserves de pétrole et plus de 25 % des réserves de gaz naturel mondiales.

La croissance importante des villes, l'abandon des formes traditionnelles de vie et de commerce, l'adoption partielle du mode de vie occidental, la construction de nouvelles installations industrielles ainsi qu'une prospérité accrue ont modifié radicalement la vie des États producteurs de pétrole.

Der Orient – Reichtum durch Erdöl

M3: Betende in der Kaaba

M4: Kinder in der Koranschule

Alle wichtigen Schritte, die die Menschheit zwischen Altsteinzeit und Antike vorwärts gebracht haben, wurden zum ersten Mal im Orient getan. Die ersten Formen sesshafter Lebensführung, verbunden mit Anbau und Tierhaltung, konnten in den Bergländern und Steppen Vorderasiens nachgewiesen werden. Schon im vierten vorchristlichen Jahrtausend entstanden die ersten Hochkulturen der Erde zwischen Euphrat und Tigris in der Gegend des heutigen Irak. Bilderschrift, prachtvolle Paläste und Tempelbauten sowie die ersten Städte hatten hier ihren Ursprung.

Religion

Das gesellschaftliche und kulturelle Leben sowie das Siedlungsbild werden vom **Islam** (heißt: Ich gebe mich Gott hin – Hingabe zu Gott) bestimmt. Er wurde von **Mohammed, dem Propheten** (570 n. Chr. in Mekka geboren), begründet. Die Kaufleute in Mekka verspotteten ihn, weil er eine gerechte Behandlung für alle Menschen forderte. Schließlich zwangen sie ihn Mekka zu verlassen. 622 n. Chr. wanderte er mit seinen Anhängern nach Medina aus und baute dort eine Gemeinde auf. Religiöse Gesetze und Regeln bestimmten das Zusammenleben der Menschen. Das Jahr 622 ist der Beginn der islamischen Zeitrechnung. Als Mohammed im Jahr 632 starb, war seine Lehre bereits auf der Arabischen Halbinsel verbreitet. Von den Arabern wurde diese Religion im gesamten Orient und über seine Grenzen hinaus verbreitet. Die heilige Schrift des Islam ist der **Koran**, das „Vorzutragende". Im Koran sind die Offenbarungen Allahs in 114 Suren (Abschnitten) niedergeschrieben, die Mohammed durch den Engel Gabriel empfing. Mohammed ist nach Abraham und Jesus der letzte Prophet, der Gottes Gesetze verkündete. Daher gibt nach islamischer Auffassung der Koran die endgültige Wahrheit wieder. Er enthält Gebete, Anweisungen als Lebenshilfen für den Alltag und die Rechtsprechung. Der Koran ist in arabischer Sprache geschrieben und wird heute von 1,2 Milliarden Muslimen beachtet.

Toutes les étapes importantes qui ont fait avancer l'humanité entre le paléolithique et l'Antiquité ont été franchies pour la première fois en Orient. Les premières formes de vie sédentaire liées à la culture et à l'élevage de bétail naquirent en fait dans les pays montagneux et dans les steppes du Proche-Orient. Les premières civilisations développées du monde apparurent déjà au IVe siècle avant Jésus-Christ entre l'Euphrate et le Tigre dans la région actuelle de l'Irak. C'est ici que s'est formée l'écriture et qu'on a construit de somptueux palais et temples ainsi que les premières villes.

Religion

L'**Islam** (qui signifie: se remettre à Dieu – dévouement à Dieu) détermine la vie sociale et culturelle ainsi que le caractère de la communauté. Il a été fondé par **Mahomet, le prophète** (né en 570 apr. J.-C. à La Mecque). Les marchands de La Mecque se moquèrent de lui parce qu'il exigeait un traitement juste pour tous les Hommes. Ils le forcèrent ensuite à quitter La Mecque. En 622 apr. J.-C., il se rendit à Médine avec ses adeptes où il forma une communauté. Des lois et des règles religieuses déterminèrent la cohabitation des personnes. L'année 622 est le début de l'ère islamique. Quand Mahomet mourut en 632, son enseignement était déjà répandu sur toute la péninsule arabique. Les Arabes propagèrent cette religion dans tout l'Orient et au-delà de ses frontières. L'Écriture sainte de l'Islam est le **Coran**, „ce qui doit être récité". Le Coran contient les révélations d'Allah en 114 sourates (chapitres) que l'archange Gabriel transmit à Mahomet. Après Abraham et Jésus, Mahomet est le dernier prophète qui propageait les commandements de Dieu. C'est pourquoi, d'après la conception islamique, le Coran restitue la vérité définitive. Il contient des prières et des instructions qui guident la vie quotidienne et la juridiction. Le Coran est écrit en arabe et est observé, aujourd'hui, par 1,2 milliards de musulmans.

Der Orient im Überblick | Vue d'ensemble de l'Orient

M5: Moschee in Isfahan

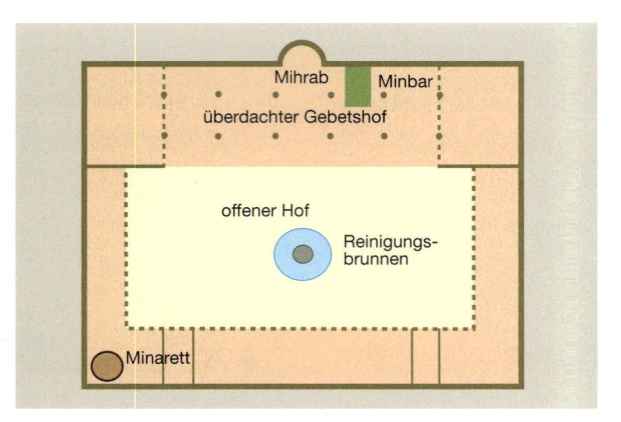

M6: Grundriss einer Moschee

Der Islam hat *fünf Säulen*. Die erste Säule ist das *Glaubensbekenntnis*: „Es gibt keinen Gott außer Allah und Mohammed ist sein Prophet." Der Gebetsrufer, der Muezzin, singt es vom Moscheeturm (Minarett) oder spielt ein Tonband ab. Es beginnt mit „Allah-u akbar" (Allah ist der Größte) und endet mit „La ilaha illallah" (Es gibt keinen Gott außer Allah).

Die zweite Säule sind die *täglichen fünf Pflichtgebete*. Zu bestimmten Tageszeiten erklingt in der gesamten islamischen Welt der Ruf des Muezzins vom Minarett. Dann unterbrechen die gläubigen Muslime ihre Arbeit. Bevor der Gläubige mit dem Gebet beginnt, wäscht er seine Hände mit Wasser oder Sand, zieht die Schuhe aus und schaut in die Richtung, in der Mekka liegt. Danach verneigt er sich und betet.

Die dritte Säule sind die *Almosen für die Armen*, eine Art religiöser Steuer. Muslime zahlen 2,5 bis 10 Prozent ihres Einkommens an die Gemeinschaft der Gläubigen. Für viele islamische Staaten ist dies die wichtigste Einnahmequelle. Die Reichen geben den Armen und Leidenden etwas ab.

Die vierte Säule ist das *Fasten im Ramadan*, das nach dem islamischen Kalender im neunten Monat des Mondjahres stattfindet. In der Fastenzeit dürfen Muslime zwischen Sonnenaufgang und Sonnenuntergang weder rauchen noch essen noch trinken. Vom Fastengebot sind Kranke, Kinder, Alte, Reisende, schwangere Frauen, aber auch körperlich schwer Arbeitende ausgenommen.

Die fünfte Säule ist die *Wallfahrt nach Mekka* zur Kaaba. Jeder Gläubige soll mindesten einmal in seinem Leben zur Stadt des Propheten pilgern. Nach der Pilgerfahrt hat man das Recht, den Ehrentitel „Haddsch" zu führen. An der Pilgerfahrt nehmen jedes Jahr mehr als eine Million Gläubige aus aller Welt teil.

L'Islam comporte *cinq piliers*. Le premier, c'est la *profession de foi*: „Il n'y a d'autre dieu qu'Allah et Mahomet est son prophète". Le muezzin, appelant les fidèles à la prière, la chante du haut de la tour de la mosquée (minaret) ou la joue sur cassette. La profession de foi commence avec „Allah-u akbar" („Allah est grand") et s'achève avec „La ilaha illallah" („Il n'y a d'autre dieu qu'Allah").

Le second pilier est constitué par les *cinq prières quotidiennes obligatoires*. À certaines heures précises de la journée, l'appel du muezzin du haut du minaret retentit dans le monde islamique entier. Les croyants musulmans interrompent alors leur travail. Avant que le croyant commence la prière, il se lave les mains avec de l'eau ou du sable, retire ses chaussures et se tourne en direction de La Mecque. Ensuite, il s'incline et prie.

Le troisième pilier est formé par les *aumônes faites au pauvres*, une sorte de taxe religieuse. Les musulmans versent 2,5 à 10 % de leur revenu à la communauté des croyants. Pour de nombreux États islamiques, ceci est la plus importante source de revenus. Les riches donnent aux pauvres et aux souffrants.

Le quatrième pilier est le *jeûne du ramadan* qui a lieu d'après le calendrier islamique au 9e mois lunaire. Durant le ramadan, les musulmans ne doivent ni fumer, manger ou boire entre le lever et le coucher du soleil. Les malades, les enfants, les vieillards, les voyageurs, les femmes enceintes et aussi les personnes fournissant un travail physique intensif sont dispensés de l'obligation de jeûner.

Le cinquième pilier est le *pèlerinage* à la Ka'ba de *La Mecque*. Chaque croyant doit se rendre au moins une fois dans sa vie à la ville du prophète. Après ce pèlerinage, on peut porter le titre honorifique de „Hajj". Plus d'un million de croyants du monde entier prend part chaque année à ce pèlerinage.

M7: Grabeskirche Christi in Jerusalem

M8: Blick vom Ölberg aus nach Westen, im Vordergrund die Altstadt

Geopolitische Probleme

Der Orient ist seit vielen Jahrzehnten *Unruheherd der Weltpolitik* und Schauplatz zahlloser kriegerischer Auseinandersetzungen. Dies geht darauf zurück, dass der Großteil der Staaten künstliche Gebilde des 20. Jh. sind. Ihre Grenzen wurden häufig über Hunderte von Kilometern willkürlich mit dem Lineal von den ehemaligen Kolonialmächten auf dem Reißbrett gezogen. Das Gebiet der Kurden, die einen eigenen Staat fordern und ein geschlossenes Siedlungsgebiet bilden, gehört heute verschiedenen Staaten an: der Türkei, dem Irak, dem Iran, Syrien, Aserbaidschan und Armenien. Ebenso warten das Palästinenserproblem und der arabisch-israelische Konflikt auf eine Lösung. Dieses ist begründet in den Ansprüchen zweier Völker, den Israelis und den Palästinensern, auf das gleiche Territorium – Palästina. Mit der Gründung des Staates Israel 1948 unter der Federführung der UNO begannen die Auseinandersetzungen Israels mit seinen Nachbarn, die den Staat nicht anerkannten.

Erst 1994 wurde zwischen Israel und den Palästinensern ein Vertrag zur gegenseitigen Anerkennung geschlossen. Kurz danach folgte ein Autonomievertrag für Jericho und den Gazastreifen. Infolge der israelischen Siedlungspolitik in Ostjerusalem kam der Friedensprozess später wieder ins Stocken. Viele Streitpunkte bedürfen somit noch einer Lösung. So wird Jerusalem z. B. von beiden Seiten als Hauptstadt beansprucht. Die drei Religionen des Orients haben hier ihre heiligen Stätten. Nicht zuletzt deswegen liegt die Stadt im Schnittpunkt des israelisch-arabischen Konflikts.

1. Beschreibe das Klima im Orient.
2. Weshalb ist der Orient seit vielen Jahrzehnten Unruheherd der Weltpolitik?
3. Was weißt du über den arabisch-israelischen Konflikt?
4. Informiere dich über das Verbreitungsgebiet des Islam.

Problèmes géopolitiques

Depuis de nombreuses décennies, l'Orient est un *foyer de troubles de la politique mondiale* et le théâtre de nombreux conflits armés. Ceci est dû au fait que la plupart des États ont été créés artificiellement au XXe siècle. Leurs frontières furent souvent arbitrairement tracées sur plusieurs centaines de kilomètres à la règle par les anciennes puissances coloniales. Les Kurdes, réclamant un État indépendant et formant une communauté, sont divisés aujourd'hui entre différents États: la Turquie, l'Irak, l'Iran, la Syrie, l'Azerbaïjan et l'Arménie. De même, le problème palestinien et le conflit israélo-arabe attendent une solution. Ce problème réside dans la revendication de deux peuples, les Israéliens et les Palestiniens, à vouloir habiter le même territoire, la Palestine. La création de l'État d'Israël en 1948 sous la responsabilité de l'ONU engendra les conflits entre Israël et ses voisins qui ne reconnurent pas ce nouvel État.

C'est seulement en 1994 qu'un accord de reconnaissance mutuelle fut signé entre Israël et les Palestiniens. Peu après, suivit un traité d'autonomie pour la ville de Jéricho et pour la bande de Gaza. La politique de colonisation israélienne à Jérusalem-Est entraîna plus tard le ralentissement du processus de paix. C'est ainsi que les deux parties réclament Jérusalem comme capitale. Les trois religions de l'Orient ont ici leurs lieux saints. C'est notamment pour cela que la ville se trouve au centre du conflit israélo-arabe.

1. Décris le climat en Orient.
2. Pourquoi est-ce que depuis de nombreuses décennies l'Orient est un foyer de troubles de la politique mondiale?
3. Que sais-tu du conflit israélo-arabe?
4. Informe-toi sur la zone d'influence de l'Islam.

Erdöl vom Persischen Golf | Le pétrole du Golfe Persique

Grundstoff Rohöl

Rohöl ist ein helles bis schwarzgrünes, dünn- bis dickflüssiges, öliges und brennbares Gemenge, das aus etwa 500 verschiedenen Kohlenwasserstoffen besteht und gereinigt, verarbeitet und veredelt wird. Gewonnen wird es auch aus Braun- und Steinkohlenteer sowie aus Ölschiefer. Man bezeichnet es als „schwarzes flüssiges Gold", weil es wertvoll ist und nicht überall vorkommt. Wie das Edelmetall Gold wird es an den Börsen gehandelt.

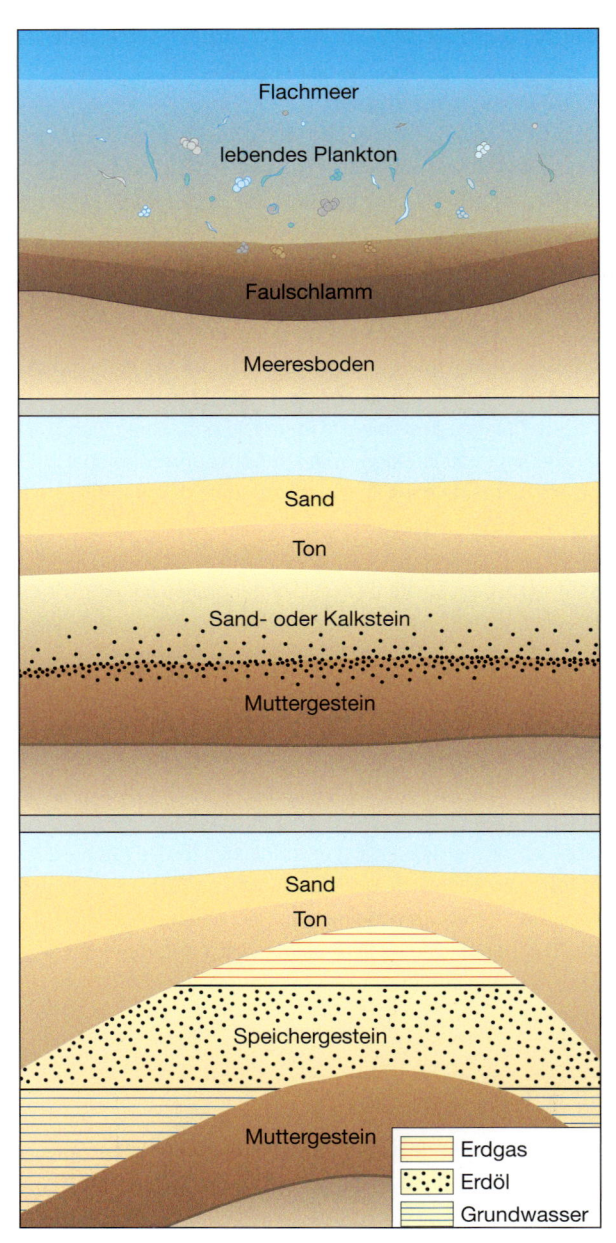

Die Entstehung des Erdöls

Das heute geförderte Erdöl ist vor vielen Millionen Jahren aus unzähligen kleinsten Meereslebewesen (Plankton) entstanden. Diese lagerten sich nach ihrem Absterben am Grund abgeschlossener, salzreicher und sauerstoffarmer Meeresbuchten ab und wurden von Ton, Sand und Kalk bedeckt (M1). In der Tiefe bildete sich Faulschlamm, der sich durch das Wirken von Bakterien und durch den hohen Druck der darüber liegenden Schichten zu erdölhaltigem Muttergestein verfestigte.

Im Laufe der Zeit lagerten sich darüber weitere Schichten ab. Weil Erdöl leichter als Wasser ist, stieg es unter deren Druck durch Risse und Spalten empor, bis es auf undurchlässige Gesteinsschichten stieß. Es war in eine Falle geraten und sammelte sich in den feinen Poren des Speichergesteins wie in einem Schwamm. Solche „Erdöl-Fallen" zu finden (M2) ist heute die Aufgabe der Geologen und Bohrtrupps. Öl wird also nicht, wie viele sich das vorstellen, aus „unterirdischen Öl-Seen" gefördert; vielmehr bohrt man das Speichergestein an: Das unter Druck stehende Öl strömt dann nach oben oder wird durch Einpressen von Luft oder Wasser hochgedrückt.

Im Laufe von Jahrtausenden wurden die ursprünglich waagerecht liegenden Gesteinsschichten durch Kräfte im Erdinneren gedehnt, gehoben, zusammengepresst und manchmal auch gegeneinander verschoben. So entstand in manchen Regionen eine Vielzahl von Erdöllagerstätten, in deren unmittelbarer Umgebung auch Wasser und Erdgas im Gestein eingeschlossen sind. Wenn eine Bohrung fündig wird, kommt es durch deren Druck häufig zu Ölfontänen.

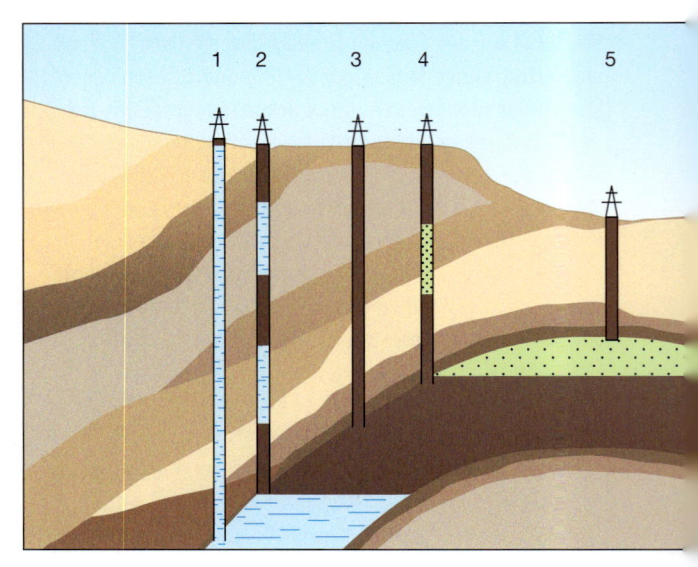

M 1: Entstehung von Erdöl

La formation du pétrole

Le pétrole que l'on extrait aujourd'hui s'est formé il y a des millions d'années à partir d'innombrables micro-organismes marins (plancton). Une fois morts, ceux-ci s'accumulèrent au fond de baies fermées, très salifères et pauvres en oxygène et furent recouverts par de la glaise, du sable et du calcaire (M1). Des boues de putréfaction, qui se solidifièrent sous l'action de bactéries et sous l'effet de la grande pression exercée par les couches supérieures, se formèrent en profondeur pour donner une roche-mère pétrolifère.

Au cours du temps, d'autres couches vinrent s'y ajouter. Le pétrole étant plus léger que l'eau, il monta à travers les fissures et fentes jusqu'aux couches rocheuses imperméables sous l'effet de la pression. Pris au piège, il s'accumula dans les fins pores de la roche-réservoir comme dans une éponge. La tâche des géologues et des équipes de forage est aujourd'hui de trouver ces "pièges à pétrole" (M2). Le pétrole n'est donc pas extrait de "lacs souterrains" comme beaucoup le croient. C'est la roche-réservoir qu'il faut forer: le pétrole sous pression jaillit alors vers le haut ou bien est extrait par injection d'air ou d'eau.

Au cours des millénaires, les couches rocheuses initialement horizontales furent dilatées, soulevées, comprimées et, parfois aussi, déportées. C'est ainsi qu'un grand nombre de gisements de pétrole apparurent dans certaines régions où se trouvent également à proximité, de l'eau et du gaz naturel enfermés dans la roche. Quand un forage est concluant, bien souvent le pétrole jaillit sous la pression.

Le pétrole brut comme matière première

Le pétrole brut est un mélange huileux et combustible de couleur claire à vert foncé, de consistance fluide à poisseuse, composé d'environ 500 hydrocarbures différents et qui est épuré, traité et raffiné. On l'obtient aussi à partir du goudron de lignite et du goudron de houille ainsi que du schiste bitumeux. On le nomme „l'or noir" parce qu'il est précieux et n'existe pas partout.

M2: Erdöl-Falle

Welche Bohrungen versprechen die meisten Ölförderungen?

M3: Flaschenzug, Spülkopf und Drehtisch einer Rotary-Bohranlage von 1976

Das Kernstück einer Rotary-Bohranlage ist der Drehtisch, der über eine viereckige Mitnehmerstange (Kelly) das an einem Flaschenzug hängende Bohrgestänge in Drehung versetzt.
Der Antrieb erfolgt durch Dieselmotoren.

L'Orient – la richesse grâce au pétrole

Erdöl vom Persischen Golf | Le pétrole du Golfe Persique

Erste Ölförderungen im Orient

Iran	1910
Bahrain	1925
Irak	1927
Saudi-Arabien	1936
Kuwait	1946
Katar	1949
Vereinigte Arabische Emirate	1963

M1: Beginn der Erdölförderung

M3: Bohrcamp in der Wüste

Die Förderung von Erdöl

Erst seit knapp hundert Jahren bohrt man nach Erdöl. Das sichtbare Merkmal einer Bohrstelle ist der Bohrturm. Er besteht meist aus einer quadratischen Grundfläche von 10 m x 10 m, ist 40 m hoch und wiegt 45 Tonnen (M2, M3). Bohrungen können bis zu einer Tiefe von 7500 m reichen, z. B. in den USA. Diese schwierige Arbeit erfolgt zu Lande oder zu Wasser. Die Bohrinseln reichen mit ihren Füßen bis auf den Meeresgrund. Bohrungen im Meer sind jedoch schwierig und teuer.

Die Förderung von Erdöl wird durch geologische Untersuchungen vorbereitet. Hat man die Lage eines Erdölvorkommens auf diese Weise abgegrenzt, werden Probebohrungen durchgeführt. Nur jede zehnte Bohrung ist fündig.

Bei vielen Bohrungen tritt das Öl durch den eigenen Überdruck in der Lagerstätte wie aus einer Quelle an die Erdoberfläche. Ist der Druck zu gering, muss es mit Pumpen gefördert werden.

1. Berichte in Stichworten über die Entstehung des Erdöls.
2. Suche die wichtigsten Erdöllagerstätten (Atlas).
3. Beschreibe das Bohrverfahren (M2).
4. Überlege, weshalb der Pro-Kopf-Verbrauch in Luxemburg so erschreckend hoch ist (M5).

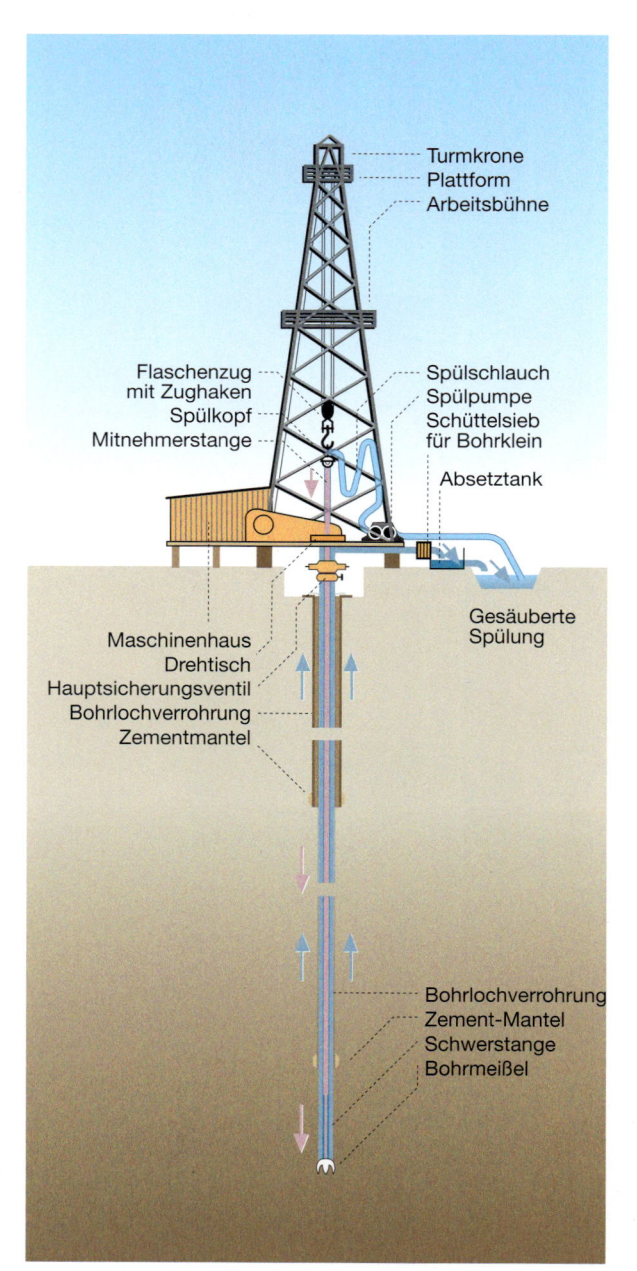

M2: Bohrturm

Internationaler Vergleich im Jahr 2000

Verbrauch →	gesamt	pro Kopf
Europäische Union (15)	543 349	1,4
Eurozone	433 901	1,3
Belgien	22 005	2,4
Dänemark	8 902	1,6
Deutschland	120 385	1,6
Griechenland	15 392	1,6
Spanien	59 546	1,8
Frankreich	85 356	1,5

Der Orient – Reichtum durch Erdöl

M4: Bohrinsel

M6: Erwiesene Ölreserven Ende 2003

Angaben für 2003 in Mio. t

- Nordamerika 27 141 (rd. 24 000 aus Ölsanden)
- Europa 2 661
- UdSSR/GUS 10 587
- Naher Osten 98 689
- Asien 5 151
- Afrika 11 604
- Süd- und Mittelamerika 15 894

L'extraction du pétrole

On exploite le pétrole seulement depuis à peine un siècle. Tout point de forage se caractérise par un derrick: celui-ci est généralement composé d'une surface de base carrée de 10 x 10 m, présente une hauteur de 40 m et un poids de 45 tonnes (M2, M3). Les forages peuvent atteindre une profondeur de 7500 m comme c'est, p. ex., le cas aux États-Unis. Ce travail difficile se fait sur terre ou sur mer. Les pieds des derricks atteignent le fond de la mer. Les forages en mer sont cependant compliqués et coûteux. Des prospections géologiques servent à préparer l'extraction du pétrole. Quand on a délimité de cette manière la position d'un gisement de pétrole, on effectue alors des sondages d'essai. Seulement un sondage sur dix est concluant.

Dans de nombreux cas de forage, le pétrole jaillit à la surface comme une source en raison de la surpression existant dans le gisement. Quand la pression est trop faible, il faut faire appel à des pompes.

1. Dis de manière succincte comment s'est formé le pétrole.
2. Localise les plus importants gisements de pétrole (atlas).
3. Décris la procédure de forage (M2).
4. Réfléchis pourquoi la consommation par personne au Luxembourg est extrêmement élevée (M5).

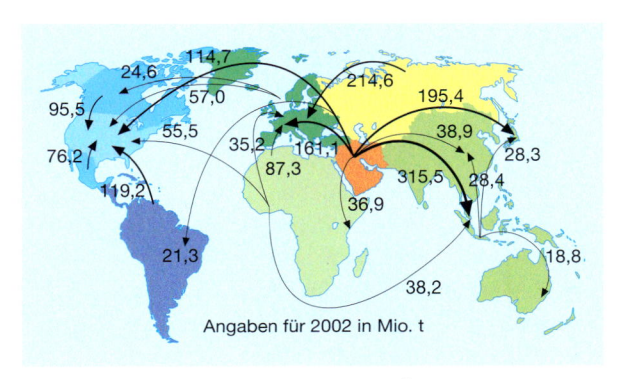

Angaben für 2002 in Mio. t

M7: Die bedeutendsten Öl-Handelsbewegungen

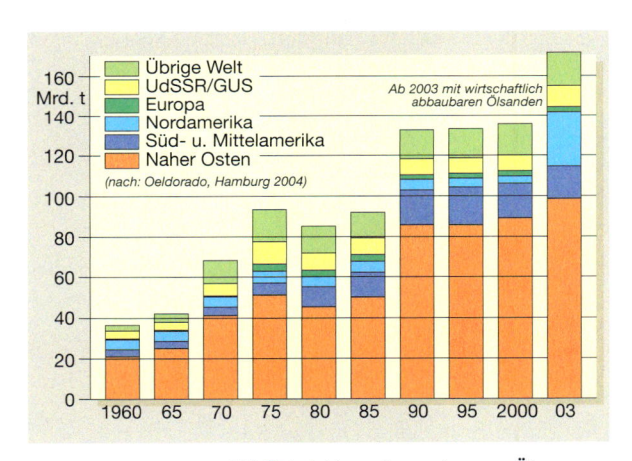

M8: Entwicklung der erwiesenen Ölreserven

Verbrauch →	gesamt	pro Kopf
Irland	7 622	1,99
Italien	78 801	1,36
Luxemburg	**2 239**	**5,07**
Niederlande	23 806	1,49
Österreich	11 204	1,38
Portugal	14 318	1,40
Finnland	8 619	1,66
Schweden	14 243	1,60
Großbritannien	70 912	1,18

Verbrauch von Ölprodukten in Luxemburg

(in 1000 t)	1970	1980	1990	2000
Total	1 353	1 071	1 586	2 239
Total pro Einwohner	3,98	2,94	4,13	5,07

M5: Ölverbrauch in Luxemburg

L'Orient – la richesse grâce au pétrole

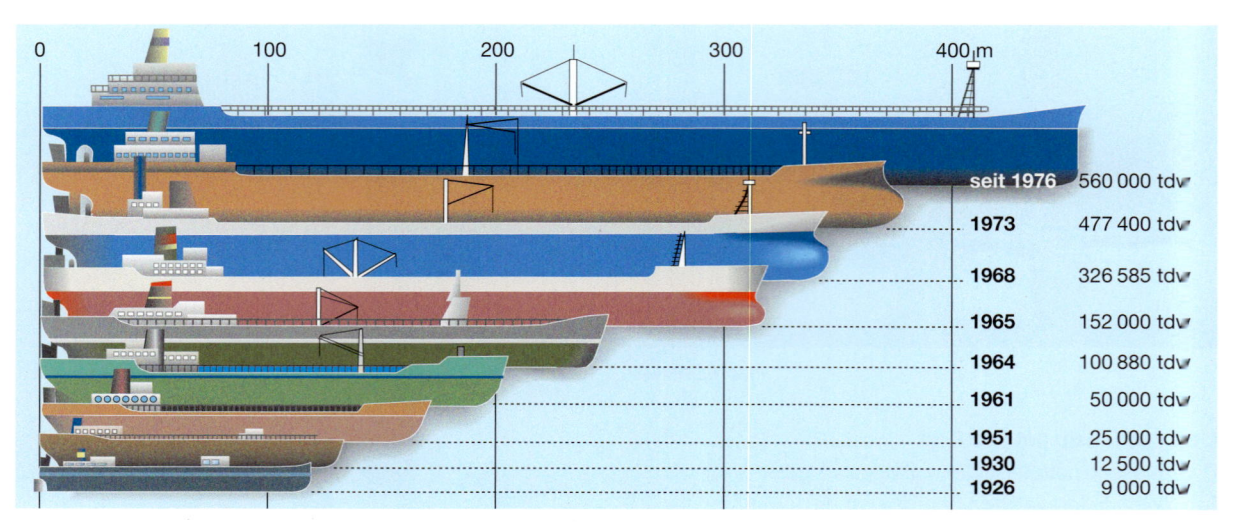

Erdöl vom Persischen Golf | Le pétrole du Golfe Persique

seit 1976	560 000 tdw
1973	477 400 tdw
1968	326 585 tdw
1965	152 000 tdw
1964	100 880 tdw
1961	50 000 tdw
1951	25 000 tdw
1930	12 500 tdw
1926	9 000 tdw

M9: Die Entwicklung der Tankergrößen

Vom Fundort zum Verbraucher

Die reichsten Ölquellen der Welt liegen um den Persischen Golf und die reichsten Länder unter den Reichen sind die Scheichtümer am Golf. Ihre Ölreserven reichen aus, um den Bedarf Westeuropas 60 Jahre lang zu decken. Rohöl wird zum größten Teil nicht dort verarbeitet und verbraucht, wo man es findet. Meist muss der Transport über weite Entfernungen erfolgen. Auf dem Land wird es meistens durch Pipelines befördert. Das sind Rohrleitungen aus Stahl mit einem Durchmesser von 122 cm.

Der größte Teil des Erdöls wird aber über den Seeweg befördert. Das erste Gefäß, in dem Öl verfrachtet wurde, war ein Holzfass. Deshalb ist der amerikanische Name für ein Fass (Barrel = 159 Liter) auch heute noch das gebräuchlichste Hohlmaß für die Mineralölprodukte. Tanker mit einer Ladefähigkeit bis zu 500 000 tdw (Tonnen der Wasserverdrängung) sind heute keine Seltenheit.

Etwa ein Vierteljahr dauert die Reise des Öls vom Bohrloch in Saudi-Arabien bis zu den Verbrauchern in Europa. Lange Zeit war der Sueskanal für den Öltransport wichtig. Er hat jedoch an Bedeutung verloren, weil die heutigen großen Tanker den Kanal wegen ihrer Größe und ihres Tiefgangs nicht mehr benutzen können.

Die letzte Etappe, die das Öl auf dem Weg zum Verbraucher zurücklegt, beginnt, wenn es die Raffinerie verlässt und mit Binnentankern, Eisenbahnkesselwagen oder Tanklastkraftwagen zu den Verbrauchern gebracht wird.

Du gisement au consommateur

Les plus abondantes sources de pétrole du monde se trouvent dans le Golfe Persique et les pays les plus riches parmi les riches sont les émirats du Golfe. Leurs réserves en pétrole sont suffisantes pour couvrir les besoins de l'Europe occidentale pendant 60 ans. L'essentiel du pétrole brut n'est ni traité ni consommé là où on le trouve. Il faut souvent l'acheminer sur de grandes distances. L'acheminement terrestre se fait généralement par le biais d'oléoducs. Ce sont des conduites en acier d'un diamètre de 122 cm.

Mais la plus grande partie du pétrole brut est transportée par voie maritime. Le premier récipient dans lequel le pétrole fut convoyé était un baril. C'est pourquoi on utilise encore couramment le nom américain (barrel = 159 litres) comme unité de mesure pour les produits pétroliers. Il n'est pas rare, aujourd'hui, de voir des pétroliers d'une capacité de charge maximum de 500 000 tdw (tonneaux de portée en lourd).

Le voyage effectué par le pétrole du point de forage en Arabie Saoudite aux consommateurs en Europe dure environ trois mois. Le canal de Suez joua longtemps un rôle important dans l'acheminement du pétrole. Aujourd'hui toutefois, il a perdu de son importance vu que les gros pétroliers actuels ne peuvent plus l'emprunter en raison de leur taille et de leur tirant d'eau.

La dernière étape que le pétrole franchit avant d'atteindre le consommateur commence lorsqu'il quitte la raffinerie dans des navires-citernes fluviaux, des wagons-citernes ou des camions-citernes.

Erdölförderung in Ghawar (Saudi-Arabien)

Raffinerie- und Erdölexporthafen in Ras Tanura

2 Tage

2 Tage

Übersee-transport per Tanker

8 Tage

31 Tage

Löschen und Lagerung in Wilhelmshaven

12 Tage

30 Tage

Verarbeitung in der Raffinerie, Transport ins Großlager, dort Lagerung

6 Tage

Benzinverkauf an der Tankstelle

Transport mit Tankwagen zur Tankstelle

M10: Vom Bohrloch zur Tankstelle

5. Bestimme mit dem Atlas die Erdölförderung und die Erdölausfuhr aus dem Persischen Golf.
6. Welches Kap umfahren die Tanker an der Südspitze Afrikas?
7. Verfolge den Weg des Erdöls vom Bohrloch bis zur Tankstelle. Welche Transportmittel wurden eingesetzt (M10)?
8. Durch welche Meere und Meerengen verlaufen die Tankerrouten vom Persischen Golf bis nach Westeuropa (Atlas)?
9. Nenne Erdölhäfen in Europa.

5. Avec l'atlas, détermine où a lieu l'extraction du pétrole brut et comment celui-ci est exporté du Golfe Persique.
6. Quel cap doivent contourner les pétroliers à la pointe sud de l'Afrique?
7. Retrace le chemin parcouru par le pétrole du point de forage à la station-service. Quels moyens de transport ont été utilisés (M10)?
8. Par quels mers et détroits passent les itinéraires des pétroliers se rendant du Golfe Persique en Europe occidentale?
9. Cite le nom de ports pétroliers européens.

L'Orient – la richesse grâce au pétrole

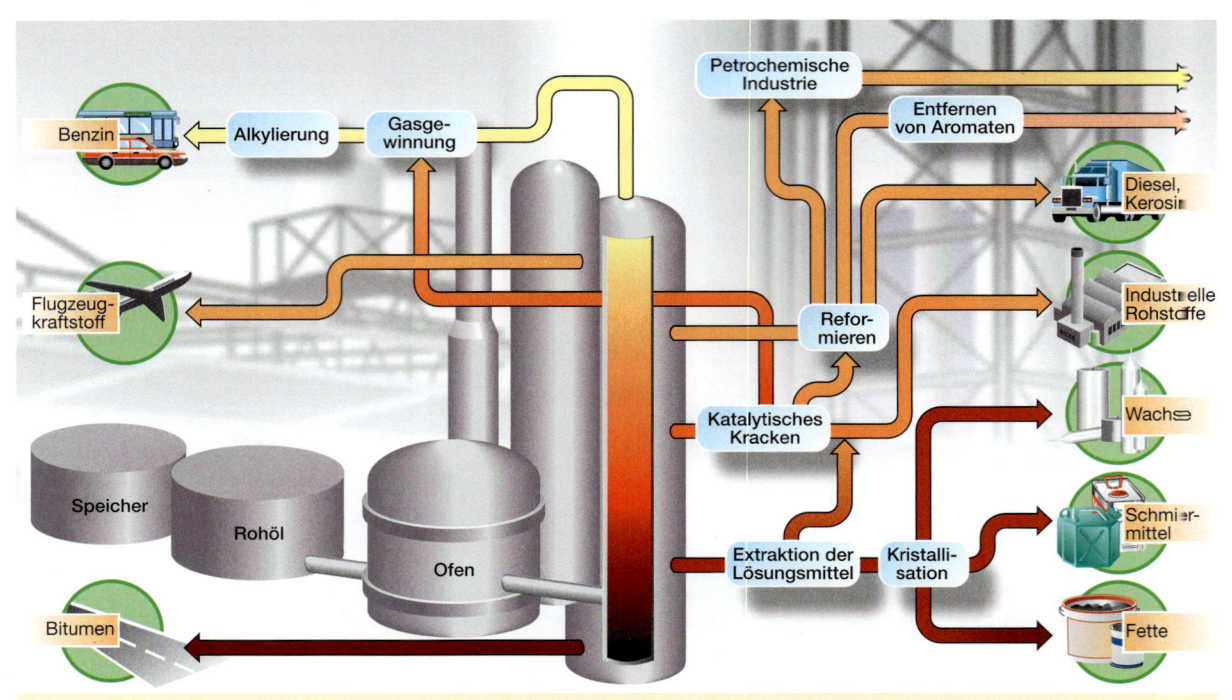

Erdöl vom Persischen Golf | Le pétrole du Golfe Persique

Destillation

Das Rohöl wird auf etwa 400 °C erhitzt. Bei dieser Temperatur ist es zu etwa 75 % gasförmig. Es kommt in einen Destillationsturm und steigt durch mehrere Destillationsböden auf. Dabei kühlt es ab und kondensiert die schwersten Bestandteile ganz unten und die leichtesten ganz oben.

M 11: Destillationsturm → gefertigte Produkte

Verarbeitung und Verwendung

Aus dem schwarzen Öl entstehen über verschiedene Verarbeitungsstufen die vielfältigsten Produkte. In der Raffinerie wird das Erdöl von Sand und Salz gereinigt, verarbeitet und veredelt.
Fast unvorstellbar zahlreich sind die Produkte, die die chemische Industrie daraus herstellt, z. B. weißes Styropor – ein beliebtes Verpackungsmaterial und ein Dämmstoff gegen Hitze und Kälte. Kunststoffe sind unentbehrlich für Verpackung, für die Herstellung von Möbeln, Spielzeug und Kleidung, für Tonbänder. Farben und Lacke verschönern und erhalten unsere Umgebung. Pflanzenschutzmittel sorgen für eine gute Ernte; unsere Straßen werden geteert; wir nehmen Arzneimittel ein. Wir brauchen den Treibstoff für Autos, Schiffe und Flugzeuge. Mineralöl und Erdgas heizen unsere Wohnungen und liefern elektrische Energie.

Traitement et utilisation

Différentes phases de traitement permettent d'obtenir les produits les plus divers à partir de l'or noir. Dans la raffinerie, le pétrole est nettoyé de son sable et de son sel pour être ensuite traité et raffiné.
L'industrie chimique en tire d'innombrables produits: p. ex., le polystyrène –matériau d'emballage très apprécié et matériau calorifuge contre la chaleur et le froid. Les matières plastiques sont indispensables pour fabriquer l'emballage, la fabrication de meubles, de jouets et de vêtements, les bandes magnétiques. Les peintures et les laques embellissent et conservent notre environnement. Les produits phytosanitaires garantissent de bonnes récoltes; nos routes sont goudronnées; nous prenons des médicaments. Nous avons besoin de carburant pour les automobiles, les navires et les avions. L'huile minérale et le gaz naturel servent à chauffer nos appartements et fournissent l'énergie électrique.

10. Nenne Gegenstände und Produkte des täglichen Gebrauchs, die mit Hilfe des Grundstoffs Erdöl hergestellt werden (M12, M13a).

11. Nenne die wichtigsten Verbraucherländer (M14). Erkläre, warum diese Länder so viel Erdöl verbrauchen.

10. Nomme des objets et produits d'usage quotidien qui sont fabriqués à partir du pétrole (M12, M13b).

11. Nomme les plus grands pays consommateurs (M14). Explique pourquoi ces pays consomment autant de pétrole.

M12: Produkte aus Erdöl

Grundstoff Rohöl

Rohöl ist ein helles bis schwarzgrünes, dünn- bis dickflüssiges, öliges Gemenge, das aus etwa 500 verschiedenen Kohlenwasserstoffen besteht. Gewonnen wird es auch aus Braun- und Steinkohlenteer sowie aus Ölschiefer.

Gas
zum Heizen und Kochen, zum Schweißen, als Treibgas, Flüssiggas und Kühlmittel

Chemische Produkte
für Chemikalien und synthetischen Kautschuk, für Kunststoffe, Glyzerin, für Schmerzmittel und Gefrierschutzmittel

Rohbenzine
für Motorbenzin, technische Lösungsmittel für Kautschuklöser und Lackverdünner, für Fettöllöser, Testbenzin und Waschbenzin

Säureteer
für Waschmittel

Bitumen
für Anstrichmittel und Kleber, als Tränkmittel für Teerpappe und für Bodenbeläge, für den Straßenbau, für Wasserbau, Kabel- und Rohrschutz

Heizöle
für Haushalt, Industrie, Eisenbahn und Schifffahrt

Petroleum
für Kosmetika

Kerosin
für Düsenkraftstoff, Lampenpetroleum und Viehschutzmittel

Schmieröle
für Turbinen, Getriebe, Isolierungen, für Dieselmotoren, Autos, Flugmotoren, Spindeln, Maschinen, Dampfzylinder

Gasöl
für Dieselkraftstoff und leichtes Heizöl, für Motorbenzin

Schmierfette
für Kraftfahrzeuge, Wälzlager, Maschinen

Paraffine
für Medikamente, Kerzen, Verpackungen, für Fußboden- und Autopolitur, für Isoliermaterial, Tränkung für Streichhölzer und Kartonage

Gas und Ruß
für Gummi und Farben

Technische Öle
für Schmieröle der Industrie

Weißöle
für med. Öle, Salben, Cremes

M 13a: Produkte, die aus Rohöl gewonnen werden

Le pétrole brut comme matière première

Le pétrole brut est un mélange huileux et combustible, de couleur claire à vert foncé, de consistance fluide à poisseuse, composé d'environ 500 hydrocarbures différents. On l'obtient aussi à partir du goudron de lignite et du goudron de houille ainsi que du schiste bitumeux.

Gaz
pour le chauffage et la cuisson, le soudage, comme gaz propulseur, gaz combustible liquéfié et fluide caloporteur

Substances chimiques
pour les produits chimiques et les caoutchoucs synthétiques pour matières plastiques, la glycérine, les analgésiques et les antigels

Essences de distillation directe
pour l'essence pour véhicules, les solvants techniques pour caoutchouc et les peintures, les solvants de graisses, le white-spirit et l'éther de pétrole

Boue acide
pour les lessives

Bitume
pour les enduits et les colles, comme matière d'imprégnation pour carton bitumé et revêtements de sols, pour la construction de routes, pour les constructions hydrauliques, pour la protection de câbles et de conduites

Mazouts
pour les ménages, l'industrie, les chemins de fer et la navigation

Pétrole lampant
pour les produits cosmétiques

Kérosène
pour le carburant pour avions, les lampes à pétrole et les agents protecteurs pour le bétail

Huiles de graissage
pour les turbines, les engrenages, les isolations, pour les moteurs Diesel, les automobiles, les moteurs d'avions, les broches, les machines, les vérins amortisseurs

Gazole
pour le gazole routier et le fioul domestique, pour l'essence pour véhicules

Graisses lubrifiantes
pour les véhicules automobiles, les paliers à roulement, les machines

Gaz et suie
pour le caoutchouc et les peintures

Paraffines
pour les médicaments, les bougies, les emballages, les produits d'entretien des sols et de véhicules, les matières isolantes pour l'imprégnation d'allumettes et le cartonnage

Huiles techniques
pour les huiles de graissage industrielles

Huiles blanches
pour les huiles, les pommades et les crèmes médicinales

M 13b: Produits obtenus à partir de pétrole brut

L'Orient – la richesse grâce au pétrole

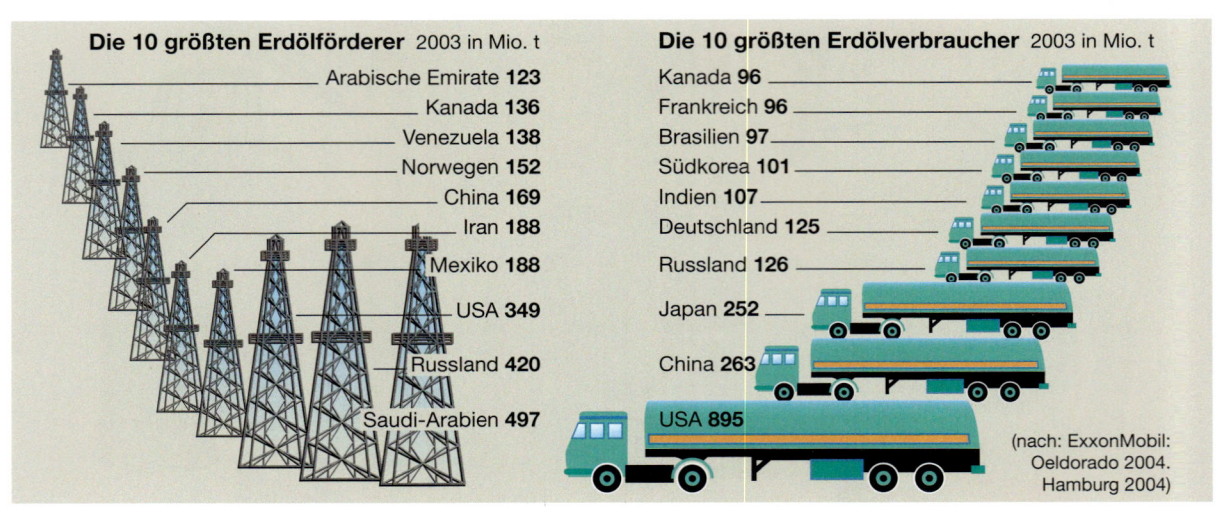

Erdöl vom Persischen Golf | Le pétrole du Golfe Persique

Die 10 größten Erdölförderer 2003 in Mio. t

- Arabische Emirate 123
- Kanada 136
- Venezuela 138
- Norwegen 152
- China 169
- Iran 188
- Mexiko 188
- USA 349
- Russland 420
- Saudi-Arabien 497

Die 10 größten Erdölverbraucher 2003 in Mio. t

- Kanada 96
- Frankreich 96
- Brasilien 97
- Südkorea 101
- Indien 107
- Deutschland 125
- Russland 126
- Japan 252
- China 263
- USA 895

(nach: ExxonMobil: Oeldorado 2004, Hamburg 2004)

M14: Die größten Förderländer und die größten Verbraucherländer von Erdöl 2003

Die Bedeutung des Erdöls

Im Laufe der Geschichte hat der Mensch verschiedene Formen von Energie benutzt: Muskelkraft, Holz, Kohle, Wasser, Wind und schließlich das Erdöl und die Kernkraft. Heute stillen vor allem die drei fossilen Energieträger Kohle, Gas und Erdöl den Energiehunger der Welt. Wie wichtig Erdöl ist, wird deutlich durch den EU-Verbrauch von rund 543 Millionen Tonnen im Jahr 2000 sowie durch die vielfältigen Verwendungen (M12, M13a). Erdöl hat das Leben der Menschen und die Wirtschaft verändert. Es ist eine Quelle des Reichtums. Wohl kaum eine andere Region hat in wenigen Jahrzehnten einen größeren Sprung in die Moderne gemacht als die Staaten am Persisch-Arabischen Golf. Ein lebensfeindliches, wirtschaftlich armes, verkehrsmäßig unerschlossenes und politisch rückständiges Gebiet wurde durch die Entdeckung riesiger Ölvorkommen zu einer Schlüsselregion für die Welt.

Die „Ölzeit" am Persischen Golf wurde 1908 im Südwesten des Iran eingeleitet. Die ausländischen Ölfördergesellschaften, auf deren Hilfe der Iran angewiesen war, verdienten als Erste hieran. Sie stellten Wissen, Geräte und Ingenieure, sie bestimmten die Fördermengen, sie schlossen die Handelsverträge. Erst 1960 schlossen sich einige Erdöl exportierende Länder zur **OPEC** zusammen, um den Ölgesellschaften gegenüber ihre eigenen Interessen durchzusetzen. Der Reichtum begann für die Golfstaaten im Oktober 1973, als alle OPEC-Staaten sich einig waren. Sie erhöhten den Ölpreis und drosselten die Förderung. Es gelang ihnen, den Preis für das Barrel Rohöl von 1,95 Dollar (1971) auf 34,50 Dollar (1981) zu steigern. Von 1973 bis 1981 verdienten sie ungefähr 60 000 000 000 000 LUF (1 487 361 148 639 €).

L'importance du pétrole

Au cours de l'Histoire, l'Homme a utilisé différentes formes d'énergie: la force musculaire, le bois, le charbon, l'eau, le vent et enfin le pétrole et l'énergie nucléaire. Le besoin mondial en énergie est aujourd'hui couvert essentiellement par les trois sources d'énergie fossile que sont le charbon, le gaz et le pétrole. L'importance accordée au pétrole se traduit par la consommation de l'Union européenne qui fut d'environ 543 millions de tonnes en l'an 2000 ainsi que par de multiples utilisations (M12, M13b). Le pétrole a changé la vie des Hommes et l'économie. C'est une source de richesse. Les États du Golfe Arabo-Persique forment pratiquement la seule région qui ait fait, en quelques décennies, un bond aussi important vers la modernité. Une région hostile à la vie, économiquement pauvre, sans infrastructure routière et politiquement arriérée devint une région-clé du monde grâce à la découverte d'importants gisements de pétrole.

„L'ère du pétrole" autour du Golfe Persique commença en 1908 dans le sud-ouest de l'Iran. Les compagnies pétrolières étrangères, sur l'aide desquelles l'Iran devait compter, furent les premières à en profiter. Elles mirent à disposition savoir-faire, appareillage et ingénieurs, fixèrent les quotas d'extraction et conclurent les contrats commerciaux. Ce n'est qu'en 1960 que quelques pays exportateurs de pétrole s'associèrent pour former l'**OPEP** et imposer leurs intérêts face aux compagnies pétrolières. Les États du Golfe s'enrichirent dès 1973 grâce à un accord commun de tous les États membres de l'OPEP. Ils augmentèrent le prix du pétrole et réduisirent la production.
Ils réussirent à faire monter le prix du baril de pétrole de 1,95 dollar (1971) à 34,50 dollar (1981). De 1973 à 1981, ils gagnèrent environ 60 000 000 000 000 LUF, c.-à-d. 1 487 361 148 639 €.

Der Orient – Reichtum durch Erdöl

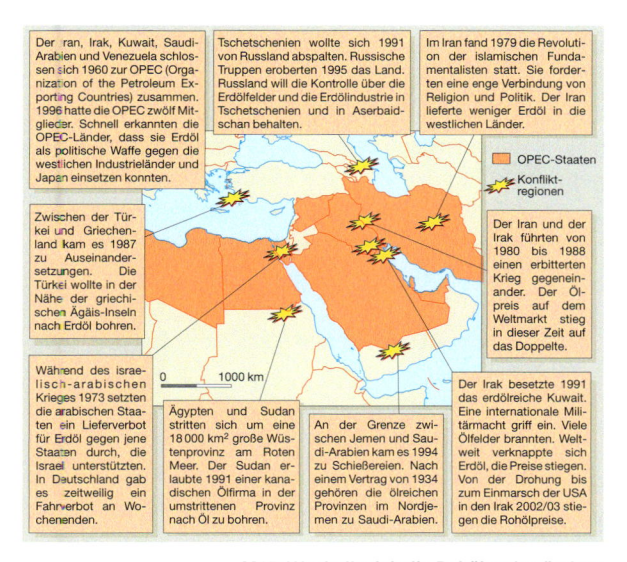

M15: Weshalb sich die Rohölpreise ändern

Der Iran, Irak, Kuwait, Saudi-Arabien und Venezuela schlossen sich 1960 zur OPEC (Organization of the Petroleum Exporting Countries) zusammen. 1996 hatte die OPEC zwölf Mitglieder. Schnell erkannten die OPEC-Länder, dass sie Erdöl als politische Waffe gegen die westlichen Industrieländer und Japan einsetzen konnten.

Tschetschenien wollte sich 1991 von Russland abspalten. Russische Truppen eroberten 1995 das Land. Russland will die Kontrolle über die Erdölfelder und die Erdölindustrie in Tschetschenien und in Aserbaidschan behalten.

Im Iran fand 1979 die Revolution der islamischen Fundamentalisten statt. Sie forderten eine enge Verbindung von Religion und Politik. Der Iran lieferte weniger Erdöl in die westlichen Länder.

Zwischen der Türkei und Griechenland kam es 1987 zu Auseinandersetzungen. Die Türkei wollte in der Nähe der griechischen Ägäis-Inseln nach Erdöl bohren.

Der Iran und der Irak führten von 1980 bis 1988 einen erbitterten Krieg gegeneinander. Der Ölpreis auf dem Weltmarkt stieg in dieser Zeit auf das Doppelte.

Während des israelisch-arabischen Krieges 1973 setzten die arabischen Staaten ein Lieferverbot für Erdöl gegen jene Staaten durch, die Israel unterstützten. In Deutschland gab es zeitweilig ein Fahrverbot an Wochenenden.

Ägypten und Sudan stritten sich um eine 18 000 km² große Wüstenprovinz am Roten Meer. Der Sudan erlaubte 1991 einer kanadischen Ölfirma in der umstrittenen Provinz nach Öl zu bohren.

An der Grenze zwischen Jemen und Saudi-Arabien kam es 1994 zu Schießereien. Nach einem Vertrag von 1934 gehören die ölreichen Provinzen im Nordjemen zu Saudi-Arabien.

Der Irak besetzte 1991 das erdölreiche Kuwait. Eine internationale Militärmacht griff ein. Viele Ölfelder brannten. Weltweit verknappte sich Erdöl, die Preise stiegen. Von der Drohung bis zum Einmarsch der USA in den Irak 2002/03 stiegen die Rohölpreise.

M16: Rohölpreisentwicklung

OPEC-Rohölpreise in US-$/Barrel
1 Barrel = 159 Liter

- 1973: 3,39 – Erste Ölkrise
- 1981: 34,50 – Iranisch-irakischer Krieg
- 1985: 29,00
- 1986: 18,67
- 1987: 9,50 – Überangebot
- 1990: 28,00 – Golf-Konflikt (Kuwait)
- 1992: 21,00
- 1993: 18,00
- 1994: 13,50
- 1996: 19,50
- 1998: 16,30
- OPEC-Richtpreis
- 2003: 34,00 – USA-Irak-Krieg
- 11,28

Inzwischen hat sich die Marktlage geändert: Neue Förderländer sind hinzugekommen, andere haben ihre Förderungen ausgedehnt. Die OPEC-Staaten selbst sind uneins. Iran und Irak haben einen jahrelangen Krieg geführt, Fördermengen und Preise werden nicht eingehalten. Der Erdölpreis wird also weiter unter Druck bleiben.

Der Ölsegen, den die Araber als „Geschenk Allahs" verstehen, hat die Scheichtümer am Golf mit einem Schlag aus dem Nomaden- in das Jet-Zeitalter katapultiert. Das „Märchen aus tausendundeinem Fass" wurde wahr.

Konflikte um Erdöl

1973: Israelisch-arabischer Krieg (Yom-Kippur)
1979: Revolution im Iran
1980–1988: Iran–Irak
1982: Argentinien führt einen Krieg gegen Großbritannien. Kriegsgrund waren vermutete Erdölvorkommen. Die Falklandinseln sind seit 1833 in britischem Besitz.
1987: Türkei–Griechenland
1988: Es gab Konflikte zwischen Vietnam und China wegen vermuteter Erdölvorkommen auf einer Inselgruppe im Grenzgebiet. Auch Malaysia, Taiwan, die Philippinen und Brunei erheben Anspruch auf die Inseln im Südchinesischen Meer.
1991: Der Irak besetzt das erdölreiche Kuwait.
1991: Ägypten–Sudan
1994: Jemen–Saudi-Arabien
1995: Zwischen Peru und Ecuador brach 1995 ein militärischer Konflikt wegen des Grenzverlaufs aus. In der Region sind Erdölvorkommen bekannt.
1995: Russland erobert Tschetschenien.

La situation sur le marché a changé depuis: de nouveaux pays producteurs sont venus s'ajouter, d'autres ont accru leur production. Les États membres de l'OPEP sont en désaccord. L'Iran et l'Irak se sont combattus pendant plusieurs années; les quotas d'extraction et les prix ne sont pas respectés. Le prix du pétrole continuera donc de rester sous pression.

La bénédiction du pétrole que les Arabes considèrent comme un „don d'Allah" a brusquement propulsé les Émirats du Golfe de l'ère du nomadisme à celle de la jet society. Les „Contes des Mille et Un Barils" sont devenus réalité.

Les conflits autour du pétrole

1973: guerre israélo-arabe (Yom-Kippour)
1979: révolution en Iran
1980 à 1988: Iran–Irak
1982: l'Argentine déclare la guerre à la Grande-Bretagne. La raison: des gisements de pétrole supposés. Les îles des Falkland appartiennent à la Grande-Bretagne depuis 1833.
1987: Turquie–Grèce
1988: conflits entre le Vietnam et la Chine en raison de gisements de pétrole supposés sur un archipel de la mer de Chine Méridionale aussi revendiqué par la Malaysia, Taiwan, les Philippines et le Brunei.
1991: l'Irak occupe le Kuwait, pays riche en pétrole.
1991: Égypte–Soudan
1994: Yémen–Arabie-Saoudite
1995: conflit militaire en 1995 entre le Pérou et l'Équateur sur la question du tracé de leur frontière commune. Présence de gisements de pétrole dans la région.
1995: la Russie conquit la Tchétchénie

Erdöl vom Persischen Golf | Le pétrole du Golfe Persique

M17: Steht nicht so herum – geht einkaufen

M18: Die Araber werden bequem

M19: Bauboom in Abu Dhabi

M20: Fußballstadion von Abu Dhabi

Die Golfstaaten früher und heute

Die Ölindustrie hat die Golfstaaten, besonders Saudi-Arabien, völlig verwandelt. Früher konnten die Wüsten Arabiens nur von Nomaden, den Beduinen, als karge Weide genutzt werden. Wo noch vor 20 Jahren Wüste war, stehen heute Superhotels, vollklimatisierte Glaspaläste und Wolkenkratzer für reiche Kaufleute und hohe Regierungsbeamte. Palmen säumen die breiten Straßen und der Autoverkehr ist beängstigend.

- Das Bild der Wüste ist heute durch die Anlagen der Erdölförderung geprägt.
- Moderne Städte nach amerikanischem Modell sind entstanden, mit rechtwinkligem Straßennetz, wo sich Luxusgeschäfte, Banken und Kaufhäuser drängen.
- Schnellstraßen und Autobahnen führen zu den Vororten.
- Wasser, das bisher kostbarste Gut in dieser Gegend, wird in Meerwasserentsalzungsanlagen gewonnen. Ein teures Verfahren – ein Kubikmeter Wasser kostet etwa 6 Euro –, aber Geld scheint keine Rolle zu spielen.

Doch die schnelle **Industrialisierung** bringt Probleme mit sich. In der Aufbauphase zwischen 1970 und 1980 entwickelten sich die Bauindustrie und das **Dienstleistungsgewerbe**. Die eigene Bevölkerung reichte nicht aus um genügend Arbeitskräfte zu stellen; zudem mangelte es an Facharbeitern, Technikern, Akademikern und Verwaltungskräften. Deshalb mussten ausländische Arbeitskräfte geholt werden.

„Ein amerikanischer Ingenieur oder ein Einheimischer verdient so viel wie 2000 Pakistani zusammen. Glauben Sie, dass das noch lange so weitergehen wird?", fragt besorgt ein Araber, der wie andere befürchtet, dass die sozialen Ungerechtigkeiten auf Dauer zu Unruhen führen können. Neben den modernen neuen Stadtteilen sind die Altstädte erhalten geblieben. Sie werden überragt durch die **Moschee**, das religiöse Zentrum, und die Burg, dem Sitz des Herrschers. Der **Basar** ist Mittelpunkt der **orientalischen Stadt**, der Ort des Handels, mit seinen Gassen und Nischen, seiner Farbenpracht, seiner Vielzahl von Händlern und Werkstätten.

Aus religiösen Gründen werden in der orientalischen Stadt Wohnviertel und Arbeitsbereiche nicht vermischt.

12. Vergleiche den orientalischen Bazar mit einem Markt in unseren Städten.
13. Welche Berufe werden in den Golfstaaten von Ausländern ausgeübt? Vergleiche mit Gastarbeitern in Luxemburg.

Der Orient – Reichtum durch Erdöl

Les États du Golfe, autrefois et aujourd'hui

L'industrie pétrolière a transformé complètement les États du Golfe, en particulier l'Arabie-Saoudite. Autrefois, les déserts arabes étaient utilisés uniquement comme un pâturage aride par des populations nomades: les Bédouins. Là où se trouvait le désert il y a encore 20 ans se dressent aujourd'hui de luxueux hôtels, des palais entièrement climatisés et ces gratte-ciel pour riches hommes d'affaires et hauts fonctionnaires de l'État. Des palmiers bordent les larges avenues et le trafic routier est alarmant.

- L'aspect du désert est aujourd'hui marqué par les installations d'exploitation du pétrole.
- Des villes modernes à l'exemple du modèle américain sont apparues avec un réseau de rues à angle droit où se relaient magasins de luxe, banques et grands magasins.
- Des voies express et des autoroutes mènent aux banlieues.
- L'eau – qui est jusqu'ici le bien le plus précieux de la région – est obtenue à partir d'installations de dessalement d'eau de mer. Un procédé coûteux vu qu'un mètre cube d'eau coûte environ 6 Euro – mais l'argent semble être suffisamment disponible.

Toutefois, l'**industrialisation** rapide crée des problèmes. L'industrie du bâtiment et des travaux publics ainsi que le **secteur des services** se développèrent durant la phase de construction entre 1970 et 1980. Les populations nationales ne suffirent pas pour fournir la main-d'œuvre nécessaire. En outre, il manquait d'ouvriers qualifiés, de techniciens, d'universitaires et d'employés de l'administration. Il fallut donc faire appel à de la main-d'œuvre étrangère.

"Un ingénieur américain ou un indigène gagnent autant que 2000 Pakistanais. Vous croyez que ça va durer encore longtemps comme cela?" demande un Arabe soucieux craignant, comme beaucoup d'autres, que les injustices sociales puissent, à la longue, entraîner des troubles.

Les vieilles villes ont été conservées à côté des récents arrondissements modernes. Elles sont dominées par la **mosquée**, le centre religieux, et le palais, la résidence du souverain. Le **bazar** est le centre de la **ville orientale**, le lieu du commerce, avec ses ruelles et ses niches, ses couleurs somptueuses, sa multitude de commerçants et d'ateliers. Pour des raisons religieuses, les quartiers d'habitation et les zones de travail de la ville orientale ne sont pas mélangés.

12. Compare le bazar oriental avec un marché dans nos villes.

13. Quelles professions exercent les étrangers dans les États du Golfe? Fais la comparaison avec les travailleurs immigrés au Luxembourg.

M21: Al Kuwait

M22: Die orientalische Stadt

http://www2.myschool.cte.lu

L'Orient – la richesse grâce au pétrole

Kennst du den Orient? Connais-tu l'Orient?

M1: Sanddünenküste

M2: Araber in ihrem typischen Gewand

1. Nenne die Meere, die den Orient umgeben.
2. Der Kanal wurde im Jahr 1869 fertig gestellt und verkürzt, z.B. die Strecke von Hamburg nach Mumbai (Bombay) von 11 000 auf 6500 Seemeilen. Wie heißt der Kanal?
3. Ein Schiff ist auf dem Weg von Rotterdam nach Mumbai (Bombay). Nenne die Meere und Meerengen, die es durchfahren muss, wenn der Kapitän die kürzeste Route wählt?
4. Der längste Fluss der Erde durchfließt die größte Wüste der Erde. Wie heißen Fluss und Wüste?
5. Der Wüstenstaat liegt auf einer großen Halbinsel und ist der größte Rohölproduzent im Nahen Osten. Zwei heilige Städte des Islam liegen auf seinem Gebiet. Wie heißt das Land, wie seine Hauptstadt und wie heißen die beiden heiligen Städte?
6. Die Stadt ist älter als 3000 Jahre und das Zentrum von Christentum, Judentum und Islam. Der kleine Staat, in dem ein Teil dieser Stadt liegt, existiert erst seit 1948. Wie heißen die Stadt und der Staat?
7. An den Persischen Golf grenzen zwei Staaten, deren Namen sich nur im letzten Buchstaben unterscheiden. Wie heißen die Staaten und deren Hauptstädte?
8. Eines der ältesten Kulturländer hieß in der Antike Babylonien. Es wird von zwei Flüssen umrahmt; daher stammt der Name Zweistromland. Wie heißen die beiden Flüsse?
9. Der Name eines Meeresarmes ist eng mit Erdöl verbunden. Wie heißt er und welche Staaten umsäumen ihn?
10. Die Kontinente Europa und Asien sind durch eine Meerenge getrennt. Hier liegt die größte Stadt eines Staates, die Stadtteile in beiden Erdteilen besitzt. Wie heißen die Meerenge, der Staat und die Stadt?
11. Auch im Orient gibt es unterschiedliche Baustile. Besonders in Sana findet man außergewöhnliche Gebäude (M4). Von welchem südarabischen Staat ist Sana die Hauptstadt?

1. Nomme les mers entourant l'Orient.
2. Ce canal fut achevé en 1869; il raccourcit, p. ex., l'itinéraire de Hambourg à Mumbai (Bombay) de 11 000 à 6500 milles marins. Comment s'appelle ce canal?
3. Un navire est en route de Rotterdam à Mumbai (Bombay). Nomme les mers et détroits qu'il doit traverser si le capitaine choisit l'itinéraire le plus court.
4. Le plus grand fleuve du monde traverse le plus grand désert du monde. Comment s'appellent ce fleuve et ce désert?
5. Cet État du désert se trouve sur une grande péninsule et est le plus grand producteur de pétrole brut du Proche-Orient. Deux villes sacrées de l'Islam se trouvent sur son sol. Comment s'appellent ce pays et sa capitale ainsi que les deux villes sacrées?
6. Cette ville a plus de 3000 ans et est le centre du Christianisme, du Judaïsme et de l'Islam. Le petit État dans lequel se trouve une partie de cette ville existe seulement depuis 1948. Comment s'appellent cette ville et cet État?
7. Il existe au Golfe Persique deux États limitrophes dont seule la dernière lettre de leur nom permet de les différencier. Comment s'appellent ces États et leur capitale respective?
8. Dans l'Antiquité, l'un des plus anciens berceaux de la civilisation s'appelait Babylone. Il était limité par deux fleuves, d'où le nom de Mésopotamie. Comment s'appellent ces deux fleuves?
9. Le nom d'un bras de mer est étroitement lié au pétrole. Comment s'appelle-t-il et quels États le bordent?
10. L'Europe et l'Asie sont séparées par un détroit. C'est ici que se trouve la plus grande ville d'un État laquelle possède des arrondissements sur ces deux continents. Comment s'appellent ce détroit, cet État et cette ville?
11. En Orient aussi, il existe différents styles d'architecture. En particulier à Sana, on trouve des constructions exceptionnelles (M4). De quel État arabe du sud est-ce que Sana est la capitale?

Der Orient – Reichtum durch Erdöl

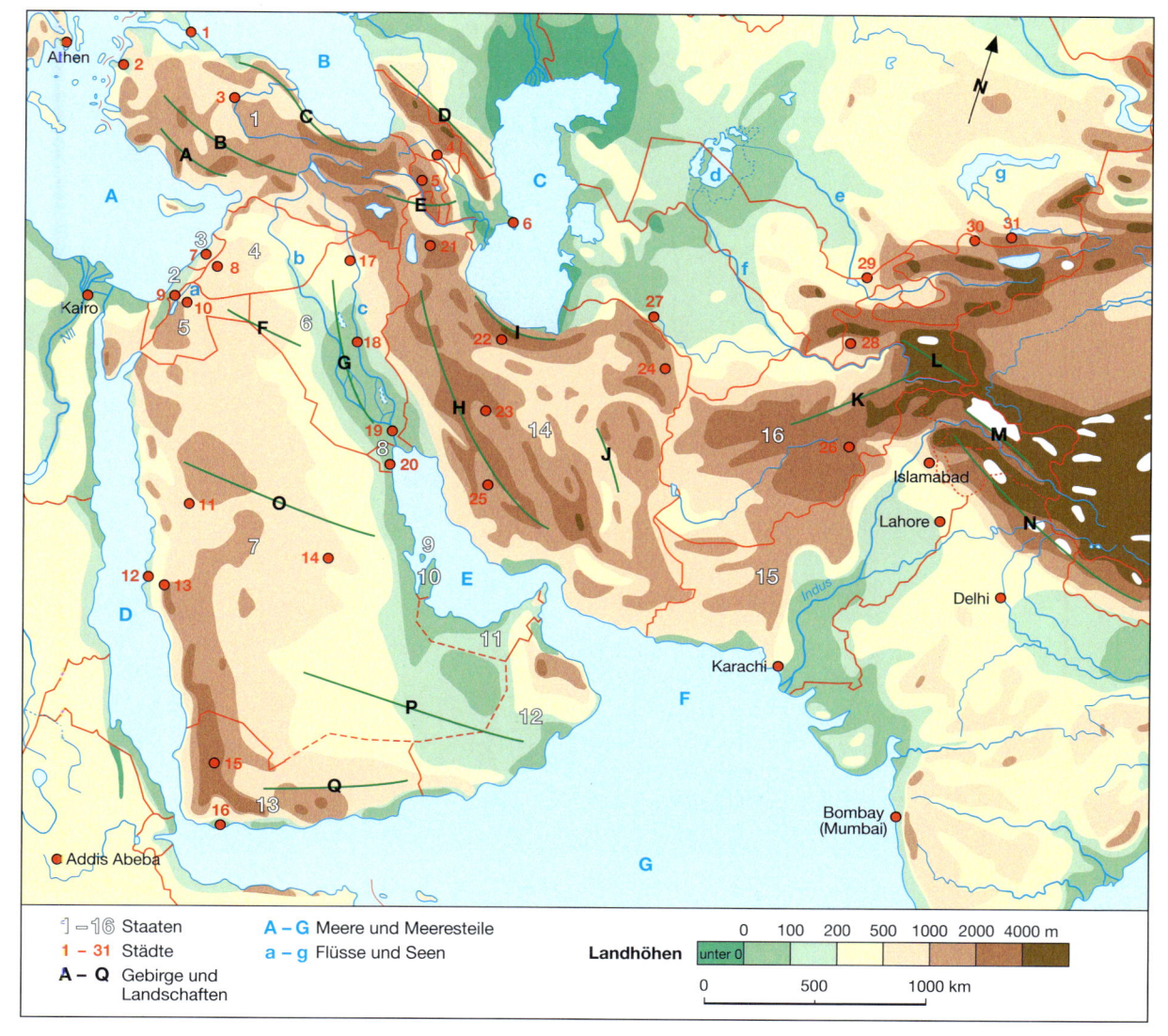

M3: Stumme Karte Orient

1 – 16 Staaten
1 – 31 Städte
A – Q Gebirge und Landschaften
A – G Meere und Meeresteile
a – g Flüsse und Seen

Landhöhen unter 0

0   100   200   500   1000   2000   4000 m

0   500   1000 km

12. Der Islam schreibt eine bestimmte Kleiderordnung vor. Begründe, warum die Bekleidung und die typischen Kopfbedeckungen sehr zweckmäßig sind.

12. L'Islam prescrit une tenue vestimentaire spécifique. Justifie pourquoi les vêtements et les coiffes typiques sont très appropriés.

M4: Lehmhäuser in Sana

M5: Brücke über den Bosporus

L'Orient – la richesse grâce au pétrole

Asien – bevölkerungsreichster Kontinent

Pipeline in Sibirien

Geschäftsstraße in Delhi

L'Asie – le continent le plus peuplé

Das Fahrrad – wichtigstes Verkehrsmittel in China

Hakodate auf Hokkaido

Reisanbau auf den Philippinen

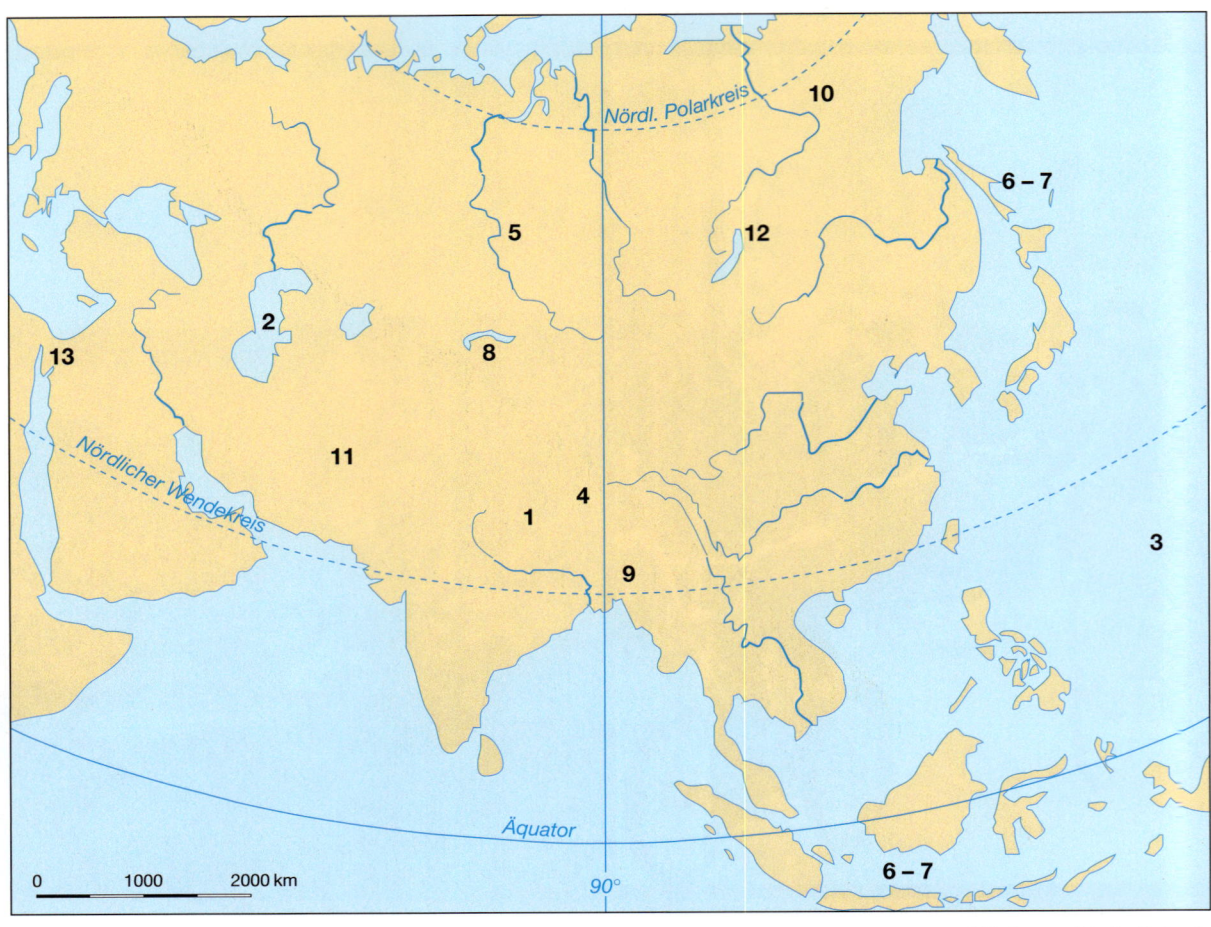

Asien und die GUS im Überblick | Vue d'ensemble de l'Asie et de la CÉI

M 1: Geographische Rekorde

Mit 44,5 Mio. km² nimmt Asien fast ein Drittel der Landfläche der Erde ein und ist damit der flächengrößte Kontinent. Etwa 30 % dieser Fläche gehören zu Russland, dem größten Staat der Erde. 9700 km liegen zwischen dem nördlichsten und südlichsten Punkt Asiens. In West-Ost-Richtung beträgt die Ausdehnung des Riesenkontinents über 11 000 km.

Mit über 3,7 Mrd. Menschen leben in Asien etwa 60 % der Weltbevölkerung. Allein zwei Drittel konzentrieren sich in den beiden bevölkerungsreichsten Ländern der Erde: Indien mit 1,03 Mrd. und China mit 1,28 Mrd. Einwohnern (2001). Judentum, Christentum, Islam (M2), Hinduismus und Buddhismus (M3) haben auf diesem Kontinent ihren Ursprung.

Asien besitzt mit 925 m die größte mittlere Höhe aller Kontinente. Dieser hohe Durchschnittswert ergibt sich, weil Asien riesige Gebirge und Hochländer aufweist: den Himalaya, das größte und höchste Hochgebirge, und Tibet, das gewaltigste Hochland der Erde. Die 12 höchsten Berge, alle über 8000 m, liegen in Asien: 8 im Himalaya mit dem

Avec 44,5 millions de km², l'Asie occupe presque un tiers de la superficie terrestre et est ainsi le plus grand continent du monde. Environ 30 % de cette surface appartient à la Russie, le plus grand État de la Terre. Il y a 9700 km entre l'extrémité nord et l'extrémité sud de l'Asie. Dans le sens est-ouest, ce continent s'étend sur 11 000 km.

Plus de 3,7 milliards de personnes vivent en Asie, ce qui représente environ 60 % de la population mondiale. Les deux tiers se concentrent dans les deux pays les plus peuplés de la Terre: l'Inde avec 1,03 milliard d'habitants et la Chine avec 1,28 milliard d'habitants (2001). Le judaïsme, le christianisme, l'islam (M2), l'hindouisme et le bouddhisme (M3) ont leurs racines sur ce continent.

Avec 925 m, l'Asie possède la plus haute altitude moyenne. Cela résulte du fait que l'Asie possède de très grands massifs et hauts plateaux: l'Himalaya, la plus grande et haute chaîne montagneuse du monde, et le Tibet, le haut plateau le plus immense de la planète. Les 12 plus hautes montagnes culminant toutes à plus de 8000 m se trouvent en

Asien — bevölkerungsreichster Kontinent

M2: Moschee in Taschkent

M3: Buddha

Mount Everest (8872 m), dem höchsten Berg der Erde, und 4 im Karakorum-Gebirge.

Der Himalaya ist wie die Alpen ein junges Faltengebirge, dessen Entstehung vor 50 Mio. Jahren begann und noch immer nicht abgeschlossen ist. Das in Nord-Süd-Richtung verlaufende Uralgebirge gilt als Grenze zwischen Europa und Asien. Asien besitzt in Westsibirien das ausgedehnteste Tiefland und, im Toten Meer, die tiefste Stelle auf dem Festland. Vor den Küsten Ostasiens finden wir ebenfalls die tiefste Meeresstelle: −11 034 m im Marianengraben. Er ist Teil des „Feuerrings der Erde". Auf den Inseln S- und SE-Asiens befinden sich die meisten noch tätigen Vulkane (M4). Nirgendwo bebt die Erde häufiger.

Alle Klimate der Nordhalbkugel sind in Asien vertreten: von den immerfeuchten Tropen bis zum Polarklima. Die Südflanke des Himalayagebirges gehört zu den niederschlagsreichsten Gebieten. Cherrapunji im Khasigebirge ist schon seit über 100 Jahren als regenreichster Ort der Erde bekannt. Dort fallen jedes Jahr im langjährigen Durchschnitt 10 420 mm Niederschlag. Die höchsten Werte wurden 1861 mit 22 990 mm Niederschlag im Jahr erreicht. An manchen Tagen fallen über 1000 mm Regen – viel mehr als in Luxemburg in einem Jahr (740 mm)! 95 % des Jahresniederschlags fallen von April bis September, wenn der Sommermonsun feuchtwarme Luftmassen vom Indischen Ozean mit sich führt, die sich im Stau des Himalayas abregnen. Asien weist weitere Klimarekorde auf: In Oimjakon in Nordost-Sibirien wurde die tiefste Temperatur (−77,8 °C) der besiedelten Kontinente und in der Wüste Lut wurde mit +58 °C die höchste Temperatur im Schatten erreicht.

Asie: 8 dans l'Himalaya avec le mont Everest (8872 m), le plus haut sommet du monde, et 4 dans le massif du Karakoram.

L'Himalaya, comme les Alpes, est une chaîne de plissement jeune dont la formation a commencé il y a 50 millions d'années et n'est toujours pas terminée. La chaîne de l'Oural au tracé nord-sud tient lieu de frontière entre l'Europe et l'Asie. Avec la Sibérie occidentale, l'Asie possède la plus vaste plaine et, avec la Mer Morte, l'endroit le plus profond sur les continents. Devant la côte de l'Asie orientale se trouve également la plus profonde fosse marine: la fosse des Mariannes avec −11 034 m. Elle fait partie de la „ceinture de feu". La plupart des volcans encore actifs se trouvent sur les îles de l'Asie du Sud et du Sud-est (M4). À aucun autre endroit, la terre ne tremble aussi souvent.

Tous les climats de l'hémisphère Nord se retrouvent en Asie: des tropiques humides au climat polaire. Le flanc sud de l'Himalaya fait partie des régions aux plus fortes précipitations. Cherrapunji dans le massif des Khasi est connu depuis plus de 100 ans en tant que lieu le plus arrosé au monde. Il y tombe en moyenne chaque année 10 420 mm d'eau. Le maximum fut atteint en 1861 avec 22 990 mm. Certains jours, il tombe plus de 1000 mm – bien plus qu'au Luxembourg en un an (740 mm)! 95 % des précipitations annuelles tombent entre avril et septembre quand la mousson d'été apporte des masses d'air chaudes et humides de l'océan Indien entraînant des pluies importantes au contact de l'Himalaya. L'Asie présente d'autres records climatiques: la température la plus basse des continents habités fut atteinte à Oimekon dans le nord-est de la Sibérie (−77,8 °C) et la plus haute température à l'ombre le fut dans le désert de Lut avec +58 °C.

L'Asie – le continent le plus peuplé

Asien und die GUS im Überblick | Vue d'ensemble de l'Asie et de la CÉI

In Zentralasien befindet sich das größte abflusslose Gebiet der Erde. Zahlreiche riesige Seen liegen im Innern des asiatischen Festlandes eingeschlossen. Wegen seiner Größe wird einer von ihnen sogar als Meer bezeichnet: das Kaspische Meer. Mit einer Fläche von 371 800 km^2 ist es der größte See der Erde. Er besitzt keinen Abfluss und wird hauptsächlich durch Wolga, Kura und Ural gespeist. Neben dem größten See befindet sich in Asien mit dem Baikalsee ebenfalls der tiefste See. Seine Tiefe beträgt 1620 m und die tiefste Stelle liegt 1165 m unter dem Meeresspiegel. Er fasst etwa ein Fünftel des Süßwassers der Erde.

Asien weist neben großen naturgeographischen Kontrasten ebenfalls riesige wirtschaftliche Gegensätze auf. Das hoch entwickelte Japan, die **Schwellenländer** Indien und China sowie die kleinen „Tiger" (Taiwan, Südkorea, Singapur) übertreffen bei weitem Länder wie Bangladesh, Afghanistan oder Kambodscha, die zu den ärmsten Ländern der Welt zählen. Russland ist zwar der rohstoffreichste Staat der Erde, doch seit dem Zerfall der UdSSR kämpft das Land mit großen wirtschaftlichen Problemen, trotz der Entstehung der Gemeinschaft Unabhängiger Staaten (GUS).

L'Asie centrale comporte la plus grande région endoréique du monde. L'Asie renferme de nombreux lacs immenses. L'un d'entre eux est même appelé „mer" en raison de sa taille: la mer Caspienne. C'est le plus grand lac du monde avec une surface de 371 800 km^2. Il ne dispose d'aucun écoulement et est alimenté essentiellement par la Volga, la Koura et l'Oural. En dehors du plus grand lac, l'Asie en possède également le plus profond avec le lac Baïkal. Sa profondeur est de 1620 m et son point le plus profond se trouve à 1165 m au-dessous du niveau de la mer. Il contient à lui seul environ un cinquième de l'eau douce de la planète.

À côté de grands contrastes géographiques naturels, l'Asie présente également d'énormes antagonismes économiques. Le Japon hautement développé, **les pays en voie d'industrialisation** que sont l'Inde et la Chine ainsi que les petits „tigres" (Taiwan, Corée du Sud, Singapour) surpassent largement des pays comme le Bangladesh, l'Afghanistan ou le Cambodge comptant parmi les pays les plus pauvres du monde. Bien que la Russie soit le pays le plus riche en matières premières, elle est confrontée à d'importants problèmes économiques depuis la disparition de l'U.R.S.S., en dépit de la formation de la Communauté d'États Indépendants (CEI).

M4: Pinatubo

M5: Nomade in der mongolischen Steppe

Asien – bevölkerungsreichster Kontinent

M6: Reisanbau

Die landwirtschaftliche Nutzung spiegelt die naturräumliche Gliederung wider. Trockenen oder kalten, unwirtlichen Räumen, in denen kaum landwirtschaftliche Nutzung möglich ist, stehen agrarische Gunsträume gegenüber. Während die Dauerfrostböden Sibiriens für die Landwirtschaft gänzlich ungeeignet sind, sind die trockenen Landschaften Zentralasiens durch extensive Viehhaltung gekennzeichnet (M5); im feuchten S und E dominieren Reis- und Getreideanbau. 90 % der Reisanbauflächen der Erde liegen in S- und E-Asien (M6). Auf Indien und China zusammen entfallen etwa 70 % der Reisproduktion S- und E-Asiens. Besonders geeignet sind die fruchtbaren Schwemmebenen von Ganges, Brahmaputra, Mekong, Irawadi und Jangtsekiang. Andere wichtige Exportkulturen Asiens sind Baumwolle (China, Pakistan, Indien), Tee (Indien, China, Sri Lanka) sowie Naturkautschuk (Malaysia, Indonesien).

1. Bestimme die in M1 eingetragenen geographischen Rekorde (1–13) mithilfe des Atlas und des Textes.

L'exploitation agricole reflète la structuration naturelle. Des zones agraires favorables s'opposent aux zones inhospitalières sèches ou froides où l'exploitation agricole est à peine possible. Alors que les sols sibériens gelés en permanence ne conviennent absolument pas pour l'agriculture, les régions sèches de l'Asie se caractérisent par un élevage extensif (M5); dans le sud et l'est humides c'est la culture du riz et des céréales qui domine. 90 % des rizières mondiales se trouvent en Asie du Sud et de l'Est (M6). 70 % de la production de riz de l'Asie du Sud et de l'Est proviennent de l'Inde et de la Chine. Les plaines alluviales fertiles du Gange, du Brahmaputra, du Mékong, de l'Irawady et du Yang-Tsê Kiang y conviennent tout particulièrement. D'autres importantes cultures asiatiques d'exportation sont le coton (Chine, Pakistan, Inde), le thé (Inde, Chine, Sri Lanka) et le caoutchouc naturel (Malaisie, Indonésie).

1. Détermine à l'aide de l'atlas et du texte les records géographiques (1 à 13) inscrits dans M1.

Klimagramm

Superlative der Erde/Naturrekorde

L'Asie — le continent le plus peuplé

Indien – Wachstum ohne Grenzen? | L'Inde – un accroissement sans limites?

REPUBLIK INDIEN

Indische Bezeichnung: Bharat
Hauptstadt: Neu-Delhi
Staatsform: Bundesrepublik (im Commonwealth) seit 1950; unabhängig seit 1947 (ehem. Britisch-Indien)
Fläche: 3,28 Mio. km^2
Bevölkerung: 1049,5 Mio. (2002)
Bevölkerungswachstum: 1,7 % im Jahr, im Vergleich: EU: −0,1 %
Erwerbstätige: • in der Landwirtschaft: 60,5 % (EU: 3 %) • Industrie: 17 % (EU: 31 %) • im Dienstleistungsbereich: 22,5 % (EU: 66 %)
Analphabetenrate (älter als 15 Jahre): Männer 24 %, Frauen 46 %
Lebenserwartung (2001): 63 Jahre
Anteil der Bevölkerung unter der Armutsgrenze:
— Internationale Armutsgrenze: Bevölkerung mit weniger als
• 1 US-$ pro Tag: 44,2 % • 2 US-$ pro Tag: 86,2 %
Wirtschaftliche Leistung: (BSP/Einw. 1999): 450 US-$
im Vergleich: EU: 23 500 US-$

M 1: Steckbrief Indien

M 2: Rituelles Baden im Ganges

Bevölkerungsexplosion

Nach China ist Indien das bevölkerungsreichste Land der Erde. Die indische Bevölkerung zählt bereits über 1 Milliarde Menschen und sie wächst jährlich um mehr als 16 Millionen. Das **Bevölkerungswachstum** ist hier besonders hoch. Sollte sich diese Entwicklung nicht abbremsen lassen, so wird es im Jahr 2050 etwa zwei Milliarden Inder geben. Man benutzt für eine solche Bevölkerungsentwicklung den Begriff **Bevölkerungsexplosion** (M4, M5).
Die Regierung bemüht sich mit Aufklärungskampagnen, die Kinderzahl zu begrenzen (M6, M7). Doch die Ärmsten — ein Viertel der Bevölkerung — fühlen sich von der **Familienplanung** nicht angesprochen (siehe auch S. 85 M7).

Die Ursachen hierfür sind:

- In den bäuerlichen Familien fehlt Geld für eine Mechanisierung. Kinder werden daher als Arbeitskräfte benötigt.
- Es gibt keine **Gesundheitsfürsorge** und **Altersvorsorge**. Kinderreichtum bedeutet große Sicherheit für die Eltern.
- Söhne sind den Eltern lieber als Töchter, denn Töchter verlassen bei der Heirat die eigene Familie und fallen als Arbeitskraft aus. Außerdem muss an den künftigen Ehemann eine hohe Mitgift gezahlt werden.
- **Geburtenkontrolle** wird auf dem Land trotz finanzieller Anreize nur unzureichend angenommen.

1. Beschreibe die Bevölkerungsentwicklung in Indien von 1941 bis heute (M4).
2. Gib Gründe an, warum so viele Familien immer noch so viele Kinder haben.

Explosion démographique

L'Inde est, après la Chine, le pays le plus peuplé du monde. La population de l'Inde s'élève déjà à plus d'un milliard de personnes et augmente chaque année de plus de 16 millions. La **croissance démographique** y est particulièrement importante. S'il n'est pas possible d'enrayer ce processus, il y aura en 2050 environ deux milliards d'Indiens. Pour décrire une telle croissance, on emploie le terme d'**explosion démographique** (M4, M5).
Le gouvernement indien s'efforce de limiter le nombre d'enfants avec des campagnes de sensibilisation (M6, M7). Toutefois, les plus pauvres — un quart de la population — ne se sentent pas concernés par le **planning familial**.

Les causes en sont les suivantes:

- Les familles paysannes n'ont pas suffisamment d'argent pour financer une mécanisation agricole. Les enfants sont donc nécessaires comme main-d'œuvre.
- Il n'existe ni **assistance médicale** ni **assurance vieillesse**. Avoir de nombreux enfants représente donc une sécurité importante pour les parents.
- Les parents préfèrent avoir des fils que des filles car celles-ci quittent la famille quand elles se marient et ne comptent plus comme main-d'œuvre. En outre, il faut verser au futur époux une dot importante.
- Le **contrôle des naissances** est insuffisamment accepté dans les campagnes malgré des incitations financières.

1. Décris le développement démographique en Inde de 1941 à aujourd'hui (M4).
2. Indique des raisons pour lesquelles autant de familles ont toujours autant d'enfants.

Asien — bevölkerungsreichster Kontinent

In der Mitte erinnert ein Spinnrad an Mahatma Ghandis Symbol für die Unabhängigkeit Indiens. Heute soll es das Rad des Gesetzes darstellen.

M3: Flagge und Szenen Indiens

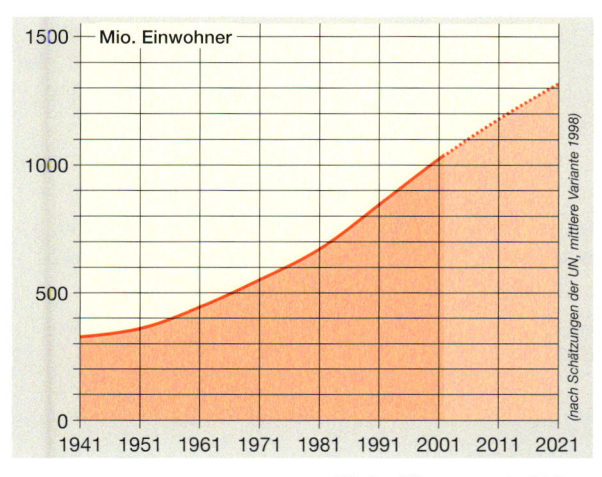

M4: Bevölkerungsentwicklung

M6: Aufforderung für Familienplanung

Das Wertvollste, das unser Land besitzt, sind die Menschen. Aber dieser Schatz ist erschreckend groß und sein Wachstum bereitet große Sorgen. Das Ackerland wird immer weniger: Im Jahr 1921 hatten wir 251 Millionen Einwohner, sechzig Jahre später waren wir über 684 Millionen. Unsere Bevölkerung war in dieser Zeit um das Zweieinhalbfache gewachsen. Das schnelle Wachstum war möglich, weil wir mit einigem Erfolg Krankheiten wie Malaria, Tuberkulose und Pocken bekämpft haben. Ein Kind, das Anfang der 1970er-Jahre geboren wurde, hat eine viel höhere Lebenserwartung als früher: um 1920 betrug sie 20 Jahre, heute liegt sie bei über 50 Jahren. Inzwischen sind die Grenzen des Wachstums erreicht. Es dürfen nicht mehr so viele Kinder geboren werden und wir müssen ein Gleichgewicht zwischen Geburten und Sterbefällen erreichen. Wenn unser schneller Bevölkerungsanstieg nicht gebremst wird, kommen schwere Probleme auf uns zu. 60 % unserer Menschen leben unterhalb der Armutsgrenze und können sich kaum das Nötigste kaufen. Deshalb gehört unser Lebensstandard zu den niedrigsten in der Welt.

*(nach: Lands and peoples
A textbook for Geography for Class VIII, New Delhi 1983)*

M5: Indisches Schulbuch

M7: Schulkinder beim Weltbevökerungstag in Neu-Delhi 2002

L'Asie — le continent le plus peuplé

Indien – Wachstum ohne Grenzen? | L'Inde – un accroissement sans limites?

Konsequenzen: Armut, Hunger und Krankheiten

Indien ist zwar in der Lage, eine ausreichende Menge an Nahrungsmitteln zu erzeugen, doch viele Inder sind so arm, dass sie sich nicht genügend Esswaren kaufen können (M8). Da sie vom Hunger geschwächt sind, finden sie auch keine Arbeit mehr. Viele Kinder kommen bereits krank zur Welt, weil ihre Mütter unterernährt sind.

Auch das saubere Trinkwasser wird knapp. Oft genug verschmutzen Düngemittel und Chemikalien das Grundwasser. Trotz staatlicher Gesundheitsvorsorge breiten sich Seuchen aus wie z. B. Malaria und Cholera oder Darm- und Wurmkrankheiten (M9).

Kinderarbeit

Mehr als ein Drittel der indischen Bevölkerung ist unter 15 Jahre alt. Kinder sind billigere Arbeitskräfte als Erwachsene. Manche werden von ihren Eltern zur Abzahlung von Schulden in Arbeitsverhältnisse gegeben. Sie erhalten meist nur die Hälfte des Lohns der Erwachsenen. In Kaschmir sitzen Hunderte von Mädchen und Jungen stundenlang im Dämmerlicht der Fabriken über Webrahmen gebeugt. Sie atmen den Staub von Wolle und Kunststoff ein. Ihre Ernährung ist unzureichend und sie bekommen wenig Schlaf. Liefern sie schlechte Arbeit ab, werden sie geschlagen. Die Teppiche und Tücher, die sie herstellen, werden exportiert und oft als Sonderangebote in unseren Kaufhäusern verkauft (M10–M12).

3. Welche Auswirkungen hat die Bevölkerungsexplosion in Indien?
4. Welche Waren könntest du schon billig gekauft haben, die durch Kinderarbeit hergestellt wurden?

Conséquences: pauvreté, famine et maladies

Bien que l'Inde soit à même de produire suffisamment de denrées alimentaires, de nombreux Indiens sont si pauvres qu'ils ne peuvent pas acheter suffisamment de nourriture (M8). Affaiblis par la faim, ils ne trouvent plus de travail. Beaucoup d'enfants naissent malades parce que les mères sont sous-alimentées.

L'eau potable est également rare. Bien souvent, des engrais et produits chimiques polluent les nappes phréatiques. Malgré la médecine préventive publique, des épidémies comme, p. ex., le paludisme et le choléra ou des maladies intestinales, helminthiases (M9) se propagent.

Travail des enfants

Plus d'un tiers de la population indienne a moins de 15 ans. Les enfants constituent une main-d'œuvre moins chère que les adultes. Certains parents envoient leurs enfants travailler pour rembourser des dettes. Généralement, la rémunération de ces enfants représente seulement la moitié du salaire d'un adulte. Au Cachemire, des centaines de filles et de garçons sont assis pendant des heures courbés sur leurs métiers à tisser dans la pénombre des usines. Ils aspirent la poussière de laine et de matières synthétiques. Ils sont insuffisamment nourris et dorment peu. Ils sont battus quand le résultat de leur travail n'est pas satisfaisant. Les tapis et les étoffes qu'ils fabriquent sont exportés pour être souvent vendus en promotion dans nos grands magasins (M10 à M12).

3. Quelles sont les répercussions de l'explosion démographique en Inde?
4. Quelles marchandises réalisées grâce au travail d'enfants pourrais-tu déjà avoir acheté?

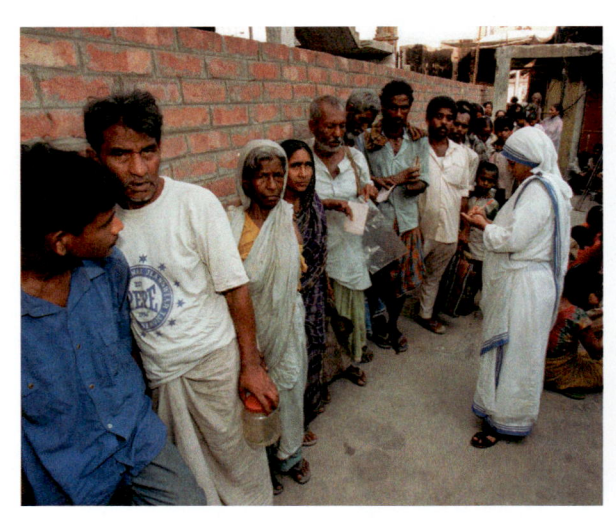

M8: Warten auf Hilfe im Mutter-Teresa-Heim in Kalkutta

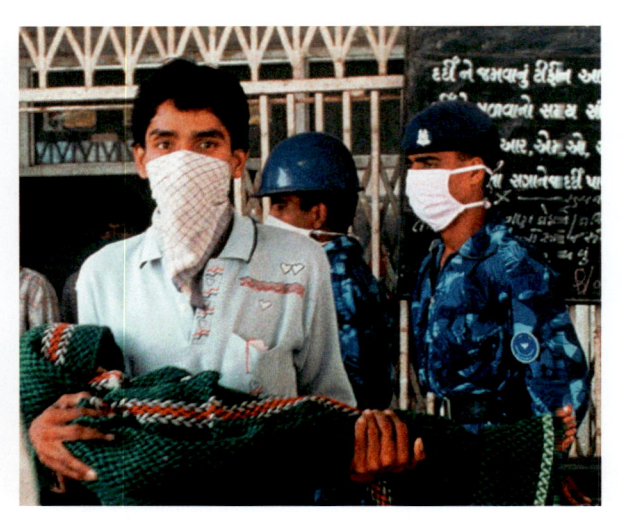

M9: Pestfälle in Indien 1994

Asien – bevölkerungsreichster Kontinent

M 10: Kinderarbeit – Teppich weben

M 12: Kinder in einer Streichholzfabrik

Was ist RUGMARK?

RUGMARK (englisch *rug:* Teppich) ist ein international registriertes Warenzeichen und unabhängiges Siegel für Teppiche. Mit RUGMARK verpflichten sich Teppichhersteller und Exporteure folgende Kriterien zu erfüllen:
- Keine Beschäftigung von Kindern unter 14 Jahren (Ausnahme: In traditionellen Familienbetrieben dürfen Söhne, Töchter und Geschwister des Knüpfstuhlbesitzers mitarbeiten, wenn sie RUGMARK gegenüber den regelmäßigen Schulbesuch nachweisen.)
- Zahlung von wenigstens den gesetzlichen Mindestlöhnen an die erwachsenen Knüpfer
- Offenlegung der Aufträge gegenüber dem RUGMARK-Büro
- Akzeptieren von unangekündigten Kontrollen zu jeder Zeit
- Zahlung von 0,25 % des Exportwertes der Ware an RUGMARK zur Deckung der laufenden Kosten des Kontroll- und Siegelsystems

Importeure in den Verbraucherländern, die Teppiche mit dem RUGMARK-Siegel in den Handel bringen, müssen eine Abgabe an RUGMARK abführen. Dieses Geld fließt zurück in die Knüpfländer. Dort werden aus den Erlösen Sozialprogramme finanziert, die unmittelbar Kindern aus Knüpferfamilien und ehemaligen Kinderarbeitern zugute kommen.

Qu'est-ce que RUGMARK?

RUGMARK (en anglais rug: tapis) est une marque internationale déposée et un label indépendant pour tapis. Avec RUGMARK, les fabricants et exportateurs de tapis s'engagent à respecter les critères suivants:
- interdiction d'employer des enfants de moins de 14 ans (exception: dans le cas d'entreprises familiales traditionnelles, les fils, filles, sœurs et frères du propriétaire du métier à tisser sont autorisés à travailler s'ils peuvent prouver à RUGMARK qu'ils vont régulièrement à l'école),
- versement d'au moins des salaires minimums légaux que perçoivent les tisseurs adultes,
- présentation des commandes au bureau de RUGMARK,
- acceptation de contrôles à l'improviste à tout moment,
- versement à RUGMARK de 0,25 % de la valeur d'exportation de la marchandise pour couvrir les frais courants du système de contrôle et de label.

Les importateurs dans les pays consommateurs mettant sur le marché des tapis portant le label RUGMARK doivent verser une taxe à RUGMARK. Cet argent retourne aux pays producteurs où sont financés, avec les recettes, des programmes sociaux directement en faveur des enfants de familles de tisseurs et d'anciens enfants travailleurs.

M 11: Unsere Mitverantwortung

L'Asie – le continent le plus peuplé

Indien – Wachstum ohne Grenzen? | L'Inde – un accroissement sans limites?

M1: Traditioneller Reisanbau

M2: Versuchsfeld mit Reis

Ernährungsprobleme

Die indische Landwirtschaft – eine Erfolgsstory?
Der Wettlauf zwischen Bevölkerungswachstum und Nahrungsmittelangebot hat alle indischen Regierungen zu besonderen Maßnahmen gezwungen.
Sie unterstützten die Gründungen von Dorfgenossenschaften. Sie bieten Kleinbauern Hilfe bei der Lagerhaltung und Vermarktung an. Sie führten eine Landreform durch, die die Besitzersplitterung und Verschuldung überwinden sollte (M3). Sie kauften Überschussgetreide und verkauften es verbilligt an Einkommensschwache.

Ein landwirtschaftliches Modernisierungsprogramm – **„Die Grüne Revolution"** – sollte die Nahrungsmittelproduktion durch folgende Maßnahmen steigern (M2, M4, M6):
- Einführung hoch ertragreichen Saatguts bei Reis und Weizen
- Massiver Einsatz von Dünge- und Schädlingsbekämpfungsmitteln
- Ausweitung der Bewässerungsflächen
- Gebrauch moderner landwirtschaftlicher Maschinen

Das Ergebnis konnte sich sehen lassen: die Getreideproduktion steigt inzwischen schneller, als die Bevölkerung wächst. Indien hat sich zum viertgrößten Nahrungsmittelproduzenten der Welt entwickelt (M5).

Problèmes alimentaires

L'agriculture indienne – une histoire à succès?
La course entre la croissance démographique et l'offre en denrées alimentaires a forcé tous les gouvernements indiens à prendre des mesures spéciales.
Ils ont soutenu la création de coopératives villageoises. Ils ont proposé de l'aide aux petits paysans pour le stockage et la vente sur le marché. Ils firent une réforme agraire dont le but fut de supprimer le morcellement des parcelles et l'endettement (M3). Ils achetèrent les excédents de céréales et les vendirent à bas prix aux personnes défavorisées.

Un programme de modernisation agricole – **„La Révolution Verte"** – devait permettre d'accroître la production de denrées alimentaires grâce aux mesures suivantes (M2, M4, M6):
- introduction de semences de riz et de blé à très grand rendement,
- utilisation massive d'engrais et d'insecticides,
- augmentation des surfaces irriguées,
- utilisation de machines agricoles modernes.

Le résultat était remarquable: la production de céréales croît, entre-temps, plus rapidement que la population n'augmente. L'Inde est devenu le quatrième producteur mondial de denrées alimentaires (M5).

vor der Landreform — R* R*

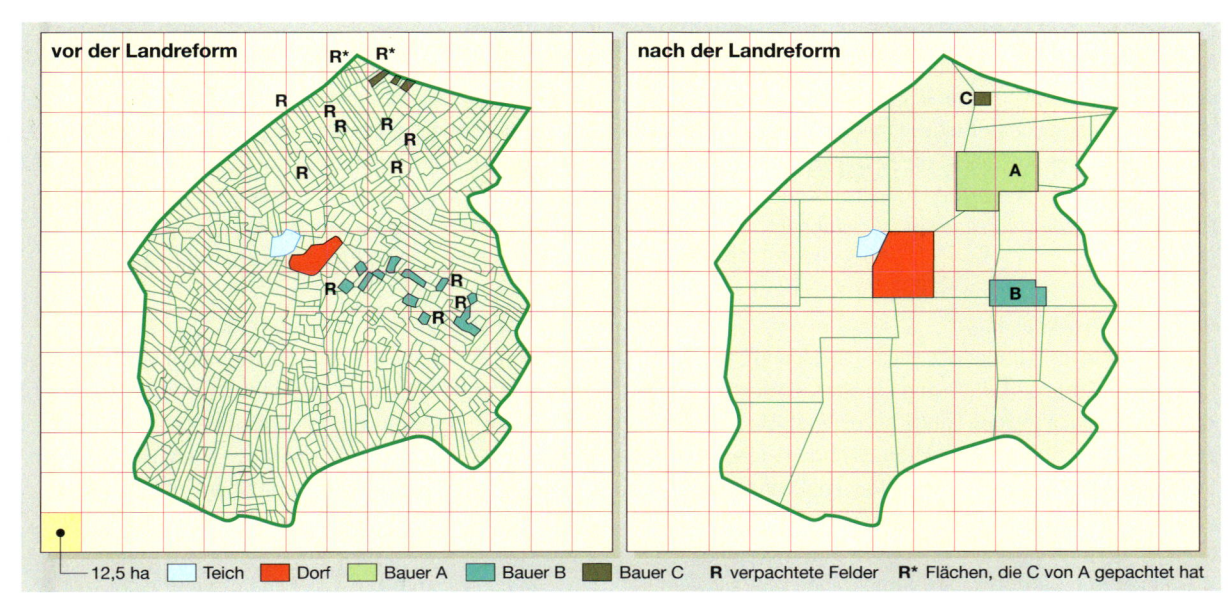

nach der Landreform

— 12,5 ha · Teich · Dorf · Bauer A · Bauer B · Bauer C · **R** verpachtete Felder · **R*** Flächen, die C von A gepachtet hat

M3: Die Auswirkungen der Landreform (Dorf Bidowali im Punjab)

M4: Reisforschung

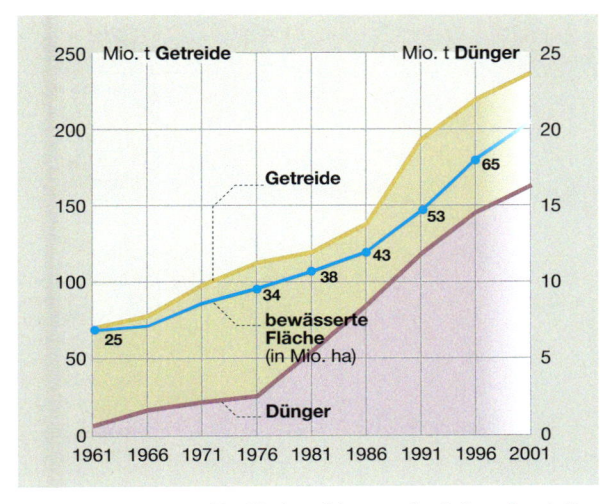

M5: Die Auswirkungen der Grünen Revolution

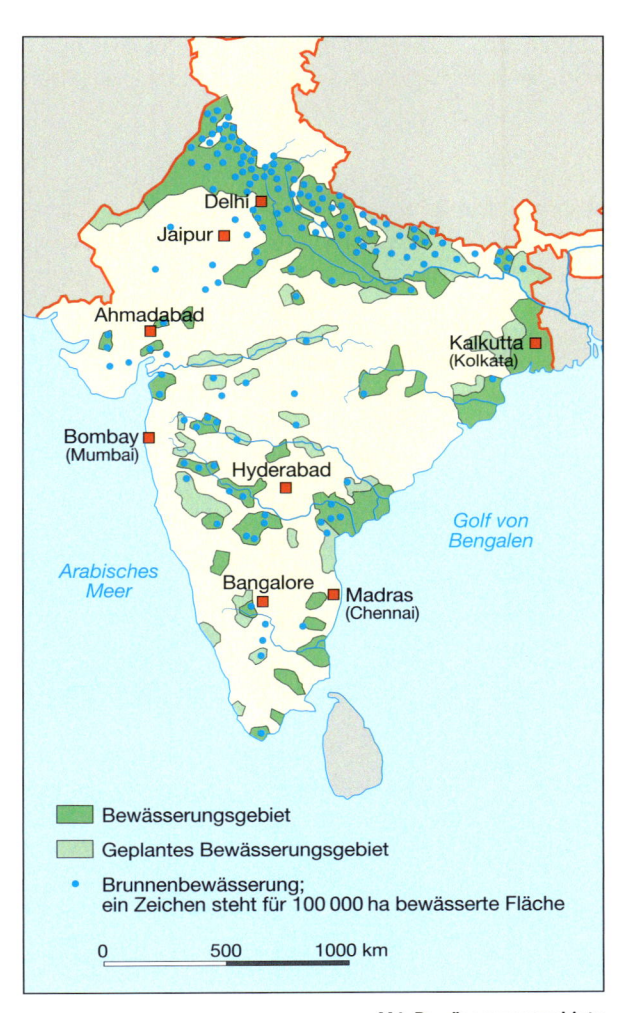

M6: Bewässerungsgebiete

- Bewässerungsgebiet
- Geplantes Bewässerungsgebiet
- Brunnenbewässerung; ein Zeichen steht für 100 000 ha bewässerte Fläche

L'Asie — le continent le plus peuplé

Indien – Wachstum ohne Grenzen? | L'Inde – un accroissement sans limites?

Grenzen der Grünen Revolution

Klimaschwankungen und Transportprobleme führten dazu, dass das Getreide nicht überall gleichmäßig verteilt werden konnte. Während das Getreide in mehreren Regionen in den Lagern verdirbt, leidet die Bevölkerung in anderen Hunger. Der große Wasserbedarf in trockeneren Gebieten führt zur Versalzung von ganzen Landstrichen.

Indien ist ein Monsunland

„Der **Monsun** (M7) bringt uns alles – Glück und Verzweiflung, reiche Ernte und Not", sagt ein altes indisches Sprichwort. Als Monsun werden Winde bezeichnet, die Ende Juni aus Südwesten über Indien wehen. Sie bringen feuchte Luftmassen, die zunächst an den Westghats und wenig später am Himalaya als **Steigungsregen** niedergehen. Im Landesinnern verursacht der Monsun lang anhaltende Wärmegewitter und jedes Jahr verheerende Überschwemmungen. In den Wintermonaten kehrt sich die Windrichtung um. Für Indien bedeutet das trockene und kalte Winde. Steigen dann im Jahreslauf die Temperaturen wieder an, dörrt der Boden völlig aus. Die Pflanzen vertrocknen (M10).

Wann der Monsun einsetzt, ist jedes Jahr ungewiss. Manchmal bleibt er ganz aus. Dann ist mit einer Hungerkatastrophe zu rechnen. Oft sind aber die Niederschlagsmengen so groß, dass es zu Überschwemmungen kommt. Die eingebrachte Saat wird fortgespült oder verfault (M8, M9).

http://www.zum.de/Faecher/Ek/BAY/gym/Ek8/l2-1.htm

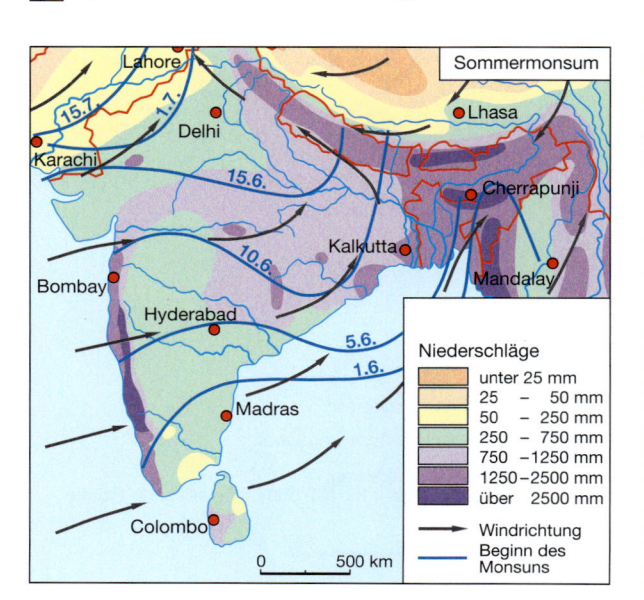

Les limites de la Révolution verte

Des variations climatiques et des problèmes de transport avaient comme conséquence que les céréales ne pouvaient être distribuées partout de manière équitable. Alors que dans plusieurs régions les céréales pourrissent dans les entrepôts, la population d'autres régions souffre de faim. L'important besoin en eau dans les régions plus sèches entraîne la salinisation de régions entières.

L'inde est un pays de la mousson

Un ancien proverbe indien dit: „La **mousson** (M7) nous apporte tout: le bonheur et le désespoir, une bonne moisson et la disette". Le terme mousson désigne des vents soufflant du sud-ouest sur l'Inde à partir de la fin juin. Ils apportent des masses d'air humides entraînant des pluies orographiques d'abord au niveau des Ghâts occidentaux puis, un peu plus tard, au niveau de l'Himalaya. À l'intérieur du pays, la mousson provoque de longs orages de convection et, chaque année, des inondations catastrophiques. Durant les mois d'hiver, la direction des vents s'inverse. Pour l'Inde, cela signifie des vents secs et froids. Si les températures augmentent alors de nouveau au cours de l'année, le sol se dessèche complètement. Les plantes se déshydratent (M10).

Tous les ans, on ne sait pas avec certitude quand la mousson arrivera. Parfois, elle est complètement absente. Il faut alors compter avec une famine. Bien souvent, cependant, les précipitations sont si importantes que cela entraîne des inondations. Les semences enfouies sont emportées ou pourrissent (M8, M9).

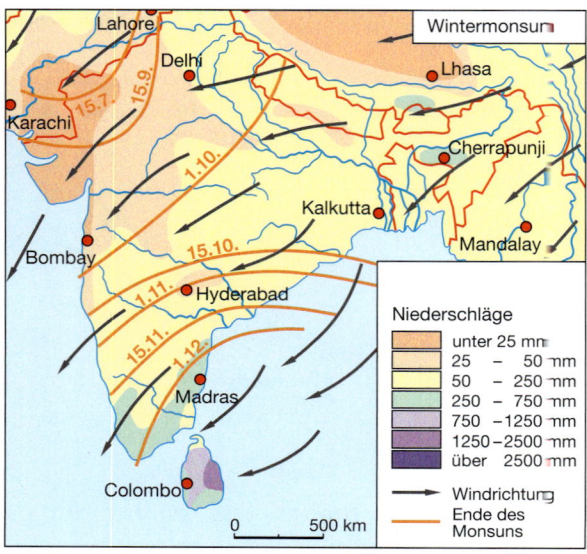

M7: Sommermonsun und Wintermonsun

Asien – bevölkerungsreichster Kontinent

1. Nenne die Vorteile und die Nachteile der „Grünen Revolution".
2. Warum bezeichnet man den Monsun als „Segen und Fluch Indiens" (M9)?
3. Welche Vorteile brachte die Landreform dem Dorf Bidowali im Punjab (S. 77 M3)?
4. Welche Regionen Indiens bleiben von der „Grünen Revolution" ausgeschlossen (M6)?
5. Warum hat die „Grüne Revolution" Rajiv nicht geholfen (M8)?
6. Kann in Zukunft die Nahrungsmittelproduktion in Indien mit dem Bevölkerungswachstum Schritt halten (S. 73 M4, S. 77 M5, M6)?

1. Nomme les avantages et les inconvénients de la „Révolution verte".
2. Pourquoi dit-on que la mousson est „la bénédiction et la malédiction de l'Inde" (M9)?
3. Quels avantages la réforme agraire apporta au village de Bidowali dans le Pendjab (M3)?
4. Quelles régions de l'Inde restent exclues de la „Révolution verte" (M6)?
5. Pourquoi est-ce que la „Révolution verte" n'a pas aidé Rajiv (M8)?
6. Est-ce qu'à l'avenir la production de denrées alimentaires pourra suivre le rythme de l'accroissement de la population (p. 73 M4, p. 77 M5, M6)?

Rajiv besitzt knapp 1 ha Land. Einen halben Hektar hat er an einen Großgrundbesitzer verpfändet, um die Hochzeit seiner Tochter bezahlen zu können. In zehn Jahren erhält er sein Land zurück. So lange muss er im Jahr 60 % Zinsen zahlen.
Als die Regierung vor 30 Jahren die „Grüne Revolution" ausrief, wollte Rajiv sich auch beteiligen. Die neuen Reis- und Weizensorten reifen schneller und bringen auf einem Feld zwei bis drei Ernten in einem Jahr. Doch sie brauchen viel Wasser. Dazu benötigt man Bewässerungsanlagen. Hohe Erträge erfordern viel Mineraldünger. Da die neuen Sorten nicht so widerstandsfähig sind, müssen Schädlingsbekämpfungsmittel eingesetzt werden. Für all das hat Rajiv kein Geld. Bei der Fläche, die er noch bearbeitet, lohnt sich kein Traktor. Den Mähdrescher kann sich nur der Großgrundbesitzer leisten. Rajiv ist froh, wenn er Wasser für seine Reisfelder hat. Setzt der Monsun, der Jahreszeitenwind, zu spät ein, bringt er zu wenig Regen. Bleibt er ganz aus, bedeutet das noch mehr Armut. Als Rajivs Frau krank wurde, musste er wieder zum Geldverleiher gehen. Die Söhne suchen nun Arbeit in der Stadt.

Rajiv possède à peine 1 ha de terrain. Il a hypothéqué un demi-hectare à un grand propriétaire terrien pour pouvoir payer le mariage de sa fille. Au bout de 10 ans, il récupèrera son terrain. Jusque-là, il devra payer 60 % de taux d'intérêts par an.
Quand le gouvernement proclama la „Révolution verte", il y a 30 ans, Rajiv voulait y participer. Les nouvelles sortes de riz et de blé mûrissent plus rapidement et fournissent deux à trois récoltes par an sur un même champ. Mais elles ont besoin de beaucoup d'eau. Il faut des installations d'irrigation pour cela. De grandes quantités d'engrais minéraux sont nécessaires pour garantir d'importants rendements. Les nouvelles sortes n'étant pas aussi résistantes, il faut faire appel à des insecticides. Rajiv n'a pas d'argent pour tout cela. Il n'a pas besoin d'un tracteur pour la surface qu'il lui reste à cultiver. Seul le grand propriétaire terrien peut s'acheter une moissonneuse-batteuse. Rajiv s'estime heureux s'il dispose de suffisamment d'eau pour sa rizière. Si la mousson, le vent saisonnier, arrive trop tard, elle apporte trop peu de pluie. Si elle reste complètement absente, cela signifie encore davantage de pauvreté. Lorsque la femme de Rajiv est tombée malade, il lui a fallu retourner chez le bailleur de fonds. Les fils cherchent maintenant du travail en ville.

M8: Ein Kleinbauer in dem Dorf Bidowali, im Punjab, einem der 700 000 Dörfer

M9: Fluch und Segen des Monsuns

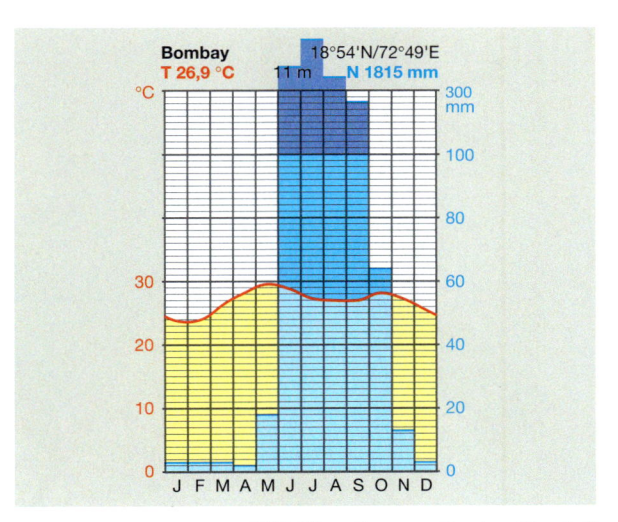

M10: Klimadiagramm Bombay (Mumbai)

L'Asie — le continent le plus peuplé

Chinas Weg zu einem modernen Staat | La Chine sur la voie d'un État moderne

VR CHINA – VOLKSREPUBLIK CHINA

Hauptstadt: Peking (Beijing)
Staatsform: Sozialistische Volksrepublik
Fläche: 9,57 Mio. km²
Bevölkerung: 1288,7 Millionen Menschen (Mitte 2003)
Bevölkerungswachstum: 0,7 % (2001), im Vergl. EU: −0,1 % im Jahr
Erwerbstätige: • in der Landwirtschaft: 50,0 % (EU: 3 %)
 (2001) • in der Industrie: 22,3 % (EU: 31 %)
 • im Dienstleistungsbereich: 27,7 % (EU: 66 %)
Analphabetenrate (2001) älter als 15 Jahre:
Männer 9 %, Frauen 25 %
Lebenserwartung (2001): 71 Jahre
Anteil der Bevölkerung unter der Armutsgrenze: 29 %
– Nationale Armutsgrenze 1996: 6 %
– Internationale Armutsgrenze 1995: Bevölkerung mit weniger als
 • 1 US-$ pro Tag: 22,2 % • 2 US-$ pro Tag: 57,8 %
Wirtschaftliche Leistung (BSP/Einw. [2000]): 840 US-$,
im Vergleich EU: 22 478 US-$/Einwohner

M1: Steckbrief China

M3: Chinesische Mauer

Landschaften in China

China hat vier Gesichter (M2):

1. Das trockene China

Den Westen Chinas prägen weite, hohe Gebirgszüge. Die wüstenartigen Gebiete sind nur dünn besiedelt, meist von nomadisch lebenden Völkern (M5).

Paysages de Chine

Les quatre visages de la Chine (M2):

1. La Chine sèche

De hautes et longues chaînes de montagnes caractérisent l'ouest de la Chine. La population très clairsemée de ces régions désertiques est essentiellement composée de peuples nomades (M5).

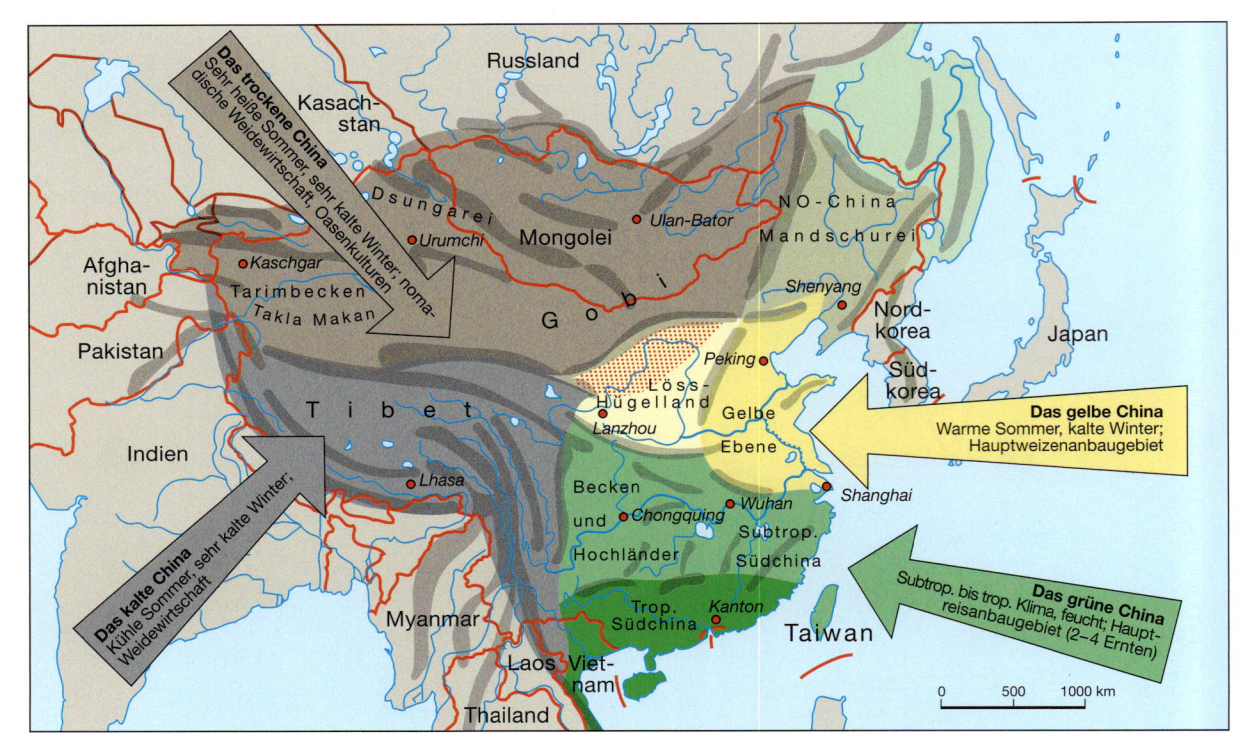

M2: Landschaftstypen in China

Asien – bevölkerungsreichster Kontinent

M4: Reisernte

M6: Shanghai mit dem 468 m hohen Oriental Pearl Tower

2. Das kalte China

Tibet – eine von mächtigen Gebirgszügen umgebene, enclos erscheinende Ebene in etwa 4000 m Höhe – wurde von den Chinesen erobert. 1950 wurde der *Dalai Lama*, das geistliche Oberhaupt vieler Tibeter, vertrieben und lebt seither im Exil. Die Tibeter leben überwiegend von der Viehzucht: Yaks – mit ihrem zotteligen Fell gegen die Kälte geschützt – liefern Milch, Fleisch und Wolle (M7).

2. La Chine froide

Le Tibet – un immense plateau à 4000 m d'altitude entouré d'imposantes chaînes de montagne – fut conquis par les Chinois. Le *Dalaï Lama*, le chef spirituel des Tibétains, fut chassé du Tibet et vit depuis en exil. Les Tibétains pratiquent essentiellement l'élevage: les yacks – protégés contre le froid par leur longue toison – fournissent lait, viande et laine (M7).

M5: Das trockene China (Oase in der Wüste Takla Makan)

M7: Das kalte China (Hochland in Tibet)

L'Asie – le continent le plus peuplé

Chinas Weg zu einem modernen Staat

La Chine sur la voie d'un État moderne

M8: Das gelbe China (Lössbergland)

M9: Das grüne China (Reisterrassen)

3. Das gelbe China

Die dicht besiedelte Tiefebene im Osten des Landes schuf der Huang He, der „Gelbe Fluss". Der Flusslauf verändert sich ständig und die Menschen versuchen sich durch den Bau von Dämmen gegen Überschwemmungskatastrophen zu schützen. Wegen des fruchtbaren Bodens ist hier Getreideanbau verbreitet. Reiche Kohlen- und Eisenerzlagerstätten führten auch zu starker Industrialisierung (M6, M8).

4. Das grüne China

Etwa die Hälfte aller Chinesen bevölkert die fruchtbaren **Schwemmlandebenen** im Südosten. Enge Schluchten und seltsam geformte, kegelartige Berge mit steilen Flanken prägen hier das Landschaftsbild. Terrassen, auf denen hauptsächlich Reis angepflanzt wird, überziehen die Hänge (M4, M9).

China — mehr als eine Milliarde Menschen

Hungersnöte, Naturkatastrophen und Kriege hielten jahrhundertelang die Zunahme der chinesischen Bevölkerung in Grenzen (M1). Seit 1949 allerdings, dem Jahr der Gründung der Volksrepublik China, hat sich die Bevölkerung verdoppelt, von etwa 500 Millionen auf 1,2 Milliarden (1992). Heute zählt China 1,3 Milliarden Menschen. Die Ursachen für das rasche **Bevölkerungswachstum** liegen zum einen in der höheren Lebenserwartung der Menschen infolge verbesserter Lebensbedingungen und zum anderen im hohen Stellenwert der Kinder in der Familie. Wie in vielen asiatischen Ländern war auch in China ein großer Kinderreichtum eine vermeintliche Chance für die Eltern, im Alter versorgt zu sein. Der chinesische Staat stand vor der doppelten Herausforderung:

- einerseits die wachsende Bevölkerung zu ernähren durch *Intensivierung der Landwirtschaft*,
- andererseits das Bevölkerungswachstum zu verlangsamen oder gar zu stoppen durch eine strenge *Bevölkerungspolitik*.

3. La Chine jaune

Le Huang-he, le „Fleuve Jaune", a formé la plaine densément peuplée de l'est du pays. Le cours du fleuve change constamment et les populations tentent de se protéger contre les inondations désastreuses en construisant des barrages. La culture des céréales est ici très répandue en raison de la fertilité du sol. D'importants gisements de charbon et de minerai de fer ont également entraîné une très forte industrialisation (M6, M8).

4. La Chine verte

Environ la moitié de la population chinoise habite dans les **plaines alluviales** fertiles du sud-est. Le paysage s'y caractérise par d'étroites gorges et de bizarres montagnes arrondies aux flancs escarpés. On cultive essentiellement du riz sur les versants en terrasses (M4, M9).

La Chine – plus d'un milliard d'habitants

Les famines, les catastrophes naturelles et les guerres limitèrent pendant plusieurs siècles la croissance de la population chinoise (M1). Toutefois, depuis 1949, l'année de la création de la République populaire de Chine, la population a doublé pour passer d'environ 500 millions à 1,2 milliard (1992). La Chine compte aujourd'hui 1,3 milliard d'habitants. Les causes de cette **croissance démographique** rapide résident, d'un côté, dans le fait que l'espérance de vie est plus grande grâce à de meilleures conditions de vie et, de l'autre côté, dans l'importance accordée aux enfants dans la famille. En Chine, comme dans de nombreux autres pays d'Asie aussi, les parents croyaient que le nombre élevé d'enfants était leur assurance de subsistance durant la vieillesse. L'État chinois dut faire face à un double défi:

- d'un côté, nourrir une population croissante en *intensifiant l'agriculture,*
- de l'autre côté, ralentir, voire même arrêter, la croissance démographique grâce à une *politique démographique* stricte.

Asien — bevölkerungsreichster Kontinent

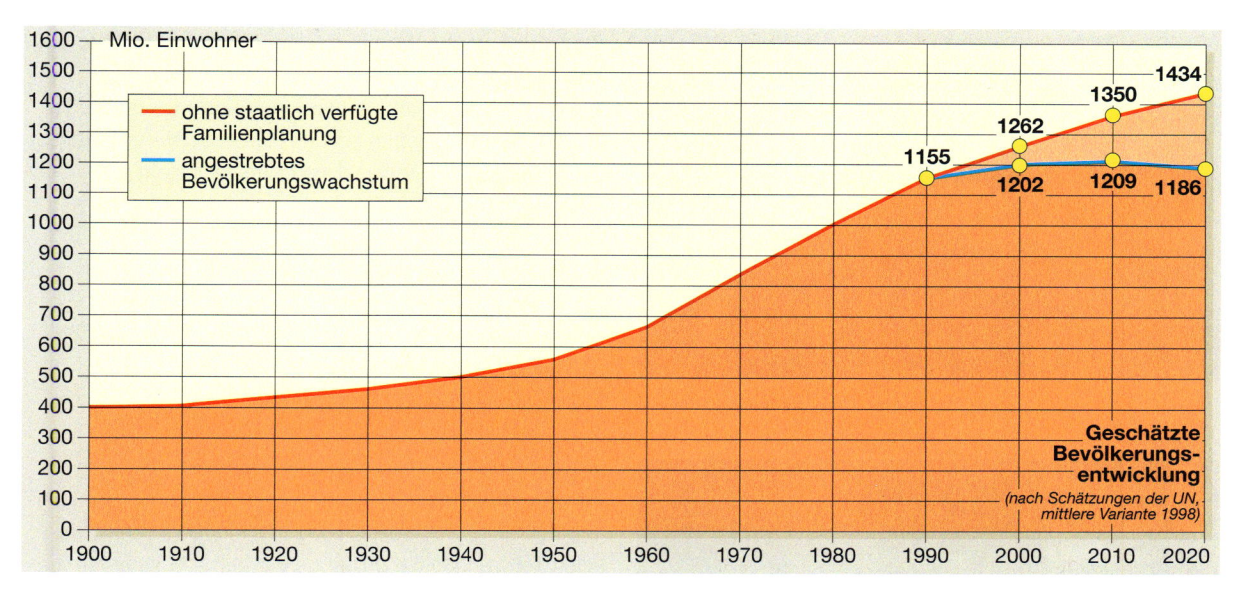

M1: Bevölkerungsentwicklung Chinas seit 1900

- ohne staatlich verfügte Familienplanung
- angestrebtes Bevölkerungswachstum

Geschätzte Bevölkerungsentwicklung (nach Schätzungen der UN, mittlere Variante 1998)

Werte (Mio. Einwohner):
- 1990: 1155
- 2000: 1262 / 1202
- 2010: 1350 / 1209
- 2020: 1434 / 1186

---

1. Wie hat sich die Bevölkerung in China seit 1900 entwickelt (M1)? Erkläre, wie es zu dieser Entwicklung kam.
2. Beschreibe und erläutere die Verteilung der Bevölkerung in China (M2).

1. Quel fut le développement démographique en Chine depuis 1900 (M1)? Explique comment ce développement s'est effectué.
2. Décris et explique comment est répartie la population en Chine (M2).

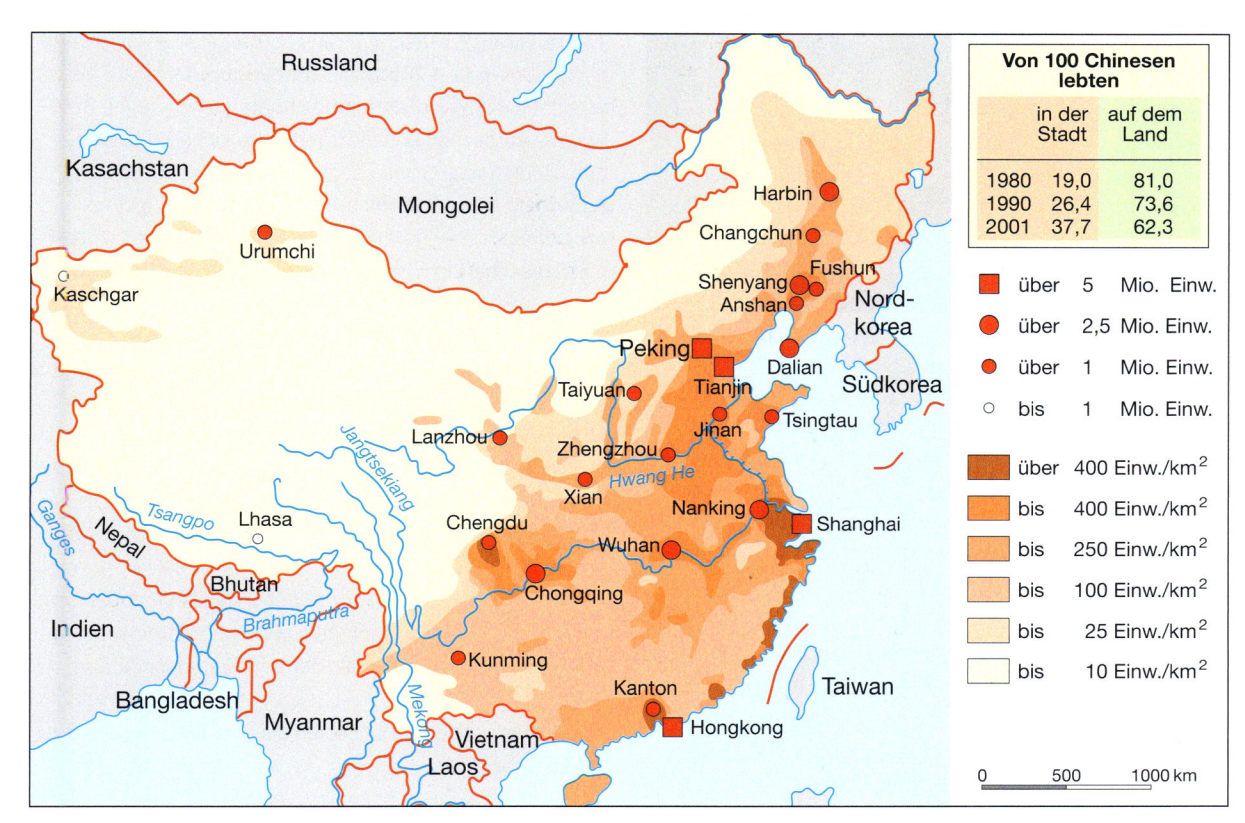

M2: Verteilung der Bevölkerung Chinas

Von 100 Chinesen lebten

	in der Stadt	auf dem Land
1980	19,0	81,0
1990	26,4	73,6
2001	37,7	62,3

- ■ über 5 Mio. Einw.
- ● über 2,5 Mio. Einw.
- ● über 1 Mio. Einw.
- ○ bis 1 Mio. Einw.

- über 400 Einw./km²
- bis 400 Einw./km²
- bis 250 Einw./km²
- bis 100 Einw./km²
- bis 25 Einw./km²
- bis 10 Einw./km²

L'Asie — le continent le plus peuplé

Chinas Weg zu einem modernen Staat | La Chine sur la voie d'un État moderne

M1: Werbung für die Ein-Kind-Familie

M2: Staatlich geförderte Betreuung von Ein-Kind-Familien

M3: Volk ohne Geschwister

Der chinesische Weg in der Bevölkerungspolitik: Die „Ein-Kind-Familie"

Seit 1982 fördert der Staat **Familienplanung**, damit das Bevölkerungswachstum mit den Plänen der wirtschaftlichen und sozialen Entwicklung in Einklang steht (M1). Zur Durchsetzung der Ein-Kind-Familie beschloss der Staat folgende Maßnahmen:

- Anhebung des Heiratsalters auf 25 Jahre
- Wartelisten für ein Anrecht auf Heirat und Kind
- Verpflichtung der Eheleute nur ein Kind zu bekommen
- Verhütungsmittel, Sterilisation und Abtreibungen sind kostenlos

Die Ein-Kind-Familie hat eine Reihe von Vorteilen: Das Kind erhält kostenlos medizinische Betreuung, hat Vorrecht bei der Aufnahme in Kinderkrippen und Kindergärten sowie in allen Schulen. Später sollen sie von den Arbeitsämtern bei der Vermittlung von Arbeit bevorzugt werden. Ein-Kind-Familien werden bei der Lohnzahlung und bei der Zuteilung von Wohnraum begünstigt (M2). Bei Nichteinhaltung der Ein-Kind-Familie müssen alle finanziellen Zuwendungen zurückgezahlt werden.

Zahlreiche öffentliche Proteste zwangen den Staat zu einer freizügigeren Handhabung der Ein-Kind-Vorschriften (M4, M6). Zu Beginn der 1990er-Jahre verschärfte der Staat seine Familienpolitik wieder, um die wirtschaftlichen Ziele der 1990er-Jahre zu erreichen. Die geburtenstarken Jahrgänge der 1960er- und 1970er-Jahre (**Babyboom**-Jahre in China) erreichen das Heiratsalter und könnten einen neuen Babyboom verursachen und die Ernährungssicherung gefährden. Heute muss China schon Getreide importieren. Außerdem müssen jährlich 15 Mio. Berufsanfänger ins Arbeitsleben integriert und mehr als 100 Mio. neue Arbeitsplätze geschaffen werden.

Ergebnisse der Bevölkerungspolitik

Das Bevölkerungswachstum sank (M7, M8). In der Stadt hat sich die Ein-Kind-Familie weitgehend durchgesetzt (M3, M5). Auf dem Land ist die Kinderanzahl etwas höher. Die in der Tradition verhafteten Menschen bewerten die Tatsache, einen Sohn zu haben, höher als finanzielle Strafen.

In der VR China wird mit großem Einfallsreichtum dem Druck der staatlichen Strafen begegnet: Schwangere Frauen besuchen rechtzeitig weit entfernt lebende Verwandte und kommen nach der Geburt mit einem „Pflegekind" wieder zurück. Auch „falsche Ehescheidungen" sind, wie Zeitungen berichten, nicht selten: Droht die Überprüfung der Geburtenplanung, lassen sich viele Paare wegen „gegenseitiger Unverträglichkeit" scheiden, um anschließend in wilder Ehe weiterzuleben. Denn sind die Paare nicht verheiratet, steht jedem Partner ein Kind zu. Ähnliche Geschwister werden teilweise auch als Zwillinge gehandelt, denn gegen Zwillinge kann der Staat keine Strafen verhängen!

M4: Die „Hintertürchen" der strengen Gesetze

---

1. Welche Maßnahmen ergriff der chinesische Staat um das Bevölkerungswachstum in China zu bremsen?
2. Stelle Vor- und Nachteile der Bevölkerungspolitik in China gegenüber.
3. Wie versuchen die Chinesen die „Ein-Kind-Gesetze" zu umgehen?
4. Welche Bevölkerungspolitik verfolgt der Luxemburger Staat?

Asien — bevölkerungsreichster Kontinent

La voie chinoise dans la politique démographique: la „famille à enfant unique"

L'État encourage depuis 1982 le **planning familial** afin que la croissance démographique soit en harmonie avec les plans du développement économique et social (M1).
Pour imposer la famille à enfant unique, l'État prit les mesures suivantes:
- augmentation à 25 ans de l'âge de mariage,
- listes d'attente pour le droit au mariage et à la naissance,
- engagement des époux à ne mettre qu'un enfant au monde,
- gratuité des moyens contraceptifs, de la stérilisation et de l'avortement.

La famille à enfant unique jouit d'une série d'avantages: tous les soins médicaux que l'enfant reçoit sont gratuits; l'enfant a le privilège d'être admis dans les crèches et jardins d'enfants ainsi que dans toutes les écoles. Plus tard, il se voit accorder un traitement de faveur quant à l'obtention d'un emploi par le biais de l'Office du travail. Les familles à enfant unique sont favorisées au niveau des salaires et du logement (M2). Les familles ayant plus d'un enfant doivent rembourser toutes les aides financières.

De nombreuses protestations publiques obligent l'État à appliquer plus souplement les directives relatives à la famille à enfant unique (M4, M6). Au début des années 1990, l'État renforça de nouveau sa politique familiale pour atteindre les buts économiques fixés pour les années 90. Les personnes nées lors du **baby-boom** chinois des années 60 et 70 avaient atteint l'âge au mariage et auraient pu menacer l'équilibre alimentaire. Aujourd'hui, la Chine doit déjà importer des céréales.

En outre, il faut intégrer 15 millions de jeunes dans la vie du travail et créer plus de 100 millions d'emplois nouveaux chaque année.

Les résultats de la politique démographique

La croissance démographique baissa (M7, M8). La famille à enfant unique s'est très largement imposée dans les villes (M3, M5). Dans les campagnes, le nombre d'enfants est légèrement plus élevé. Les populations attachées à leurs traditions préfèrent avoir un fils et ne se laissent pas intimider par les amendes encourues.

1. Quelles mesures a pris l'État chinois pour freiner la croissance démographique en Chine?
2. Dresse la liste des avantages et inconvénients de la politique démographique en Chine.
3. Comment tentent les Chinois de contourner la loi sur „l'enfant unique"?
4. Quelle est la politique démographique suivie par l'État luxembourgeois?

M5: Ein-Kind-Familie in Peking

Kurz nach der Geburt ihres zweiten Kindes — ein Sohn — kam die Polizei, zerstörte ihre Hütte ... und verlangte eine hohe Geldstrafe. Die Mutter wurde zwangssterilisiert.
Die chinesische Presse ist voll von Berichten, dass Ehefrauen verprügelt werden, wenn sie Mädchen gebären. „Wenn nur ein Kind, dann soll es ein Junge sein!" Also werden weibliche Föten abgetrieben, kleine Mädchen ausgesetzt, umgebracht oder der chinesischen Behörde nicht gemeldet.
Vor allem aus diesen Gründen hat die Volksrepublik China ihre Gesetze seit 1986 entschärft, ohne das Ziel der Ein-Kind-Familie aus den Augen zu lassen. Ist das erste Kind ein Mädchen, so wird eine Zweitgeburt erlaubt. *(New York Times)*

M6: Die Kehrseite der Medaille in den 1980er-Jahren

Durchschnittliche Kinderzahl	1950/55	1965/70	1980/85	1995/2000
China	6,22	6,06	2,55	1,80
Indien	5,97	5,69	4,47	3,32

M7: Entwicklung der Geburtenziffer

	1960	1970	1980	1990	2000
Einwohner in Millionen					
gesamt	670	630	987	1143	1261
ländl. Raum	556	686	796	841	807
städt. Raum	114	144	191	302	454
Bevölkerungswachstum in %					
gesamt	2,7	2,6	1,2	1,4	0,8
ländl. Raum	2,7	k. A.	0,9	1,0	0,9
städt. Raum	2,7	k. A.	1,2	1,6	0,7

M8: Bevölkerungsentwicklung auf dem Land und in der Stadt

http://n2.myschool.lu/Home/

L'Asie — le continent le plus peuplé

Chinas Weg zu einem modernen Staat | La Chine sur la voie d'un État moderne

China auf dem Weg zum Industriestaat

Jahrhundertelang war China ein unbekanntes Land. Die chinesischen Herrscher hatten versucht ihr Land gegen die Fremden abzugrenzen. Sie errichteten eine 6300 km lange Mauer, die auch heute noch eine der größten Sehenswürdigkeiten Chinas ist (S. 80 M3).

China ist reich an Bodenschätzen, doch lange fehlte es an Geld und Wissen, diese auch abzubauen. Erste Schritte, eine leistungsfähige Industrie aufzubauen, gehen auf das Jahr 1949 zurück, als **Mao Zedong** die Volksrepublik China gründete (M1). Alle Betriebe wurden verstaatlicht und die Wirtschaft von der Kommunistischen Partei zentral gelenkt. Die Regierung bestimmte, was und wie viel produziert wurde. Die Sowjetunion galt als Vorbild und sowjetische Ingenieure halfen beim Aufbau der Industrien. 1957 beschloss Mao ganz auf ausländische Hilfe zu verzichten und einen eigenen Weg der Entwicklung zu beschreiten. Das Land koppelte sich völlig vom Ausland und vom Weltmarkt ab. Leider stellte sich jedoch der erhoffte Erfolg nicht ein.

Nach dem Tod Mao Zedongs 1976 wurden unter **Deng Xiaoping** (M2), dem neuen starken Mann Chinas, tief greifende Reformen durchgeführt. Privateigentum und freie Märkte waren jetzt wieder zugelassen, jedoch ohne dass sich politisch etwas am Machtmonopol der kommunistischen Partei änderte. Die Planwirtschaft verlor an Bedeutung (Erklärung *Marktwirtschaft – Planwirtschaft*, siehe M3).

Lediglich die Großbetriebe, z. B. die **Schwerindustrie**, waren noch staatlich gelenkt. Seit 1992 gilt das Prinzip der **sozialistischen Marktwirtschaft**. Ohne ausländisches Kapital und Wissen ist die dringend notwendige Modernisierung der Industrie nicht möglich.

La Chine en route vers un État industrialisé

La Chine fut, pendant des siècles, un pays inconnu. Les souverains chinois avait tenté de protéger leur pays face aux peuples étrangers. Ils firent construire une muraille d'une longueur de 6300 km représentant, aujourd'hui encore, l'une des plus grandes curiosités de la Chine (p. 80 M3).

La Chine possède de nombreuses richesses naturelles mais, pendant longtemps, elle manqua de moyens financiers et de savoir-faire pour les exploiter. Les premières tentatives pour mettre en place une industrie performante remontent à 1949, l'année durant laquelle **Mao Tsê-tung** fonda la République populaire de Chine (M1). Toutes les entreprises furent nationalisées et l'économie fut centralisée et dirigée par le parti communiste. Le gouvernement décidait des types et quantités de production. L'U.R.S.S. servit de modèle et des ingénieurs soviétiques aidèrent à la mise sur pied des industries. En 1957, Mao décida de renoncer entièrement à toute aide étrangère et de s'engager sur une propre voie de développement. Le pays s'isola entièrement de l'étranger et du marché mondial. Le succès escompté ne se manifesta malheureusement pas.

Après la mort de Mao Tsê-tung en 1976, de nombreuses réformes eurent lieu sous **Deng Xiaoping**, le nouvel homme fort de la Chine. La propriété privée et les marchés libres furent de nouveau autorisés sans que politiquement le pouvoir hégémonique du parti communiste ne change. L'économie dirigée perdit de l'importance (explication économie dirigée / économie de marché, voir M3).

Seules les grandes entreprises comme, p. ex., **l'industrie lourde** continuèrent d'être dirigées par l'État. Le principe de **l'économie socialiste de marché** existe depuis 1992. Sans capital ni savoir-faire étrangers, la modernisation instamment nécessaire de l'industrie n'est pas possible.

M1: Mao Zedong (1893–1976)

M2: Deng Xiaoping (1904–1997)

Marktwirtschaft (Kapitalismus)
Sportfernsehen und Werbung zeigen schicke Fahrräder: Rennräder, Mountainbikes und anderes mehr. Jugendliche möchten solche Räder haben. Private Unternehmer produzieren und verkaufen sie entsprechend dieser Nachfrage.

Die vielen Fahrrad-Produzenten versuchen sich mit den Preisen zu unterbieten. Um billigere Modelle anbieten zu können, lassen sie Fahrräder in Billiglohnländern Asiens fertigen.

Eine einheimische Konkurrenzfirma reagiert darauf mit ganz neuen Modellen. Diese sind schicker und technisch sehr viel besser als die Billigware aus Asien. Sie sind aber auch viel teurer. Es mussten dafür neue Maschinen hergestellt werden. Der Unternehmer muss Steuern, Lohnsteigerungen und Sozialabgaben für die Krankenkasse und die Altersversicherung zahlen.

Die Nachfrage bleibt vorhanden, weil die Menschen ihre alten Fahrräder durch immer modernere, modischere und bessere ersetzen möchten. Dank dieser Nachfrage kommt die Konkurrenz aus Billiglohnländern wieder mit preiswerteren Modellen in die Geschäfte. Die einheimische Firma vereinbart mit ihren Arbeitern Lohnverzicht, weil sie sonst Maschinen anschaffen müsste, die billiger und schneller Räder produzieren als die Facharbeiter. Nur so kann sie mit den asiatischen Firmen mithalten. Müsste sie leistungsfähigere Maschinen anschaffen, würden viele Beschäftigte überflüssig und in die Arbeitslosigkeit „entlassen".

Planwirtschaft (Sozialismus)
Staatsunternehmen stellen so viele Räder her, wie der vom Staat aufgestellte Plan es vorsieht. Weil Räder nicht als wichtig angesehen werden, werden nur wenige Räder produziert. Als Mangelware verkaufen sie sich aber gut.

Es gibt keine Konkurrenz und keine große Auswahl zwischen verschiedenen Modellen. Da bewährte Technik nicht verändert zu werden braucht, sind die neuen Räder unmodern.

Im Sozialismus gibt es keinen „Markt". Die Menschen müssen mit dem auskommen, was nach dem Plan des Staates hergestellt wird. Ohne Konkurrenz fehlt aber der technische Fortschritt. Die unmodernen Produkte werden trotzdem gekauft. Es gibt nichts anderes. Autos sind ebenfalls knapp. Man muss viele Jahre warten, bis man „dran" ist.

Die Technik im Sozialismus veraltet immer mehr. Im Vergleich zum Westen werden mehr als doppelt so viele Arbeiter für die Herstellung eines Fahrrades (genauso eines Autos) gebraucht. Dafür gibt es keine Arbeitslosigkeit. Da die Menschen weniger herstellen, als sie vielleicht könnten, verdienen sie nicht viel. Aber es gibt ja auch nicht viel zu kaufen. Der Staat schützt die Menschen gegen Arbeitslosigkeit, bei Krankheit und im Alter. So sind sie dennoch mit ihrem Leben eigentlich zufrieden. Nur wissen sie, z. B. durch das Fernsehen, dass es woanders mehr und bessere Güter zu kaufen gibt als bei ihnen.

Économie de marché (capitalisme)
La télévision sportive et la publicité montrent d'élégantes bicyclettes: des vélos de course, des V.T.T., etc. Les jeunes souhaiteraient posséder de telles bicyclettes. Des entreprises privées les produisent et les vendent en fonction de la demande.

Les nombreux fabricants de bicyclettes tentent d'être moins chers que la concurrence. Pour pouvoir proposer des modèles à bas prix, ils les font construire dans des pays asiatiques à bas salaires.

Une entreprise concurrentielle locale réagit à cela avec des modèles entièrement nouveaux. Ces vélos sont plus élégants et techniquement bien supérieurs aux produits de basse catégorie provenant de l'Asie. Mais ils sont aussi, bien plus chers. Il a fallu, pour cela, créer de nouvelles machines. L'entreprise doit payer des impôts, l'augmentation des salaires et les frais sociaux pour la caisse maladie et l'assurance vieillesse.

La demande persiste vu que les gens souhaitent remplacer leurs vieilles bicyclettes par des vélos toujours plus modernes et meilleurs. Grâce à cette demande, la concurrence des pays à bas salaires revient sur le marché avec des modèles à prix avantageux. L'entreprise locale conclut un renoncement de salaire avec ses ouvriers car, dans le cas contraire, elle devrait acquérir des machines plus rentables et rapides que les ouvriers spécialisés. De cette manière, elle peut faire face à la concurrence des entreprises asiatiques. S'il lui fallait acheter des machines plus performantes, de nombreux employés seraient superflus et devraient être licenciés.

Économie dirigée (socialisme)
Les entreprises nationalisées produisent autant de bicyclettes que le prévoit le plan dressé par l'État. Les bicyclettes n'étant pas considérées comme importantes, leur production est faible. Toutefois, comme marchandise rare, elles se vendent bien.

Il n'y a pas de concurrence et le choix entre les différents modèles est très réduit. Toute technique éprouvée ne nécessitant pas de modification, les nouvelles bicyclettes ne sont pas modernes.

Le socialisme ne connaît pas de „marché". Les gens doivent faire avec ce qui est fabriqué d'après le plan dressé par l'État. Toutefois, sans concurrence, il n'y a pas de progrès technique. Ces produits démodés se vendent quand même étant donné qu'il n'y a rien d'autre. Les voitures sont également rares. Il faut attendre de nombreuses années avant de pouvoir en obtenir une.

Dans le socialisme, la technique vieillit rapidement. En comparaison avec les pays de l'Ouest, plus du double d'ouvriers sont employés pour fabriquer une bicyclette (de même pour une voiture). D'un autre côté, il n'y a pas de chômage. Les ouvriers fabriquent moins et gagnent peu d'argent. Mais il n'y a pas beaucoup à acheter. L'État protège ses citoyens contre le chômage, en cas de maladie et durant la vieillesse. Ils sont toutefois satisfaits de la vie qu'ils mènent. Mais ils savent, p. ex. par le biais de la télévision, qu'il existe ailleurs plus de marchandises et de meilleure qualité que chez eux.

M3: Marktwirtschaft — Planwirtschaft am Beispiel Fahrrad

Chinas Weg zu einem modernen Staat | La Chine sur la voie d'un État moderne

Zusammenarbeit mit dem Ausland

Das Land öffnete sich einer Zusammenarbeit mit dem Ausland:

1. Westliche Firmen ermunterte man, in China zu investieren und Gemeinschaftsunternehmen – **Joint Ventures** – zu gründen (M4, M7).
2. Um langwierige, teure Entwicklungskosten zu sparen, kaufte man ausgediente Industrieanlagen im Ausland (M6).
3. Chinesen werden von ausländischen Fachkräften angelernt.
4. **Sonderwirtschaftszonen** wurden in den Küstenbereichen eingerichtet, wo hochwertige **Konsumgüter** hergestellt werden (M5). Anreize wurden geschaffen, damit sich möglichst viele ausländische Firmen ansiedelten: eine gut ausgebaute **Infrastruktur**, niedrige Pachtgebühren für die Nutzung des Betriebsgeländes, mehrjährige Steuerfreiheit und günstige Kredite für die Betriebe. Ausländische Betriebe nehmen dieses Angebot gern wahr. Sie profitieren von den niedrigen Lohnkosten und dem riesigen **Absatzmarkt** von rund 1,3 Milliarden Menschen.

Chinas Weg der „sozialistischen Marktwirtschaft" trägt Früchte: Die Wirtschaft verzeichnete im letzten Jahrzehnt ein hohes Wachstum von durchschnittlich 10 % im Jahr (2001: +7,3 %; zum Vergleich: Europäische Union +1,5 %; Luxemburg +3,5 %). Mit dem Beitritt zur **Welthandelsorganisation (WTO)** im Jahr 2001 wurden wichtige Weichenstellungen zur weiteren Weltöffnung eingeleitet.

Coopération avec l'étranger

Le pays s'ouvrit pour coopérer avec l'étranger:

1. Les entreprises de l'Ouest furent encouragées à investir en Chine et à créer des coentreprises ou **joint ventures** (M4, M7).
2. Des installations industrielles déclassées furent achetées à l'étranger pour économiser des coûts de développement élevés et de longue haleine (M6).
3. Les Chinois sont formés par des spécialistes étrangers.
4. Des **zones économiques spéciales** furent établies dans les régions côtières où sont fabriqués des **biens de consommation** de haute qualité (M5). Des mesures d'encouragement furent prises afin que le plus grand nombre d'entreprises étrangères s'y implantent: une **infrastructure** bien aménagée, des frais de location bas pour l'utilisation du terrain d'entreprise, l'exemption d'impôts sur plusieurs années, des crédits avantageux pour les entreprises. Les entreprises étrangères acceptent volontiers cette offre. Elles profitent des faibles charges salariales et de l'immense **débouché** que représentent environ 1,3 milliard de personnes.

La voie de „l'économie socialiste de marché" empruntée par la Chine porte ses fruits: au cours de la dernière décennie, l'économie a enregistré une croissance élevée de 10 % par an en moyenne (2001: +7,3 %; en comparaison: Union européenne +1,5 %, Luxembourg +3,5 %). Avec son adhésion à l'**Organisation mondiale du commerce (O.M.C.)** en 2001, d'importants jalons ont été posés pour poursuivre son ouverture sur le monde.

M4: Deutsch-chinesische Zusammenarbeit

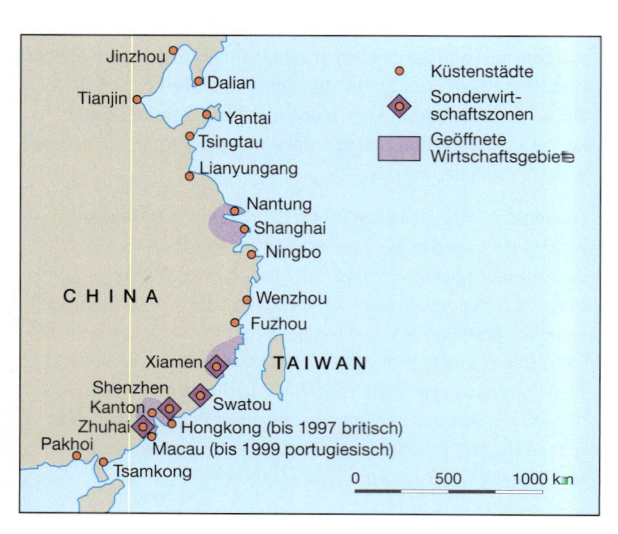

M5: Geöffnete Küstenstädte

Asien – bevölkerungsreichster Kontinent

Der „Uelzechtkanal" ist ein TV-Programm, das von Schülern des Escher „Lycée des Garçons" hergestellt wird, unter Anleitung von Prof. Ed Maroldt. Die Schüler reisten im August 1999 nach China um eine Reportage über den „Hochofen C" herzustellen.

M6a: „Videocover" zur TV-Reportage des „Uelzechtkanals"

Der 1979 in Betrieb genommene Hochofen C von Arbed Belval, der größte seiner Art in Luxemburg, wurde an den Stahlkonzern Kisko verkauft, im Herbst 1996 abgetragen, verpackt und nach China transportiert. In Kungang, nahe der Grenze zu Myanmar, wurde er dann wieder errichtet.

Kungang ist eine Stahlstadt, eingebettet in ein von der Industrialisierung wund geschlagenes Bergplateau auf 2000 m Höhe. Es ist eine Danwei, d. h. eine Betriebsgesellschaft von 100 000 Einwohnern. Stellen Sie sich vor, der ganze Stadtverband Düdelingen-Esch-Differdingen gehörte einzig und allein der Arbed. Unvorstellbar! Und doch! In Kungang stehen 35 000 Männer und Frauen im Dienste des Stahlkonzerns Kisko: Schmelzarbeiter, Bauleute, aber auch Lehrer und Sanitätspersonal. Der Konzern Kisko finanziert, verwaltet alles: drei Gymnasien, ein Technikum, Krankenhaus, Hallenschwimmbad, Sporthalle, Sprachlabor, Kongresszentrum, Sozialeinrichtungen, Siedlungen, Geschäfte. Kisko-Präsident Mar ist zugleich Bürgermeister der Danwei Kungang.

Zu Beginn des Jahres 2000 wurde der Hochofen in Betrieb genommen und mittlerweile hat er die Produktionsrekorde der Arbed-Mannschaft übertroffen: die Eisenerze sind reichhaltiger als die in der Luxemburger Minette.

(nach: Ed Maroldt. In: Telecran 38, Luxemburg 18.09.1999)

M6b: Stahlgigant „Kisko"

Billige Arbeitskräfte locken die Multis ins Reich der Mitte: In Peking lässt die finnische Firma Nokia Mobiltelefone fertigen. Die Volkswagenwerk AG lässt in Shanghai den Santana für Lohnkosten von 40 Euro pro Wagen bauen. Und der US-Konzern McDonnell Douglas montiert hier sein Flugzeug MD-I.

M7: Gemeinschaftsunternehmen

L'Asie — le continent le plus peuplé

Chinas Weg zu einem modernen Staat

La Chine sur la voie d'un État moderne

M1: Millionenstadt Shanghai

	1955/56	1967	2000
Shanghai	6,9 Mio.	12,0 Mio.	14,1 Mio.
Kanton	1,7 Mio.	3,0 Mio.	6,6 Mio.
Peking	4,2 Mio.	5,4 Mio.	12,6 Mio.

M2: Wachstum ausgewählter Städte Chinas

M3: Neue Wohnhäuser neben der Hüttensiedlung der Zuwanderer

Die Kehrseite des Wirtschaftserfolgs

Die Arbeiter in den chinesischen Betrieben müssen sehr hart und lange arbeiten (65 Stunden in der Woche). Fehlerhafte Arbeit führt zu Lohnabzug. Sicherheitsmaßnahmen am Arbeitsplatz fehlen und führen oft zu tödlichen Betriebsunfällen. Häufig wohnen die Arbeiter auf dem Firmengelände in primitiven Unterkünften.

Das starke Wachstum der Industrieproduktion in den Küstenstädten und das höhere Einkommen lösen eine unkontrollierte **Landflucht** aus (M3). Die Städte wachsen in einem atemberaubenden Tempo an (M2). Typische Stadtprobleme sind: Wohnungsnot, Trinkwasserversorgung, Stromversorgung, Luftverschmutzung und Müllbeseitigung sowie der Ausbau der Verkehrsinfrastrukturen (M1, M7).

Man schätzt, dass es um 1995 ca. 100 Millionen **Wanderarbeiter** gab (M4, M5). Die staatlichen Behörden stoppen den Zustrom der Menschen in die Städte. Nur Zuwanderer, die einen Arbeitsplatz vorweisen können, dürfen sich legal in der Stadt niederlassen. Lediglich dann können sie Lebensmittelkarten, eine Wohnung, ärztliche Versorgung und ein Fahrrad beanspruchen.

1. Über welche Bodenschätze verfügt China (Atlas)?
2. Welche politischen Überlegungen verhalfen dem Land zum wirtschaftlichen Durchbruch?
3. Welche Vorteile bringen China die Joint Ventures?
4. Weshalb sind Firmen der Industrieländer daran interessiert, in China zu investieren?
5. Welche Nachteile sind mit dem Aufstieg Chinas verbunden?
6. Beschreibe die Entwicklung der Exportstruktur Chinas (M7).

http://www.uni-kiel.de:8080/ewf/geographie/forum/hintergr/china/china.htm

M4: Wanderarbeiter auf Arbeitssuche

Asien – bevölkerungsreichster Kontinent

Le revers du succès économique

Les ouvriers des entreprises chinoises doivent travailler durement et longtemps (65 heures par semaine). Tout travail erroné entraîne une réduction de salaire. Les postes de travail ne sont pas dotés de mesures de sécurité, ce qui entraîne fréquemment des accidents mortels. Les ouvriers habitent bien souvent dans des logements primitifs sur le terrain de l'entreprise.

La forte croissance de la production industrielle dans les villes côtières et les revenus élevés provoquent un **exode rural** incontrôlé (M3). Les villes grandissent très rapidements (M2). Les problèmes typiques des villes sont: pénurie de logements, l'alimentation en eau potable, l'alimentation en électricité, la pollution de l'air et l'élimination des déchets ainsi que le développement des infrastructures routières (M1, M7).

On estime à env. 100 millions le nombre de **travailleurs itinérants** en 1995 (M4, M5). Les autorités arrêtent l'afflux des personnes vers les villes. Uniquement celles prouvant qu'elles disposent d'un travail peuvent s'installer légalement en ville. Seulement après elles peuvent bénéficier de cartes d'alimentation, d'un logement, de soins médicaux et d'une bicyclette.

1. De quelles richesses naturelles dispose la Chine (atlas)?
2. Quelles considérations politiques permettaient au pays de connaître un succès économique?
3. Quels avantages apportent les joint ventures à la Chine?
4. Pourquoi les entreprises des pays industriels sont-elles intéressées à investir en Chine?
5. Quels inconvénients sont liés à l'essor économique de la Chine?
6. Décris le développement de la structure d'exportation de la Chine (M7).

http://www.hphein.de

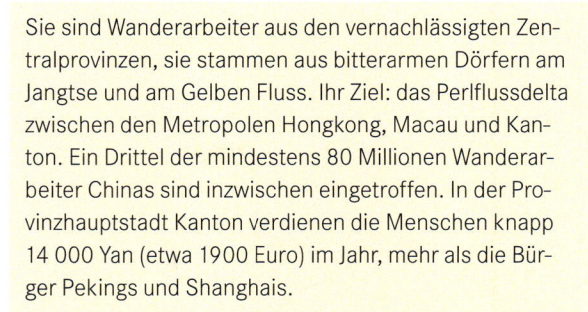

Sie sind Wanderarbeiter aus den vernachlässigten Zentralprovinzen, sie stammen aus bitterarmen Dörfern am Jangtse und am Gelben Fluss. Ihr Ziel: das Perlflussdelta zwischen den Metropolen Hongkong, Macau und Kanton. Ein Drittel der mindestens 80 Millionen Wanderarbeiter Chinas sind inzwischen eingetroffen. In der Provinzhauptstadt Kanton verdienen die Menschen knapp 14 000 Yan (etwa 1900 Euro) im Jahr, mehr als die Bürger Pekings und Shanghais.

Der Wandel ist schon jetzt immens. Aus Dörfern werden Industriestandorte. Die Zahl der Städte im Delta wuchs in den letzten 22 Jahren von 5 auf 26. Sie wurden zu unverzichtbaren Standorten der weltweiten Computerproduktion. Zitrus- und Bananenplantagen verschwinden, an ihrer Stelle entstehen Werkhallen und Einkaufszentren, Vergnügungsparks und Wohnviertel. Autobahnbrücken schwingen sich über Reisfelder, wo sich die letzten Wasserbüffel suhlen. Der Abstand zwischen den Städten schmilzt.

Die künftige Riesenstadt hat allerdings einen Geburtsfehler. Sie hustet, keucht und schnauft, ihre Oberfläche ist mit einem Schmutzfilm überzogen. Der Rauch hunderter Schornsteine verdüstert den Himmel um Dongguan, Heimat vieler Fabriken für Computerzubehör. Zwischen den Häusern suppt eine graue Kloake, in der kein Fisch mehr schwimmt. Im ganzen Delta schädigt saurer Regen Bäume und Gebäude, der Perlfluss ist streckenweise zu einem giftigen Abwasserkanal verkommen. „Wenn das Delta weiter verstädtert, werden wir die Umweltprobleme nicht mehr in den Griff bekommen", fürchtet Geographieprofessor Li Pingri.

(In: Der Spiegel 3/2002, S. 122)

M6: Traum von der Perlenstadt

M5: Pendler in der U-Bahn in Shanghai

	1985	1990	1996	2000
		(in %)		
Elektroerzeugnisse	0,6	5,3	11	17,5
informationstechn. Ausrüstung	0,5	4,8	7	12,4
Textilien u. Bekleidung	20,5	30,3	9	14,5
Metall u. -erzeugnisse	1,6	7,5	8	9,5
Industriemaschinen	0,5	4,1	4	4,5
Kunststoff u. -erzeugnisse	7,1	6,0	7	4,9
Transportmittel u. -ausrüstung	0,4	6,6	?	4,2
Elektromaschinen	0,2	2,0	3	3,8
landwirtschaftliche Produkte	10,9	6,5	6	4,8
Wert der Güter in Mrd. US-$	27,3	62,1	76,2	232,0

M7: Exportstruktur Chinas

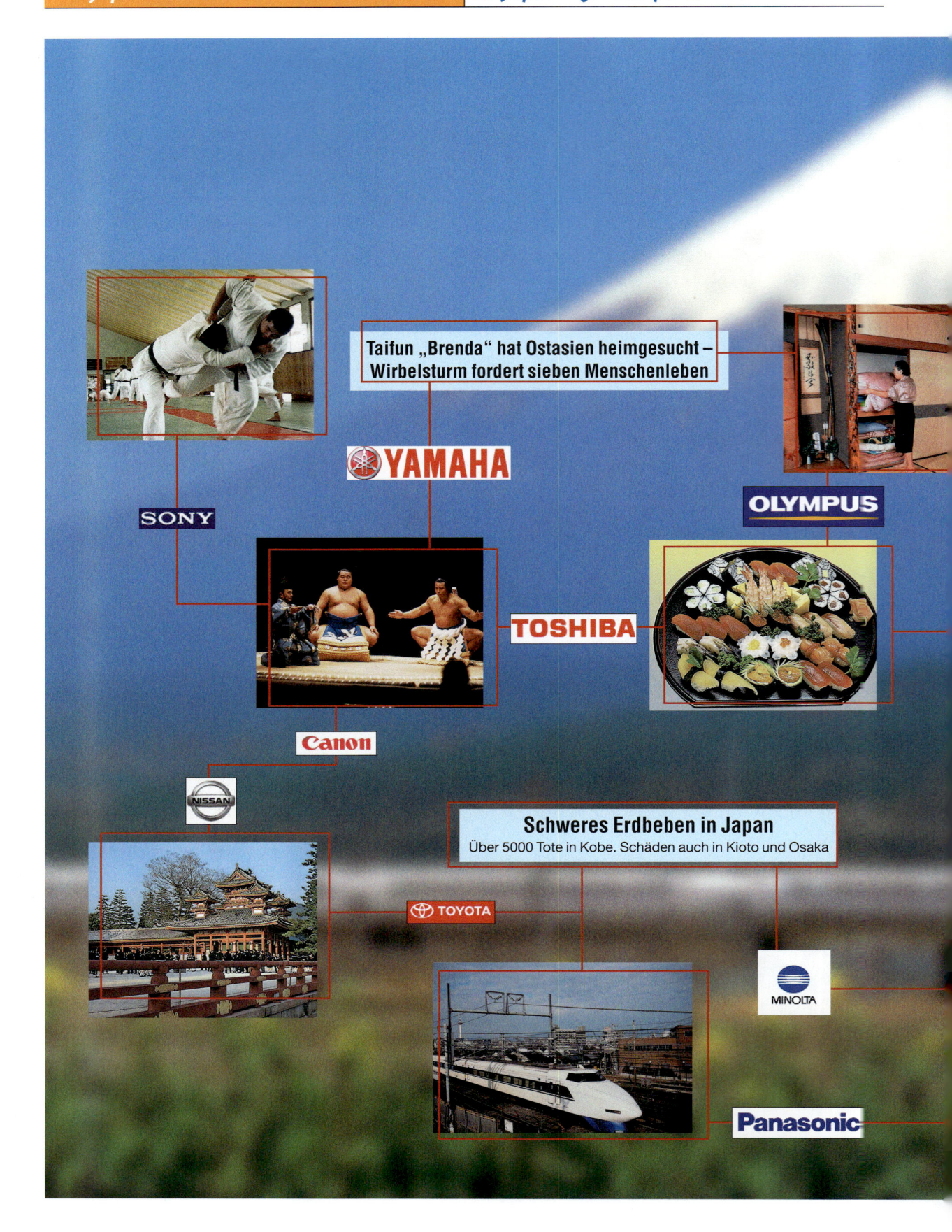

Japan – ein führender Industriestaat | Le Japon – grande puissance industrielle

Taifun „Brenda" hat Ostasien heimgesucht – Wirbelsturm fordert sieben Menschenleben

YAMAHA

SONY

OLYMPUS

TOSHIBA

Canon

NISSAN

Schweres Erdbeben in Japan
Über 5000 Tote in Kobe. Schäden auch in Kioto und Osaka

TOYOTA

MINOLTA

Panasonic

92   Asien – bevölkerungsreichster Kontinent

Die Angst der Japaner vor der Computer-Krise
Großkonzerne setzen Hoffnung auf die neue Bildschirmtechnik

SANYO

AKAI

HITACHI

mazda

HONDA

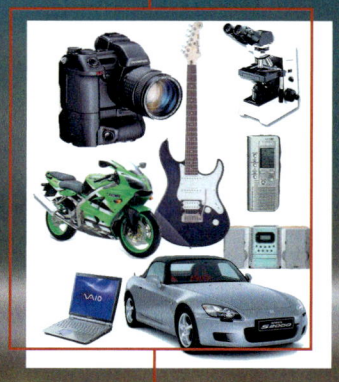

Olympische Spiele in Japan

Sommer	1964	Tokio
Winter	1972	Sapporo
Winter	1998	Nagano

Nikon

Warum Japans Autobauer einfach schneller sind
Techno-Trippelschritte statt großer Sprünge

Kawasaki

SHARP

Arbeitswut der Japaner fordert ihren Tribut
Stresserkrankungen nehmen zu
Seelische Krankheiten kaum behandelt

L'Asie — le continent le plus peuplé

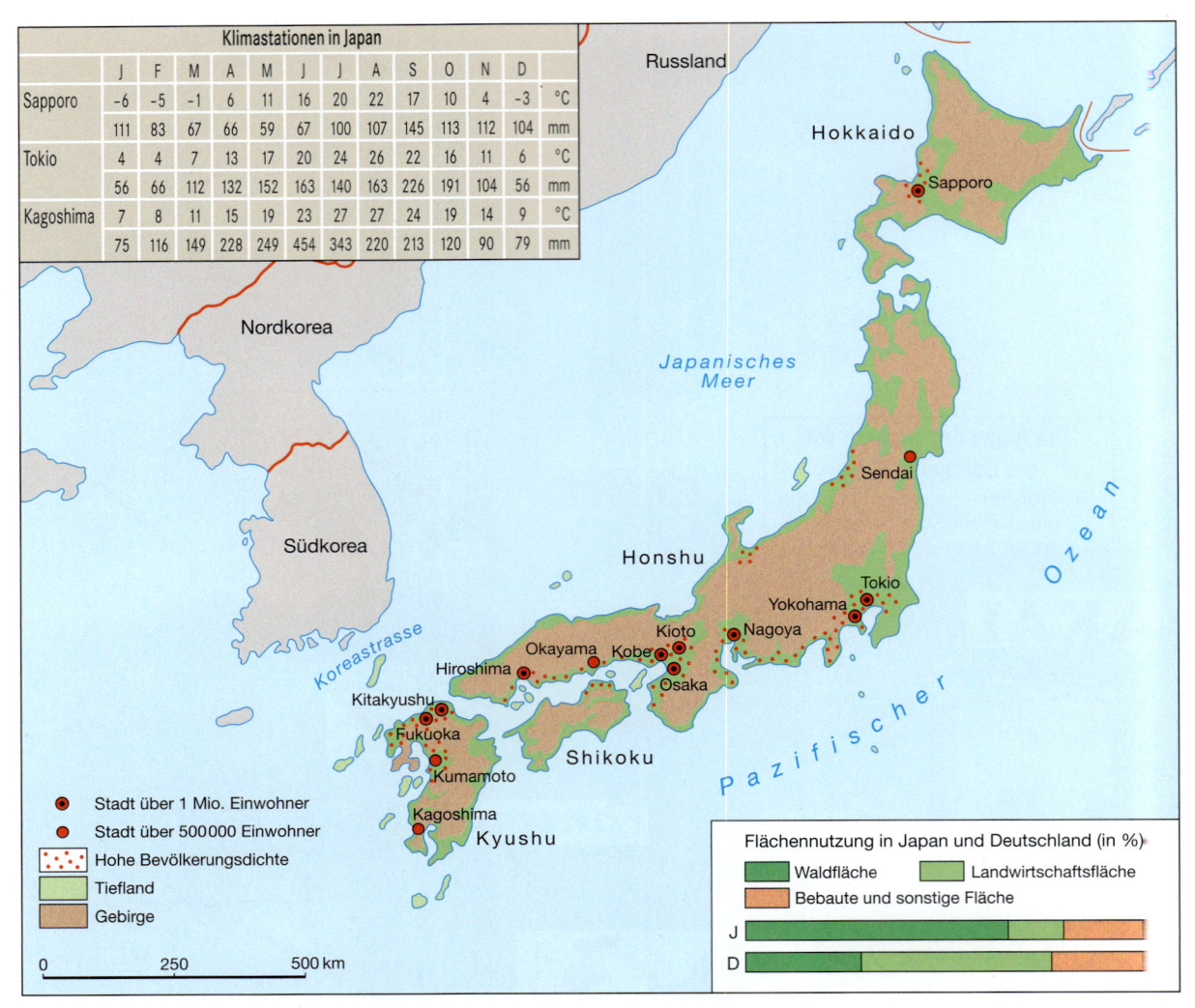

Japan – ein führender Industriestaat | Le Japon – grande puissance industrielle

Klimastationen in Japan

	J	F	M	A	M	J	J	A	S	O	N	D	
Sapporo	-6	-5	-1	6	11	16	20	22	17	10	4	-3	°C
	111	83	67	66	59	67	100	107	145	113	112	104	mm
Tokio	4	4	7	13	17	20	24	26	22	16	11	6	°C
	56	66	112	132	152	163	140	163	226	191	104	56	mm
Kagoshima	7	8	11	15	19	23	27	27	24	19	14	9	°C
	75	116	149	228	249	454	343	220	213	120	90	79	mm

M1: Japan

Land und Landesnatur

„Land der 5000 Inseln" nennen die Japaner – mit leichter Übertreibung – gerne ihr Land. Tatsächlich sind es rund 3900, die vier großen Hauptinseln Nippons (Land der aufgehenden Sonne) mit eingeschlossen, die sich über eine Länge von fast 3000 km von 24° nördlicher Breite bis fast hinauf zu 46° nördlicher Breite erstrecken (M1). Die Längsachse der Inselkette bilden zum Teil über 3000 m hohe Gebirgszüge, die zu beiden Seiten hin steil abfallen. Auf dem schmalen Küstenstreifen drängen sich Siedlungen, landwirtschaftliche Flächen, Industrie- und Verkehrsanlagen. In den dicht besiedelten Gebieten an der Küste beträgt die Bevölkerungsdichte ca. 9000 Einw./km², in Großstädten wie Osaka und Tokio (M2) sogar ca. 15 000 Einw./km².

Le pays et sa nature

Les Japonais, exagérant quelque peu, appellent le Japon le „pays des 5000 îles". En fait, il y en a environ 3900 – y compris les quatre îles principales de Nippon (pays du soleil levant) – s'étendant sur une longueur de presque 3000 km du 24e° de latitude nord au 46e° de latitude nord (M1). L'axe longitudinal des îles principales est formé par des chaînes de montagnes dépassant parfois les 3000 m et dont les versants sont escarpés sur les deux côtés. Sur l'étroite bande côtière se pressent des agglomérations, des surfaces agricoles, des zones industrielles et des infrastructures routières. Les régions côtières ont une haute densité de population d'environ 9000 habitants/km²; dans les mégapoles comme Osaka et Tokyo (M2), la densité approche les 15 000 habitants/km².

Asien – bevölkerungsreichster Kontinent

M2: Tokio, im Hintergrund der Fujisan

In diesen **Verdichtungsräumen** entstehen immer mehr Wolkenkratzer. Wohnungen in Wohnblocks sind oft nur 20 m² groß und die Grundstücke in Tokio sind die teuersten der Welt mit Preisen bis zu 20 000 €/m².

1. Was fällt dir spontan zu Japan ein?
2. Wie heißen die vier japanischen Hauptinseln (M1)?
3. Wo liegen die am dichtesten bevölkerten Gebiete in Japan? Nenne die Millionenstädte (M1).
4. Zeichne von Sapporo, Tokio und Kagoshima jeweils ein Klimadiagramm und beschreibe das Klima des Landes (M1, Atlas).

De plus en plus de gratte-ciel sont construits dans ces **zones de concentration urbaine**. Souvent, la surface des appartements n'est que de 20 m²; à Tokyo, les terrains sont les plus chers du monde avec des prix pouvant atteindre jusqu'à 20 000 €/m².

1. À quoi penses-tu spontanément quand on parle du Japon?
2. Comment s'appellent les quatre îles principales du Japon (M1)?
3. Dans quelles régions la densité de population est-elle la plus élevée? Cite les villes comptant plus d'un million d'habitants (M1).
4. Dessine un diagramme climatique de Sapporo, de Tokyo et de Kagoshima et décris le climat du pays (M1, atlas).

L'Asie — le continent le plus peuplé

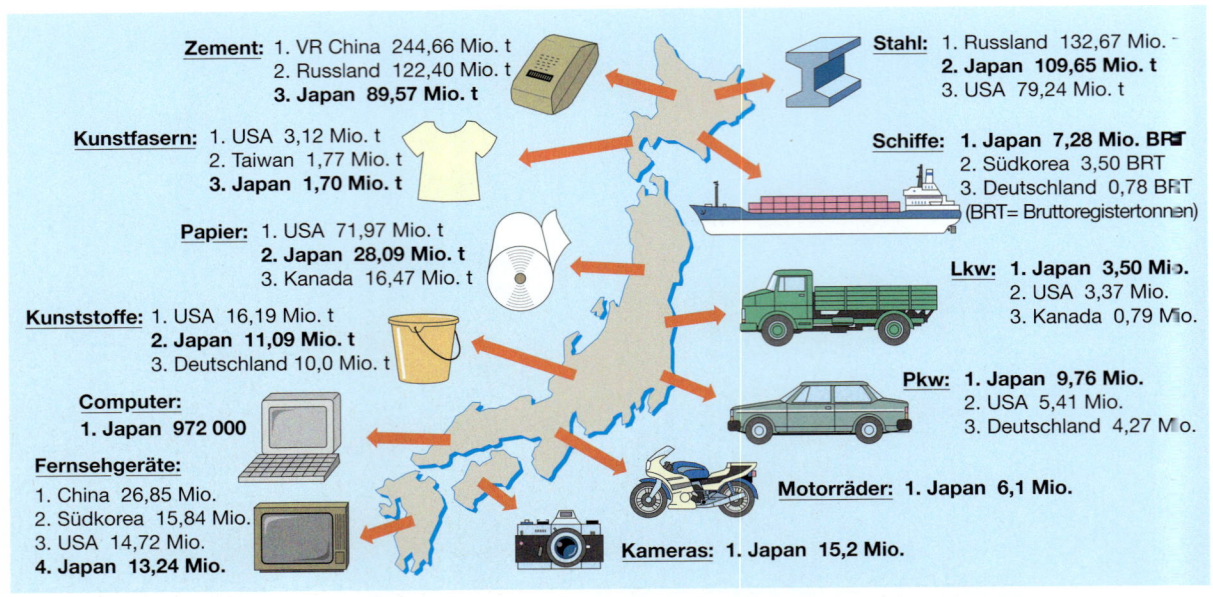

Japan – ein führender Industriestaat | Le Japon – grande puissance industrielle

Zement: 1. VR China 244,66 Mio. t
2. Russland 122,40 Mio. t
3. Japan 89,57 Mio. t

Kunstfasern: 1. USA 3,12 Mio. t
2. Taiwan 1,77 Mio. t
3. Japan 1,70 Mio. t

Papier: 1. USA 71,97 Mio. t
2. Japan 28,09 Mio. t
3. Kanada 16,47 Mio. t

Kunststoffe: 1. USA 16,19 Mio. t
2. Japan 11,09 Mio. t
3. Deutschland 10,0 Mio. t

Computer:
1. Japan 972 000

Fernsehgeräte:
1. China 26,85 Mio.
2. Südkorea 15,84 Mio.
3. USA 14,72 Mio.
4. Japan 13,24 Mio.

Stahl: 1. Russland 132,67 Mio. t
2. Japan 109,65 Mio. t
3. USA 79,24 Mio. t

Schiffe: 1. Japan 7,28 Mio. BRT
2. Südkorea 3,50 BRT
3. Deutschland 0,78 BRT
(BRT= Bruttoregistertonnen)

Lkw: 1. Japan 3,50 Mio.
2. USA 3,37 Mio.
3. Kanada 0,79 Mio.

Pkw: 1. Japan 9,76 Mio.
2. USA 5,41 Mio.
3. Deutschland 4,27 Mio.

Motorräder: 1. Japan 6,1 Mio.

Kameras: 1. Japan 15,2 Mio.

M3: Japanische Produkte für den Weltmarkt

Der Wandel zur führenden Industriemacht

Japan wurde vor 1960 als Industrienation noch gar nicht ernst genommen. Damals gelangten fast nur Billigwaren wie Fächer, Papierschirmchen für Eisbecher oder Porzellan aus Japan nach Europa. In den 1950er-Jahren drängten die Japaner mit billigen Kopien von Ferngläsern und Kameras auf die westlichen Märkte.

Das japanische Ministerium für internationalen Handel und Industrie (MITI) befürchtete, auf diese Weise könne Japan auf dem Weltmarkt nicht lange bestehen. Kameras herzustellen war zwar der richtige Weg, aber Qualität musste sein. So wurden Milliarden Yen in die Weiterentwicklung der Produkte und in die Forschung investiert. Erste Erfolge auf dem Weltmarkt konnte Japan zu Beginn der 1960er-Jahre mit dem Transistorradio feiern. Ende der 1960er-Jahre hatten die Japaner die westlichen Märkte schon mit hochwertigen Eigenentwicklungen erobert. Als dann auch noch ein weltweiter Bedarf an Großtankern entstand, war Japan als erstes Land in der Lage Supertanker zu bauen und zu verkaufen. In den 1970er-Jahren verlagerten die Japaner ihre Produktionsschwerpunkte. Autos, Motorräder und elektronische Geräte eroberten westliche Märkte.
Japan erlangte einen Spitzenplatz im Bereich der Mikrochips, Computer und Unterhaltungselektronik (M3–M6).

Le passage à une puissance industrielle majeure

Avant 1960, le Japon n'était pas encore considéré comme une puissance industrielle. À l'époque, le pays exportait vers l'Europe des marchandises bon marché comme des éventails, de petits parasols en papier pour coupes à glace ou de la porcelaine. Dans les années 1950, les Japonais envahirent les marchés occidentaux en vendant des copies bon marché de jumelles et d'appareils photo.
Le Ministère japonais du commerce international et de l'industrie (MITI) craignit que, de cette façon, le Japon ne puisse pas subsister sur le marché mondial. Il fallait maintenir la fabrication d'appareils photo mais il fallait également une meilleure qualité. Des milliards de yens furent alors investis dans l'amélioration des produits et dans la recherche. Le Japon fêta ses premiers succès sur le marché mondial au début des années 1960 avec la radio à transistors. À la fin des années 1960, les Japonais avaient déjà conquis les marchés occidentaux avec leurs propres produits de haute qualité. Et quand un besoin mondial en gros pétroliers se fit sentir, le Japon fut le premier pays à même de construire et de vendre des super-pétroliers. Dans les années 1970, les Japonais donnèrent une nouvelle orientation à leurs productions: les voitures, les motos et les appareils électroniques conquirent les marchés occidentaux.
Le Japon se retrouva dans le peloton de tête dans les domaines touchant aux puces électroniques, aux ordinateurs et à l'électronique grand public (M3–M6).

5. Beschreibe die Entwicklung der japanischen Industrie seit 1958 (M4, M5) sowie ihre heutige Position auf dem Weltmarkt (M3–M6).

5. Décris le développement de l'industrie japonaise depuis 1958 (M4, M5) ainsi que sa position actuelle sur le marché mondial (M3–M6).

Asien – bevölkerungsreichster Kontinent

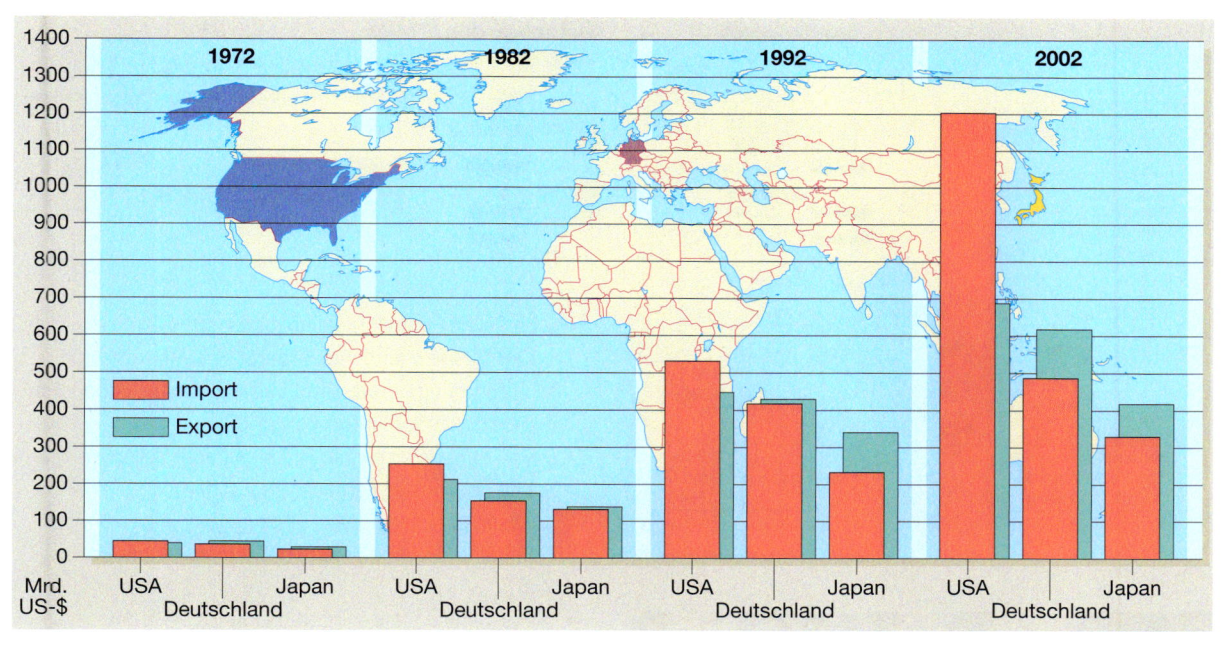

M4: Handelsentwicklung Japans

1958 Rang/Land	BSP in Mrd. US-$
1. USA	454,9
2. Grossbritannien	64,7
3. Deutschland	57,8
4. Frankreich	49,5
5. Kanada	33,8
6. Japan	32,0
7. Italien	29,3

2002 Rang/Land	BSP in Mrd. US-$
1. USA	10 110,1
2. Japan	4 265,6
3. Deutschland	1 870,4
4. Großbritannien	1 486,2
5. Frankreich	1 342,7
6. VR China	1 209,5
7. Italien	1 097,9

(nach: Weltentwicklungsbericht 2004)

M5: Rangfolge der Wirtschaftsleistungen

Rang/Name (Land): Branche	Umsatz 2002 in Mrd. US-$
1. Wal-Mart (USA): Einzelhandel	247
2. General Motors (USA): Kfz	187
3. Exxon Mobil (USA): Mineralöl	182
4. Royal Dutch/Shell (GB/NL): Mineralöl	179
5. BP (GB): Mineralöl	179
6. Ford Motors (USA): Kfz	164
7. DaimlerChrysler (D): Kfz	141
8. Toyota Motor (Japan): Kfz	132
9. General Electric (USA): Elektronik	131
10. Mitsubishi (Japan): Kfz	109
11. Mitsui (Japan): Elektronik	109
12. Allianz-Gruppe (D): Versicherungen	102
13. Citigroup (USA): Bank	101
14. Total Fina Elf (F): Mineralöl	97
15. Chevron Texaco (USA): Mineralöl	92
16. Nippon T&T (Japan): Telekom	90
17. Ing Group (NL): Banken & Versicherungen	88
18. Itochu (Japan): Kfz	86
19. IBM (USA): Elektronik	83

(nach: Fortune 2003)

M6: Die größten Industrieunternehmen der Welt

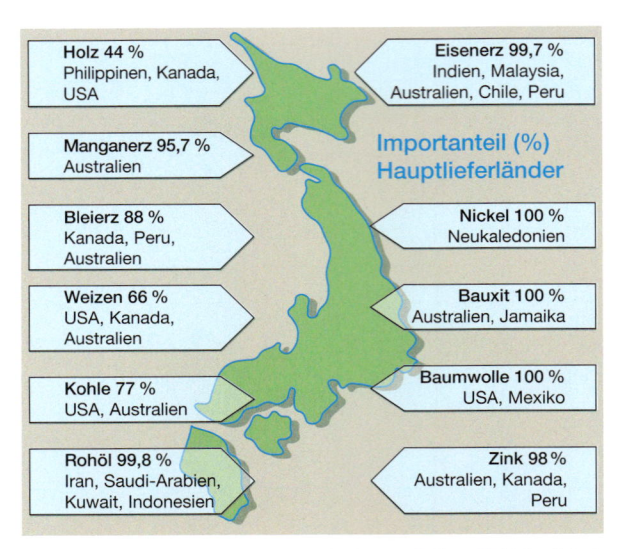

Japan – ein führender Industriestaat | Le Japon – grande puissance industrielle

Holz 44 %
Philippinen, Kanada, USA

Eisenerz 99,7 %
Indien, Malaysia, Australien, Chile, Peru

Manganerz 95,7 %
Australien

Importanteil (%) Hauptlieferländer

Bleierz 88 %
Kanada, Peru, Australien

Nickel 100 %
Neukaledonien

Weizen 66 %
USA, Kanada, Australien

Bauxit 100 %
Australien, Jamaika

Kohle 77 %
USA, Australien

Baumwolle 100 %
USA, Mexiko

Rohöl 99,8 %
Iran, Saudi-Arabien, Kuwait, Indonesien

Zink 98 %
Australien, Kanada, Peru

M7: Japans Rohstoffabhängigkeit

Ursachen des Erfolgs

Japans Wirtschaftserfolg ist verblüffend: Das Land hat kaum Bodenschätze, Rohstoffe müssen importiert werden (M7), der Industrie fehlen geeignete Flächen, der europäische und der amerikanische Markt sind weit entfernt.

Für die Erfolge der japanischen Industrie gibt es mehrere Gründe:

- Japanische Firmen, die eine Exportoffensive planen, erhalten eine staatliche Förderung. Sie werden vom MITI sorgfältig beraten und über die Kaufgewohnheiten in den Ziellländern informiert.
- Die Automatisierung hat in vielen Fabrikhallen die Menschen überflüssig gemacht. Industrieroboter arbeiten präziser, die Produkte sind von gleich bleibend hoher Qualität und können meist billiger hergestellt werden (M8).
- Bis vor einigen Jahren hatten japanische Arbeiter auf Grund ihrer religiösen Tradition eine uns unbekannte Einstellung zur Arbeit (M9–M11). Sie fühlten sich verpflichtet, alles für das Wohl der Firma zu tun: Japanische Arbeiter meldeten sich selten krank und sind noch heute sehr zuverlässig. Der Urlaub wurde selten ganz und nie „in einem Stück" genommen. Überstunden waren Ehrensache. Andererseits beschäftigte eine Firma ihre Mitarbeiter ein Leben lang, betreute, förderte und schützte sie.
- Es wird weiterhin viel Geld in die Forschung investiert, um die bestmögliche Qualität zu erreichen. Die Japaner möchten in allem, was sie tun, die Besten sein, und deshalb kommen auch aus den Reihen der Arbeiter viele Verbesserungsvorschläge.

M8: Industrieroboter

Dieses Bestreben, zu den Besten zu gehören, wird den Japanern durch das anforderungsreiche Schulsystem bereits im Kindergarten beigebracht (M13). Viele Jugendliche besuchen neben dem täglichen Schulunterricht auch noch so genannte „jukus", Privatschulen, in denen der Schulstoff vertieft wird, um sie besser auf die zahlreichen Examen vorzubereiten.

Auto-Konkurrenten Durchschnittswerte je Werk

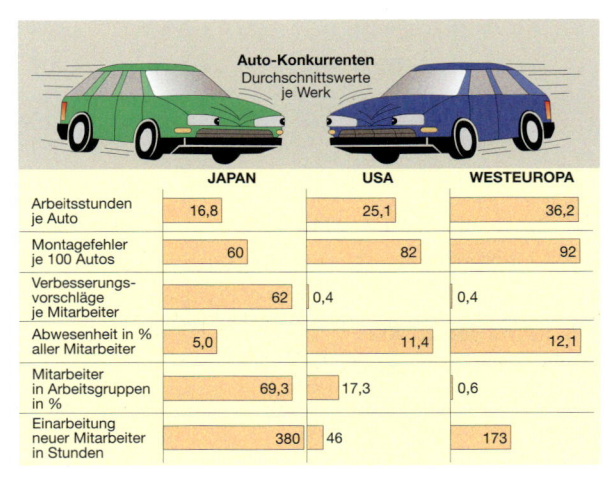

	JAPAN	USA	WESTEUROPA
Arbeitsstunden je Auto	16,8	25,1	36,2
Montagefehler je 100 Autos	60	82	92
Verbesserungsvorschläge je Mitarbeiter	62	0,4	0,4
Abwesenheit in % aller Mitarbeiter	5,0	11,4	12,1
Mitarbeiter in Arbeitsgruppen in %	69,3	17,3	0,6
Einarbeitung neuer Mitarbeiter in Stunden	380	46	173

M9: Einstellung der Arbeiter zu ihrer Arbeit

6. Vergleiche die Einstellung zur Arbeit und zur Firma in Europa und in Japan (M9–M11).
7. Vergleiche das japanische Schulsystem mit dem luxemburgischen (M12, M13).

Les raisons du succès

Le succès économique du Japon est stupéfiant: le pays possède peu de richesses naturelles et doit importer les matières premières (M7), l'industrie ne dispose pas des surfaces nécessaires et les marchés européen et américain sont très éloignés.

Le succès de l'industrie japonaise s'explique par les raisons suivantes:
- Les entreprises japonaises planifiant une offensive d'exportation sont subventionnées par l'État. Le MITI les conseille et les informe sur les habitudes d'achat des pays ciblés.
- L'automatisation a remplacé les ouvriers dans de nombreuses d'usines de fabrication. Les robots industriels travaillent de manière plus précise, les produits conservent la même qualité et peuvent être, bien souvent, fabriqués à des coûts encore plus bas.
- Il y a quelques années encore, en raison de leur tradition religieuse, les ouvriers japonais considéraient le travail d'une manière qui nous est inconnue (M9–11). Ils se sentaient obligés de tout faire pour le bien de l'entreprise: ils prenaient rarement des congés de maladie et sont, aujourd'hui encore, très fiables. Il était rare qu'ils prennent tous leurs congés ou qu'ils les prennent en une fois. Les heures supplémentaires étaient un point d'honneur. D'un autre côté, chaque entreprise gardait ses employés toute leur vie, les prenait en charge, les promouvait et les protégeait.
- Des sommes considérables sont investies dans la recherche pour obtenir la meilleure qualité possible. Les Japonais souhaitent être les meilleurs dans tout ce qu'ils font, c'est pourquoi les ouvriers font de nombreuses suggestions visant à améliorer le travail et les produits.

Cette tendance à vouloir faire partie des meilleurs est inculquée aux Japonais par le système scolaire très exigeant dès le jardin d'enfant (M13). Outre les cours hebdomadaires, de nombreux adolescents fréquentent des „jukus", des écoles privées, dans lesquelles l'enseignement acquis est approfondi afin de les préparer encore mieux aux examens à venir.

6. Compare la manière dont le travail et l'entreprise sont considérés en Europe et au Japon (M9–M11).
7. Compare le système scolaire japonais à celui du Luxembourg (M12, M13).

M10: Werkarbeiter bei der Gymnastik

„Die Canon-Kamera ist der Stolz der Welt und deshalb ist die Welt mit uns. Canon, Canon, Canon-Kamera! Canon, Canon, wir sind Canon."

M11: Firmenhymne, Beispiel Canon

M12: Unterricht

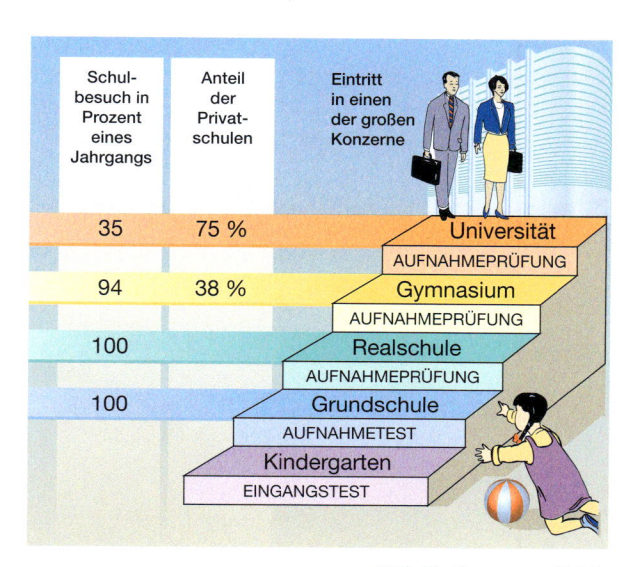

M13: Die Treppe zum Erfolg

Japan – ein führender Industriestaat | Le Japon – grande puissance industrielle

M14: Industriestandort im Meer in der Stadt Yokohama

Neulandgewinnung

Weil das gebirgige Japan wenig Platz für große Industriebauten hat und die neuen Industrien am Meer liegen sollten, um die Transportkosten zu verringern, beschloss die Regierung die Landfläche künstlich zu vergrößern. Man trug landeinwärts ganze Berge ab und schüttete mit dem Material an flachen Küstenstellen Flächen auf (M14, M15). So konnten im Meer Hafenanlagen und Industriewerke angelegt werden. In Osaka wurde Mitte der 1990er-Jahre sogar der Flughafen Kansai auf einer künstlichen Insel gebaut. Mittlerweile haben die Japaner auf diese Weise 1500 km^2 Neuland gewonnen, insgesamt sind 17 000 km^2 geplant.

La poldérisation

Le Japon étant très montagneux et n'offrant pas suffisamment de place pour les grandes installations industrielles, et celles-ci devant se trouver en bord mer afin de réduire les coûts de transport, le gouvernement décida d'agrandir artificiellement la surface du territoire. Certaines montagnes furent complètement rasées et le matériau ainsi obtenu servit à réaliser des remblais dans les régions côtières peu escarpées (M14 et 15). Des ports et des complexes industriels furent ainsi érigés en mer. Dans les années 1990, l'aéroport Kansai d'Osaka fut construit sur une île artificielle. De cette manière, les Japonais ont gagné 1500 km^2 de terrain. La surface totale prévue est de 17 000 km^2.

8. Welche Vor- und Nachteile haben die Industriestandorte „im Meer"?

8. Quels avantages et inconvénients présentent les sites industriels „en mer"?

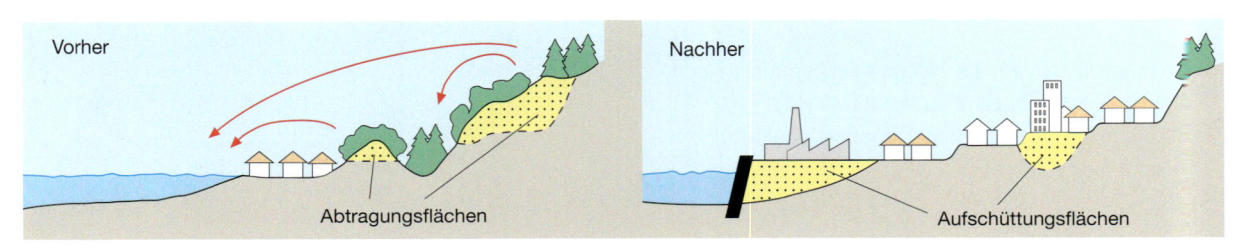

M15: Neulandgewinnung

Vorher – Abtragungsflächen
Nachher – Aufschüttungsflächen

Asien – bevölkerungsreichster Kontinent

Problem Nr. 1: Rohstoffabhängigkeit
In Japan gibt es nur wenige, minderwertige Kohlen- und Erzlagerstätten. Die Industrie ist auf die Einfuhr von Energieträgern und anderen Rohstoffen angewiesen. Neben finanzieller und technologischer Hilfe bei der Erschließung von Lagerstätten in anderen Ländern bemühen sich die Japaner deshalb um langfristige Lieferverträge mit verschiedenen Staaten. So sind die Rohstoffimporte auch dann gesichert, wenn ein Lieferland ausfällt.

Problem Nr. 2: Handelsbarrieren
Jahrelang haben die USA und die Europäer Japan wegen seiner Importzölle und komplizierten Zulassungsverfahren für ausländische Produkte kritisiert. Jetzt errichten sie selbst Handelsbarrieren und machen Front gegen japanische Exporte. Um den Absatz der heimischen Produkte in den westlichen Industriestaaten auch weiterhin zu sichern, drosselt Japan daher z. B. „freiwillig" seine Autoexporte, was zu Einbußen in heimischen Industriebetrieben führt. Gleichzeitig errichten japanische Automobilunternehmen aber in den USA und in den Ländern der EU neue Autofabriken, umgehen so Einfuhrbeschränkungen und verbuchen weiterhin Gewinne. Die Auslandsinvestitionen haben aber noch weitere Vorteile: Gibt es in einem Land wirtschaftliche Schwierigkeiten, so können diese in einem anderen Land ausgeglichen werden. Indem japanische Unternehmen mit einheimischen Konzernen bei der Grundlagenforschung zusammenarbeiten, werden die Entwicklungskosten für neue Produkte geringer, und die japanischen Firmen bekommen Zugang zu neuen Technologien und Märkten.

Problem Nr. 3: Japans Beispiel macht Schule
Seit den 1970er-Jahren verlagerten japanische Firmen immer häufiger ihre Produktionsstätten ins Ausland, vor allem nach Südkorea, Taiwan und China, um ihre Waren billiger herstellen zu können. Heute jedoch erhalten japanische Exportschlager zunehmend Konkurrenz durch Produkte aus eben diesen Ländern (Südkorea, Taiwan, Singapur). Vor allem bei der Herstellung von Massenelektronik und Autos fordern die „neuen Japaner" ihr großes Vorbild heraus. Doch Japans Wirtschaft reagiert schnell: Industriezweige, die keinen Gewinn versprechen, werden kampflos aufgegeben; gleichzeitig wird durch Entwicklung neuer Branchen der technologische Vorsprung gegenüber der Konkurrenz gehalten.

Problem Nr. 4: Ungünstiger Yenkurs
Bereits seit 1985 steht der Yen im Vergleich zum Dollar ziemlich hoch im Kurs. Dadurch sind die japanischen Produkte auf dem Weltmarkt vergleichsweise teuer und der Export geht zurück. Hinzu kommt eine Produktionssteigerung durch die immer stärkere Automatisierung, sodass viele Firmen mehr produzieren, als sie verkaufen können. Gleichzeitig importiert Japan auch mehr ausländische Waren, da diese vergleichsweise billig sind. Allerdings ist es der japanischen Industrie dank der hohen Einfuhrzölle, aber auch durch Werbung und durch die Qualität ihrer eigenen Waren bisher gelungen, zu verhindern, dass ausländische Produkte den einheimischen in Japan selbst wirklich Konkurrenz machen.

M 16: Endet das japanische Wirtschaftswunder?

Der Preis des Erfolgs
- Weil japanische Firmen ihre Mitarbeiter ein Leben lang beschäftigen, gibt es in Japan schätzungsweise 4 bis 5 Millionen „überflüssige" Arbeitsplätze (z. B. die „Türschieber" in den Bahnhöfen, M17), die Unmengen von Geld kosten, den Firmen aber eigentlich nichts einbringen. Da einige Wirtschaftszweige in Japan seit den 1990er-Jahren Absatzprobleme haben, werden diese Arbeitsplätze nach und nach abgeschafft. Durch die Automatisierung gehen auch Arbeitsplätze verloren. Dadurch steigt in Japan die Arbeitslosigkeit. Zu Beginn des Jahres 2002 lag sie bei etwa 5,5 % (gegenüber 2,1 % im Jahr 1990), so hoch wie nie zuvor.

9. Mit welchen Problemen ist die japanische Wirtschaft konfrontiert und wie reagiert sie darauf (M16)?

Le prix du succès
- Les entreprises japonaises gardant leurs employés toute la vie, on estime qu'au Japon il y a entre 4 et 5 millions d'emplois „superflus" (p. ex. les „fermeurs de portes" dans les gares, M17) coûtant beaucoup d'argent aux entreprises mais n'apportant aucun bénéfice. Certaines branches économiques ayant des difficultés depuis les années 1990, ces emplois sont progressivement supprimés. L'automatisation entraîne également la perte d'emplois. Ceci provoque l'augmentation du chômage au Japon. Au début de l'année 2002, le taux de chômage était d'env. 5,5 % (contre 2,1 % en 1990); un niveau jamais atteint jusque-là.

9. À quels problèmes est confrontée l'économie japonaise et comment y réagit-elle (M16)?

L'Asie – le continent le plus peuplé

Japan – ein führender Industriestaat | Le Japon – grande puissance industrielle

M17: Türschieber am Bahnhof

M18: Anzeige der Schadstoffbelastung

- Die Müllberge in Japan wachsen ständig. Dafür sind sowohl die Industrien als auch die Haushalte verantwortlich. In Japan gilt es als unhöflich, gekaufte Ware unverpackt nach Hause zu tragen. Alles wird in Plastiktüten, Kartons oder Styropor verpackt. Sogar Äpfel werden einzeln mit Klarsichtfolie umwickelt. Neue Geräte, die nach drei Monaten nicht verkauft sind, landen auf dem Müll. Auch wenn ein neues Modell auf den Markt kommt, werden die alten auf den Müll geworfen.

- In den Verdichtungsräumen ist die Bevölkerung der Belastung durch Lärm, Staub und Abgase ausgesetzt (M18). Das ist manchmal sogar so schlimm, dass die Kinder einen Atemschutz tragen müssen, wenn sie sich im Freien aufhalten.

- Die Japaner wurden schon früh durch Katastrophen – wie die in der Minamata-Bucht (1956), bei der Hunderte von Menschen durch quecksilberhaltige Industrieabwässer vergiftet wurden – auf die Umweltprobleme aufmerksam gemacht (M18, M19), trotzdem wurde jahrzehntelang der Umweltschutz zu Gunsten des Wirtschaftswachstums völlig vernachlässigt. Heute hat Japan zwar vorbildliche Umweltgesetze und es ist das erste Land, das Umweltopfer offiziell anerkennt und entschädigt, trotzdem gefährden die Umweltbelastungen weiterhin die Gesundheit der Bevölkerung.

- Au Japon, les quantités de déchets augmentent en permanence. Les industries aussi bien que les foyers en sont responsables. Pour les Japonais, il est impoli de transporter des marchandises achetées sans emballage. Tout y est emballé dans des sacs en plastique, des cartons ou du polystyrène. Les pommes, p. ex., sont enveloppées une à une dans un film transparent. Les appareils neufs qui n'ont pas été vendus au bout de trois mois sont mis à la poubelle. De même, quand un nouveau modèle arrive sur le marché, les anciens sont jetés à la poubelle.

- Dans les zones de concentration urbaine, la population subit la pollution due au bruit, à la poussière et aux gaz d'échappement (M18). Cela est parfois tellement grave que les enfants doivent porter un masque de protection quand ils sont à l'extérieur.

- L'attention des Japonais fut attirée sur les problèmes écologiques dès les années 1950 par des catastrophes comme celle de la baie de Minamata (1956) où des centaines de personnes furent empoisonnées par des eaux industrielles contaminées par du mercure (M18, M19); malgré cela, la protection de l'environnement fut complètement délaissée au profit de la croissance économique. Bien que le Japon ait, aujourd'hui, une législation exemplaire sur l'environnement et que ce soit le premier pays à reconnaître et à dédommager officiellement les victimes de la pollution, la pollution continue de menacer la santé de la population.

http://www.erdkunde-online.de/0701.htm

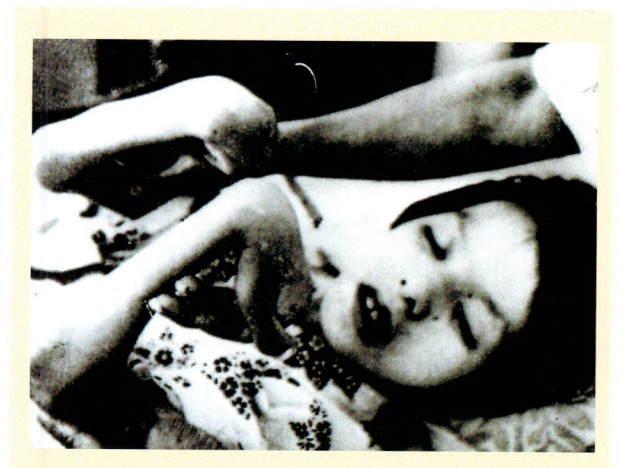

1956 Minamata-Krankheit

Die Katzen von Minamata spielen verrückt: Sie torkeln umher, schießen wie von Furien gejagt durch die Gassen und manche stürzen sich ins Meer. Keiner der Bewohner des kleinen Fischer- und Industrieortes ahnt, dass das rätselhafte Verhalten der Katzen eine Umweltkatastrophe signalisiert. Erst als bei vielen Fischern Hör- und Sehstörungen, Krämpfe, Lähmungserscheinungen sowie Hirnschäden auftreten und etwa 40 Prozent aller Krankheitsfälle tödlich enden, beginnt man mit der Suche nach den Ursachen.

1962 wird die Lösung gefunden: Vergiftung durch quecksilberverseuchte Abwässer, die eine Chemiefabrik ins Meer geleitet hat. Zuerst waren die Fische vergiftet worden, dann die Katzen und schließlich die Fischer, die sich fast ausschließlich von selbst gefangenen Fischen und Meerestieren ernährt hatten.

1955 Itai-Itai-Krankheit

In der Landarztpraxis des kleinen Dorfes Fuchu melden sich Patienten, die über heftige Schmerzen im Unterleib und in den Gelenken klagen. Kein Mittel hilft. Die Knochen der Patienten schrumpfen, werden spröde und splittern bei jeder unvorsichtigen Bewegung. Wegen der höllischen Schmerzen — einige Betroffene begehen deshalb Selbstmord — nennt der Arzt die rätselhafte Krankheit „Itai-Itai" (deutsch: au au). 119 Menschen sterben einen qualvollen Tod.

Als Ursache stellt sich eine Cadmium-Vergiftung heraus: Eine Mine hatte die mit dem Metall verseuchten Abwässer ungefiltert in den Fluss Jintsu geleitet, und Bauern hatten das vergiftete Wasser ahnungslos zur Bewässerung ihrer Reisfelder benutzt.

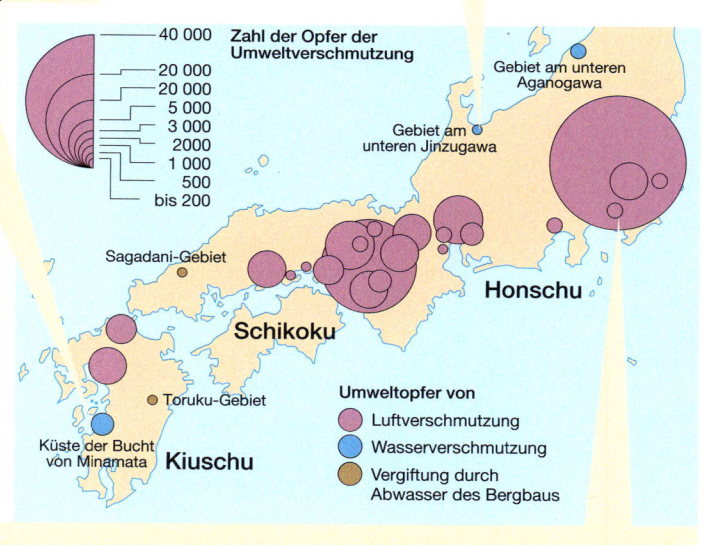

1961 Yokkaichi-Krankheit

Krampfartige Hustenanfälle suchen die Bewohner der Hafenstadt Yokkaichi heim. Schnell steigt die Zahl der unter Erkrankung der Atemwege leidenden Menschen auf über 1000; 60 Menschen sterben an lebensgefährlichen Asthmaanfällen. Schuld daran sind Ölraffinerien und petrochemische Fabriken, deren Schlote täglich 384 000 Kilogramm Schwefeldioxid ausstoßen.

M19: Wirtschaftswachstum und Umwelt

L'Asie — le continent le plus peuplé

Russland und die GUS | La Russie et la CÉI

M1: Kreml und Basiliuskathedrale am Roten Platz

M2: Pipeline in Sibirien

GUS — Gemeinschaft Unabhängiger Staaten

Vom Zarenreich zur Sowjetunion

Der größte Staat der Erde, Russland, hat eine wechselvolle Geschichte hinter sich. Aus dem mittelalterlichen Fürstentum Moskau entstand das russische **Zarenreich**. Jahrhundertelang vergrößerten die Herrscher das Reich mit militärischer Gewalt. Viele benachbarte Völker mit ihren verschiedenen Kulturen, Religionen, Sprachen und Traditionen wurden dabei eingegliedert.

Armut und Unzufriedenheit vieler Arbeiter und Bauern führten 1917 zum Sturz des Zaren in der Oktoberrevolution. Bald darauf wurde die **UdSSR** (Union der Sozialistischen Sowjetrepubliken, auch Sowjetunion genannt) gegründet und ein kommunistisches System eingeführt (siehe Kasten). Auch die UdSSR dehnte sich weiter aus und so wurden z. B. 1940 Estland, Lettland und Litauen Teil der UdSSR.

Nach der Oktoberrevolution wurde in der Sowjetunion ein kommunistisches System eingeführt. Es beruht auf der politischen Lehre des **Kommunismus** (lateinisch *communis* = allen gemeinsam). Persönliche Freiheiten und Privateigentum werden dabei stark eingeschränkt. Das gesellschaftliche und wirtschaftliche Leben wird durch viele Vorschriften vom Staat gelenkt. In der eingeführten **Planwirtschaft** wurde in Fünfjahresplänen festgelegt, was und wie viel produziert wird und verbraucht werden kann. Preise und Löhne legte der Staat fest.

Private Bauern wurden enteignet und Industrieunternehmen, Banken und Verkehrsbetriebe verstaatlicht.
Die kommunistische Partei kontrollierte Wirtschaft und Gesellschaft und mischte sich auch in das Privatleben der Menschen ein. Die Massenmedien wurden staatlich kontrolliert, Religionen weitgehend verboten oder behindert und Auftritte vieler westlicher Künstler nicht erlaubt. Reisen ins nichtkommunistische Ausland waren nur unter strengen Auflagen möglich. Mit der Hilfe der Geheimpolizei (KGB) kontrollierte der Staat auch die Lebensweise vieler Bürger.

http://www.zum.de/Faecher/EK/BAY/mek/mek/ek9/cis/states/framest9.htm

http://www.osteuropa.ch

M3: Taiga (borealer Nadelwald)

M4: Erdölförderung im Gebiet Tjumen (Westsibirien)

CÉI – Communauté des États indépendants

De l'empire des tsars à l'Union Soviétique
Le plus grand État du monde, la Russie, a derrière elle une histoire mouvementée. L'**empire des tsars** est né de la principauté moyenâgeuse de Moscou. Pendant des siècles, les souverains ont agrandi l'empire par la violence militaire. De nombreux peuples voisins furent intégrés avec leurs cultures, religions, langues et traditions différentes.

La pauvreté et le mécontentement de nombreux ouvriers et paysans entraînèrent la chute du tsar lors de la Révolution d'Octobre 1917. Peu après l'**URSS** (Union des républiques socialistes soviétiques, également appelée Union Soviétique) fut créée et un système communiste fut instauré (voir encadré). L'URSS aussi continua de s'étendre; c'est ainsi que, p. ex., en 1940 l'Estonie, la Lettonie et la Lituanie furent rattachées à l'URSS.

M5: Weizenernte in Westrussland

Un système communiste fut instauré en Union soviétique après la Révolution d'Octobre. Il repose sur la doctrine politique du **communisme** (latin communis = commun). Les libertés individuelles et la propriété privée y sont très réduites. La vie sociale et économique sont très réglementées par l'État. Avec l'**économie dirigée**, des plans de cinq ans spécifiaient ce qui devait être produit et consommé et dans quelles quantités. L'État fixait les prix et les salaires. Les paysans privés furent expropriés et les entreprises industrielles, les banques et les sociétés de transport furent nationalisées.

Le parti communiste contrôlait l'économie et la société et s'ingérait aussi dans la vie privée des personnes. Les mass médias furent contrôlés par l'État, les religions largement interdites ou entravées et de nombreux artistes des pays de l'Ouest n'eurent pas le droit d'y jouer. Les voyages dans les pays non communistes n'étaient possibles que dans des conditions très strictes. L'État contrôlait aussi le mode de vie de nombreux citoyens grâce à la police secrète (KGB).

L'Asie – le continent le plus peuplé

Russland und die GUS | La Russie et la CÉI

M6: Karte der GUS

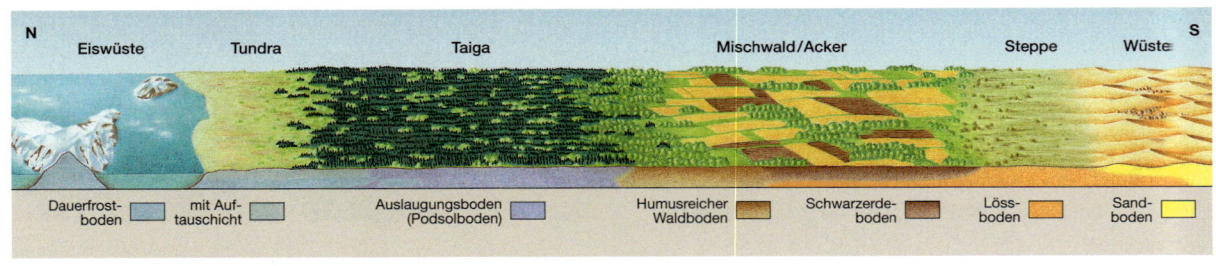

M7: N-S-Profil durch die GUS

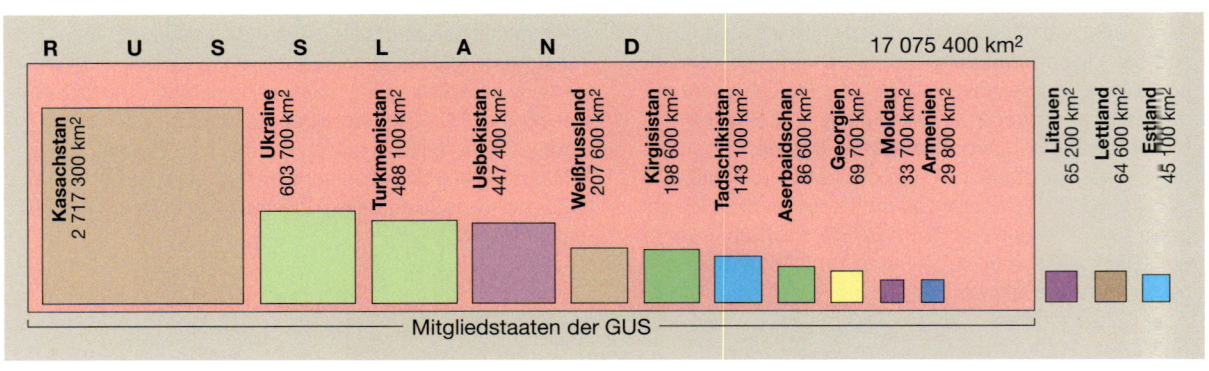

Eiswüste | Tundra | Taiga | Mischwald/Acker | Steppe | Wüste

Dauerfrostboden | mit Auftauschicht | Auslaugungsboden (Podsolboden) | Humusreicher Waldboden | Schwarzerdeboden | Lössboden | Sandboden

M8: Die Flächengrößen der Nachfolgeländer der Sowjetunion

RUSSLAND 17 075 400 km²

Mitgliedstaaten der GUS:
- Kasachstan 2 717 300 km²
- Ukraine 603 700 km²
- Turkmenistan 488 100 km²
- Usbekistan 447 400 km²
- Weißrussland 207 600 km²
- Kirgisistan 198 600 km²
- Tadschikistan 143 100 km²
- Aserbaidschan 86 600 km²
- Georgien 69 700 km²
- Moldau 33 700 km²
- Armenien 29 800 km²

- Litauen 65 200 km²
- Lettland 64 600 km²
- Estland 45 100 km²

Asien – bevölkerungsreichster Kontinent

M9: Moskau/Kreml

Zusammenbruch der Sowjetunion und Gründung der GUS

Das kommunistische System mit der Planwirtschaft funktionierte auf Dauer nur schlecht. Viele finanzielle Mittel wurden in die Rüstung und die Raumfahrt gesteckt. Für die Industrialisierung wurde die Natur rücksichtslos ausgebeutet. Viele Menschen waren unzufrieden und klagten über Versorgungsprobleme und fehlende Freiheit. Der letzte Parteichef und Präsident der UdSSR, Michail Gorbatschow, versuchte das System zu verändern: Mehr Offenheit (russisch: **Glasnost**) und ein Umbau in Politik und Wirtschaft (**Perestroika**) sollten Verbesserungen bringen. In der Folge forderten einzelne Republiken des riesigen Landes mehr Selbstbestimmung und erklärten sich schließlich zu unabhängigen Staaten. Die fast undurchdringliche Grenze zwischen dem kommunistischen Ostblock und dem Westen wurde wieder durchlässig. Sichtbarstes Zeichen war der Fall der Berliner Mauer. Die UdSSR löste sich damit 1991 auf, 12 der 15 ehemaligen Sowjetrepubliken wollen aber ihre Interessen gemeinsam vertreten und haben sich zur **GUS** zusammengeschlossen (M8).

1. Liste die 15 Nachfolgestaaten der Sowjetunion in einer Tabelle auf. Nenne dabei Fläche, Einwohnerzahl, Hauptstadt und Nachbarländer (S. 111 und Atlas).
2. Was versteht man unter
    a) Kommunismus und
    b) Planwirtschaft?
3. Wie kam es zum Zusammenbruch der UdSSR?
4. Mache eine „Fantasiereise" durch die GUS:
    a) Beschreibe Vegetation und Landschaften (M6, M7).
    b) Ordne sie den Klimazonen zu (Atlas).

Effondrement de l'Union Soviétique et création de la CÉI

Le système communiste avec l'économie dirigée ne pouvait que difficilement fonctionner à longue échéance. De nombreux moyens financiers furent investis dans l'armement et dans la recherche spatiale. Pour l'industrialisation, la nature fut exploitée sans retenue. De nombreuses personnes étaient mécontentes et se plaignaient de problèmes d'approvisionnement et d'absence de liberté. Le dernier chef du parti et président de l'URSS, Mikhaïl Gorbatchev, tenta de changer le système: une plus grande transparence (russe **glasnost**) et une restructuration de la vie politique et économique (**perestroïka**) devaient apporter des améliorations. À la suite de cela, certaines républiques de cet énorme pays exigèrent une plus grande autodétermination et se déclarèrent finalement indépendantes. La frontière presque étanche entre le bloc communiste de l'Est et les pays de l'Ouest devint à nouveau franchissable. Le symbole le plus évident en fut la chute du mur de Berlin. L'URSS cessa ainsi d'exister en 1991; 12 des 15 anciennes républiques soviétiques souhaitèrent toutefois défendre communément leurs intérêts et s'associèrent pour former la **CÉI** (M8).

1. Sous forme de tableau, dresse la liste des 15 pays qui succédèrent à l'Union soviétique. Mentionne pour chacun la superficie, le nombre d'habitants, la capitale et les pays voisins (p. 111 et atlas).
2. Qu'entend-on par
    a) communisme et
    b) économie dirigée?
3. Comment s'est produite la chute de l'URSS?
4. Fais un voyage imaginaire à travers la CÉI:
    a) décris la végétation et les paysages (M6, M7).
    b) Attribue-les aux zones climatiques (atlas).

L'Asie — le continent le plus peuplé

Russland und die GUS | La Russie et la CÉI

M10: Industrie in Norilsk

M11: Im Kaufhaus GUM

Russland — Kernstaat der GUS
Von der Planwirtschaft zur Marktwirtschaft: Russland in der Krise

Die Nachfolgestaaten der Sowjetunion haben das kommunistische System und die Planwirtschaft (siehe Kasten S. 104) abgeschafft und wollen nach den Prinzipien der Marktwirtschaft arbeiten. Diese Umstellung bringt große Probleme mit sich. Viele Handelsbeziehungen der ehemaligen Sowjetrepubliken wurden abgebrochen. Zahlreiche Industrien wurden von ihren Zulieferern und Rohstofflieferanten abgeschnitten. Die Umstellungsprobleme auf die Marktwirtschaft sind besonders groß (siehe Kasten).
Durch die Öffnung nach außen standen den Nachfolgeunternehmen der sowjetischen Staatsbetriebe plötzlich neue Konkurrenten auf dem Weltmarkt gegenüber.

Die russische Wirtschaft geriet in der Folge in eine schwere Krise. Die Industrieproduktion sank drastisch und eine große Zahl von Betrieben musste geschlossen werden. Nur ganz allmählich entstehen neue Betriebe, die in der Marktwirtschaft zu überleben versuchen.

Die Umstellung von der Planwirtschaft auf die Marktwirtschaft ist eine große Herausforderung. Verglichen mit dem Weltmarkt arbeiteten die meisten Betriebe in Russland mit veralteten Maschinen und viel Personal. Viele Produkte waren nicht auf dem neuesten Stand und hatten wenig Chancen verkauft zu werden. Staatliche Aufträge oder Hilfen wie in der Vergangenheit gab es nur noch selten.
Außerdem müssen die ehemaligen staatlichen Großbetriebe in der Marktwirtschaft nun alles selbst „managen": die Auswahl und Entwicklung neuer Produkte, den Einkauf der Rohstoffe und der Maschinen, die Produktionsabläufe, die Suche nach geeigneten Arbeitskräften, die Suche nach neuen Absatzmärkten, die Organisation des Verkaufs und die Finanzierung. Die zuständigen Manager, Politiker und Verwaltungsbeamte sind auf diese Aufgaben kaum vorbereitet und nicht entsprechend ausgebildet.

La Russie – le pays central de la CÉI
De l'économie dirigée à l'économie de marché: la Russie en crise

Les pays qui succédèrent à l'Union soviétique ont supprimé le communisme et l'économie dirigée (voir encadré, p. 105) et souhaitent travailler d'après les principes de l'économie de marché. Cette restructuration apporte de graves problèmes. Beaucoup de relations commerciales de l'ex-Union soviétique furent rompues. De nombreuses industries furent coupées de leurs sous-traitants et fournisseurs en matières premières. Les problèmes dus au changement sont particulièrement importants dans le domaine économique (voir encadré). Avec l'ouverture vers l'extérieur, les entreprises succédant aux entreprises nationalisées soviétiques se virent brusquement confrontées à de nouveaux concurrents sur le marché international.
Ceci entraîna l'économie russe dans une forte crise. La production industrielle chuta considérablement et un grand nombre d'entreprises durent fermer. Ce n'est que très progressivement que de nouvelles entreprises se créent dans l'espoir de subsister dans l'économie de marché.

Le passage de l'économie dirigée à l'économie de marché est un grand défi. En comparaison avec le marché international, la plupart des entreprises russes travaillent avec de vieilles machines et trop de personnel. De nombreux produits n'étaient pas à la pointe du progrès et eurent peu de chance d'être vendus. Les contrats ou les aides de l'État, comme c'était le cas autrefois, sont devenus rares.
En outre, les anciennes grandes entreprises de l'État doivent maintenant tout gérer elles-mêmes: le choix et le développement de nouveaux produits, l'achat des matières premières et des machines, les phases de production, la prospection de main-d'œuvre appropriée, la recherche de nouveaux débouchés, l'organisation de la vente et le financement. Les directeurs, politiciens et fonctionnaires de l'administration ne sont que très peu préparés à ces tâches et n'ont pas la formation adéquate.

M12: Schwarzmarkt in Russland

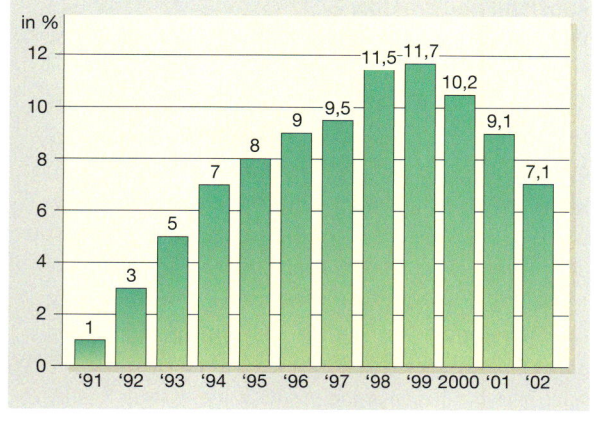

M13: Entwicklung der Arbeitslosigkeit in Russland

Verlierer und Gewinner des Umbaus:
Arme Massen und wenige „Neureiche"

Die Schwierigkeiten beim Umbau betreffen alle Bereiche der Wirtschaft und führen zu sozialen Problemen. Millionen Menschen verloren ihre Arbeit oder mussten Lohnkürzungen hinnehmen. Hunderttausende sind in bittere Armut abgerutscht. Neue Produkte sind oft zu teuer für verarmte Pensionäre oder ärmere Familien. Selbst diejenigen, die eine Arbeitsstelle besitzen, suchen noch nach weiteren Geldquellen. Schwarzmarkt und Tauschhandel spielen in Russland eine große Rolle. Man klagt über Kriminalität und gestiegene Korruption.

Bei dem Umbau der Wirtschaft sind einige wenige sehr schnell sehr reich geworden. Diese „neureiche" Oberschicht lebt in sehr großem Luxus. Man sieht sie in exklusiven Boutiquen einkaufen und sie können sich teure Reisen leisten.

Hingegen kommen landwirtschaftliche Betriebe, Industrieunternehmen und die Anbieter von Dienstleistungen nur langsam aus der Krise. Es wird wahrscheinlich noch Jahre dauern, bis sich die Lage beruhigt und die Wirtschaft stabilisiert ist.

Russland mit seinen riesigen Bodenschätzen und seinem noch immer vorhandenen technischen „Know-how" besitzt aber gute Trumpfkarten für die Zukunft.

1. Nenne die Gründe für die Krise in der russischen Planwirtschaft.
2. Warum ist die Umstellung von der Planwirtschaft auf die Marktwirtschaft so schwierig?
3. Der Umbau der russischen Wirtschaft brachte Verlierer und Gewinner hervor (M11–M13). Erkläre.

Les perdants et les gagnants du changement: beaucoup de pauvres et peu de „nouveaux riches"

Les problèmes dus au changement touchent tous les domaines de l'économie et entraînent des problèmes sociaux. Des millions de personnes ont perdu leur emploi ou doivent accepter des réductions de salaire. Des centaines de milliers de personnes sont devenus extrêmement pauvres. Les produits nouveaux sont généralement trop chers pour les retraités ou les familles pauvres. Même ceux qui ont un emploi sont à la recherche d'autres sources de revenus. Le marché noir et le troc jouent un rôle important en Russie. On se plaint de la criminalité et d'un regain de corruption.

Lors de la restructuration de l'économie, un petit nombre de personnes est devenu rapidement très riche. Cette classe supérieure de „nouveaux riches" vit dans un très grand luxe. Ils achètent dans des boutiques exclusives et peuvent se permettre de faire des voyages coûteux.

À l'inverse, les entreprises agricoles, les entreprises industrielles et les prestataires de services ne sortent que très lentement de la crise. Cela va certainement durer encore des années avant que la situation se calme et que l'économie se stabilise.

Toutefois, la Russie a de bons atouts pour l'avenir avec ses importantes richesses naturelles et son savoir-faire technique encore présent.

1. Nomme les raisons de la crise de l'économie dirigée de la Russie.
2. Pourquoi est-ce que le passage de l'économie dirigée à l'économie de marché est si difficile?
3. La restructuration de l'économie russe a produit des perdants et des gagnants (M11 à M13). Explique ce fait.

L'Asie – le continent le plus peuplé

Russland und die GUS | La Russie et la CÉI

Russland und die GUS — Vielvölkerstaaten mit politischen Problemen

Auf dem Gebiet der UdSSR lebten 127 Völker mit 80 Sprachen und 5 Religionen (M14). Auch in den neu entstandenen Nachfolgestaaten leben viele Volksgruppen mit ihren jeweils eigenen Kulturen und Traditionen innerhalb eines Landes zusammen. Allein im Kaukasusgebiet zwischen dem Schwarzen Meer und dem Kaspischen Meer leben 60 verschiedene Volksgruppen in vier Staaten zusammen. Dort kam es besonders seit 1991 zu vielen kriegerischen Auseinandersetzungen.

Auch in Zentralasien ergeben sich immer wieder Konflikte. Diese Konflikte sind nicht nur auf Russland und die anderen GUS-Staaten beschränkt. In den Nachbarländern gab es ebenfalls politische Unruhen oder gar militärische Kampfhandlungen (Afghanistan, Iran, Türkei, Pakistan).

Die politischen Spannungen in der GUS haben viele Ursachen:

- Zwischen den unterschiedlichen Volksgruppen kommt es schon seit längerer Zeit zu Konflikten wegen der unterschiedlichen Religionszugehörigkeit.
- Bei der russischen Expansion zur Zarenzeit wurden viele Völker gewaltsam gezwungen, sich dem Russischen Reich anzuschließen. In sowjetischer Zeit ging dieser Prozess der **Russifizierung** weiter. Oft wurden die Kultur, die Sprache und die Religion der Einheimischen unterdrückt.

La Russie et la CÉI — États pluriethniques avec des problèmes politiques

Il y avait 127 peuples avec 80 langues et 5 religions (M14) qui vivaient sur le territoire de l'URSS. En ce qui concerne les États nouvellement créés, de nombreux groupes ethniques vivent aujourd'hui encore avec leurs cultures et traditions propres dans un même pays. Rien que dans la région du Caucase et de la mer Caspienne, 60 groupes ethniques différents vivent dans quatre États. Il y a eu là-bas de nombreux conflits armés en particulier depuis 1991.

En Asie centrale également, il y a sans cesse des conflits. Ceux-ci ne se limitent pas à la Russie et aux autres États de la CÉI. Dans les pays voisins, des troubles politiques, voire même des combats militaires (Afghanistan, Iran, Turquie, Pakistan), s'y sont aussi produits.

Les tensions politiques au sein de la CÉI ont de nombreuses causes:

- Depuis longtemps, il y a des conflits entre les divers groupes ethniques en raison des différentes appartenances religieuses.
- Durant l'expansion russe à l'époque du tsarisme, de nombreux peuples furent obligés par la force à se rallier à l'Empire russe. Le processus de la **russification** continua dans la période soviétique. Bien souvent, la culture, la langue et la religion des autochtones furent réprimées.

M 14: Volksgruppen in den GUS-Staaten

Asien — bevölkerungsreichster Kontinent

- Die Volksgruppen oder die verschiedenen Staaten erstreben die Kontrolle über die zahlreichen **Rohstoffreserven**, wie z. B. das Erdöl im Kaukasus.
- Die Spannungen, lange **Dürren** und vom Menschen verursachte **Umweltschäden** (z. B. die langsame Austrocknung des Aralsees) führen zu **Flüchtlingsbewegungen**, woraus neue Probleme entstehen.

1. Versuche Berichte zu finden, die über die Konflikte zwischen den Volksgruppen in der GUS berichten (Zeitung, Internet …).
2. Suche eine Wirtschaftskarte im Atlas und notiere wertvolle Bodenschätze in der GUS.
3. Fertige ein Säulendiagramm über die Flächen und die Einwohnerzahlen der GUS-Staaten an (M15).
4. Was könnte gegen die Spannungen zwischen den Volksgruppen unternommen werden?

- Les groupes ethniques ou les différents États visent à contrôler les nombreuses **réserves de matières premières** comme, p. ex., le pétrole dans le Caucase.
- Des tensions, de longues **périodes de sécheresse** et des **dégradations de l'environnement** provoquées par l'homme (p. ex. le tarissement progressif de la mer d'Aral) entraînent des **mouvements de réfugiés** causant ainsi de nouveaux problèmes.

1. Essaie de trouver des comptes rendus sur les conflits entre les groupes ethniques de la CÉI (journaux, Internet, etc.).
2. Cherche une carte économique dans l'atlas et note les précieuses richesses naturelles de la CÉI.
3. Réalise un diagramme à colonnes sur la superficie et le nombre d'habitants de chacun des États de la CÉI (M15).
4. Que pourrait-on faire pour lutter contre les tensions entre les groupes ethniques?

Russische Föderation
Fläche: 17 075 400 km²
Bevölkerung (2003): 145,5 Mio.
(davon u. a. 81,5 % Russen,
3,8 % Tataren, 3 % Ukrainer)
Hauptstadt: Moskau

Georgien
Fläche: 69 700 km²
Bevölkerung (2003): 4,7 Mio.
(davon u. a. 70 % Georgier,
8 % Armenier, 6,3 % Russen,
5,7 % Aserbaidschaner,
3 % Osseten); Hauptstadt: Tiflis

Usbekistan
Fläche: 447 400 km²
Bevölkerung (2003): 25,7 Mio.
(davon u. a. 72 % Usbeken,
8 % Russen, je ca. 4 % Tataren,
Kasachen, Tadschiken)
Hauptstadt: Taschkent

Weißrussland (Belarus)
Fläche: 207 600 km²
Bevölkerung (2003): 9,9 Mio.
(davon u. a. 78 % Weißrussen,
13 % Russen, 4 % Polen,
3 % Ukrainer)
Hauptstadt: Minsk

Armenien
Fläche: 29 800 km²
Bevölkerung (2003): 3,2 Mio.
(davon u. a. 96 % Armenier,
1,7 % Kurden, 1,5 % Russen)
Hauptstadt: Eriwan

Turkmenistan
Fläche: 488 100 km²
Bevölkerung (2003): 5,7 Mio.
(davon u. a. 72 % Turkmenen,
9,5 % Russen, 9 % Usbeken,
2,5 % Kasachen)
Hauptstadt: Aschgabad

Ukraine
Fläche: 603 700 km²
Bevölkerung (2003): 47,8 Mio.
(davon u. a. 72,7 % Ukrainer,
22,1 % Russen)
Hauptstadt: Kiew

Aserbaidschan
Fläche: 86 600 km²
Bevölkerung (2003): 8,2 Mio.
(davon u. a. 83 % Aserbaidschaner oder Aseri, 5,6 % Russen)
Hauptstadt: Baku

Kirgisistan
Fläche: 198 500 km²
Bevölkerung (2003): 5,0 Mio.
(davon u. a. 53 % Kirgisen,
21 % Russen, 13 % Usbeken,
2,5 % Ukrainer)
Hauptstadt: Bischkek

Moldau (Moldawien)
Fläche: 33 700 km²
Bevölkerung (2003): 4,3 Mio.
(davon u. a. 65 % Rumänen,
14 % Ukrainer, 13 % Russen,
3,5 % Gagausen, 2 % Bulgaren)
Hauptstadt: Kischinau

Kasachstan
Fläche: 2 717 300 km²
Bevölkerung (2003): 14,8 Mio.
(davon u. a. 42 % Kasachen,
38 % Russen, 5 % Ukrainer,
6 % Deutschstämmige)
Hauptstadt: Astana

Tadschikistan
Fläche: 143 100 km²
Bevölkerung (2003): 6,6 Mio.
(davon u. a. 65 % Tadschiken,
23 % Usbeken, 7 % Russen,
2 % Tataren)
Hauptstadt: Duschanbe

M15: Steckbriefe der GUS-Staaten

Kennst du Asien und die GUS?

1. Ein schmales, lang gestrecktes Gebirge gilt als Grenze zwischen Europa und Asien. Im Süden des Gebirges entspringt ein Fluss, der ins Kaspische Meer mündet. Gebirge und Fluss tragen den gleichen Namen. Wie heißen sie?
2. Mit über einer Milliarde Menschen ist das Land das bevölkerungsreichste der Erde. Der Größe seiner Staatsfläche nach steht es „nur" an 3. Stelle. Wie heißt das Land, wie seine Hauptstadt?
3. Die Stadt liegt in China, sie war bis 1997 eine sehr reiche britische Kolonie. In ihrer Nachbarschaft liegt eine Stadt, die zu Portugal gehörte. Wie heißen die Städte?
4. Der Staat liegt zwischen Indien und Myanmar. Der größte Teil des Landes besteht aus dem Schwemmland zweier Ströme. Seine Bewohner werden oft durch Überschwemmungen gefährdet. Wie heißen die Ströme und der Staat?
5. Der große Binnenstaat liegt zwischen Russland und China. Wie heißt er, wie seine Hauptstadt?
6. Das Land ist bevölkerungsmäßig das zweitgrößte Asiens. Ein Ozean ist nach ihm benannt. Wie heißt das Land, wie der Ozean? Wie heißen die Meere an der Ost- und an der Westküste?
7. M1 zeigt Reisbauern beim Pflanzen. Reis ist das wichtigste Getreide und das Hauptnahrungsmittel in Asien. Benenne große Reisanbaugebiete in China, Indien, Thailand, Vietnam und Indonesien (Wirtschaftskarte im Atlas).
8. Der Stadtstaat liegt am Ausgang einer sehr wichtigen Meeresstraße, die den Indischen Ozean mit dem Südchinesischen Meer verbindet. Wie heißt der Stadtstaat, wie die Meeresstraße?
9. Der höchste Berg der Erde (8872 m) liegt im Grenzgebiet von Nepal und Tibet (China). Wie heißt der Berg, wie das Gebirge, zu dem er gehört?

Connais – tu l'Asie et la CÉI?

1. Une chaîne montagneuse étroite et étirée forme la frontière entre l'Europe et l'Asie. Un fleuve prend sa source au sud de cette chaîne montagneuse pour se jeter dans la mer Caspienne. La chaîne et le fleuve portent le même nom. Comment s'appellent-ils?
2. Ce pays, avec plus d'un milliard d'habitants, est le plus peuplé de la Terre. D'après sa superficie, ce n'est que le 3e du monde. Comment s'appelle ce pays et quelle est sa capitale?
3. Cette ville se trouve en Chine; jusqu'en 1997, c'était une colonie britannique très riche. À proximité se trouve une ville qui appartenait autrefois au Portugal. Comment s'appellent ces villes?
4. Cet État se trouve entre l'Inde et l'Union de Myanmar. La plus grande partie de ce pays est composée de la plaine alluvionnaire de deux fleuves. Ses habitants sont souvent menacés d'inondations. Comment s'appellent ces fleuves et cet État?
5. Ce grand État intérieur se trouve entre la Russie et la Chine. Comme s'appelle-t-il, quelle est sa capitale?
6. C'est le 2e pays d'Asie de par son nombre d'habitants. Un océan a été nommé d'après lui. Comment s'appellent ce pays et cet océan? Comment s'appellent les mers sur les côtes est et ouest?
7. La photo M1 montre des riziculteurs lors des semailles. Le riz est la céréale la plus importante et l'aliment de base en Asie. Nomme de grandes régions de riziculture en Chine, en Inde, en Thaïlande, au Vietnam et en Indonésie (carte économique de l'atlas).
8. Cette ville-État se trouve à la sortie d'un détroit très important reliant l'Océan Indien à la Mer de Chine méridionale. Comment s'appellent cette ville-État et ce détroit?
9. La plus haute montagne du monde (8872 m) se trouve dans la région frontalière du Népal et du Tibet (Chine). Comment s'appellent cette montagne et la région à laquelle elle appartient?

M1: Reisfelder in der chinesischen Provinz Hunan

M2: Hauptstadt des größten Staates der Welt

Asien – bevölkerungsreichster Kontinent

M3: Stumme Karte Asien

Légende:
- 1 – 29 Staaten
- 1 – 29 Hauptstädte
- A – K Gebirge
- a – l Inseln und Halbinseln
- A – N Meere und Meeresteile
- a – u Flüsse und Seen

Landhöhen: unter 0 | 0 | 100 | 200 | 500 | 1000 | 2000 | 4000 m

10. Die beiden Ströme entspringen im Kunlun Shan. Sie sind wegen ihrer verheerenden Überschwemmungen gefürchtet. Gleichzeitig verdankt ihnen die Große Ebene in China ihre Fruchtbarkeit. Nenne die Namen der Ströme.

11. Der tiefste See der Erde liegt in Mittelsibirien. Er ist über 600 km lang und etwa 80 km breit. Er enthält so viel Wasser wie die gesamte Ostsee. Wie heißt der See?

12. M2 wurde in der Hauptstadt des größten Staates der Erde aufgenommen. Wie heißt die Stadt, wie der Staat?

10. Ces deux fleuves prennent leur source dans le Kunlun Shan. Ils sont très redoutés en raison des inondations dévastatrices qu'ils provoquent. En même temps, la Grande Plaine de Chine leur doit sa fertilité. Quels sont les noms de ces fleuves.

11. Le plus profond lac de la Terre se trouve en Sibérie centrale. Il s'étend sur plus de 600 km de longueur et environ 80 km de largeur. Il contient autant d'eau que toute la mer Baltique. Comment s'appelle ce lac?

12. La photo M2 a été prise dans la capitale du plus grand État du monde. Comment s'appellent cette ville et cet État?

Geographie Trainer

L'Asie — le continent le plus peuplé

Problemräume in Amerika

Transamazonika

Am Amazona

Développements et régions à problèmes en Amérique

Mexico City

Weißes Haus

Panama-Kanal

Amerika – von Alaska bis Feuerland   L'Amérique – de l'Alaska à la Terre de Feu

Thomas und Rainer machen in den Sommerferien einen Erkundungsflug über den Kontinent Amerika. Nimm deinen Atlas und verfolge ihre Reiseroute.

Ihr Flugzeug startet im äußersten Nordwesten Amerikas, in *Alaska*, dem kältesten Teil des Kontinents. Kurz nach dem Start sehen sie in westlicher Richtung den höchsten Berg Nordamerikas, den *Mount McKinley* (6193 m).

In Kanada drehen sie nach Südosten ab und lassen die *Rocky Mountains* hinter sich. Sie nehmen Kurs auf Denver und überfliegen dabei zunächst die riesigen Nadelwaldgebiete Kanadas. Als Thomas nach einer Weile wieder aus dem Fenster schaut, hat sich die Landschaft unter ihnen gewandelt. Er weist auf die weit ausgedehnten Weizenfelder des *Mittleren Westens* hin.

M1: Mount McKinley

Nach einer Zwischenlandung in Denver folgen sie dem Colorado River. Er hat in Millionen von Jahren die weltberühmte Felsenschlucht, den *Grand Canyon*, geschaffen. Sie erreichen den Golf von Kalifornien und setzen ihre Reise entlang der Westküste des Kontinents fort.

Eine weitere Zwischenlandung in Mittelamerika führt die beiden Reisenden in eine der größten Städte der Welt, nach Mexico City. Beim Weiterflug über die Landenge zwischen den Teilkontinenten Nord- und Südamerika fällt Rainer der rege Schiffsverkehr im Atlantischen und Pazifischen Ozean auf. Es ist die Stelle, an der der *Panama-Kanal* die beiden Weltmeere verbindet.

Nach einem weiten Bogen Richtung Osten überfliegen sie das riesige Gebiet des *Amazonas*. Dieser Teil des Kontinents ist mit immergrünem tropischem Regenwald bedeckt. Ihnen fallen große gerodete und brennende Flächen auf.

M2: Nadelwald in Kanada

Die letzte Zwischenstation der Reise ist die Stadt La Paz in Bolivien. Sie liegt im Hochland der *Anden*. Von dort aus nehmen die beiden Kurs auf Feuerland. Unter ihnen erstreckt sich die weite Ebene der *Pampa*, die hier am Rand der östlichen Anden ausläuft. Sie sehen häufig riesige Viehherden, die von Gauchos (Hirten) begleitet werden.

Zum Abschluss umfliegen die beiden Reisenden das *Kap Hoorn*, den südlichsten Punkt des amerikanischen Kontinents, und nehmen nun wieder Kurs Richtung Norden. Sie beenden ihre Reise in Buenos Aires, der Hauptstadt Argentiniens.

Klimagramm

M3: Weizenfelder in den USA

Entwicklungen und Problemräume in Amerika

Durant les vacances d'été, Thomas et Rainer font un vol de reconnaissance au-dessus du continent américain. Prends ton atlas et suis leur itinéraire de voyage.

Leur avion décolle dans l'extrême nord-ouest de l'Amérique, en *Alaska*, la partie la plus froide du continent. Peu après leur décollage, ils aperçoivent à l'Ouest la plus haute montagne de l'Amérique du Nord, le *Mount McKinley* (6193 m).

Au Canada, ils virent vers le sud-est et laissent les *Montagnes Rocheuses* derrière eux. Ils mettent le cap sur Denver et survolent d'abord les immenses forêt de conifères canadiennes. Quand, après un certain temps, Thomas regarde de nouveau par la fenêtre, le paysage au-dessous d'eux a changé. Il indique les grandes étendues de champs de blé du *Centre-Ouest*.

Après une escale à Denver, ils suivent le cours du Colorado. En plusieurs millions d'années, ce fleuve a creusé le *Grand Canyon*, gorge célèbre dans le monde entier. Ils atteignent le Golfe de Californie et poursuivent leur voyage le long de la côte ouest du continent.

Une seconde escale en Amérique Centrale conduit les deux voyageurs dans l'une des plus grandes villes du monde, Mexico. Alors qu'ils continuent leur vol au-dessus de l'isthme reliant l'Amérique du Nord à l'Amérique du Sud, Rainer remarque l'important trafic maritime sur l'Océan Atlantique et sur l'Océan Pacifique. C'est l'endroit où le *Canal de Panama* relie les deux océans.

Après avoir effectué une grande courbe en direction de l'Est, ils survolent l'immense région de l'*Amazone*. Cette partie du continent est recouverte d'une forêt tropicale sempervirente. Ils remarquent de grandes surfaces déboisées et en feu.

La dernière escale du voyage est la ville de La Paz en Bolivie. Elle se trouve sur le haut plateau des *Andes*. De là, les deux voyageurs font route vers la Terre de Feu. Au-dessous d'eux s'étend la vaste plaine de la *Pampa* qui se termine au pied des Andes orientales. Ils voient souvent de grands troupeaux de bétail accompagnés par des gauchos (bergers).

Enfin, nos deux voyageurs contournent le *Cap Horn*, l'extrémité sud du continent américain et font de nouveau route vers le Nord. Ils terminent leur voyage à Buenos Aires, la capitale de l'Argentine.

M4: Fischerdorf an der Magellanstraße

M5: Altiplano mit Andenkette

M6: Tropischer Regenwald

Développements et régions à problèmes en Amérique

Nordamerika | L'Amérique du Nord

Kanada — zweitgrößtes Land der Erde

Kanada: Ein Einwanderungsland

Der Name Kanada stammt aus der Sprache der Cree-Indianer („Ka-Kanata") und bedeutet **„Land, das sauber ist"**. Tatsächlich sind heute noch weite Teile im Westen und Norden Kanadas fast unberührt (M2, M4). Auf Grund seiner kontinentalen Ausmaße erstreckt sich das Land über mehrere Klima- und Vegetationszonen. Rund die Hälfte der Staatsfläche ist bewaldet, wobei die borealen Wälder der kalten Zone den Hauptanteil bilden. Weitere 40% gehören zur subpolaren Tundra (M4) und polaren Eiswüste. Da diese Gebiete landwirtschaftlich nicht nutzbar sind, konzentriert sich die Bevölkerung im Süden Kanadas in einem schmalen Streifen entlang der Grenze zu den USA. Dort befinden sich die großen Handels- und Industriezentren. Mit nur 3 Einwohnern pro km^2 ist die Bevölkerungsdichte Kanadas sehr niedrig.

Mit ungefähr 400 000 Einwohnern bilden die Ureinwohner heute nur noch eine sehr kleine Minderheit in diesem riesigen Land. Kanada ist nämlich wie die USA ein typisches Einwanderungsland (M5). Hier finden sich seit mehr als 300 Jahren Menschen aus den verschiedensten Kulturkreisen ein. Anfangs waren es vor allem Briten und Franzosen, die diesen Teil Nordamerikas als **Besiedlungskolonie** nutzten. Auch Deutsche und Italiener wanderten nach Kanada aus. Russen besiedelten sogar den pazifischen Küstenraum im Osten. Die asiatische Gemeinschaft bildete sich erst in den letzten 50 Jahren. Heute empfängt diese multikulturelle Gesellschaft jedes Jahr 200 000 neue **Immigranten**. Da die meisten Kanadier von Briten und Franzosen abstammen, besitzt Kanada ein duales Sprachsystem: Sowohl Englisch als auch Französisch sind die beiden offiziellen Landessprachen (M1). Aus dieser Zweisprachigkeit entwickelte sich jedoch im Laufe der Zeit eine Rivalität zwischen Anglo- und Frankokanadiern. Insbesondere bei den Frankokanadiern, die vor allem in der Provinz Québec leben, gibt es einen wachsenden **Separatismus**, der Kanadas Einheit gefährdet. Seit den 1960er-Jahren fordern sie ein unabhängiges Québec (M6).

KANADA

Hauptstadt:	Ottawa
Staatsform:	Parlamentarische Monarchie im **Commonwealth** of Nations
Staatsoberhaupt:	Queen Elizabeth, Königin von England
Verwaltungsgliederung:	Bundesstaat, bestehend aus 10 Provinzen und 3 Territorien
Fläche:	9,96 Mio. km^2
Bevölkerung:	31,6 Mio. Einwohner (2003)
Sprachen:	Englisch und Französisch (= Amtssprachen); 60% sprechen Englisch und 23% Französisch als Muttersprache, 15% haben eine andere Muttersprache und 2% benutzen die Sprachen der Ureinwohner
Stadtbevölkerung:	75%
Millionenstädte:	Toronto (3,8 Mio. Einw.), Montreal (3,1 Mio.), Vancouver (1,6 Mio.)

M3: Steckbrief Kanada

M1: Typisch Kanada

Entwicklungen und Problemräume in Amerika

Le Canada – le deuxième pays du monde de par sa superficie

Le Canada: un pays d'immigration

Le nom Canada vient de la langue des Indiens Cree („Ka-Kanata") et signifie „le pays qui est propre". Effectivement, il y a, aujourd'hui encore, des parties de l'Ouest et du Nord du Canada qui sont presque intactes (M2, M4). En raison de ses dimensions continentales, ce pays s'étend sur plusieurs zones climatiques et végétales. Environ la moitié de la superficie nationale est boisée, les forêts boréales de la zone froide formant la plus grande partie. De plus, 40 % font partie de la toundra subarctique (M4) et du désert arctique. Ces régions ne pouvant pas être utilisées pour l'agriculture, la population se concentre dans le Sud du Canada, sur une bande étroite le long de la frontière avec les États-Unis. C'est là que se trouvent les plus grands centres commerciaux et industriels. La densité de population du Canada est très faible avec seulement 3 habitants par km^2.

Les autochtones, au nombre d'environ 400 000, ne forment plus aujourd'hui qu'une très petite minorité dans cet immense pays. Le Canada, comme les États-Unis, est un pays d'immigration typique (M5). Depuis plus de 300 ans se côtoient ici des personnes de différentes cultures. Au début, ce furent essentiellement les Britanniques et les Français qui utilisèrent cette partie de l'Amérique du Nord comme **colonie de peuplement**. Aussi bien les Allemands et les Italiens émigrèrent au Canada. Les Russes colonisèrent même la côte pacifique à l'Est. La communauté asiatique se forma seulement au cours des dernières 50 années. Aujourd'hui, cette société multiculturelle accueille annuellement 200 000 nouveaux **immigrants**. La plupart des Canadiens étant d'origine britannique et française, le Canada est bilingue: l'anglais et le français sont les langues officielles (M1). Toutefois avec le temps, une rivalité entre Anglo-canadiens et Franco-canadiens découla de ce bilinguisme. Il existe en particulier chez les Franco-canadiens, qui vivent principalement dans la province du Québec, une tendance croissante au **séparatisme** menaçant l'unité du pays. Ils réclament depuis les années 1960 l'indépendance du Québec (M6).

M2: Glacier-Nationalpark

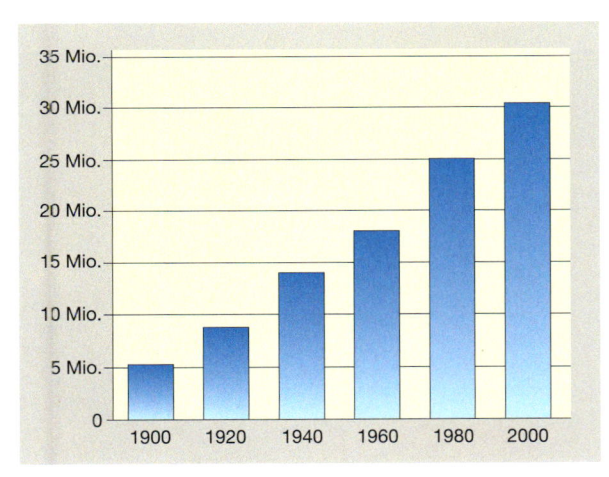

M5: Entwicklung der Bevölkerung Kanadas

M4: Kanadische Tundra

M6: Québec im Aufbruch

Développements et régions à problèmes en Amérique

Nordamerika | L'Amérique du Nord

M7: Abgeholzter Wald in Kanada

M8: Holzverarbeitungsbetrieb in Kanada

Abbau der Rohstoffe in Kanada

Kanada ist zwar arm an Menschen, jedoch reich an Rohstoffquellen: Farmer in den südlichen Provinzen bringen eine der reichsten Weizenernten der Erde ein. Der Holzeinschlag gehört zu den größten der Erde. Die Gewässer vor der Atlantikküste zählen zu den reichsten Fischgründen weltweit. Hinzu kommen noch gewaltige Bodenschätze: Kohle, Erdöl und Erdgas sowie Erze, die Eisen, Kupfer, Blei, Zink, Nickel, Gold, Silber und Uran enthalten.

Jahrhundertelang haben die Ureinwohner des Landes die Schätze der Natur genutzt ohne der Natur zu schaden. Mit dem „weißen Mann" kam die Gefahr der Zerstörung. Seit zwei Jahrhunderten wird Raubbau an den riesigen Wäldern Kanadas betrieben. Das Holz dient vor allem der Herstellung von Bauholz und Papier, wovon ein Großteil exportiert wird (M7, M8). Mehr als 25 % der Weltproduktion an Zeitungspapier kommen aus Kanada.

Eine weitere Gefahr geht von der Gewinnung und Verarbeitung der Bodenschätze aus, wie es zum Beispiel in der Provinz Alberta der Fall ist. Hier liegen drei Viertel der Kohle- und Erdölvorräte sowie zwei Drittel der Erdgasvorkommen. Der Kohlenabbau begann schon 1925 (M9). Heute wird die hochwertige Kohle nach Japan exportiert. Da hier die Kohleschichten nicht sehr tief liegen, kann man die Kohle im Tagebau fördern. Hierbei erfolgt jedoch eine sehr starke Umwandlung der Landschaft. Die gesamte Pflanzendecke wird vernichtet. Trotz der Auffüllung bleiben große Gruben, die sich im Laufe der Zeit mit Wasser füllen. Auf den aufgefüllten Flächen siedeln sich allmählich wieder Pflanzen an.

Diese Umweltschäden gefährden nicht nur die Tier- und Pflanzenwelt, sondern auch den Lebensraum der Ureinwohner.

1. Nenne 5 Städte Nordamerikas, die von der französischen Besiedlung zeugen (Atlas).
2. Beschreibe und erkläre die Verteilung der kanadischen Bevölkerung (Atlas).
3. Erkläre, warum die kanadische Bevölkerungsdichte von 3 Einw./km² nicht aussagekräftig ist.
4. Stelle die Umweltschäden zusammen, die durch den Kohlenabbau und den Holzeinschlag entstehen.

Entwicklungen und Problemräume in Amerika

M9: Tagebau in Kanada

L'exploitation des matières premières au Canada
Bien que le Canada présente une faible population, il est toutefois riche en matières premières: les agriculteurs dans les provinces du Sud bénéficient d'une des meilleures moissons de céréales du monde. La coupe du bois fait partie des plus importantes au monde. Les eaux devant la côte atlantique comptent parmi les plus poissonneuses du globe. À ceci viennent s'ajouter d'importantes richesses naturelles: charbon, pétrole et gaz naturel ainsi que minerais de fer, de cuivre, de plomb, de zinc, de nickel, d'or, d'argent et d'uranium.

Pendant des siècles, les populations autochtones ont profité sans abus des richesses de la nature. Avec l'arrivée de „l'Homme blanc" commença la destruction de la nature. Depuis deux siècles, les énormes forêts canadiennes sont soumises au pillage. Le bois est essentiellement utilisé dans la construction et dans la production de papier dont une grande partie est exportée (M7, M8). Plus de 25 % de la production mondiale de papier journal proviennent du Canada. Un autre danger émane de l'exploitation et du traitement des richesses naturelles comme, par exemple, dans la province de l'Alberta. On y trouve les trois quarts des réserves de charbon et de pétrole ainsi que les deux tiers des gisements de gaz. L'exploitation du charbon commença déjà en 1925 (M9). Aujourd'hui, le précieux charbon est exporté vers le Japon. Les couches de charbon n'étant pas très profondes, l'exploitation se fait dans des mines à ciel ouvert. Ceci entraîne une transformation fondamentale du paysage. Toute la végétation est détruite. Malgré le remblayage, il reste d'importantes fosses qui, avec le temps, se remplissent d'eau. La végétation réapparaît lentement sur les surfaces comblées.

Ces dommages causés à l'environnement ne menacent pas seulement la faune et la flore mais également l'espace vital des populations autochtones.

M10: Güterzug

1. Relevez 5 villes d'Amérique du Nord témoignant de la colonisation française (atlas).
2. Décris et explique la répartition de la population canadienne (atlas).
3. Expliquez pourquoi la densité de population au Canada de 3 habitants/km^2 n'a qu'une valeur toute relative.
4. Dressez la liste des dommages causés à l'environnement par l'exploitation du charbon et par la coupe du bois.

Développements et régions à problèmes en Amérique

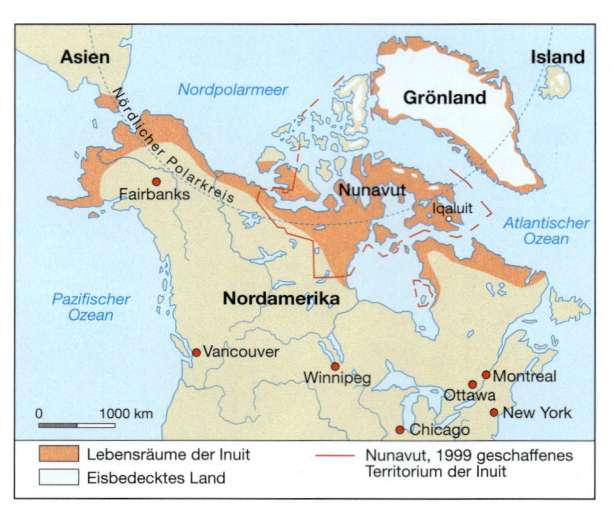

Nordamerika / L'Amérique du Nord

Eskimoleben früher und heute

TRADITIONELLES LEBEN

Der Name „Eskimo" („Rohfleischesser") stammt von den Indianern, die so ihre weiter im Norden lebenden Nachbarn bezeichneten. Die Eskimos selbst nennen sich „Inuit", das heißt „Menschen". Die Inuit leben im Polargebiet von Nordamerika (M1). Hier gibt es keine Wälder und Felder. So müssen sie von der Jagd leben. Sie jagen Robben, Seevögel, Eisbären, Rentiere und Fische. Während der kurzen Sommerzeit werden auf den aufgetauten Tundraböden die wenigen Beeren und Wildkräuter gesammelt. Die Inuit jagen hauptsächlich Robben. Denn diese liefern alles, was die Familien zum Leben brauchen (M2).

M1: Lebensräume der Inuit

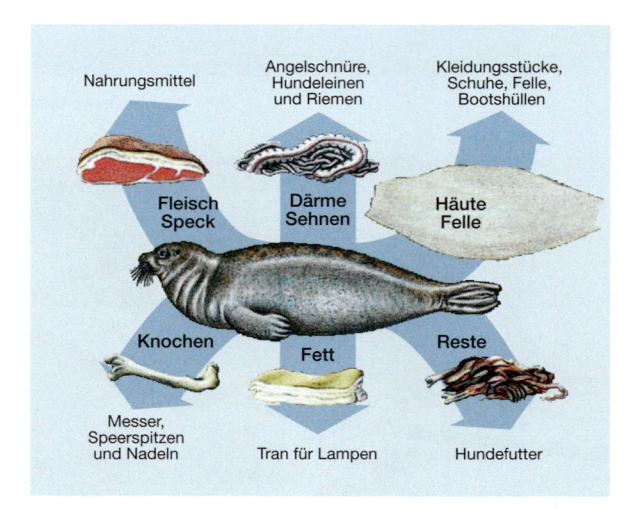

Im **Sommer** sind die Männer mit dem Kajak auf dem offenen Meer auf Robbenjagd. Gejagt wird mit der Harpune, die mit einem langen Fangriemen gesichert ist (M3). Nach der Rückkehr bringen die Jäger die Beute zu den Zelten, in denen die Familien im Sommer leben. Sie ziehen den Seehunden das Fell sorgfältig ab und zerlegen sie. Jede Familie erhält ihren Anteil der Beute. Viele Fleischstücke hängen sie als Vorrat für den Winter zum Trocknen auf. Da die Inuit über keinerlei pflanzliche Nahrungsmittel verfügen, müssen sie auch ihren Vitaminbedarf aus Fleisch decken. Weil die Vitamine im Fleisch durch Kochen weitgehend zerstört werden, essen die Inuit einen Teil ihrer Beute roh, vor allem die vitaminreiche Leber.

M2: Verwertung einer Robbe

Im **Winter** müssen die Inuit ihr Jagdglück auf dem Eis versuchen. Sie laden Waffen und Geräte auf den Hundeschlitten und ziehen zu den Robbenrevieren (M4–M6). Dort angekommen, beginnen die Männer sofort mit dem Bau der Iglus: runde Hütten aus Schneeblöcken. Die Schneeblöcke schützen vor Sturm und Kälte. Innen bleibt die Temperatur über dem Gefrierpunkt. Dafür sorgen die Körperwärme der Menschen und die Tranlampen. Auf einem Schneepodest werden Rentierfelle ausgebreitet. Hier schläft die Familie eng aneinander geschmiegt (M8).

M3: Jagd im Kajak

Entwicklungen und Problemräume in Amerika

La vie des Esquimaux, autrefois et aujourd'hui

LE MODE DE VIE TRADITIONNEL

Le nom „Esquimau" („mangeur de viande crue") provient des Indiens qui désignaient ainsi leurs voisins vivant plus au Nord. Les Esquimaux s'appellent eux-mêmes „Inuits", c'est-à-dire „les hommes". Les Inuits vivent dans la région arctique de l'Amérique du Nord (M1). Ici, il n'y a ni forêts ni champs. Ils vivent donc de la chasse. Ils chassent les phoques, les oiseaux de mer, les ours polaires, les rennes et ils pratiquent la pêche. Durant la courte saison d'été, ils cueillent les quelques baies et herbes sauvages sur le sol dégelé de la toundra. Les Inuits chassent essentiellement les phoques, car ceux-ci fournissent tout ce dont les familles ont besoin pour vivre (M2).

En **été**, les hommes chassent le phoque en kajak en pleine mer. Ils utilisent un harpon doté d'une longue courroie (M3). À leur retour, les chasseurs ramènent leurs prises aux tentes où vivent les familles en été. Ils dépouillent le phoque avec précaution et le découpent ensuite. Chaque famille reçoit sa part. On constitue d'importantes réserves pour l'hiver. Les Inuits ne disposant d'aucun aliment végétal, ils doivent couvrir leurs besoins en vitamines par consommation de viande. Comme les vitamines sont largement détruites lors de la cuisson, les Inuits mangent une partie de leur prise à l'état cru, en particulier le foie qui est riche en vitamines.

En **hiver**, les Inuits doivent tenter leur chance sur la glace. Ils chargent leurs armes et leur appareillage sur le traîneau à chiens et se rendent dans les zones à phoques (M4 à M6). Aussitôt arrivés là, les hommes se mettent à construire des iglous: des abris circulaires en blocs de glace. Les blocs de glace protègent contre la tempête et le froid. À l'intérieur, la température reste au-dessus de zéro grâce à la chaleur dégagée par les corps humains et les lampes à huile de poisson. Des peaux de rennes sont déployées sur un socle en glace. C'est ici que les gens dorment, les uns serrés contre les autres (M8).

M4: Hundeschlitten

M5: Robbenjagd auf dem Eis

M6: Winterhaus der Inuit

Développements et régions à problèmes en Amérique

Nordamerika | L'Amérique du Nord

M7: Moderne Fischereifahrzeuge

LEBEN HEUTE

Das Leben der Inuit hat sich im Laufe der Zeit stark verändert (M9a). Die Inuit von heute sind sesshaft und keine Jäger mehr. Sie arbeiten auf Fischdampfern, in Fabriken und Minen (M7, M10). Die Familien wohnen in Häusern mit Heizung und elektrischem Licht (M11). Die Kinder gehen zur Schule.

1. Beschreibe die Besiedlungsgebiete der Inuit und stelle fest, welchen Staaten sie angehören.
2. Stelle in einer Tabelle die frühere und heutige Lebensweise der Inuit gegenüber (Kleidung, Transportmittel, Unterkunft, Versorgung, Zusammenleben, Fürsorge) (M9a).

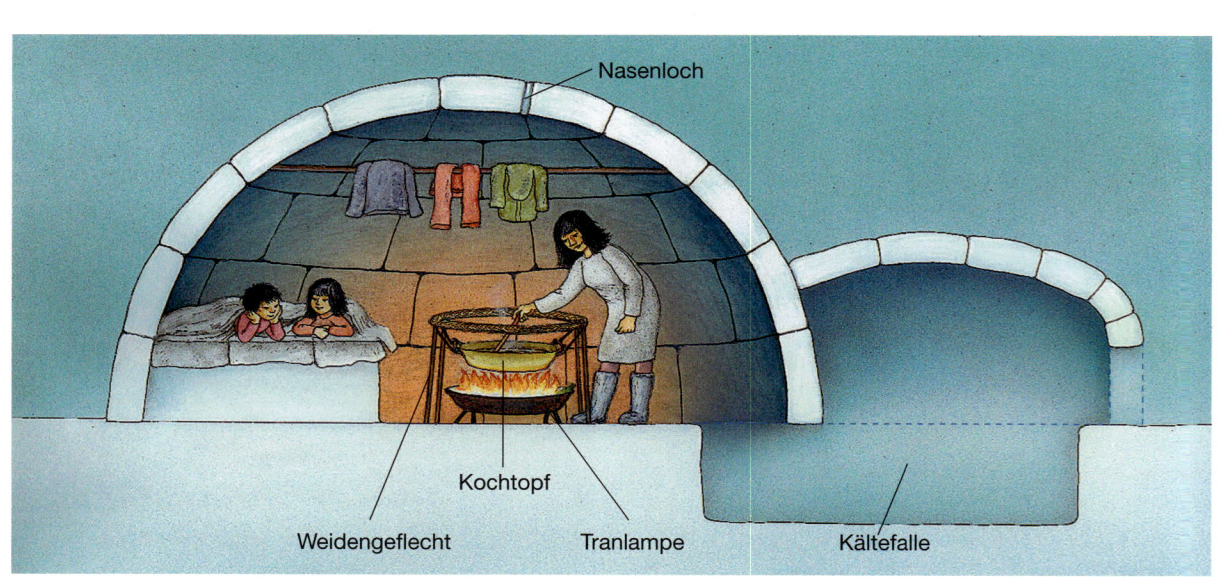

http://www.indianer-web.de/arktis/inuit.htm

M8: Schnitt durch ein Schneehaus
(Beschriftungen: Nasenloch, Kochtopf, Weidengeflecht, Tranlampe, Kältefalle)

Isavarag, 40 Jahre alt, arbeitet auf einem kanadischen Fischkutter. Er erzählt:

„Die Arbeit auf dem Schiff ist schwer. Oft sind wir tagelang unterwegs. Ich habe zwei Kinder, 12 und 16 Jahre alt. Meine Frau arbeitet gelegentlich im Supermarkt.

Margie geht das letzte Jahr zur Schule. Sie ist eine gute Schülerin und möchte Kinderkrankenschwester werden.

George sieht gern fern. In der Schule interessieren ihn besonders die neuen Unterrichtsfächer Jagen, Fischen und Pelzkunde.

Wenn ich am Wochenende Zeit habe, fahren wir mit dem Hundeschlitten zur Jagd. Meine Familie lebte noch vor dreißig Jahren in einer Holzhütte an der Küste. Mutter nähte uns Anoraks und Stiefel aus Seehundfellen.

Vorm Schlafengehen erzählte Großmutter Geschichten von mutigen Jägern.

Heute werden Robben mit dem Gewehr gejagt. Die erlegten Tiere bringen wir mit dem Motorschlitten zur Sammelstelle. Unsere Kleidung können wir fertig kaufen. Statt der Kajaks benutzen die Jäger Kunststoffboote mit Außenbordmotoren. Alles, was wir brauchen, können wir im Supermarkt kaufen. Zur Jagd gehen wir nur noch aus Spaß. Viele Familien können aber ohne staatliche Unterstützung nicht existieren. Wir haben zum Beispiel Anrecht auf Kindergeld und Großvater erhält eine Rente. Leider gibt es immer mehr Menschen, die auf Arbeitslosengeld angewiesen sind. Unser Nachbar wurde mit dieser Situation nicht fertig und wurde alkoholabhängig."

M9a: Das Leben der Inuit heute

Entwicklungen und Problemräume in Amerika

Le mode de vie moderne

La vie des Inuits a considérablement changé au cours du temps (M9b). Les Inuits d'aujourd'hui sont sédentaires et ne vont plus à la chasse. Ils travaillent sur des bateaux de pêche, dans des usines et dans des mines (M7, M10). Les familles vivent dans des maisons chauffées et éclairées à l'électricité (M11). Les enfants vont à l'école.

1. Décris les zones d'habitation des Inuits et détermine à quels États elles appartiennent.
2. Dresse un tableau comparatif des différents modes de vie des Inuits (vêtements, moyens de transport, habitat, approvisionnement, vie communautaire, assistance) (M9b).

M10: Frauen in einer Fischfabrik

M11: Moderne kanadische Siedlung der Inuit

Isavarag, 40 ans, travaille sur un bateaux de pêche canadien. Il raconte:

„Le travail sur le bateau est dur. Nous sommes souvent en mer pendant plusieurs jours. J'ai deux enfants âgés de 12 et 16 ans. Ma femme travaille occasionnellement dans un supermarché.

Margie est en dernière année scolaire. C'est une bonne élève, elle aimerait devenir infirmière pour enfants.

George regarde souvent la télévision. À l'école, les nouvelles matières l'intéressent vivement: la chasse, la pêche et la science des fourrures.

Quand j'ai le temps en fin de semaine, nous allons à la chasse avec le traîneau à chiens. Il y a à peine trente ans, ma famille vivait dans une maison en bois sur la côte. Ma mère nous cousait des anoraks et des bottes en peau de phoque. Avant d'aller au lit, ma grand-mère nous racontait des histoires de chasseurs courageux.

Aujourd'hui, on utilise un fusil pour chasser les phoques. Nous amenons les phoques tués au point de collecte avec un traîneau à moteur. Nous pouvons nous acheter des vêtements de confection. Les chasseurs utilisent des bateaux en matière synthétique à moteur hors-bord au lieu de kajaks. Nous pouvons acheter au supermarché tout ce dont nous avons besoin. Nous chassons uniquement pour le plaisir. Mais de nombreuses familles ne peuvent pas subsister sans aide de l'État. Nous avons droit aux allocations familiales et mon grand-père bénéficie d'une pension de retraite. Malheureusement, il y a de plus en plus de personnes qui vivent des allocations de chômage. Notre voisin n'a pas supporté cette situation, il est devenu alcoolique."

M9b: La vie des Inuits aujourd'hui

Développements et régions à problèmes en Amérique

Nordamerika | L'Amérique du Nord

Entwicklungen in den USA

West-Ost-Profil durch die USA mit Landschaftszonen
Die USA nehmen 1/14 der Festlandfläche der Erde ein. Dünn besiedelte Gebiete (Alaska, W und SW) wechseln sich mit dicht besiedelten Gebieten (Neuenglandstaaten, Kalifornischer Küstenraum) ab.
Der größte Teil der USA liegt südlich von 50° N und gehört überwiegend der gemäßigten Klimazone an. Die USA sind reich an Energie- und Rohstoffquellen. Die USA öffnen sich zum Atlantik und Pazifik und besitzen mit den Großen Seen eine weitere Küste. An diesen Küsten befinden sich auch die großen Wirtschaftszentren der USA.

Développements aux États-Unis

Profil ouest-est à travers les États-Unis et grandes zones paysagères
Les États-Unis occupent 1/14e de la surface terrestre du globe. Des régions peu habitées (Alaska, Ouest et Sud-ouest) alternent avec des régions à forte densité de population (États de la Nouvelle Angleterre, côte californienne).
La plus grande partie des États-Unis se trouve au-dessous du 50e° N et appartient principalement à la zone climatique tempérée. Les États-Unis sont riches en ressources énergétiques et en matières premières. Ils sont ouverts sur l'Atlantique et le Pacifique et disposent d'une côte supplémentaire constituée par les Grands Lacs. C'est sur ces côtes que se sont établis les plus grands centres économiques des États-Unis.

M 1: Steckbrief USA

USA:	United States of America
	Republik mit 50 Bundesstaaten
Fläche:	9 809 155 km²
Einwohner:	291,5 Millionen (Mitte 2003), davon 69,1 % Weiße, 12,5 % Hispanics, 12,3 % Schwarze, 3,6 % Asiaten, 0,9 % Ureinwohner und 1,6 % Sonstige
Städtische Bevölkerung: 77 %	
Arbeitslosigkeit (2001): 4,8 % (Luxemburg: 2,5 %)	
BSP (2001):	9900,7 Mrd. US-$ = 34 870 US-$ pro Einw. (Luxemburg: 18,5 Mrd. US-$ = 41 770 US-$ pro Einw.)

Wachsender Anteil der Hispanics

Bevölkerung	1980 (Mio.)	2000 (Mio.)	Wachstum (in %)
Mexikaner	8,7	20,6	137
Puertoricaner	2,0	3,4	70
Kubaner	0,8	1,2	50
sonstige Hispanics	3,0	10,0	233
Hispanics gesamt	14,5	35,3	143
USA (ohne Hispanics)	208,0	246,1	18
USA gesamt	222,5	281,4	17

(nach: U.S. Census Bureau, Statistical Abstract of the USA: 2001)

Salinas Valley — Großer Salzsee — Monument Valley

Pazifischer Ozean — San Francisco — Kalifornisches Längstal — Sierra Nevada — Großes Becken — Salt Lake City — Colorado — Rocky Mountains — Denver — Great Plains — Los Angeles

Entwicklungen und Problemräume in Amerika

Landschaftszonen von Westen nach Osten (M2)

Kalifornisches Längstal: Heiße, trockene Sommer und warme, feuchte Winter (Mittelmeerklima, Hartlaubgewächse) Intensive landwirtschaftliche Nutzung. Im Sommer Bewässerung erforderlich. Zum Teil dicht besiedelt.

Großes Becken: Trockenklima. Heiße Sommer, kalte Winter (Höhenlage). Nutzung der natürlichen Vegetation (Trockensteppe) durch extensive Viehwirtschaft. Ausgesprochen dünn besiedelt.

Rocky Mountains: Hochgebirge mit Hochgebirgsklima, tiefer gelegene Teile mit Nadelwald bedeckt. Reizvolle, dünn besiedelte Landschaft. Touristische Nutzung.

Great Plains: Ehemals Steppenlandschaft. Weizenanbau mit hohem Dürrerisiko (100. Längengrad = Trockengrenze). Landschaftsprägende Großfarmen. Dünn besiedelt.

Mittelwesten: Warme, feuchte Sommer. Ehemals Laubmischwald. Großflächige landwirtschaftliche Nutzung (Mais, Soja, Schweine, Rindermast). Dicht besiedelt.

Appalachen: Mittelgebirge, ständig feuchtes Klima. Laubmischwald. In den Tälern Gemüseanbau, Milchvieh- und Geflügelhaltung. Absatzmarkt in der Küstenebene.

Klimabesonderheit: Frosteinbrüche im subtropischen Florida und winterliche Wärmeeinbrüche im kalten Norden.

http://www.erdkunde-online.de/1851.htm

Grandes Zones paysagères d'Ouest en Est (M2)

Grande Vallée de Californie: étés chauds et secs et hivers doux et humides (climat méditerranéen, plantes à feuillage coriace). Agriculture intensive. Irrigation nécessaire en été. En partie à forte densité de population.

Grand Bassin: climat sec. Étés chauds, hivers froids (altitude). Exploitation de la végétation naturelle (steppes sèches) pour la production extensive d'animaux. Faible densité de population.

Montagnes Rocheuses: hautes montagnes à climat correspondant, régions plus basses recouvertes de forêt de conifères. Paysage attrayant à faible densité de population. Tourisme.

Grandes Plaines: autrefois paysage de steppes. Culture du blé à très grand risque de sécheresse (100e degré de longitude = limite de sécheresse). Grandes fermes adaptées au paysage. Faible densité de population.

Centre-Ouest: étés chauds et humides. Autrefois forêt de feuillue mixte. Agriculture sur grandes surfaces (maïs, soja, porcs, bovins). Forte densité de population.

Appalaches: montagnes de hauteur moyenne, climat humide en permanence. Forêt de feuillue mixte. Culture maraîchère, élevage de bétail laitier et de volaille dans les vallées. Débouché dans la plaine côtière.

Particularité climatique: brusques refroidissements en Floride subtropicale et brusques réchauffements en hiver dans le nord froid.

Nebraska — Appalachen — New York

M2: Profil durch die USA

Développements et régions à problèmes en Amérique

Nordamerika — L'Amérique du Nord

M1: New York — Manhattan

Weltstadt New York

Beim Nachtflug von Boston nach Washington sieht man unter sich ein endloses Lichtermeer. Auf rund 750 km Länge reihen sich hier elf Großstädte mit Vororten und Industriegebieten aneinander. In dieser **Megalopolis** zwischen **Bos**ton und **Wash**ington („Bos-wash") wohnen auf 2 % der Staatsfläche ca. 50 Mio. Menschen.

Kernstück von Bos-wash ist die **Stadtregion** New York mit ihren 20 Mio. Menschen. Mittelpunkt von New York (Stadt) ist die Insel Manhattan (M1). Sie wird von Hudson, East River und Harlem River umschlossen.

Man kann die Bevölkerung von N. Y. City in zwei Gruppen einteilen: in Weiße und Farbige. Die weißen Angloamerikaner bilden noch immer die Mehrheit. Nach wie vor sind sie wirtschaftlich die führende Gruppe.

New York, la métropole mondiale

Lors du vol de nuit sur la ligne reliant Boston à Washington, on peut voir au-dessous de soi une immense mer de lumières. Onze grandes villes avec banlieues et zones industrielles se côtoient ici sur une longueur de 750 km. Environ 50 millions de personnes habitent dans cette **mégalopole** entre **Bos**ton et **Wash**ington („Bos-wash") qui représente 2 % de la superficie des États-Unis.

Le cœur de Bos-wash est **la région urbaine** de New York comptant environ 20 millions d'habitants. L'île de Manhattan (M1) représente le centre d'attraction de New York (City). Elle est entourée par les rivières Hudson, East River et Harlem River.

On peut diviser la population de N.Y. City en deux groupes: les blancs et les personnes de couleur. Les Anglo-américains blancs sont encore majoritaires. Ils continuent de représenter le groupe dominant du point de vue économique.

Entwicklungen und Problemräume in Amerika

M2: Zerstörung des World Trade Center

Auch gibt es keinen Ort auf der Welt, wo sich so viel wirtschaftliche Macht auf engstem Raum konzentriert wie in Manhattan. In **Downton Manhattan** sind alle wichtigen Banken der Welt vertreten. Hier liegt auch die Wall Street mit der wichtigsten Börse der Welt. Allein Manhattan bietet 2,5 Mio. Menschen Arbeit.

Wolkenkratzer (200 in Manhattan) haben New York seine unverwechselbare **Skyline** gegeben. Berühmt ist das Empire State Building, mit 381 m jahrzehntelang das höchste Gebäude von New York (M3). Die 412 m hohen Zwillingstürme des 1972 erbauten World Trade Center wurden am 11. Sept. 2001 durch einen Terroranschlag total zerstört (M2). Das Gebäude war eine Stadt an sich (100 Fahrstühle, 50 000 Arbeitsplätze). Es gab dort Vertretungen von Banken, Regierungsstellen, Handelsfirmen- und Organisationen, aber auch Restaurants, Geschäfte und Theater.

Das älteste noch stehende Hochhaus ist das 1902 in New York City erbaute „Flatiron" (Fuller Building) mit seinen 21 Stockwerken (M4). Das höchste Gebäude der USA ist das „Sears Tower" in Chicago mit seinen 443 m Höhe (M3) und 110 Geschossen.

New York ist die **kulturelle Hauptstadt** der USA. Die Theater am Broadway, Konzertsäle, Opernhäuser und Museen setzen weltweite Maßstäbe.

New York ist die **größte Handelsstadt** der Welt, denn in den New Yorker Häfen wird ein Drittel des Warenaustausches der USA mit Übersee umgeschlagen. Der Hafen (M5) hat auch das produzierende Gewerbe aufblühen lassen.

Il n'existe aucun autre endroit du globe avec une concentration économique aussi importante sur une superficie aussi réduite. Toutes les grandes banques mondiales sont représentées au **centre-ville de Manhattan**. C'est ici aussi que se trouve Wall Street avec la plus importante bourse du monde. Rien qu'à Manhattan travaillent 2,5 millions de personnes.

Les **gratte-ciels** (200 à Manhattan) ont donné à New York sa **silhouette si caractéristique**. Durant des décennies, le célèbre Empire State Building fut le plus haut bâtiment de New York avec 381 m (M3). Les tours jumelles (419 m) du World Trade Center construit en 1972 furent entièrement détruites par un attentat terroriste le 11 septembre 2001 (M2). Ce bâtiment était une ville en soi: 100 ascenseurs, 50 000 employés). Il y avait des représentations de banques, des bureaux gouvernementaux, des organisations et sociétés commerciales ainsi que des restaurants, des magasins et des théâtres.

La plus ancienne tour existant encore aujourd'hui est le „Flat Iron Building" (Fuller Building) avec ses 21 étages (M4). Le plus haut bâtiment des États-Unis est la „Sears Tower": elle se trouve à Chicago; elle fait 443 m de haut (M3) et comporte 110 étages.

New York est la **capitale culturelle** des États-Unis. Ses théâtres de Broadway, ses salles de concerts, ses opéras et ses musées sont des références dans le monde entier.

New York est la **plus grande ville commerciale** du monde car un tiers des marchandises échangées entre les États-Unis et l'outre-mer sont transbordées dans le port de New York. C'est aussi grâce au port (M5) que l'industrie de production a pu s'épanouir.

Développements et régions à problèmes en Amérique

Nordamerika L'Amérique du Nord

M3: Bauwerke

- World Trade Center, New York, 1973–2001 (412 m Höhe)
- Sears Tower, Chicago, 1974 (443 m Höhe)
- Chrysler Building, New York, 1930 (319 m Höhe)
- Trans-America Center, San Francisco, 1930 (257 m Höhe)
- Guaranty Building, Buffalo, 1895 (60 m Höhe)

M4: Flatiron (Fuller Building) am Brodway

Rohstoffe oder Halbfertigwaren aus Übersee werden hier verarbeitet. Viele Betriebe arbeiten für den Export. Diese **Standortgunst** hat New York zum bedeutendsten Industriestandort der USA werden lassen.

Früher galt New York als **Melting Pot** (Schmelztiegel) der Rassen und Völker, die aus aller Welt in die Vereinigten Staaten einwanderten. Heute verläuft die Entwicklung anders. New York ist heute die Stadt der **Ghettos**, wo Millionen von Menschen streng getrennt nach Rasse und Herkunft leben. So leben von den 2,9 Mio. Schwarzen die meisten in Harlem (M7), die Puertoricaner wohnen in der South Bronx, die Italiener in Little Italy und die Chinesen in China Town (M6). So bestimmt jede Gruppe die Atmosphäre ihres Viertels. In New York, heißt es, „kann jeder die Welt erleben, ohne die Stadt zu verlassen".

Die Ghettos sind zu *sozialen Brennpunkten* geworden: Drogensucht, Arbeitslosigkeit, Obdachlosigkeit, Kriminalität, Rassenunruhen und allgemeine Frustration der Menschen lassen ganze Stadtteile verkommen. In Harlem (M7) oder in der Bronx sind die meisten Jugendlichen ohne Arbeit und erhalten auch kaum Schulausbildung und Sozialunterstützung. So entstehen die bekannten **Slumviertel**.

New York, das bedeutet aber auch deprimierende Armut. Jeder vierte Einwohner lebt unter der staatlich festgesetzten Armutsgrenze. Es gibt über eine Million Arbeitslose und über eine Million Wohlfahrtsempfänger. Hier lebt die Hälfte aller Rauschgiftsüchtigen der USA. Vor Jahren geschah laut Statistik alle 7 Minuten ein Raubüberfall oder Autodiebstahl. Heute hat die Kriminalität in New York drastisch abgenommen, nach einer kräftigen Verstärkung der Polizei.

1. Vergleiche die Ausdehnung von „Bos-wash" mit einer gleichen Strecke von Rotterdam in Richtung Süden oder Osten (Atlas).
2. Vergleiche den Grundriss von New York mit dem der Stadt Luxemburg (Atlas).
3. Erkläre die Standortgunst des produzierenden Gewerbes in New York.
4. Welche Maßnahmen mussten vorhanden sein bzw. ergriffen werden, damit die Ghettobildung in New York zurückgeht?

http://www.nyc-guide.de/gallery/gallery.html (Diashow)

Entwicklungen und Problemräume in Amerika

Les matières premières ou les produits semi-finis d'outre-mer y sont traités. De nombreuses entreprises travaillent pour l'exportation. Ce **site favorable** a fait de New York le centre industriel le plus important des États-Unis.

Autrefois, New York était considéré comme le creuset (**melting-pot**) des races et des peuples qui immigrèrent du monde entier vers les États-Unis. Aujourd'hui, il en va tout autrement: New York est la ville des **ghettos** où des millions de personnes vivent strictement séparées par race et origine. C'est ainsi que la plupart des 2,9 millions d'Afro-américains habitent à Harlem (M7), les Portoricains dans le South Bronx, les Italiens dans Little Italy et les Chinois dans China Town (M6). Chaque groupe empreint l'atmosphère de son quartier. À New York, on dit que „chacun peut découvrir le monde sans avoir à quitter la ville".

Les ghettos sont devenus des *foyers à problèmes sociaux aigus:* la toxicomanie, le chômage, les SDF (sans domicile fixe), la criminalité, les conflits raciaux et la frustration générale des habitants font que des quartiers complets dépérissent. À Harlem (M7) ou dans le Bronx, la plupart des jeunes sont sans travail et ne reçoivent pratiquement aucune formation scolaire ni aide sociale. C'est ainsi qu'apparaissent les **bidonvilles**.

New York, c'est aussi une pauvreté déprimante. Un habitant sur quatre vit au-dessous du seuil de pauvreté officiel. Il y a plus d'un million de chômeurs et plus d'un million de personnes vivant de l'aide sociale. On y trouve 50% des toxicomanes de tout le pays. Il y a plusieurs années, on comptait, d'après les statistiques, une attaque à main armée ou des vols de voitures toutes les 7 minutes. Aujourd'hui, la criminalité à New York a fortement baissée après que les effectifs de police aient été renforcés.

1. Compare l'expansion de „Bos-wash" avec une zone similaire allant de Rotterdam vers le Sud ou l'Est (atlas).
2. Compare le tracé de New York avec celui de la ville de Luxembourg (atlas).
3. Explique pourquoi le site de New York est favorable à l'industrie de production.
4. Quelles mesures furent nécessaires ou fallait-il prendre pour réduire la formation de ghettos à New York?

M5: New Yorker Hafen

M6: China-Town

M7: Harlem

Développements et régions à problèmes en Amérique

Nordamerika L'Amérique du Nord

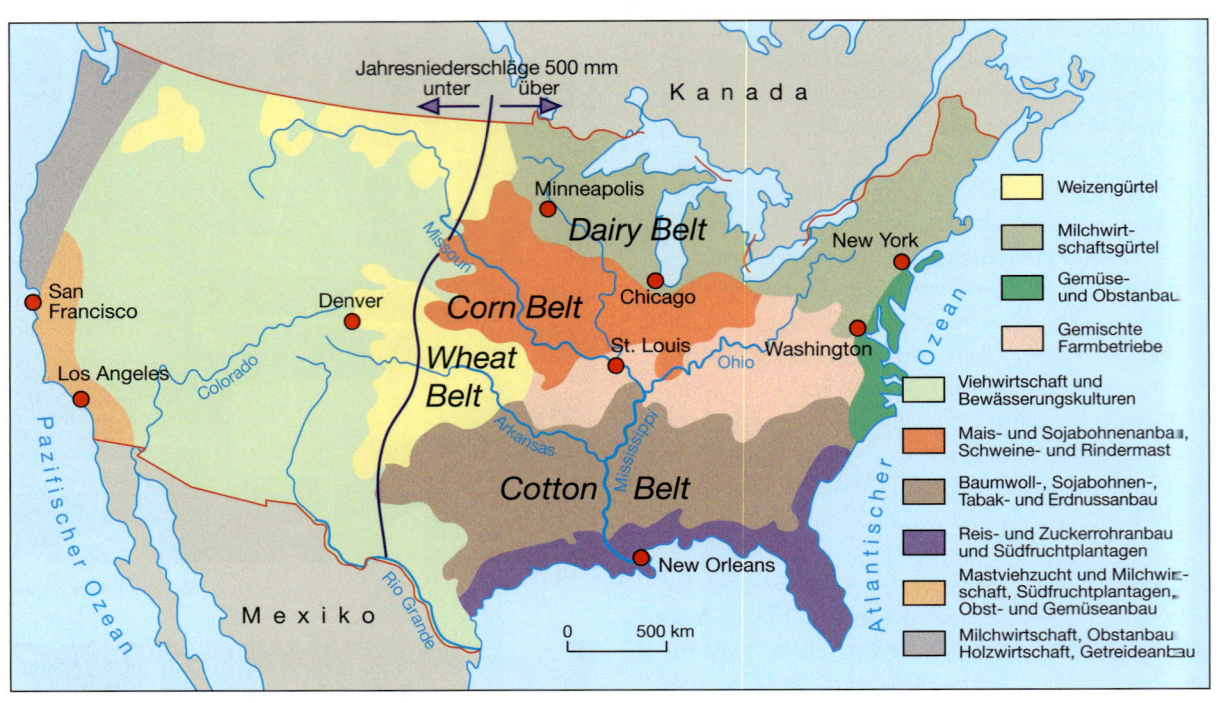

M1: Landwirtschaftszonen (Belts)

Landwirtschaft in den USA

Die Umwandlung der **Naturlandschaft** (nicht vom Menschen umgewandelte Landschaft) in **Kulturland** (Regionen, die von Menschen angepflanzt sind) wurde vor etwa 70 Jahren abgeschlossen. Die natürlichen Voraussetzungen (Klima, Oberflächenformen und Böden) waren fast überall günstig. Es gibt aber klimabedingte Risiken: **Dürregefährdung** im Trockengürtel um den 100. Längengrad, Einbrüche **polarer Kaltluft** im subtropischen Süden, Hitzewellen im Norden und **Wirbelstürme** im Mittelwesten.

Aufgrund der natürlichen Voraussetzungen haben sich früher **die Belts** (Anbaugürtel) entwickelt, in denen in **Monokultur** (Anbau einer Kultur) angebaut wurde. Heute haben sich die Belts zu Gunsten eines **vielfältigeren Anbaus** zunehmend aufgelöst (M1). So ist z. B. der Dairy Belt nicht mehr das Hauptgebiet der Fleischproduktion. Auf bewässerten Weiden und mit Mastfutter wachsen die Rinder auch in den trockeneren Gebieten auf. Im **Cotton Belt** wird nur noch auf einem Viertel der Fläche Baumwolle angebaut. Bei künstlicher Bewässerung wächst sie in Kalifornien und Texas noch besser. Dafür sind viele Farmer in den Südstaaten auf die Geflügelzucht umgestiegen, andere bauen auf ihren großen Feldern Erdnüsse, Sojabohnen oder Tabak an.

Der **Ackerbau** wird nach modernsten Methoden betrieben: vollmechanisiert (Ernteautomaten, riesige Mähdrescher, Baumwollpflückmaschinen) und hoch spezialisiert (Obst

L'agriculture aux États-Unis

La conversion du **paysage naturel** (paysage non modifié par l'homme) en un **paysage cultivé** (régions cultivées par l'homme) fut décidée il y a environ 70 ans. Les conditions naturelles (climat, formes des surfaces et sols) étaient presque partout favorables. Mais il y a des risques liés aux conditions climatiques: **risque de sécheresse** dans la ceinture sèche au alentours du 100e degré de longitude, **brusques refroidissements d'air polaire** dans le sud subtropical, vagues de chaleur dans le nord et **tornades** dans le Centre-Ouest.

En raison des conditions naturelles, des „belts" (ceintures de culture) dans lesquelles on pratiquait la **monoculture** (culture d'un seul produit) sont apparues jadis. Aujourd'hui, ces ceintures ont été remplacées en faveur de **cultures variées** (M1). C'est ainsi que, p. ex., la „Dairy Belt" n'est plus la zone principale de production de viande. Dans les régions sèches, les bovins sont élevés sur des pâturages irrigués et nourris avec des aliments d'engraissement. La production de coton occupe aujourd'hui uniquement un quart de la superficie de la **Cotton Belt** et elle est plus profitable en Californie ou au Texas avec l'irrigation artificielle. Beaucoup de fermiers des États du Sud pratiquent maintenant l'aviculture, d'autres cultivent la cacahouète, le soja ou le tabac sur leurs immenses champs.

L'**agriculture** est pratiquée avec des méthodes très modernes: elle est entièrement mécanisée (récolteuses automatiques, grosses moissonneuses-batteuses, cueilleuses

und Gemüse, Weizen, Mais). Im Mittelwesten, dem agrarischen Kernland der USA, sowie auf den guten Prärieböden der Great Plains werden so hohe Überschüsse produziert, dass die USA zum weltgrößten Exporteur von Weizen – aber auch von Mais und Sojabohnen – geworden sind.

1. Werte die Karte (M1) aus. Ordne jeder Anbauzone einen Staat zu.
2. Erläutere mit den Erntedaten die Route der Mähdrescher (M3).

„O. K., am 12. Juli erntet ihr also meine Felder in Red Cloud ab und am 15. Juli die in Fullerton. Dort treffen wir uns dann." Nick Foster legt den Telefonhörer auf und notiert auf seinem Planungskalender die Termine für die Weizenernte in Nebraska. Er ist landwirtschaftlicher „Unternehmer". Seine Weizenfelder erreichen inzwischen eine Gesamtgröße von 8000 ha, sie liegen in Oklahoma und Nebraska. Er selber wohnt in der Stadt und organisiert die landwirtschaftliche Arbeit vom Büro aus. Seine Felder sucht er nur noch während der Feldbestellung oder der Ernte auf. Suitcase- (Koffer-)Farmer werden Leute wie er genannt.
Im Weizengürtel der USA schließen Farmer wie Nick Foster Verträge mit Lohnunternehmen. Diese übernehmen verschiedene Arbeiten für die spezialisierten Weizenbetriebe, stellen Maschinen und Arbeitskräfte. Für die Farmer hat dies mehrere Vorteile: Sie müssen kein Kapital für die Anschaffung und Unterhaltung eines teuren Maschinenparks aufbringen und keine Hilfskräfte für die Feld- und Erntearbeit einstellen.
Die Mähdrescher-Kolonne (M3), mit deren Leiter Nick Foster gerade telefoniert hat, ist bereits seit Ende Mai im Ernteeinsatz. Angefangen von Mitteltexas arbeiten sich die 200 000 $ teuren Maschinen pro Tag bis zu 25 km nach Norden vor (Abernte in Tag- und Nachteinsatz bis zu 50 ha).

M2a: Suitcase-Farmer

mécaniques de coton) et hautement spécialisée (fruits et légumes, blé, maïs). La production est tellement excédentaire dans le Centre-Ouest – le domaine agricole traditionnel des États-Unis – et sur le sol des prairies des Grandes Plaines que les États-Unis sont devenus le plus grand exportateur mondial de blé ainsi que de maïs et de soja.

1. Analyse la carte (M1). Attribue chaque zone agricole à un État.
2. À l'aide des données sur les récoltes, explique l'itinéraire suivi par les moissonneuses-batteuses (M3).

M3: Erntezug der Mähdrescher

„D'accord. Le 12 juillet, vous moissonnez mes champs de Red Cloud et le 15 juillet ceux de Fullerton. On se rencontrera là-bas." Nick Foster raccroche et note dans son agenda les dates de moisson du blé dans le Nebraska. Il est „entrepreneur" agricole. Ses champs de blé atteignent, entre-temps, une taille totale de 8000 ha; ils sont situés dans l'Oklahoma et le Nebraska. Il habite en ville et organise le travail agricole à partir de son bureau. Il ne se rend à ses champs que lors du labourage ou de la moisson. On appelle les gens comme lui des „fermiers à attaché-case".
Dans la ceinture du blé des États-Unis, des fermiers comme Nick Foster passent des contrats avec des entreprises de travaux agricoles. Celles-ci se chargent de différents travaux pour les entreprises spécialisées dans la production de blé et mettent à disposition machines et main-d'œuvre. Ceci présente plusieurs avantages pour les fermiers: ils n'ont pas besoin de réunir des capitaux pour acquérir et entretenir un parc de machines coûteux ni d'embaucher de la main-d'œuvre auxiliaire pour le labourage et la moisson.
La colonne de moissonneuses-batteuses (M3), avec le directeur de laquelle Nick Foster vient de téléphoner, effectue des moissons déjà depuis la fin mai. Ces machines de 200 000 $ chacune commencent leur travail dans le centre du Texas et avancent vers le Nord, effectuant jusqu'à 25 km par jour (des équipes de jour et de nuit moissonnent jusqu'à 50 ha à façon).

M2b: Fermier à attaché-case

Développements et régions à problèmes en Amérique

Nordamerika | L'Amérique du Nord

M4: Feedlots im Mittelwesten

In der **Viehwirtschaft** hat sich ein grundlegender Wandel vollzogen. Früher wurde auf riesigen **Ranchen**, von denen einige größer als der Staat Luxemburg (2586 m²) waren, **extensive Weidewirtschaft** betrieben. Bei dieser Viehwirtschaft weideten die Herden frei und es dauerte 4 bis 5 Jahre, bis die Rinder schlachtreif waren. Cowboys (M7) trieben dann die Rinderherden – z. T. über mehr als 1000 km – in langen Trecks zu den großen Schlachthöfen wie Chicago oder Kansas City. Heute wird Viehzucht dagegen **intensiv** betrieben. Es gibt Betriebe, bei denen bis zu 100 000 Rinder in offenen Pferchen (**Feedlots**) gehalten werden (M4). Das Spezialfutter lagert in riesigen Silos (M6). Mit ihm wird eine schnelle tägliche Gewichtszunahme der Tiere von 1 bis 1,5 kg bewirkt und nach ca. 150 Tagen ist das Vieh schlachtreif. Die **Gentechnik** tut das Ihre dazu. Die Spermien erfolgreicher Bullen werden mit Geld aufgewogen und „Superkühe" mit Milchleistungen von über 30 l/Tag bringen pro Jahr drei Kälber statt bisher ein Kalb zur Welt.

Diese industrielle Art des Ackerbaus und der Viehzucht – **Agrobusiness** genannt – wird nicht mehr von Ranchern betrieben, sondern von Großunternehmen (Konzerne) wie Coca Cola, Goodyear oder Boeing. Diese haben meist alles in einer Hand, was den *Konzentrationsprozess* umfasst: Land, Erzeugung von Futter und Vieh, Verarbeitung der Produkte (z. B. Vieh zu Hamburgern, Mais zu Cornflakes) sowie die Vermarktung.

L'**élevage** a connu un changement radical. Autrefois, on pratiquait l'**exploitation extensive des pâturages** dans d'immenses **ranchs** dont certains étaient plus grands que l'État du Luxembourg (2586 km²). Avec cette forme d'élevage, les troupeaux pâturaient librement et il fallait attendre 4 à 5 ans avant de pouvoir conduire les bêtes à l'abattoir. Des cow-boys menaient aux abattoirs industriels de Chicago ou de Kansas City les longs convois de bovins, parcourant parfois une distance supérieure à 1000 km. Aujourd'hui, au contraire, on pratique l'élevage **intensif**. Dans certaines entreprises, on parque jusqu'à 100 000 bovins dans des enclos (**Feedlots**) (M4). Les aliments spéciaux d'engraissement, emmagasinés dans d'énormes silos (M6), font gagner rapidement du poids aux bêtes (1 à 1,5 kg/jour). Au bout d'env. 150 jours, on peut mener le bétail à l'abattoir. Le **génie génétique** y joue également un rôle. Les spermes des taureaux féconds valent leur prix et les „supervaches" fournissant plus de 30 l de lait par jour mettent au monde trois veaux par an au lieu d'un.

Ce mode industriel d'agriculture et d'élevage – appelé **agrobusiness** – n'est plus pratiqué par les fermiers mais par de grandes entreprises (groupes industriels) comme Coca Cola, Goodyear ou Boeing. Ces entreprises gèrent pratiquement tout ce qui touche au processus de *concentration*: terres, production d'aliments et de bétail, traitement des produits (p. ex.: bêtes pour la production de hamburgers, maïs pour la production de cornflakes) ainsi que la commercialisation.

Entwicklungen und Problemräume in Amerika

Weizen
10,6
③
45,8

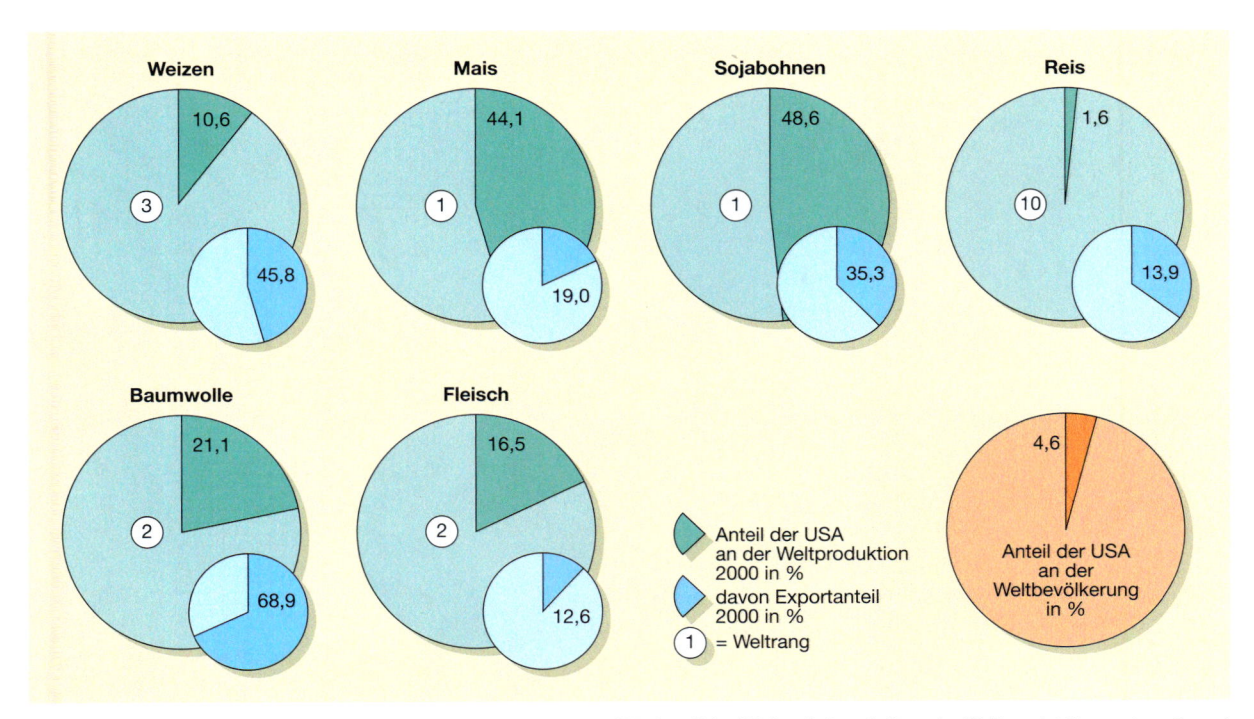

Mais
44,1
①
19,0

Sojabohnen
48,6
①
35,3

Reis
1,6
⑩
13,9

Baumwolle
21,1
②
68,9

Fleisch
16,5
②
12,6

◆ Anteil der USA an der Weltproduktion 2000 in %
◆ davon Exportanteil 2000 in %
① = Weltrang

4,6
Anteil der USA an der Weltbevölkerung in %

M5: Anteil der US-Landwirtschaft an der Weltproduktion und am Export

Ackerbau und Viehzucht sind derart produktiv, dass die amerikanische Landwirtschaft seit Jahren der bedeutendste Agrarproduzent der Welt ist (M5).

3. Beschreibe die amerikanische Viehzucht früher und heute (M4, M7).

L'agriculture et l'élevage sont tellement productifs que les États-Unis sont, depuis des années, le premier producteur agricole mondial (M5).

3. Décris l'élevage aux États-Unis, jadis et aujourd'hui (M4, M7).

M6: Futtersilo und Feedlots

M7: Cowboys auf einer traditionellen Viehweide

Développements et régions à problèmes en Amérique

Nordamerika — L'Amérique du Nord

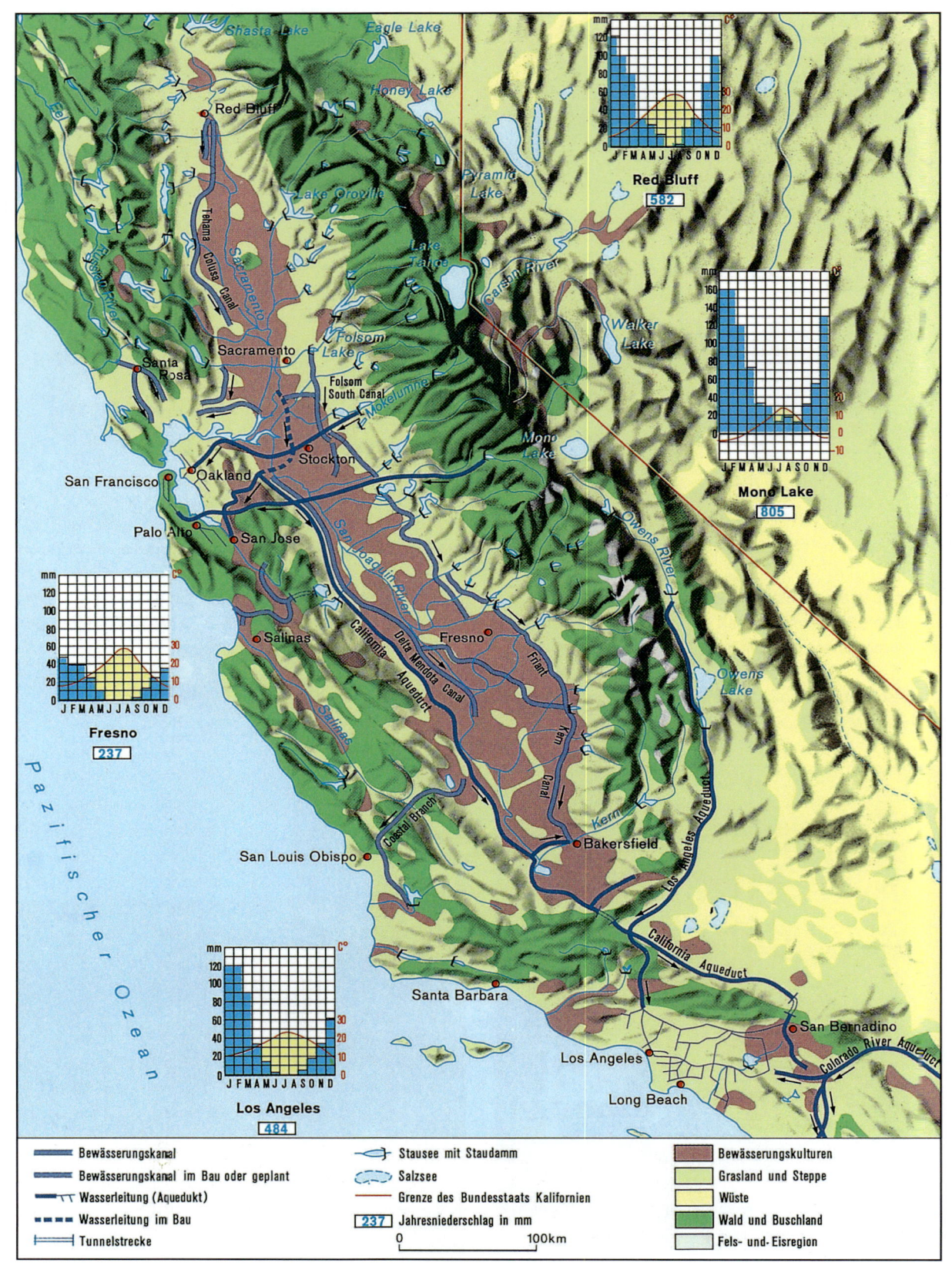

Legende

- Bewässerungskanal
- Bewässerungskanal im Bau oder geplant
- Wasserleitung (Aquedukt)
- Wasserleitung im Bau
- Tunnelstrecke
- Stausee mit Staudamm
- Salzsee
- Grenze des Bundesstaats Kalifornien
- 237 Jahresniederschlag in mm
- 0 — 100 km
- Bewässerungskulturen
- Grasland und Steppe
- Wüste
- Wald und Buschland
- Fels- und Eisregion

Klimadiagramme: Red Bluff 582, Mono Lake 805, Fresno 237, Los Angeles 484

M1: Bewässerung in Kaliforrien

Entwicklungen und Problemräume in Amerika

Sonnenstaat Kalifornien

TROCKENES LAND

Kalifornien, mit 35 Mio. Einwohnern der bevölkerungsreichste Staat der USA, war früher dünn besiedelt und konnte seine wenigen Menschen kaum ernähren. Das Land war zu trocken, denn die Niederschläge fallen im Winter und nicht im Sommer, wenn die Pflanzen Wasser brauchen.
Seit man mit einem aufwendigen **Bewässerungssystem** die Natur überlistet hat, ist das 650 km lange und 80 km breite **Kalifornische Längstal** der größte Garten der Welt. Die winterlichen Niederschläge werden in der Coast Range und in der Sierra Nevada von vielen Stauseen aufgefangen und über ein dichtes Netz von Kanälen zu den Feldern geleitet. Das Wasser des Sacramento wird mehrfach genutzt: Kurz vor seiner Mündung wird es mit gewaltigen Turbinen in 30 m höher gelegene Bewässerungskanäle gepumpt. Es gelangt bis nach Südkalifornien, ehe es im San Joaquin ins Meer fließt.

FRUCHTGARTEN DER NATION

In Kalifornien wächst heute nahezu jede Kulturpflanze der Welt. Es kann mehrfach im Jahr geerntet werden. Man erzielt die höchsten Erträge der amerikanischen Landwirtschaft. Kalifornien ist deshalb das Zentrum der **Sonderkulturen** geworden.
Die Farmen sind sehr groß (rd. 185 ha) und mechanisiert. Obst, Tomaten, Trauben, selbst Salat wird maschinell geerntet. Bei Reis werden Aussaat und Düngung vom Flugzeug aus durchgeführt.
Farmen über 1000 ha und mehr gehören oft weltbekannten Firmen wie Coca Cola, Unilever oder Standard Oil.
Man nennt sie **Agrarfabriken**, denn sie werden wie ein Industriebetrieb geführt. Nur der Gewinn zählt. Anbau, Verarbeitung und Vermarktung liegen in einer Hand.
Die **Vermarktung** geschieht weltweit (z. B. Sunkist, Del Monte).
Die Betriebe haben kaum fest angestellte Landarbeiter. Aus Kostengründen werden bestimmte Arbeiten von Fremdunternehmen durchgeführt.
Billige Arbeitskräfte sind die **Wanderarbeiter**, die per Wohnmobil mit der Ernte ziehen: Von Dezember bis April ernten sie Gemüse im Imperial Valley, im Mai pflücken sie Erdbeeren im mittleren Tal und im Herbst lesen sie Wein im Norden.

1. Beschreibe mithilfe der Diagramme von M1 das Klima in Kalifornien.
2. Erläutere das Bewässerungssystem im Längstal (M1).
3. Welcher Unterschied besteht zwischen Farmen und Agrarfabriken?

La Californie, l'État du soleil

UN PAYS SEC

La Californie, qui est l'État le plus peuplé des États-Unis avec 35 millions d'habitants, avait autrefois une population clairsemée ne pouvant à peine y trouver de quoi se nourrir. Le pays était trop sec car les pluies tombent en hiver et non pas en été quand les plantes ont besoin d'eau.
Depuis que la nature a été déjouée par un important **système d'irrigation**, la **Grande Vallée de Californie** de 650 km de long et 80 km de large est devenue le plus grand jardin du monde. Les précipitations hivernales sont recueillies par de nombreux lacs artificiels dans la Coast Range et la Sierra Nevada et conduites vers les champs par un dense réseau de canaux. L'eau du Sacramento est utilisée plusieurs fois: peu avant l'embouchure du fleuve, d'énormes turbines la pompent dans des canaux d'irrigation à 30 m de hauteur. Cette eau est transportée jusque dans le sud de la Californie avant de se jeter dans la mer à San Joaquin.

LE JARDIN FRUITIER DE LA NATION

Presque chaque plante cultivée du monde peut pousser aujourd'hui en Californie. On peut faire plusieurs récoltes par an. C'est là que l'on obtient les meilleurs rendements de l'agriculture américaines. La Californie est devenue, pour cela, le centre des **cultures spéciales**.
Les fermes sont très grandes (env. 185 ha) et mécanisées. La cueillette des fruits, des tomates, des raisins et même de la salade se fait à l'aide de machines. Dans le cas du riz, les semailles et l'épandage des engrais se font par avion. Des fermes de plus de 1000 ha appartiennent souvent à des société mondialement connues comme Coca Cola, Unilever ou Standard Oil. On les appelle des **usines agricoles** car elles sont dirigées comme des entreprises industrielles. Seuls les gains comptent. La culture, le traitement et la commercialisation sont effectués par la même société. La **commercialisation** se fait dans le monde entier (p. ex.: Sunkist, Del Monte). Les entreprises n'ont que peu d'employés fixes. Pour des raisons de coûts, certains travaux sont effectués par des sous-traitants.
Les **travailleurs saisonniers**, accompagnant les récoltes en camping-car, sont de la main-d'œuvre peu coûteuse: de décembre à avril, ils cueillent les fruits dans Imperial Valley; au mois de mai, c'est au tour des fraises dans la vallée centrale; en automne, ils font les vendanges dans le nord.

1. Décris le climat en Californie à l'aide du diagramme de la figure M1.
2. Commente le système d'irrigation de la Grande Vallée (M1).
3. Quelle est la différence entre les fermes et les usines agricoles?

Nordamerika | L'Amérique du Nord

M2: Silicon Valley

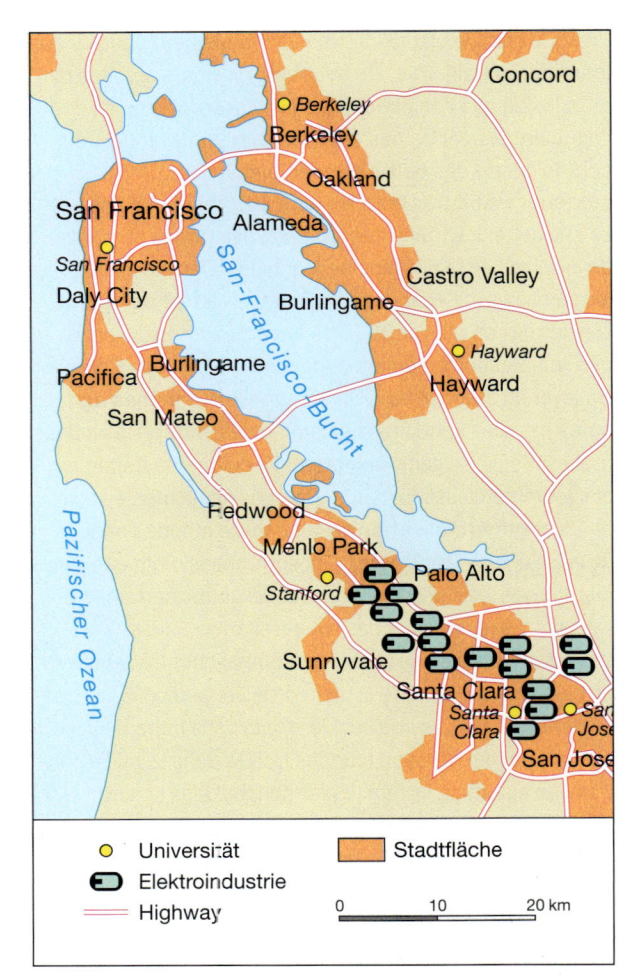

M3: Die Lage des Silicon Valley

Hohe Lebensqualität

Kalifornien ist ein schönes Land: Das Klima ist sonnig, warm und ausgeglichen, die nahe Sierra Nevada ist bis in den Spätfrühling hinein verschneit, der Pazifische Ozean ist nicht weit und Arbeitsplätze sind reichlich vorhanden.

Silicon Valley — Legende der Elektronikindustrie

Die Rahmenbedingungen haben dazu geführt, dass Kalifornien zu einem der großen Zuzugsgebiete geworden ist. Dort, wo die Bucht von San Francisco in einem Tal ausläuft (M3), war noch vor 40 Jahren eine idyllische Landschaft mit Pflaumen-, Birnen-, Apfel- und Kirschplantagen. Heute stehen hier die Werke von Commodore, IBM, Hewlett Packard (M6), Intel und Apple. Wir sind im **Silicon Valley** (M2).

Die legendäre Geschichte des Silicon Valley begann Mitte der 1950er-Jahre in diesem Tal und hier begann damit das Zeitalter der **Microchips** (M4).

In der Stanford-Universität bei Palo Alto (M7) erdachten Wissenschaftler für die Rüstungs-, Flugzeug- und Raumfahrtindustrie neue elektronische Geräte. Auf dem parkähnlichen Universitätsgelände waren Industriebetriebe angesiedelt, in denen die Erfindungen angewandt oder überarbeitet werden konnten. Bald arbeiteten Universität und Industrie so eng zusammen, dass Professoren an der Universität forschten und gleichzeitig bei einer Elektronikfirma beschäftigt waren. Wissenschaftler und Studenten gründeten eigene Firmen. Beispiele: Steve Jobs (Apple), Bill Gates (Microsoft).

Entwicklungen und Problemräume in Amerika

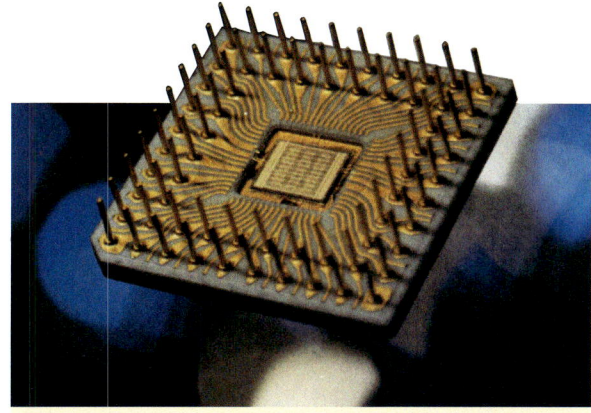

Silicon heißt auf deutsch Silizium. Dieses Element bildet den Hauptbestandteil der Erdkruste. Seine Kristalle bilden die Trägermasse des Chips. 1985 kamen etwa ein Drittel aller weltweit produzierten Chips aus dem Silicon Valley, das deshalb diesen Namen bekommen hat.
Ständig wird die Leistungsfähigkeit der Chips gesteigert, wobei die Kosten je Baustein fast gleich bleiben. Die winzigen Chips werden weltweit in Steuer- und Messgeräten verwendet. Ohne sie gäbe es keine Computer.

M4: Der Chip

M5: Computerproduktion

GRANDE QUALITÉ DE VIE
La Californie est un beau pays: le climat est ensoleillé, chaud et tempéré; la Sierra Nevada est enneigée jusqu'à la fin du printemps; l'océan Pacifique n'est pas loin; il y a beaucoup d'emplois.

SILICON VALLEY – LA LÉGENDE DE L'INDUSTRIE ÉLECTRONIQUE
Les conditions générales firent de la Californie l'une des plus grandes régions de migration interne. Là où la baie de San Francisco se termine dans une vallée (M1), on trouvait, il y a une quarantaine d'années, un paysage idyllique composé de vergers de pruniers, de poiriers, de pommiers et de cerisiers. Aujourd'hui y résident les usines de Commodore, IBM, Hewlett Packard (M5), Intel et Apple. Nous sommes dans **Silicon Valley** (M2).

L'histoire légendaire de Silicon Valley commença ici aux alentours de 1955 avec le début de l'ère des **puces électroniques** (M4).

Des scientifiques conçurent de nouveaux appareils électroniques pour l'industrie de l'armement, aéronautique et spatiale à l'université de Stanford à Palo Alto (M7). Des entreprises industrielles, dans lesquelles les inventions furent appliquées ou remaniées, étaient regroupées sur le campus universitaire. Rapidement, l'université et l'industrie coopérèrent étroitement et certains professeurs firent leurs recherches à l'université tout en étant employés auprès d'une société d'électronique. Des scientifiques et des étudiants fondèrent leur propre entreprise, p. ex.: Steve Jobs (Apple), Bill Gates (Microsoft).

M6: Produktionsstätte von Hewlett Packard

Développements et régions à problèmes en Amérique

Nordamerika | L'Amérique du Nord

Diese enge Verbindung zwischen Forschung und Produktion, aber auch die angenehme Lage der Fabriken in einer schönen Landschaft wurde zum Vorbild eines völlig neuen Konzepts von Industrieanlagen: dem **Industriepark**. Der Elektronik-Boom begann mit 25 Firmen. Aber bald hatte sich das gesamte Tal in einen einzigen großen Industriepark verwandelt. 1984 arbeiteten dort 23 000 Menschen. In welch unglaublichem Tempo diese Entwicklung verlaufen ist, zeigt die Geschichte der Firma Apple Computers: Zwei Studenten, Steve Jobs und Stephen Wozniak, 21 und 26 Jahre alt, begannen 1976 mit geliehenen 1000 Dollar in einer Garage. Sie produzierten einen Computer, den sie selbst erfunden hatten: programmierbar, von jedermann zu Hause benutzbar und auch bezahlbar – der erste **Homecomputer**. 1980 setzten sie schon Computer im Wert von 100 Millionen Dollar um 1984 mehr als 1 Milliarde (M8).

Mit den neuen Produktionsstätten (M6) entstanden Bungalowsiedlungen und Verwaltungsgebäude, Straßen und Parkplätze (M9, M12, M13). Heute gibt es in Silicon Valley über 3000 Elektronik-Firmen – vom Weltunternehmen bis zu den vielen Klein- und Einmannbetrieben.

M7: Die Stanford-Universität bei Palo Alto

M8: Die ersten Desktop-Computer von Apple 1984

5. Erkläre, woher das Silicon Valley seinen Namen hat (M4).
6. Erläutere die Karte (M1). Suche den Kartenausschnitt auf einer Atlaskarte.
7. Welche Bedingungen fand die Computerindustrie im Silicon Valley vor?
8. Welche Probleme traten 2001 auf? Berücksichtige den Zeitungsausschnitt (M11).
9. Vergleiche die Entwicklung der Leistungsfähigkeit und der Preise bei Computern zwischen 1990 und 2003.

M9: Rushhour auf dem Freeway 101 im Silicon Valley

M10: „Silicon Valley Center" des Elektrokonzerns Philips

Entwicklungen und Problemräume in Amerika

Cette liaison étroite entre la recherche et la production ainsi que l'emplacement convenable des usines dans un beau paysage devinrent l'exemple d'un concept d'installations industrielles entièrement nouveau: le **parc industriel**. Le boom électronique commença avec 25 entreprises. Mais bientôt, toute la vallée fut transformée en un immense parc industriel. 23 000 personnes y travaillaient en 1984. L'histoire de la société Apple Computers montre avec quelle rapidité incroyable ce développement se fit: deux étudiants, Steve Jobs et Stephen Wozniak, âgés respectivement de 21 et 26 ans, commencèrent dans un garage avec 1000 dollars qu'ils avaient empruntés. Ils produisirent un ordinateur qu'ils avaient inventé: programmable, utilisable par chacun à la maison et à un prix modique. Ce fut le premier **ordinateur personnel**. En 1980, ils en vendirent pour 100 millions de dollars; en 1984, pour plus d'un milliard de dollars (M8).

Des lotissements de bungalows et des bâtiments administratifs, des rues et des parkings (M9, M12, M13) apparurent avec les nouvelles usines de production (M6). Aujourd'hui, Silicon Valley compte plus de 3000 sociétés d'électronique – des sociétés mondiales aux nombreuses petites entreprises et entreprises unipersonnelles.

5. Explique d'où vient le nom de Silicon Valley (M4).
6. Commente la carte (M1). Cherche cette région sur une carte d'atlas.
7. Quelles conditions trouva l'industrie de l'informatique à Silicon Valley?
8. Quels problèmes se présentèrent en 2001? Tiens compte de l'article de journal (M11).
9. Compare le développement des performances et des prix des ordinateurs entre 1990 et 2003.

M12: Firmensitz des Software-Unternehmens Oracle

M13: Luxuriöse Villen auf den Hügeln von Palo Alto

Ist Silicon Valley über den Berg?

Silicon Valley – ein Tal der Tränen? Sicher, Zehntausende verloren ihren Job in der Hightech-Industrie in den vergangenen zwölf Monaten. Häuser, die noch vor einem Jahr zwei Millionen wert waren, sind heute für 1,5 Millionen zu haben. Und 28-jährige Multimillionäre werden auch nicht mehr jeden Tag geboren. Kein Zweifel, das kalifornische Silicon Valley durchlebt eine der schwersten Rezessionen der vergangenen Jahre.

Die sinkende Nachfrage in der Hightech-Industrie, gekoppelt mit der schwächelnden US-Wirtschaft, haben der Region, die zu einer der führenden in der Welt gehört, schwer zu gesetzt. Will man jedoch den lokalen Wirtschaftsauguren glauben, so könnten diese düsteren Zeiten bald der Vergangenheit angehören.

Danach werden zwar weiterhin Leute entlassen, aber weniger als noch vor sechs Monaten. Die Arbeitslosenrate im Santa Clara County, dem Herzen Silicon Valleys, sank von 6,6 Prozent im November auf 6,1 Prozent Ende des Jahres 2001. Auch hat sich die Pleitenwelle verlangsamt. Schlossen noch im vergangenen Juni 62 Firmen die Tore, waren es im Dezember nur 21.

Große Hoffnungen werden langfristig auch auf neue Trends gesetzt wie zu handtellergroßen Taschencomputern, effizientere Siliconscheiben und größere Investitionen in Sicherheitssysteme. Alles in allem sind sich Beobachter einig, dass es mit der Wirtschaft in Silicon Valley in diesem Jahr wieder langsam aufwärts gehen wird.

(nach: Neubauer, Rita; In: Der Tagesspiegel vom 22. 01. 2002)

M11: Silicon Valley in der Krise?

Développements et régions à problèmes en Amérique

Süd- und Mittelamerika | L'Amérique du Sud et Centrale

M1: Tropischer Regenwald am Amazonas

Der tropische Regenwald am Amazonas

Der Naturraum
ALLGEMEINE DARSTELLUNG

„Der tropische Regenwald besitzt eine Vielfalt von Pflanzen. Hier wachsen 45 000 verschiedene Pflanzenarten, davon allein 3000 Baumarten. Die Wälder beherbergen 40–50 % aller Lebewesen der Erde. Das sind zwischen 2 und 5 Millionen Arten. Dabei bedeckt der tropische Regenwald weniger als 10 % der Erdoberfläche. Dieser Artenvielfalt steht in Mitteleuropa geradezu eine Artenarmut gegenüber: nur 2700 Pflanzen- und 20–30 Baumarten! Im Regenwald sind die Arten so stark gemischt, dass keine Art dominant wird" (M1).
(aus: E. Freiwald, Tropischer Regenwald, S. 24)

„Mehr als 40 % der gebräuchlichen Medikamente werden aus Pflanzen, Mikroben oder Tieren gewonnen ... Wild wachsende tropische Heilkräuter liefern Medikamente (M3), mit denen z. B. die Zuckerkrankheit, Darmerkrankungen, Leukämie, Malaria, Asthma und andere Krankheiten behandelt werden können. 70 % von 3000 untersuchten Pflanzen, die möglicherweise einen Wirkstoff gegen Krebs enthalten, gehören zu den Arten aus dem tropischen Regenwald."
(nach: GEO 10/85, S. 54)

La forêt tropicale en Amazonie

L'espace naturel
DESCRIPTION GENERALE

La forêt tropicale détient une flore multiple. Il pousse ici 45 000 variétés de plantes, dont 3000 rien que pour les arbres. Les forêts contiennent 40 à 50 % de tous les organismes biologiques de la terre. Ce sont entre 2 et 5 millions d'espèces. Pourtant la forêt tropicale recouvre moins de 10 % de la surface de la terre. Face à cette variété d'espèces, l'Europe centrale est pratiquement pauvre : seulement 2700 espèces de plantes et 20 à 30 espèces d'arbres! Dans la forêt tropicale les espèces sont si mélangées qu'aucune espèce n'en domine une autre (M1).

Plus de 40 % des médicaments usuels proviennent des plantes, des microbes ou des animaux ... des plantes sauvages tropicales thérapeutiques fournissent des médicaments pour le traitement p. ex. du diabète, des maladies intestinales, de la leucémie, de la malaria, de l'asthme e autres. Soixante-dix pour cent de 3000 plantes examinées, qui seraient susceptibles de contenir un agent contre le cancer, appartiennent aux espèces de la forêt tropicale.

Der Amazonas in Stichworten
Länge insgesamt: 6788 km (117 km länger als der Nil)
Breite vor der Mündung: um 250 km
Quellflüsse: Marañón und Ucayali
Durchfluss- und Nebenstaaten: Peru, Brasilien, Bolivien, Ecuador, Kolumbien, Venezuela
Wassereinzugsgebiet: rund 7,9 Mio. km^2
Wasserführung an der Mündung:
  bei Normalstand: rund 35 000 m^3/sec
  bei Hochwasser: bis 160 000 m^3/sec
Wichtige Zuflüsse: Rio Negro (1550 km), Rio Madeira/Rio Guaporé (3240 km), Rio Tapajós (2000 km), Rio Xingú (1980 km), Rio Tocantins/Rio Araguaia (2640 km)
Schiffbares Wassernetz: rund 50 000 km
Schiffbar für 5000-t-Hochseeschiffe bis Manáus (1400 km landeinwärts), für 3000-t-Schiffe bis Iquitos (2900 km landeinwärts)

M2 Steckbrief: Der Amazonas

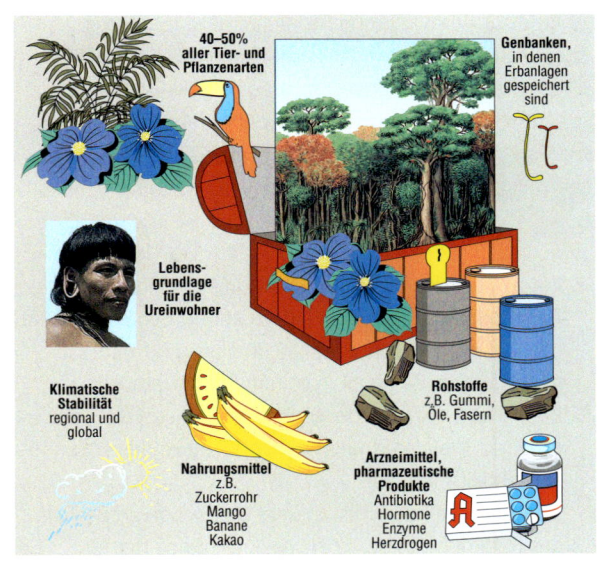

M3: Schatzkammer Regenwald

DER STOCKWERKBAU

„Der tropische Wald hat für den Neuling etwas Feindseliges. Armdicke Schlingpflanzen versperren ihm den Weg; steile Wurzeln treten ihm entgegen. Faules Holz, morsche Baumstämme und modriges Laub sind über den Boden gebreitet. Tief sinkt der Fuß in den weichen Untergrund, der wie ein riesiger Schwamm das Wasser festhält. Die schwüle Luft beengt den Sinn. Das dumpfe Licht erregt Furcht und Angst, denn dunkel und lichtarm sind die Tropenwälder. Grüne Nacht umgibt dich am hellen Tage. Du schaust hinauf nach den Bäumen, die das Unterholz hoch überragen; aber nur ahnen kannst du das Sonnenlicht über der Laubdecke. In vier Stockwerken baut sich der tropische Urwald auf. Zuunterst erstreckt sich eine Zone niedriger Kräuter und kriechender Pflanzen. Daraus erheben sich mehrere Meter hohe Sträucher und junge Bäume. Über ihnen schließen sich die ausgewachsenen, etwa 20 bis 30 m hohen Bäume mit ihren breiten Kronen zu dem Dach des Waldes zusammen. Und daraus wieder erheben sich vereinzelte Baumriesen mit 60 bis 70 m hohen Gestalten (M4).

Riesige **Lianen** liegen in Schlangenwindungen auf der Erde, umschlingen die Baumstämme. Sie winden sich an ihnen hinauf und spannen sich von einer Baumkrone zur anderen. In den Ästen und selbst auf den Blättern siedelt sich ein Heer von **Schmarotzern** an. Auf den von graubraunen Lianen verhangenen Zweigen sitzen Farne, Bromelien und Orchideen, deren Luftwurzeln zur Erde herabhängen.

UNE STRUCTURE ÉCHELONNÉE

La forêt tropicale a pour le novice quelque de chose d'hostile. Des plantes grimpantes grosses comme le bras lui coupent le chemin, des racines escarpées s'opposent à lui. Du bois cassant, des troncs pourris et des feuilles avariées sont répartis sur le sol. Les pieds s'enfoncent fortement dans le sol mou qui retient l'eau comme une éponge énorme. L'air humide alourdit l'esprit. La lumière opaque provoque l'inquiétude et la peur, car les forêts tropicales sont sombres et peu éclairées. On est entouré d'une nuit verte en plein jour. On regarde en haut vers les arbres qui dépassent amplement les sous-bois, mais on ne peut qu'entrevoir la lumière du soleil au-dessus du feuillage. La forêt vierge tropicale s'échelonne sur quatre niveaux. Tout en bas, s'étale une zone d'herbes basses et de plantes rampantes. De là, s'élèvent des buissons de plusieurs mètres de hauteur et de jeunes arbres. Au-dessus, le toit de la forêt est refermé par les larges cimes des arbres ayant atteint leur hauteur définitive de 20 à 30 mètres. Et de là, encore, s'élèvent quelques arbres géants hauts de 60 à 70 mètres (M4).

Des **lianes** immenses forment des boucles sur le sol et s'enroulent comme des serpents autour des troncs d'arbres. Elles s'enroulent autour d'eux jusqu'en haut et se tendent d'une cime d'un arbre à l'autre. Dans les branches, et même sur les feuilles, s'établissent des colonies de **parasites**. Sur les branches, recouvertes de lianes brun-grises, se trouvent des fougères, des broméliacées, des orchidées, dont les racines aériennes pendent vers le sol.

Süd- und Mittelamerika | L'Amérique du Sud et Centrale

Der tropische Urwald kennt keine Jahreszeiten. Bei der gleich bleibenden Wärme und den hohen Niederschlägen grünen die Pflanzen ohne Unterbrechung. Unaufhörlich blühen sie und bringen Früchte. Wohl ist hier oder dort ein Baum laublos, aber nie steht eine ganze Gruppe von Bäumen völlig kahl da. Der tropische Urwald ist immer grün."

(nach: Leo Waibel, 1928)

1. M4 zeigt einen Ausschnitt des tropischen Regenwaldes. Beschreibe die einzelnen „Stockwerke" des Waldes und ordne diesen jeweils typische Pflanzen und Tiere zu; einige hat der Zeichner in seinem Bild versteckt.
2. Beschreibe die Lage der tropischen Regenwälder auf der Erde. Welche Staaten haben Anteil an diesem Landschaftsgürtel (Atlas)?
3. In welchen Ländern dieser Erde sind schon große Teile des Regenwaldes zerstört? Nenne Gründe hierfür.
4. Warum ist der Erhalt der tropischen Regenwälder wichtig (M3)?
5. Diskutiert darüber, was ihr zum Schutz der Regenwälder beitragen könnt.

La forêt vierge tropicale ne connaît pas de saisons. La chaleur constante et les abondantes précipitations permettent aux plantes de verdoyer sans interruption. Elles fleurissent et portent des fruits sans arrêt. Il arrive qu'on trouve un arbre sans feuillage, mais on ne trouvera jamais tout un groupe d'arbres entièrement dénudé de feuilles. La forêt vierge est toujours verte.

1. M4 représente une partie de la forêt tropicale. Décris les différents niveaux de la forêt et attribue à chaque niveau les plantes et les animaux spécifiques, le dessinateur en a cachés quelques-uns dans l'image.
2. Décris la répartition des forêts vierges sur la terre. Quels états font partie de cette zone géographique (v. atlas)?
3. Dans quels pays de la terre de grandes parties de la forêt vierge sont déjà détruites? Indique quelques raisons de cette destruction.
4. Pourquoi la sauvegarde des forêts vierges est-elle importante (M3)?
5. De quelle façon pouvez-vous participer à la protection des forêts vierges? Discutez-en.

Stockwerke		Wichtige Baumarten	
60 m **Urwaldriesen**		Mahagoni:	Höhe 60 m, Durchmesser bis 250 cm, rotbraun bis braunrot glänzend, ziemlich hart, fest und zäh.
50 m		Limba:	Höhe 45 m, Durchmesser bis 150 cm, gelblicher Glanz, mäßig hart, schwach gemasert.
40 m **Baumschicht**		Teak:	Höhe 40 m, Durchmesser bis 150 cm, goldbraun mit schwarzen Adern, ölhaltig, sehr dauerhaft, fest und hart, Wasser abweisend.
30 m		Lara (Eisenholz):	Höhe 30 m, Durchmesser bis 100 cm, gelbbraun bis ockerfarben, termitenbeständig, so hart, dass Schrauben und Nägel vorgebohrt werden müssen.
20 m **Baum- und Strauchschicht**		Balsa:	Höhe 30 m, Durchmesser bis 100 cm, fast weiß, samtige Oberfläche, biegsam, sehr weich.
		Palisander:	Höhe 20 m, Durchmesser bis 80 cm, rötlich-violette Grundfarbe mit schwarzbraunen Adern, dauerhaft, witterungsfest, sehr hart.
10 m **Strauch- und Krautschicht**		Ebenholz:	Höhe 20 m, Durchmesser bis 80 cm, tiefschwarz, metallischer Glanz, fest und hart.

M4: Stockwerkbau des tropischen Regenwalds und wichtige Holzarten

Entwicklungen und Problemräume in Amerika

Feuchtigkeitszufuhr durch Wind 25 %

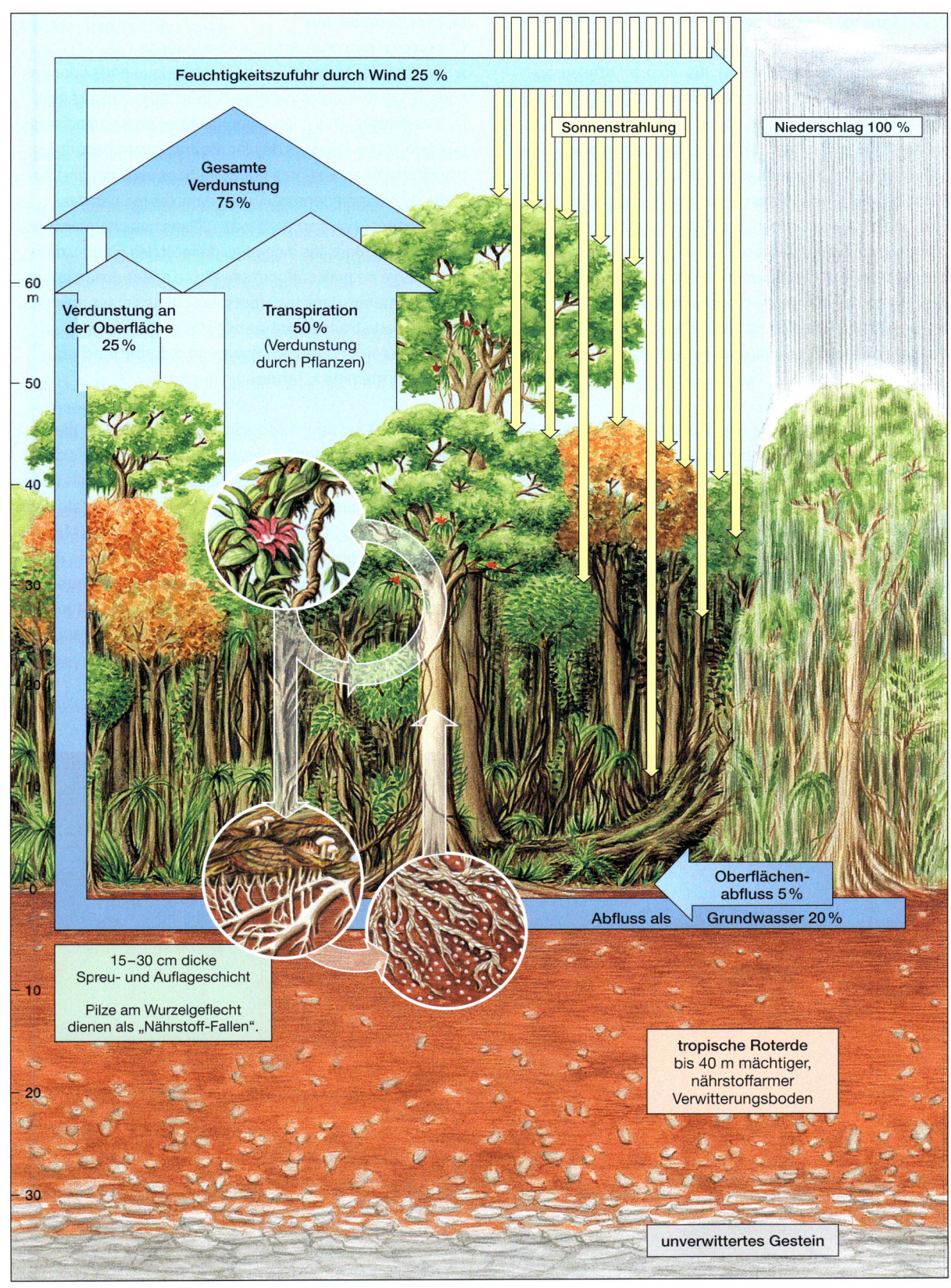

Sonnenstrahlung

Niederschlag 100 %

Gesamte Verdunstung 75 %

Verdunstung an der Oberfläche 25 %

Transpiration 50 % (Verdunstung durch Pflanzen)

Oberflächenabfluss 5 %

Abfluss als Grundwasser 20 %

15–30 cm dicke Spreu- und Auflageschicht

Pilze am Wurzelgeflecht dienen als „Nährstoff-Fallen".

tropische Roterde bis 40 m mächtiger, nährstoffarmer Verwitterungsboden

unverwittertes Gestein

M5: Nährstoff und regionaler Wasserkreislauf

Süd- und Mittelamerika L'Amérique du Sud et Centrale

Tropenwaldzerstörung
URSACHEN

Ursache für die großflächige Abholzung ist in Amazonien vor allem das Interesse an den gerodeten Flächen. Der traditionelle **Brandrodungsfeldbau** (M9, M10, M14) im Regenwald Amazoniens schonte die Wälder, solange nur durchschnittlich 5 Menschen je km^2 sich vom Wald ernährten und genug Lebensraum hatten, um bewirtschafteten Flächen eine Erholungspause von 10 bis 12 Jahren zu geben. Heute ist die Zahl der Menschen, die auf den Brandrodungsflächen Feldbau betreiben, auf 60 bis 75 pro km² stark angestiegen. Deshalb müssen ständig neue Flächen bereitgestellt werden; die erforderlichen **Brachezeiten** können nicht mehr eingehalten werden (M12).

Neben dem Brandrodungsfeldbau führt noch eine weitere Form der landwirtschaftlichen Nutzung zur Zerstörung des Regenwaldes: die Rinderzucht in Großbetrieben (**Fazendas**) (M13). Sie soll die Fleischversorgung Brasiliens verbessern und darüber hinaus Fleisch für den Export produzieren. Deshalb unterstützt die brasilianische Regierung die Rodung der Wälder. Sehr große Waldgebiete in Amazonien sind bisher dafür vernichtet worden.

Wie allen landwirtschaftlichen Betrieben ist es auch den Rinderzuchtbetrieben gesetzlich verboten, mehr als 50 % der Besitzfläche zu roden. Doch die Überwachung durch die staatlichen Forstbehörden ist schwierig. Hunderte von Holzfällern gehen mit **Machete**, Axt, Motorsäge und Feuer gegen den Urwald vor. Noch schneller geht es mit zwei Planierraupen, die im Abstand von 5 bis 10 m eine Kette hinter sich herziehen und alle Bäume niederreißen. Man nutzt das Holz nicht, man verbrennt es (M14).

Durch die staatliche Agrarkolonisation wurden viele neue Nationalstraßen wie die **Transamazonica** gebaut, die den Regenwald verkleinern (M11).

Außerdem ist in den Industrieländern der Bedarf an **Tropenholz** ständig gewachsen. Weil er so artenreich ist, stehen jeweils nur zwei bis vier Stämme der für den Export interessanten Nutzbäume auf einem Hektar Regenwald. Werden sie gefällt, reißen sie andere Bäume mit oder beschädigen sie.

Ist erst einmal eine neue Straße da, wird diese auch hier zu einer Leitlinie für neue Brandrodungen der landlosen Siedler.
Ein noch größerer Teil des gesamten Holzverbrauchs entfällt allerdings auf die Brennholzgewinnung. Man schätzt, dass in Brasilien über 70 % des genutzten Holzes für Brenn-

M9: Mehrere Brandrodungsinseln entstehen

M10: Bepflanztes Brandrodungsfeld

M11: Bau der Transamazonica

Feuchtigkeitszufuhr durch Wind 25 %

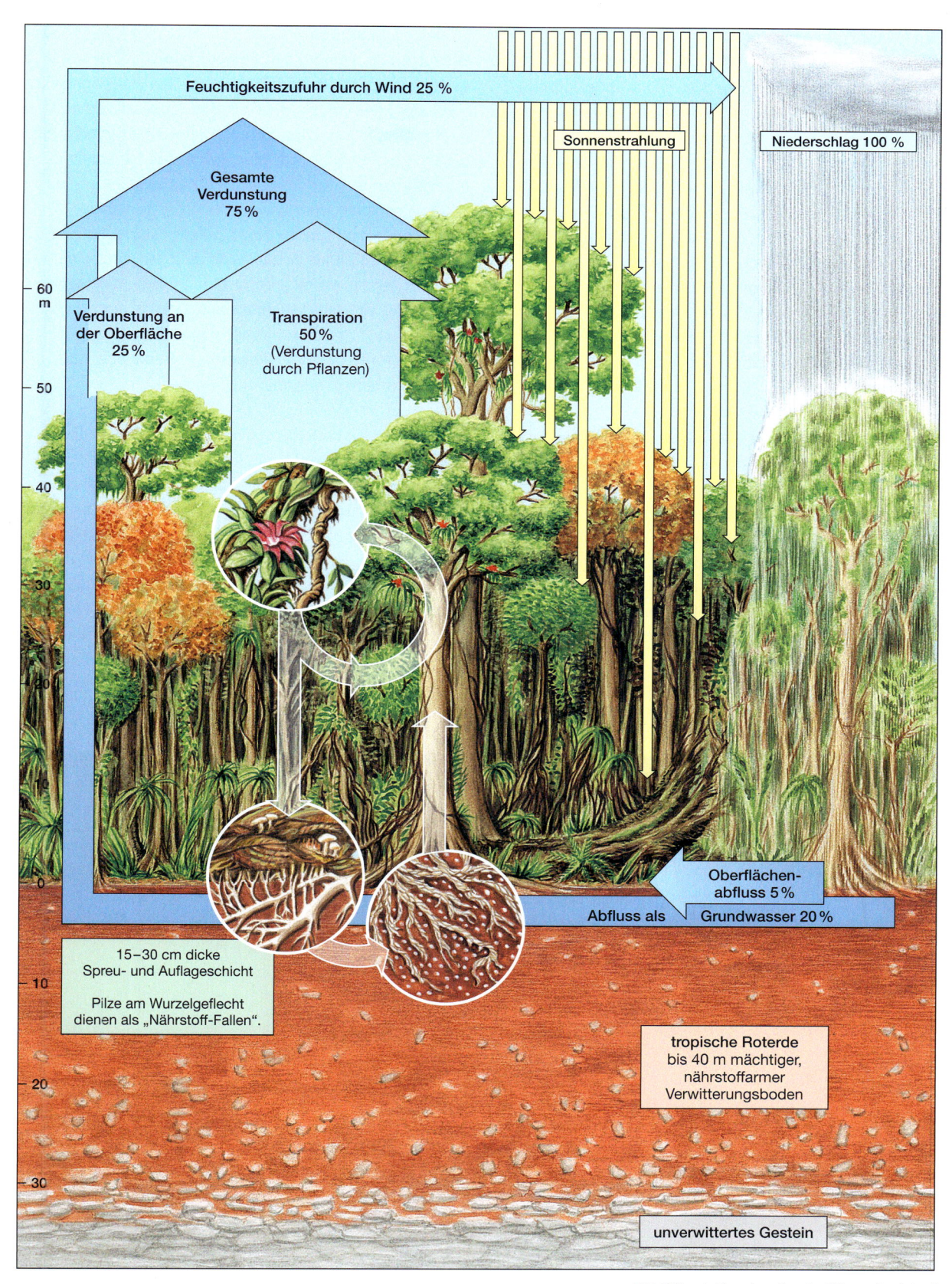

Sonnenstrahlung

Niederschlag 100 %

Gesamte Verdunstung 75 %

Verdunstung an der Oberfläche 25 %

Transpiration 50 % (Verdunstung durch Pflanzen)

Oberflächenabfluss 5 %

Abfluss als Grundwasser 20 %

15–30 cm dicke Spreu- und Auflageschicht

Pilze am Wurzelgeflecht dienen als „Nährstoff-Fallen".

tropische Roterde bis 40 m mächtiger, nährstoffarmer Verwitterungsboden

unverwittertes Gestein

M5: Nährstoff und regionaler Wasserkreislauf

Süd- und Mittelamerika | L'Amérique du Sud et Centrale

Der Nährstoffkreislauf
Ökosystem Regenwald

„Im Gegensatz zu den Wäldern, die wir aus Mitteleuropa kennen, liegen auf den Waldböden der Regenwälder wenig abgestorbene Blätter. Pilze und Kleinstlebewesen zersetzen die herabfallenden Pflanzenteile sofort und wandeln sie in Nährstoffe um. Die Hauptarbeit dabei verrichten spezielle Pilzarten, die in den Pflanzenwurzeln leben … Ohne diese Pilze, die beim Abbrennen des Waldes zerstört werden, können die Urwaldpflanzen nicht gedeihen. Über 90 % der Biomasse sind in den Bäumen, Pflanzen und Tieren gebunden. Durch das ständige Aufbereiten abgestorbener Pflanzen ernährt der Wald seine Bewohner und bildet somit ein weitgehend in sich geschlossenes System."

(nach: Behrend/Paczian, Raubmord am Regenwald, S. 35)

„Der gesamte Wald ist wie ein Filtersystem aufgebaut. Fast nichts geht verloren. Sichtbare Bestätigung dafür sind die Wurzelstrukturen im Tropenwald. Im Regenwald Westafrikas befinden sich 80 % der gesamten Wurzelmasse in den obersten 30 Zentimetern des Bodens (M6) … Selbst ihre Standwurzeln haben viele Urwaldbäume weitgehend über die Erde verlegt. Durch diese für die Riesen unter den Urwaldbäumen charakteristischen **Brettwurzeln** werden wohl höchstmögliche Standfestigkeit und extrem flacher Wurzelteller miteinander kombiniert (M7)."

(aus: Uwe George, Regenwald, S. 267)

Le cycle biologique
Le système écologique de la forêt vierge

A l'opposé des forêts d'Europe centrale que nous connaissons, le sol des forêts vierges est très peu recouvert de feuilles mortes. Des champignons et des microorganismes désagrègent les résidus de plantes immédiatement et les transforment en matières nutritives: des espèces particulières de champignons qui vivent dans les racines des plantes, font la plupart du travail … Sans ces champignons, qui périssent dans les incendies de forêt, les plantes de la forêt vierge ne peuvent pousser. Plus de 90 % de la biomasse est contenue dans les arbres, les plantes et les animaux. Grâce à cette transformation constante des plantes mortes, la forêt nourrit ses habitants et forme ainsi un système fortement refermé sur lui-même.

Toute la forêt est construite comme un système de filtre. Presque rien n'est perdu. Les structures des racines de la forêt tropicale le démontre visiblement. Dans la forêt vierge d'Afrique de l'ouest, on trouve 80 % de la masse totale des racines dans les 30 centimètres supérieurs du sol (M6) … Beaucoup d'arbres développent même leurs racines d'appui principalement au-dessus de la terre. Ces **racines panneaux** caractéristiques de ces arbres géants de la forêt vierge, assurent une stabilité maximale tout en offrant une assise de racines extrêmement plate (M7).

M6: Ein Tümpel, bedeckt mit den Blättern der Riesenseerose Victoria, im Regenwald am Amazonas

Der Boden unter dem Wald

Der Boden des tropischen Regenwaldes ist reich an Eisen- und Aluminiumverbindungen, die ihn rot färben, aber arm an **Nährstoffen**. Der Grund dafür ist das warme und feuchte Klima, in dem es keine Jahreszeiten gibt und das die **chemische Verwitterung** hundertmal schneller ablaufen lässt als in unseren Breiten. Die Wärme beschleunigt die Zersetzung der herabfallenden organischen Substanzen. Die Niederschläge waschen die Nährstoffe aus und tragen sie in die Tiefe. Die Bodenteilchen können mit ihnen keine Verbindung eingehen, sie also nicht festhalten (M5).

1. Beschreibe den Weg von Nährstoffen im Regenwald am Beispiel eines Blattes; beziehe den Text und M5 mit ein.
2. Erläutere den Vergleich der Wurzelschicht mit einem „Filtersystem".
3. Erkläre, warum Urwaldriesen nur flache Wurzelteller, dazu aber Brettwurzeln benötigen.
4. „Der Regenwald erhält sich selbst!" Überprüfe diese Aussage anhand von M5.
5. „Der Regenwald – üppigste Vegetationsform der Erde auf armen Böden!" Nimm Stellung.
6. Kennzeichne nach Text und M5 die Auswirkungen der Rodung des Regenwaldes.
7. Vergleiche in einer Tabelle den Regenwald mit einem Wald bei uns.

Klimagramm

Le sol sous la foret

Le sol de la forêt tropicale est riche en alliages de fer et d'aluminium, qui lui donnent une couleur rouge, mais pauvre en **éléments nutritifs**. C'est dû au climat chaud et humide, où il n'y a pas de saison et qui fait s'opérer la **décomposition chimique** cent fois plus vite qu'à notre latitude. La chaleur accélère la désintégration des substances organiques déposées sur le sol. Les précipitations lavent les éléments nutritifs et les font pénétrer dans le sol. Les particules de terre ne peuvent s'attacher à eux et ne peuvent les retenir (M5).

1. Décris le trajet des éléments nutritifs de la forêt vierge en prenant une feuille pour exemple. Utilise le texte et le schéma M5 p. 147.
2. Commente la comparaison de la couche de racines avec un „système de filtre".
3. Explique pourquoi les géants de la forêt vierge n'ont besoin que d'une assise plate de racines mais ont besoin de racines en aplat.
4. „La forêt vierge se suffit à elle-même!". A l'aide de M5 vérifie cette affirmation.
5. „La forêt vierge – la forme de végétation la plus luxuriante de la terre sur un sol pauvre!". Prends position.
6. Caractérise les répercussions du détrichement de la forêt vierge d'après le texte et M5.
7. A l'aide d'un tableau, compare la forêt vierge avec une forêt de chez nous.

M7: Urwaldriese mit Brettwurzeln wird gefällt

M8: Blattschneider

Développements et régions à problèmes en Amérique

Süd- und Mittelamerika | L'Amérique du Sud et Centrale

Tropenwaldzerstörung

URSACHEN

Ursache für die großflächige Abholzung ist in Amazonien vor allem das Interesse an den gerodeten Flächen. Der traditionelle **Brandrodungsfeldbau** (M9, M10, M14) im Regenwald Amazoniens schonte die Wälder, solange nur durchschnittlich 5 Menschen je km^2 sich vom Wald ernährten und genug Lebensraum hatten, um bewirtschafteten Flächen eine Erholungspause von 10 bis 12 Jahren zu geben. Heute ist die Zahl der Menschen, die auf den Brandrodungsflächen Feldbau betreiben, auf 60 bis 75 pro km^2 stark angestiegen. Deshalb müssen ständig neue Flächen bereitgestellt werden; die erforderlichen **Brachezeiten** können nicht mehr eingehalten werden (M12).

Neben dem Brandrodungsfeldbau führt noch eine weitere Form der landwirtschaftlichen Nutzung zur Zerstörung des Regenwaldes: die Rinderzucht in Großbetrieben (**Fazendas**) (M13). Sie soll die Fleischversorgung Brasiliens verbessern und darüber hinaus Fleisch für den Export produzieren. Deshalb unterstützt die brasilianische Regierung die Rodung der Wälder. Sehr große Waldgebiete in Amazonien sind bisher dafür vernichtet worden.

Wie allen landwirtschaftlichen Betrieben ist es auch den Rinderzuchtbetrieben gesetzlich verboten, mehr als 50 % der Besitzfläche zu roden. Doch die Überwachung durch die staatlichen Forstbehörden ist schwierig. Hunderte von Holzfällern gehen mit **Machete**, Axt, Motorsäge und Feuer gegen den Urwald vor. Noch schneller geht es mit zwei Planierraupen, die im Abstand von 5 bis 10 m eine Kette hinter sich herziehen und alle Bäume niederreißen. Man nutzt das Holz nicht, man verbrennt es (M14).

Durch die staatliche Agrarkolonisation wurden viele neue Nationalstraßen wie die **Transamazonica** gebaut, die den Regenwald verkleinern (M11).

Außerdem ist in den Industrieländern der Bedarf an **Tropenholz** ständig gewachsen. Weil er so artenreich ist, stehen jeweils nur zwei bis vier Stämme der für den Export interessanten Nutzbäume auf einem Hektar Regenwald. Werden sie gefällt, reißen sie andere Bäume mit oder beschädigen sie.

Ist erst einmal eine neue Straße da, wird diese auch hier zu einer Leitlinie für neue Brandrodungen der landlosen Siedler.
Ein noch größerer Teil des gesamten Holzverbrauchs entfällt allerdings auf die Brennholzgewinnung. Man schätzt, dass in Brasilien über 70 % des genutzten Holzes für Brenn-

M9: Mehrere Brandrodungsinseln entstehen

M10: Bepflanztes Brandrodungsfeld

M11: Bau der Transamazonica

La destruction de la forêt tropicale
LES CAUSES

Les causes du large déboisement sont surtout dues à l'intérêt pour des surfaces défrichées. L'agriculture traditionnelle de **défrichage par le feu** (M9, M10, M14) dans la forêt vierge d'Amazonie ménageait les forêts tant que 5 personnes par km^2 seulement devaient se nourrir et avaient assez d'espace vital pour donner 10 à 12 ans de relâchement aux surfaces cultivées. Aujourd'hui le nombre de personnes qui pratiquent l'agriculture sur ces surfaces défrichées, s'élève au nombre de 60 à 75 personnes par km^2. C'est pour cela qu'il faut sans cesse disposer de nouveaux espaces, les temps de **jachère** nécessaires ne pouvant plus être respectés (M12).

En plus de la culture de défrichage par le feu, une autre forme d'économie rurale participe à la destruction de la forêt vierge: l'élevage de bovins en grandes entreprises (**Fazendas**) (M13). Il doit améliorer le ravitaillement en viande du Brésil et en plus, produire de la viande pour l'exportation. C'est pour cette raison que le gouvernement brésilien soutient le défrichage des forêts. Pour cela, de très grandes surfaces de forêt ont été détruites jusqu'ici en Amazonie.

Comme pour toutes les entreprises rurales, il est interdit par la loi aux entreprises d'élevage de bovins de défricher plus de 50% de leurs propriétés terriennes. Cependant, le contrôle est difficile à assurer pour les gardes forestiers nationaux. Des centaines de bûcherons attaquent la forêt vierge à coup de **machete**, de hache, de scie à moteur et d'incendies. Cela va encore plus vite si l'on utilise deux chenilles de nivellement, à une distance de 5–10 mètres, qui tirent une chaîne et arrachent tous les arbres derrière elles. On utilise pas le bois, on le brûle (M14).
La colonisation agricole de l'Etat a engendré la construction de nouvelles routes nationales, comme la **Transamazonica**, qui réduisent la surface de la forêt vierge (M11).

De plus, la demande de **bois tropicaux** a constamment augmenté dans les pays industrialisés. Seulement deux à quatre sortes de troncs d'arbres utilisables pour l'exportation se trouvent sur un hectare de forêt vierge qui est riche en espèces. Quand on les abat, soit ils arrachent d'autres arbres, soit ils les détériorent.

Une fois qu'une nouvelle route est là, elle ouvre la voie à d'autres défrichages par les colons privés de terre.
Une part encore plus importante de la consommation totale de bois, repose cependant sur l'acquisition du bois de chauffage. Au Brésil, l'utilisation du bois de chauffage et du charbon de bois est estimée a plus de 70%.

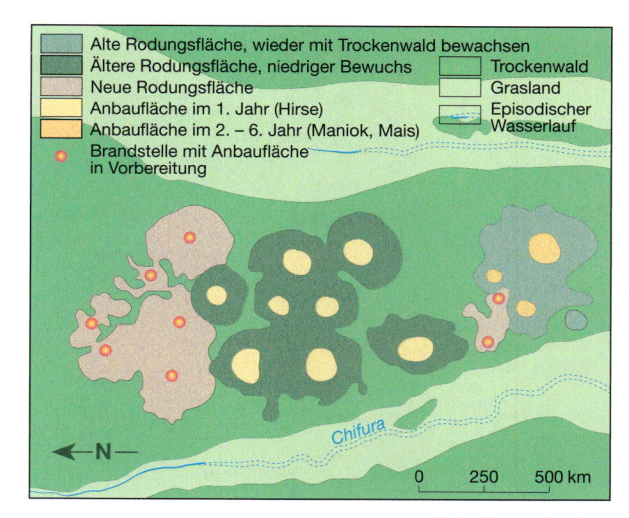

M12: Wanderfeldbau

M13: Rinderweide in Amazonien

M14: Brennender Regenwald

Développements et régions à problèmes en Amérique

Süd- und Mittelamerika / L'Amérique du Sud et Centrale

M15: Karte des tropischen Regenwaldes

Legende:
- Ursprüngliche Grenze des Regenwaldgebietes
- heutige Ausdehnung
- Gebiet, in dem über 50% des Regenwaldes zerstört ist

---

holz und Holzkohle verwendet werden. Holz ist immer noch die wichtigste Energiequelle der Armen; Erdöl und Kohle können sie nicht bezahlen.

Als eine weitere große Gefahr für den tropischen Regenwald hat sich die Nutzung der gewaltigen Wasserkraftreserven des Amazonas und seiner Nebenflüsse herausgestellt (M2, M15). Die Flüsse werden aufgestaut, damit Elektrizität für viele Industrievorhaben in Amazonien gewonnen werden kann. Hierfür sind kilometerlange Dämme notwendig, weil das Gefälle der Flüsse in Amazonien gering ist. Das aufgestaute Wasser bildet riesige Seen. Große Waldflächen und viele Indianersiedlungen versinken in den Fluten. Ähnlich vernichtende Auswirkungen auf den tropischen Regenwald hat der Abbau von Rohstoffen. Aus Mangel an Steinkohle wird für die Verhüttung von Eisenerz Holzkohle verwendet. Dafür müssen allein in der Serra dos Carajas jährlich 15 000 km² Wald geschlagen werden.

1. Lokalisiere den Bundesstaat Rondônia in M15.
2. Beschreibe die Auswirkungen der Tropenwaldzerstörung am Beispiel Rondônias (Text, M15).
3. Nenne die Ursachen, die zur Vernichtung des Tropenwaldes führen.
4. Welchen Umfang hat die Rodung der Regenwälder in Brasilien erreicht (Text, M15)?

Folgen
Ist Rettung möglich?

Schon das Fällen eines Baumriesen beeinträchtigt das Zusammenspiel der Arten im Lebensraum Regenwald. Die Luftfeuchtigkeit sinkt, die Temperatur steigt. Gerodete Flächen erwärmen sich stärker als bewaldete. Niederschlä-

---

Le bois est toujours la source d'énergie la plus importante pour les pauvres, ils n'ont pas les moyens d'acheter du pétrole ou du charbon.

Ce qui s'est révèle être également un grand danger pour la forêt vierge, c'est l'utilisation de l'énorme puissance des réserves d'eau de l'Amazonas et des autres fleuves (M2, M15). On retient l'eau des fleuves pour produire l'électricité requise par de nombreux projets industriels en Amazonie. Des digues de plusieurs kilomètres de long sont nécessaires, la pente des fleuves en Amazonie étant faible. L'eau accumulée forme des lacs immenses. De grandes étendues de forêt et de nombreuses colonies d'Amérindiens disparaissent sous les flots.
L'exploitation des matières premières a le même genre de répercussions négatives sur la forêt vierge. Par manque de charbon minéral, on utilise du charbon de bois pour la fonte du minerai de fer. Pour cela, il faut abattre 15 000 km² de forêt par an, rien que dans la Serra dos Carajas.

1. Localise l'état fédéral Rondônia sur M15.
2. A l'aide de l'exemple du Rondônia (texte, M15), décris les répercussions de la destruction de la forêt tropicale.
3. Enonce les causes qui mènent à la destruction de la forêt tropicale.
4. Quelle est l'ampleur du déboisement atteinte dans la forêt vierge du Brésil (texte, M15)?

Conséquences
La sauvegarde est-elle possible?

L'abattage d'un seul arbre géant influence l'équilibre des espèces dans la forêt vierge. L'humidité diminue, la température augmente. Les espaces défrichés se réchauffent plus que les espaces boisés. Les précipitations ne sont plus

---

Entwicklungen und Problemräume in Amerika

M16: Erosionsrinnen

M17: Abgebrannter Regenwald

ge werden nicht aufgenommen, sondern fließen sofort ab (M16). Die Kreisläufe von Wasser, Energie und Nährstoffen sind zerstört. Mit der Erschließung gelangen zudem Schadstoffe – Abfälle und Abgase – in die früher unberührte Landschaft. Die wirtschaftliche Nutzung verwüstet den Wald und hinterlässt Schäden, die nicht zu reparieren sind (M12, M13). Mit dem **Primärwald** verschwindet auch der Reichtum der Tier- und Pflanzenwelt. Diese stellt ein fast unerschöpfliches genetisches Reservoir dar. Durch menschliche Eingriffe gehen im Regenwald täglich 10 bis 100 Arten unwiederbringlich verloren. Die Folgen der Rodungen sind heute auch schon weltweit zu spüren. Nicht nur in Amazonien verändert sich das Klima.

REGENWALD AUS DER RETORTE?
„Gianfranco Paghera ist Landschaftsarchitekt. Im Auftrag eines brasilianischen Zinnkonzerns versucht er, mit einer Auswahl von 180 Arten die vom Tagebau zerstörten Flächen wieder zu bewalden. Die Sämlinge wurden im Labor zur Aussaat vorbereitet. Paghera hofft, damit einen Anstoß zu geben, dass weitere Arten zuwandern."

(nach: GEO Spezial „Amazonien" 5/1994)

Mit der Erschließung Amazoniens wurde versucht die wirtschaftliche Lage des Landes zu verbessern. Rettung für den Regenwald gibt es aber nur dann, wenn ökologisch sinnvolle Nutzungsmöglichkeiten gefunden werden. Das Erhalten müsste mehr Gewinn bringen als das Zerstören!

1. Begründe den Rückgang der Erträge in Amazonien.

http://www.schlamp.de/schulprojekte/regenwald.html

retenues, elles s'écoulent directement à la surface (M16). Les cycles de l'eau, de l'énergie et des éléments nutritifs sont perturbés. De plus, ces ouvertures donnent l'accès à des substances polluantes – telles que des déchets et des émanations – sur une terre qui était vierge hier. L'exploitation de la forêt la détériore et fait des dégâts irréparables (M12, M13). La richesse de la faune et de la flore disparaît en même temps que la **forêt primaire**. Cette faune et cette flore représentent un réservoir génétique presque inépuisable. Par l'intervention humaine, 10 à 100 espèces disparaissent journellement de la forêt vierge pour toujours. Les conséquences du déboisement se font ressentir aujourd'hui partout dans le monde. Le climat ne se transforme pas qu'en Amazonie.

LA FORET VIERGE SORTIE DU LABORATOIRE?
„Gianfranco Paghera est architecte-paysagiste. À la demande d'une grande entreprise d'étain, il essaie de reboiser les surfaces détruites par des mines à ciel ouvert avec un assortiment de 180 espèces. Les graines ont été préparées à la semence en laboratoire. Paghera espère ainsi attirer les autres espèces à venir s'y mêler."

Avec la mise en exploitation de l'Amazonie, on a essayé d'améliorer la situation économique du pays. Mais il ne peut y avoir de sauvegarde de la forêt vierge que si l'on trouve des solutions écologiques intelligentes pour son exploitation. Sa préservation devrait rapporter plus de bénéfices que sa destruction!

1. Indique les causes de la régression des rendements en Amazonie.

Süd- und Mittelamerika / L'Amérique du Sud et Centrale

M1: Mexiko City

M2: Platz der drei Kulturen

Mexico City

Alte und neue Hauptstadt

Wo heute Mexico City liegt, standen früher die Tempel und Paläste der sagenhaften Stadt Tenochtitlan. Hier regierten König Montezuma und andere Herrscher des Aztekenvolkes. 1521 wurden die Azteken durch spanische Eroberer unter der Führung von Hernando Cortez besiegt. Voller Gier nach Gold und anderen Schätzen zerstörten diese die Stadt. Auf den Trümmern entstand die Hauptstadt des Vizekönigreichs Neu-Spanien, Mexico City. Überall in der Stadt trifft man auf Spuren der Geschichte (M2): Mauern von Palästen und Tempeln der Azteken; Plätze, Kirchen und Klöster aus der Zeit als Kolonie der Spanier, aber auch viele Gebäude aus neuerer Zeit. Auch als das Land 1824 unabhängig wurde, blieb Mexico City die Hauptstadt der neuen Republik Mexiko.

Armut auf dem Land – neue Hoffnung in der Stadt

Mexiko ist ein armes Entwicklungsland. In den kleinen Dörfern auf dem Land ist die Armut besonders groß. Viele Landarbeiter sind arbeitslos. Die Kleinbauern besitzen meist nur kleine Flächen, weil das Land ungerecht verteilt ist. Die Ernten bringen nur wenig ein, in trockenen Gebieten kommen oft Missernten dazu. Die ungenügende Versorgung und die schlechten Zukunftsaussichten bringen viele Menschen dazu, die kleinen Dörfer auf dem Land zu verlassen und in eine Großstadt zu ziehen (**Landflucht**). Viele Menschen glauben, dass sie oder ihre Kinder in der Großstadt bessere Chancen hätten. Es gibt mehr Arbeitsplätze in der Industrie oder bei den Dienstleistungen. Zur Not hofft man, als Straßenhändler zu überleben (M5). Verwandte und Freunde, die schon in der Großstadt leben, sind oft eine Hilfe. Junge Menschen zieht es in die Großstädte, weil diese modern sind.

In den letzten 50 Jahren ist die Bevölkerung von Mexico City rasch angewachsen. Mit fast 17 Millionen Einwohnern galt sie in den 1990er-Jahren als größte Stadt der Welt. Man spricht von einer **Bevölkerungsexplosion**, weil über viele Jahre Zuwanderer aus ländlichen Gebieten in die Stadt kamen und das natürliche Bevölkerungswachstum die Einwohnerzahl in der Stadt selbst schnell nach oben trieb. Die Zuwanderer hatten viele Gründe, ihre alte Heimat zu verlassen (**Push-Faktoren**), wurden aber auch in besonderer Weise von der großen Stadt wie von einem Magnet angezogen (**Pull-Faktoren**). Diesen Prozess, bei dem die städtische Bevölkerung wächst, die Zahl der Städte in einem Land steigt und die Städte sich flächenmäßig ausdehnen, nennt man **Verstädterung**.

M3a: Der Zusammenhang zwischen Bevölkerungswachstum und Verstädterung

---

1. Gib Beispiele für Pull-Faktoren und Push-Faktoren der Verstädterung. Erstelle dazu eine Tabelle mit Stichworten.
2. Wann und warum gab es eine Landflucht in Luxemburg?
3. Fertige zu M4 eine Tabelle mit den Städten und den dazugehörigen Ländern und Kontinenten an. In welchen Regionen der Welt lagen die größten Städte der Erde um 1950, wo werden sie im Jahr 2015 liegen? Suche nach den Gründen.

Entwicklungen und Problemräume in Amerika

Mexico City

Ancienne et nouvelle capitale

A la place actuelle de Mexico City, se trouvaient jadis les temples et les palais de la ville légendaire Tenochtitlan. Le roi Montezuma et d'autres souverains du peuple aztèque ont régné ici. En 1521, les aztèques furent vaincus par les conquérants espagnols sous l'ordre d'Hernando Cortez. Ils détruirent cette ville par avidité pour l'or et pour d'autres trésors. Sur les ruines, se forma la capitale du vice-royaume de la Nouvelle-Espagne, Mexico City. Partout dans la ville on trouve les traces de l'histoire (M2): des murs de palais et des temples aztèques; des places, des églises et des monastères du temps de la colonisation des espagnols, mais aussi beaucoup de bâtiments d'époque récente. Même quand le pays devint indépendant en 1824, Mexico City resta la capitale de la nouvelle République du Mexique.

La pauvreté à la campagne – un nouvel espoir vers la ville

Mexico est un pays pauvre en voie de développement. Dans les petits villages à la campagne, la pauvreté est particulièrement grande. Beaucoup de paysans sont sans travail. Les petits agriculteurs ne possèdent souvent que de petites parcelles de terre, les terres étant partagées de manière injuste. Les récoltes rapportent peu, dans les régions sèches s'y ajoutent les mauvaises récoltes. L'insuffisance de l'approvisionnement et le manque de perspectives poussent les gens à quitter les petits villages de campagne pour aller s'installer en ville (**l'exode rural**). Beaucoup de gens croient qu'ils auront, eux ou leurs enfants, plus de chances en ville. Il y a plus d'emplois dans l'industrie ou dans le secteur des services. En cas de besoin, on espère pouvoir survivre comme vendeur ambulant (M5). La famille et les amis qui habitent déjà en ville, sont souvent un appui. Les jeunes sont attirés par les villes, parce qu'elles sont modernes.

Städtische Agglo-meration	1950 Einw. (Mio.)	Städtische Agglo-meration	2015 Einw. (Mio.) geschätzt
New York	12,3	Tokio	28,7
London	10,4	Mumbai (Bombay)	27,4
Rhein-Ruhr	6,9	Lagos	24,4
Tokio	6,7	Shanghai	23,4
Shanghai	5,8	Jakarta	21,2
Paris	5,5	São Paulo	20,8
Buenos Aires	5,3	Karatschi	20,6
Chicago	4,9	Peking	19,4
Moskau	4,8	Dacca	19,0
Kalkutta	4,4	Mexico City	18,8
Los Angeles	4,0	New York	17,7
Osaka	3,8	Delhi	16,1
Mailand	3,6	Los Angeles	14,2
Mexico City	3,1	Kairo	13,9

M4: Die größten Metropolen der Welt

M5: Straßenhändler im Kindesalter

1. Donne des exemples de facteurs d'attraction et de facteurs d'expulsion de l'urbanisation. Fais un tableau avec des mots-clefs.
2. Quand et pourquoi y avait-il un exode rural au Luxembourg?
3. Comme pour M4, fais un tableau des pays et des continents. Dans quels endroits de la terre se trouvaient les grandes villes du monde vers 1950, dans quels endroits seront-ils en 2015? Cherches-en les raisons.

Au cours des dernières 50 années, la population de Mexico City a rapidement augmenté. Avec ses 17 millions d'habitants, elle était considérée comme la plus grande ville du monde dans les années 90. On parle d'une **explosion de la population**. Les populations rurales affluaient continuellement vers les villes et la croissance naturelle de la population urbaine elle-même portait déjà le nombre d'habitants à un niveau élevé. Les gens qui affluaient vers la ville avaient de nombreuses raisons de quitter leurs villages (**facteur d'expulsion**), mais étaient en même temps singulièrement attirés par la ville comme par un aimant (**facteur d'attraction**). Ce processus où la population urbaine s'accroît, où le nombre de villes augmente et où la surface des villes s'agrandit, s'appelle **l'urbanisation**.

M3b: La relation entre la croissance de la population et l'urbanisation

Développements et régions à problèmes en Amérique

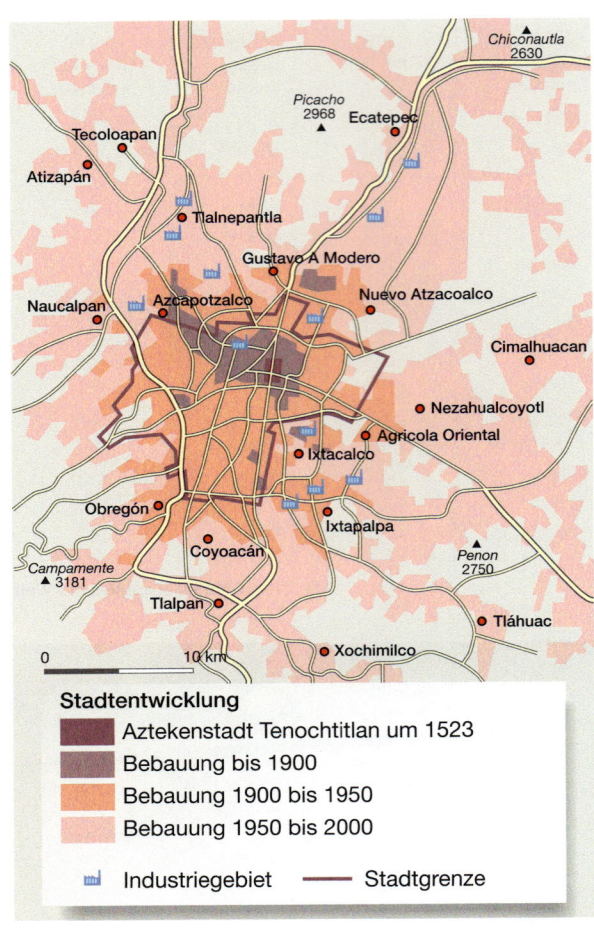

Süd- und Mittelamerika | L'Amérique du Sud et Centrale

M6: Wachstum von Mexico City

Stadtentwicklung:
- Aztekenstadt Tenochtitlan um 1523
- Bebauung bis 1900
- Bebauung 1900 bis 1950
- Bebauung 1950 bis 2000
- Industriegebiet
- Stadtgrenze

Armut für viele – Reichtum für wenige

Da die Zuwanderer oft arm sind und es kaum billige Wohnungen gibt, bauen sie sich Notunterkünfte aus Schrott und Abfallholz. So bildet sich rund um die Stadt ein Kranz von Armutsvierteln, die man **Favelas** oder **Slums** nennt (M10). Nur wenige Slum-Bewohner finden eine Arbeit. Einige leben vom Betteln oder durchwühlen Mülhalden. Schon jetzt fehlen in Mexico City Hunderttausende von Wohnungen. Etwa die Hälfte der Bewohner besitzt nur einen ungenügenden Zugang zur **Infrastruktur**: Vor allem in den Armenvierteln fehlen Straßen, Stromversorgung, Wasserversorgung, Abwasserbeseitigung, Schulen, Krankenhäuser und Müllabfuhr. Oft treten Krankheiten auf und die Kriminalität ist hoch.

Trotzdem gibt es auch Stadtviertel, wo sich der Reichtum konzentriert (M11). Hier findet man dann prächtige Villen der reichen Oberschicht, meist hinter hohen Mauern. In der Nähe sind moderne Einkaufszentren, Museen, Theater, Galerien, Cafés, Restaurants und gute Schulen.

1. Erkläre das Wort „Slum". Nenne auch die Probleme dort (siehe Text u. M10).
2. Unter welchen Umweltproblemen leidet Mexico City (M7, M8, M9)?
3. Überlege, warum es in Mexico City so viele Arme, aber auch einige sehr Reiche gibt.

M7: Dunstglocke über Mexico City

Entwicklungen und Problemräume in Amerika

*La pauvreté pour beaucoup –
La richesse pour quelques-uns*

Comme les migrants sont souvent pauvres et qu'il n'y a pas beaucoup d'appartements à bas prix, ils se construisent des habitations de secours avec des restes de bois et de la ferraille. C'est comme cela que se forme une ceinture de quartiers pauvres autour de la ville, que l'on appelle des **favelas** ou des **bidonvilles** (M10). Peu d'habitants des bidonvilles trouvent du travail. Quelques-uns vivent de la mendicité ou en fouillant les tas d'ordures. Il manque déjà aujourd'hui des centaines de milliers d'appartements à Mexico City. A peu près la moitié des habitants a un accès insuffisant à l'**infrastructure**: surtout dans les quartiers pauvres, il n'y a pas de rues, d'électricité, de conduites d'eau, d'égouts, d'écoles, d'hôpitaux et de ramassage des ordures. Les maladies sont fréquentes et il y a une forte criminalité.

Cependant, il y a des quartiers où la richesse est concentrée (M11). On trouve ici de magnifiques villas, souvent entourées de hauts murs, qui appartiennent aux classes sociales supérieures. À proximité, il y a des centres commerciaux modernes, des musées, des théâtres, des galeries, des cafés, des restaurants et de bonnes écoles.

1. Explique le mot „ slum". Indique les problèmes qu'on y trouve (voir texte et M10).
2. De quels problèmes écologiques souffre Mexico City (M7, M8, M9)?
3. A ton avis, pour quelles raisons y-a-il tellement de pauvres, mais aussi quelques personnes très riches à Mexico City?

M9: Schulkinder mit Mundschutz gegen Smog

M10: Armutsviertel am Stadtrand von Mexico City

In Mexico City konzentrieren sich alle Probleme des Landes. Ein Viertel der Gesamtbevölkerung drängt sich hier zusammen. Ein Drittel aller Industriebetriebe, die Hälfte aller Banken, Handelsgesellschaften und Versicherungen befinden sich in der Stadt. Die Folgen für die Umwelt sind katastrophal. Der Stadt geht buchstäblich die Luft aus. Die Luft ist hier sehr dünn, denn die Stadt liegt 2300 m über dem Meeresspiegel. In diese sauerstoffarme Luft blasen 150 000 Industriebetriebe ihre Abgase. Dazu kommen die Auspuffgase von über drei Millionen Kraftfahrzeugen. Eine weitere Belastung sind die sieben riesigen Müllhalden, auf denen täglich bis zu 11 000 Tonnen Müll abgeladen werden. Hier kommt es häufig zu Schwelbränden, die mit ihrem Rauch und Gestank die Umwelt belasten. Oft liegt eine graue Dunstglocke über der Stadt, die das Atmen schwer macht. Die Millionenmetropole leidet außerdem unter Wassermangel. Und die Stadt wächst weiter.

M8: Probleme Mexico Citys

M11: Luxusvilla in Mexico City

Développements et régions à problèmes en Amérique

Kennst du Amerika? | Connais-tu l'Amérique?

1. Kennst du dich in Nordamerika aus? Benenne alle mit Buchstaben und Zahlen versehenen Staaten, Landschaften, Gewässer und Städte in M1.

2. Löse das folgende Silbenrätsel (Atlas).

   a - ap - be - bir - ca - chen - des - fel - ge - ge - kin
   la - lert - ley - mad - mc - mis - mount - pa - petl - pi
   po - po - ra - re- ring - sse - sen - sier - si - sip - stra
   tal - te - to

   a) Zweithöchster Berg Mexikos
   b) Nördlichste Siedlung Nordamerikas
   c) Deutscher Name des Gebirges, das ganz Nordamerika durchzieht
   d) Niedrigste Stelle Nordamerikas
   e) Längster Strom Nordamerikas
   f) Gebirge im Osten der USA
   g) Drei Gebirgszüge gleichen Namens in Mexiko
   h) Höchster Berg Nordamerikas
   i) Meeresstrasse, die Nordamerika von Asien trennt

3. Wo liegen die folgenden nordamerikanischen Orte? Bestimme jeweils den Staat und den Bundesstaat bzw. die Provinz mithilfe des Atlas.

   Churchill, Bismarck, Helena, Regina, Fresno, Fresnillo, Walla Walla, Chihuahua, Frankfort, Carlsbad, Odessa

4. Welche erdkundlichen Namen verbergen sich hinter den folgenden Umschreibungen? Die in Klammern angegebenen Buchstaben ergeben — hintereinander gelesen — den Namen eines Kontinents.

   a) Inselgruppe im Atlantik vor der Küste Floridas (2)
   b) Längster Zufluss des Mississippi (1)
   c) Südlichster Punkt der USA (5)
   d) Größter See Nordamerikas (4)
   e) Hauptstadt der USA (5)
   f) Hauptstadt von Mexiko (5)
   g) Name einer Landenge (Isthmus) in Mexiko (5)

Wusstest du schon, dass ...

- Amerika 1507 nach dem italienischen Seefahrer Amerigo Vespucci benannt wurde, der die Mündung des Amazonas entdeckte?
- der Name Kanada aus der Sprache der Cree-Indianer stammt („Ka-Kanata") und „Land, das sauber ist" bedeutet?
- die Grenze der USA zu Kanada ungefähr auf dem gleichen Breitengrad wie Stuttgart liegt?
- Alaska 1867 von Russland für 7,2 Mio. Dollar an die USA verkauft wurde?

---

1. Connais-tu l'Amérique du Nord? Nomme tous les États, paysages, mers, lacs, fleuves et villes dotés de lettres et de chiffres sur la carte M1.

2. Résouds la charade suivante (atlas).

   a - ap - be - bir - ca - chen - des - fel - ge - ge - kin
   la - lert - ley - mad - mc - mis - mount - pa - petl - pi
   po - po - ra - re- ring - sse - sen - sier - si - sip - stra
   tal - te - to

   a) La seconde montagne la plus élevée du Mexique
   b) La région habitée la plus au nord de la chaîne de montagnes de l'Amérique du Nord.
   c) Le nom allemand de la chaîne de montagnes traversant toute l'Amérique du Nord.
   d) La région la plus basse de l'Amérique du Nord.
   e) Le plus long fleuve de l'Amérique du Nord.
   f) Montagnes dans l'est des États-Unis.
   g) Trois chaînes de montagnes du Mexique portant le même nom.
   h) La plus haute montagne de l'Amérique du Nord.
   i) Détroit séparant l'Amérique du Nord de l'Asie.

3. Où se trouvent les villes nord-américaines suivantes? Nomme à chaque fois l'État et l'État fédéral ou la province à l'aide de l'atlas.

   Churchill, Bismarck, Helena, Regina, Fresno, Fresnillo, Walla Walla, Chihuahua, Frankfort, Carlsbad, Odessa

4. Quels noms géographiques se cachent derrière les descriptions suivantes? Les lettres entre parenthèses — lues successivement — donnent le nom d'un continent.

   a) Archipel de l'Atlantique devant la côte de la Floride (2).
   b) Le plus grand affluent du Mississippi (1).
   c) Le point à l'extrême-sud des États-Unis (5).
   d) Le plus grand lac de l'Amérique du Nord (4).
   e) La capitale des États-Unis (5).
   f) La capitale du Mexique (5).
   g) Le nom d'un isthme du Mexique (5).

Savais-tu que ...

- l'Amérique reçut en 1507 le nom du navigateur italien Amerigo Vespucci qui découvrit l'embouchure de l'Amazone?
- le nom Canada vient de la langue des Indiens Cree („Ka-Kanata") et signifie „le pays qui est propre"?
- que la frontière entre les États-Unis et le Canada se trouve à peu près à la même latitude que Stuttgart?
- que la Russie a vendu l'Alaska aux États-Unis en 1867 pour 7,2 millions de dollars?

Geographie Trainer

Entwicklungen und Problemräume in Amerika

M1: Stumme Karte Nord- und Mittelamerika

Développements et régions à problèmes en Amérique — 157

Ⓐ – Ⓒ	Staaten
1 – 24	Städte
A – J	Gebirge und Landschaften
A – F	Meere und Meeresteile
a – p	Flüsse und Seen

Landhöhen unter 0 — 0 100 200 500 1000 2000 4000 m — Gletscher

Kennst du Amerika? | Connais-tu l'Amérique?

1. Welche geographischen Namen verbergen sich hinter den Umschreibungen unter den Bildern auf der rechten Seite (M3–M6)?
2. Die „Panamericana" gilt als die längste durchgehende Straße der Welt. Beschreibe ihren Verlauf von Panama bis Puerto Montt (Atlas). Welche Staaten werden durchquert? Welche Städte liegen entlang der Strecke?
3. Welche Namen und Begriffe verbergen sich hinter den folgenden Umschreibungen?
    a) Steppenlandschaft im Süden Argentiniens (3)
    b) Insel an der Südspitze Südamerikas (5)
    c) Wüste in Nordchile (3)
    d) Hauptstadt von Chile (3)
    e) Größtes Land Südamerikas (4)
    f) Verbreitete Sprache in Südamerika (3)
    g) Über 6000 m hoher Vulkan in Ecuador (4)
    h) Rinderzuchtgebiet in Argentinien (2)
    i) Staat im Norden Südamerikas (5)
    j) Höchster Berg der Anden (3)
    k) Fluss in Venezuela (4)
    l) Andenstaat mit der Hauptstadt La Paz (4)
    m) Landschaft in Paraguay: Gran ... (4)
    n) Bedeutendes Exportprodukt Südamerikas (2)

    Die in Klammern angegebenen Buchstaben ergeben – hintereinander gelesen – den Namen einer berühmten Straße in Südamerika.
4. Welcher Begriff passt nicht in die Reihe?
    a) Rio Negro – Parana – Marañon – Tigris
    b) Huascaran – Cotopaxi – Ararat – Illampu
    c) Liberia – Surinam – Kolumbien – Uruguay
    d) Sao Paulo – Montevideo – Quito – Dakar
5. Kennst du dich in Südamerika aus? Benenne alle mit Buchstaben und Zahlen versehenen Staaten, Landschaften, Gewässer und Städte (M2).
6. Welche Landschaften erkennst du auf dem Profil durch Südamerika (M1)?
7. Durch welche Staaten verläuft der Querschnitt (M1)?

1. Quels noms géographiques se cachent derrière les descriptions des images sur la page de droite (M3–M6)?
2. La „Panamerica" est considérée comme la plus longue route continue du monde. Décris son parcours de Panama à Puerto Montt (atlas). Quels États traverse-t-elle? Quelles villes la bordent?
3. Quels noms et quelles notions se cachent derrière les descriptions suivantes?
    a) Zone de steppes du sud de l'Argentine (3)?
    b) Ile à la pointe sud de l'Amérique du Sud (5)?
    c) Désert au nord du Chili (3)?
    d) Capitale du Chili (3)?
    e) Le plus grand pays d'Amérique du Sud (4)?
    f) Langue répandue en Amérique du Sud (3)?
    g) Volcan haut de plus de 6000m en Équateur (4)?
    h) Région d'élevage de bovins en Argentine (2)?
    i) L'état au nord de l'Amérique du Sud (5)?
    j) La plus haute montagne des Andes (3)?
    k) Fleuve au Venezuela (4)?
    l) État des Andes ayant comme capitale La Paz (4)
    m) Territoire au Paraguay : Gran ... (4)?
    n) Produit d'exportation important de l'Amérique du Sud (2)?

    Les lettres entre parenthèses – lues successivement – donnent le nom d'une route connue de l'Amérique du Sud.
4. Quel terme ne convient pas dans la rangée?
    a) Rio Negro – Parana – Maranon – Tigris
    b) Huascaran – Cotopaxi – Ararat – Illampu
    c) Liberia – Surunam – Colombie – Uruguay
    d) Sao Paolo – Montevideo – Quito – Dakar
5. Connais-tu l'Amérique du Sud ? Donne les noms de tous les États, territoires, fleuves, lacs et villes indiqués par une lettre ou un chiffre (M2).
6. Quelles zones géographiques reconnais-tu dans le profil de l'Amérique du Sud (M1)?
7. Quels États traverse la coupe transversale de l'Amérique du Sud (M1)?

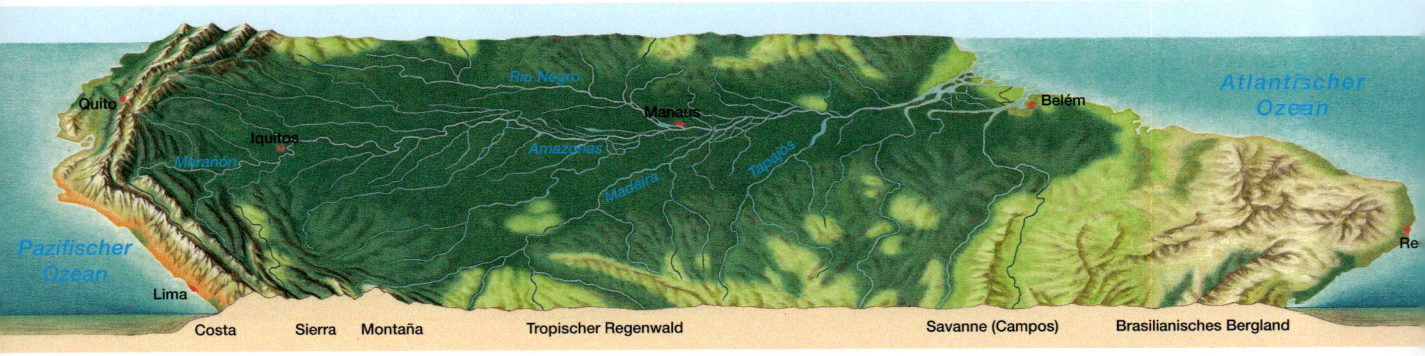

M1: Profil durch Südamerika

Costa — Sierra — Montaña — Tropischer Regenwald — Savanne (Campos) — Brasilianisches Bergland

Pazifischer Ozean — Lima — Quito — Iquitos — Marañon — Amazonas — Madeira — Manaus — Tapajós — Belém — Atlantischer Ozean — Rio Negro

Geographie Trainer

Entwicklungen und Problemräume in Amerika

M3: Der Wasserspiegel des höchstgelegenen Sees der Erde liegt höher als die meisten Gipfel der Alpen.

M6: Die auf dem Reißbrett geplante Siedlung wurde 1960 Hauptstadt des größten Staates in Südamerika.

M4: „Zuckerhut" und „Karneval" locken viele Touristen in die brasilianische Millionenstadt am Atlantik.

M5: Diese Ausgrabungsstätte in den peruanischen Anden ist Zeugnis der indianischen Inka-Kultur.

M2: Stumme Karte Südamerika

A – M Staaten
1 – 17 Städte
A – G Gebirge und Landschaften
A – C Meere und Meeresteile
a – f Flüsse und Seen

Landhöhen
0 100 200 500 1000 2000 4000 m

Développements et régions à problèmes en Amérique 159

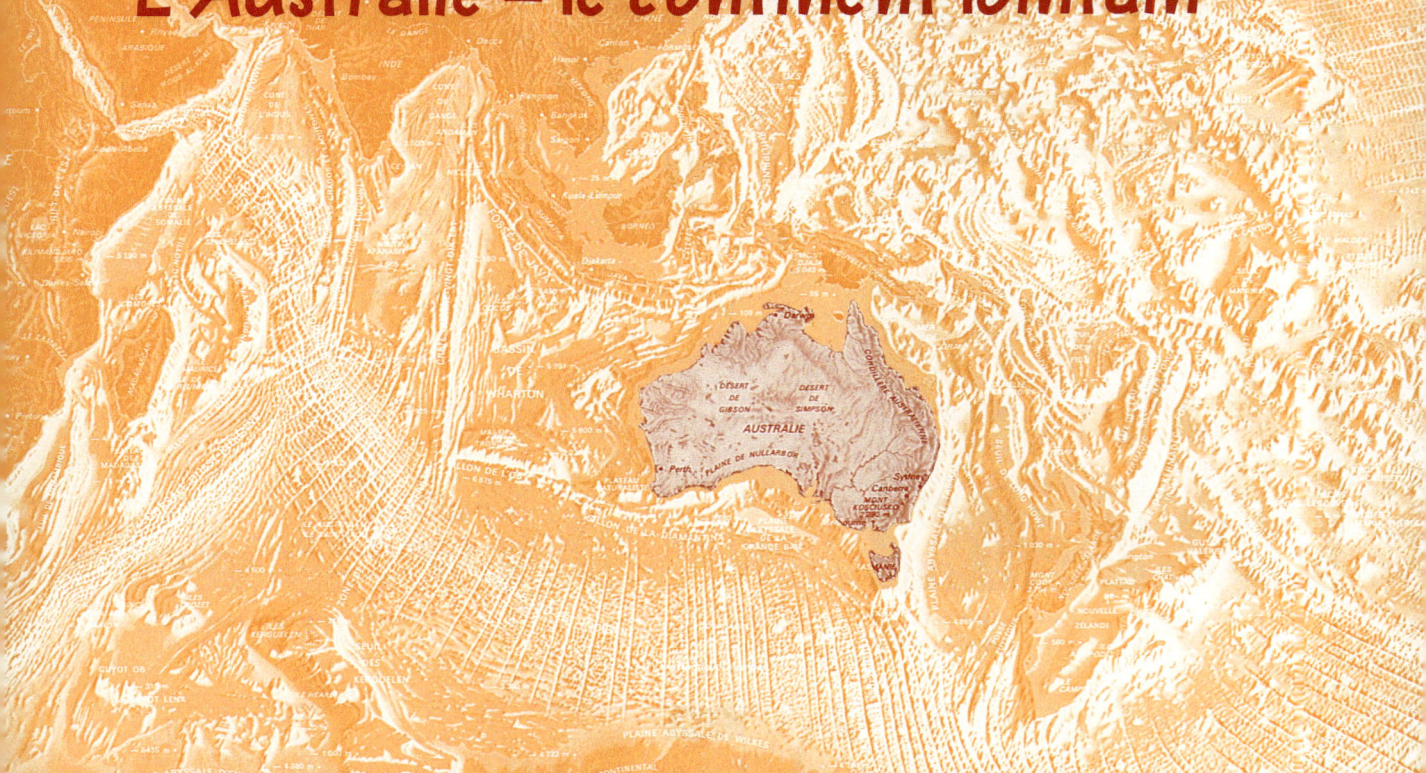

Australien – der ferne Kontinent

Erzabbau im Tagebaubetrieb Kän

L'Australie – le continent lointain

Opernhaus in der Hafeneinfahrt von Sydney

Koala

Kamelwarnung im Outback

Naturraum und Klima — Le milieu naturel et le climat

AUSTRALIEN

Fläche: 7,69 Mio. km²,

Bevölkerung: 20 Mio. Einwohner (2003), davon: 95% europäischer Herkunft, 1,3% Asiaten, 2,2% **Aborigines** (Ureinwohner), 20% der Bevölkerung sind in Übersee geboren, die Einwanderer kommen aus 120 Staaten

Staatsform: Parlamentarische Monarchie im Commonwealth of Nations

Staatsoberhaupt: Queen Elizabeth II., Königin von England, vertreten durch den Generalgouverneur

Verwaltungsgliederung: Bundesstaat bestehend aus 6 Bundesstaaten und 2 Territorien

Sprache: Englisch und Sprachen der Aborigines

Stadtbevölkerung: 85%

Hauptstadt: Canberra (311 000 Einw.)

Millionenstädte: Sydney (4,1 Mio. Einw.), Melbourne (3,6 Mio.), Brisbane (1,6 Mio.), Perth (1,4 Mio.), Adelaide (1,1 Mio.)

Historischer Überblick

1770: Entdeckung Australiens durch James Cook
1788: Ankunft der ersten weißen Siedler (Sträflinge)
1851: Goldfunde in der Kolonie Viktoria lösen Einwanderungswellen aus
1901: Unabhängigkeit des „**Commonwealth** of Australia"
1945: Lockerung der Einwanderungsgesetze, Einwanderungswellen aus Europa und Asien
1962: Wahlrecht der Aborigines
1967: Bürgerrechte der Aborigines
1999: Referendum: Queen Elisabeth II. bleibt Staatsoberhaupt

„Down Under" *(engl.)* ist eine augenzwinkernde Eigenbetitelung der Australier für ihr Land, das für uns Europäer „irgendwo da unten" auf der Erde liegt.

M1: Steckbrief und historischer Überblick Australiens

Großlandschaften

Der australische Kontinent ist in der Form eines Tellers aufgebaut — in der Mitte eingetieft und zu den Rändern hin aufgebogen (M3).

- Das *Ostaustralische Bergland* ist der höchste Teil des „Tellerrandes" und fängt den regenbringenden Südost-Passat ab (M2).
- Das *Mittelaustralische Tiefland* umfasst weite Ebenen, die von Flüssen aus den Bergen des Ostens aufgeschüttet wurden. Unter den heutigen Flussablagerungen liegt in der Tiefe ein riesiger Grundwassersee. In diesem **artesischen Becken** steht das Wasser stellenweise unter so hohem Druck, dass es von selbst aus dem Bohrloch sprudelt (M2). Ansonsten wird es mit Windrädern und Elektropumpen heraufgeholt und zu den Viehtränken geleitet (M4).
- Der *Australische Schild* umfasst den Westen und die Mitte des Kontinentes. Dieses menschenleere Land auch noch **Outback** genannt, kennzeichnet sich durch rote, steinige, sandige Böden, auf denen hartes Spitzgras und verkrüppelte Bäume wachsen. Vereinzelt ragen Gebirge oder Berge auf.

Das Klima

Das Klima Australiens ist größtenteils sehr trocken, weil
- der Kontinent am südlichen Wendekreis liegt;
- der Südost-Passat sich bereits beim Überqueren des Ostaustralischen Berglandes an der Küste abregnet und das Innere heiß und trocken erreicht (M5). Hier fließt nur Wasser nach ergiebigen Regenfällen.

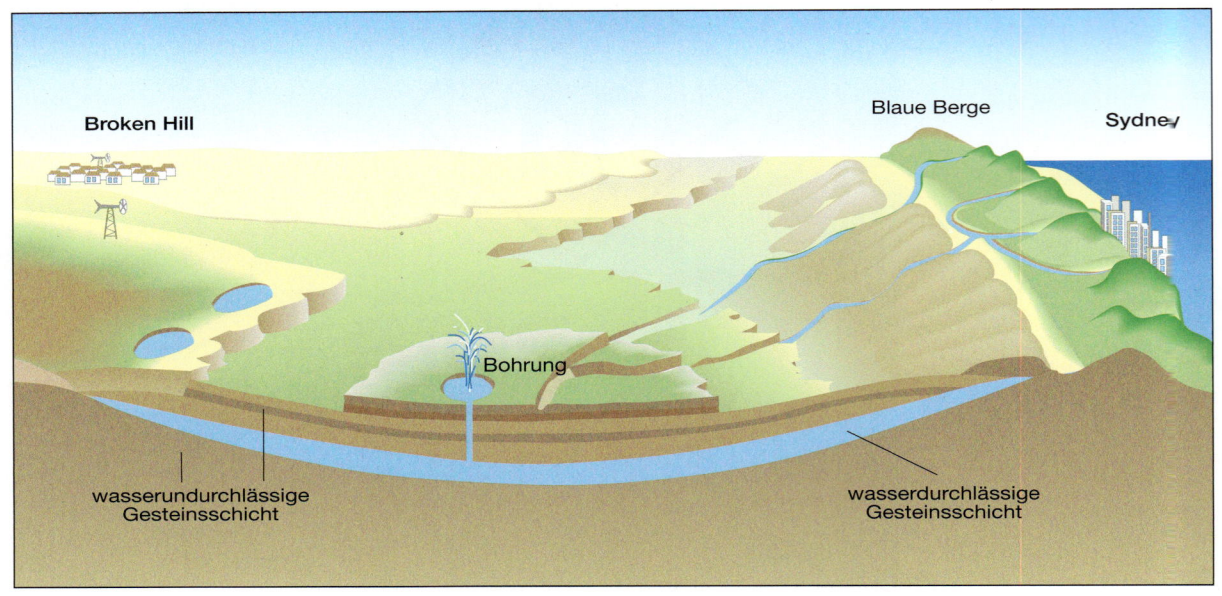

M2: Schema eines artesischen Brunnens

Australien — der ferne Kontinent

D'immenses paysages

Le continent australien est construit comme une assiette – creux au milieu et relevé sur les bords (M3).

- *La région montagneuse à l'est de l'Australie* est la partie la plus élevée „des bords de l'assiette" et retient les pluies de la mousson du sud-est (M2).
- *L'Australie centrale* comprend de larges plaines où se versent les fleuves des montagnes de l'Est. Sous les dépôts fluviaux profonds actuels se trouve un lac immense d'eaux souterraines. L'eau de cette **nappe phréatique** (bassin artésien) est parfois sous une si haute pression qu'elle jaillit d'elle-même des puits (M2). Sinon elle est extraite par des moulins à vent ou des pompes électriques et conduite aux abreuvoirs (M4).
- *La plaque australienne* comprend l'Ouest et le Centre du continent. Ce territoire dépeuplé, appelé **outback** (l'arrière-pays), se distingue par un terrain de sable et de pierre rouges sur lequel poussent des herbes dures et épineuses et des arbres rabougris. Quelques montagnes et hauteurs s'élèvent ici et là.

Le climat

De manière générale, le climat de l'Australie est très sec parce que :
- le continent se trouve sur le tropique sud;
- la mousson du sud-est a déjà perdu toutes ses pluies en traversant la chaîne de montagnes de la côte Est et est asséchée quand elle atteint l'intérieur du pays (M5). Ici, l'eau ne coule dans les fleuves que si les pluies sont abondantes.

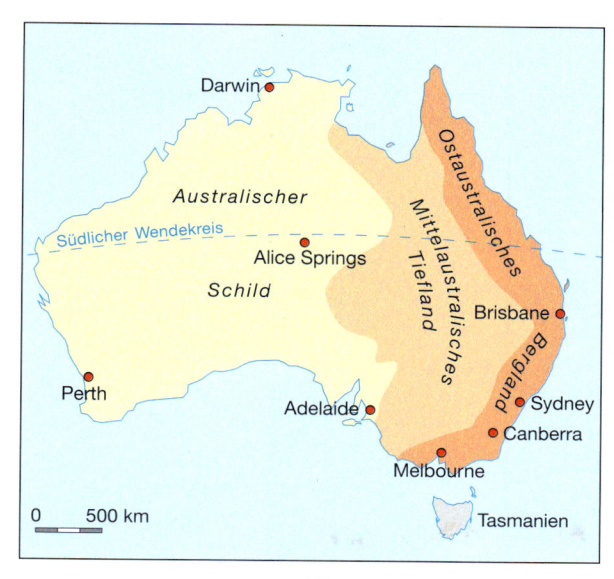

Klimagramm

M3: Großlandschaften Australiens

M4: Wasserstelle im ländlichen Australien

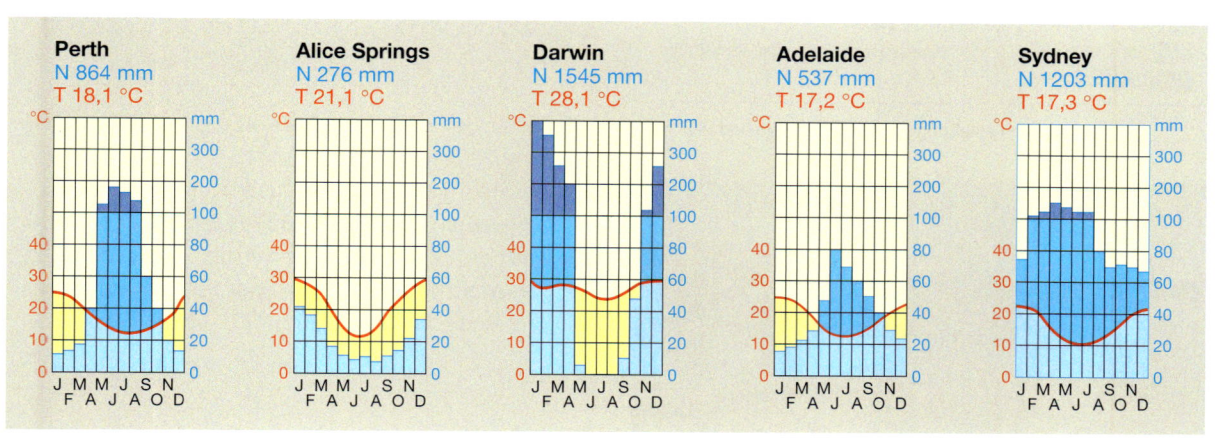

Perth N 864 mm T 18,1 °C

Alice Springs N 276 mm T 21,1 °C

Darwin N 1545 mm T 28,1 °C

Adelaide N 537 mm T 17,2 °C

Sydney N 1203 mm T 17,3 °C

M5: Klimadiagramme

L'Australie – le continent lointain

Landwirtschaft L'Agriculture

M1: Farm im Outback

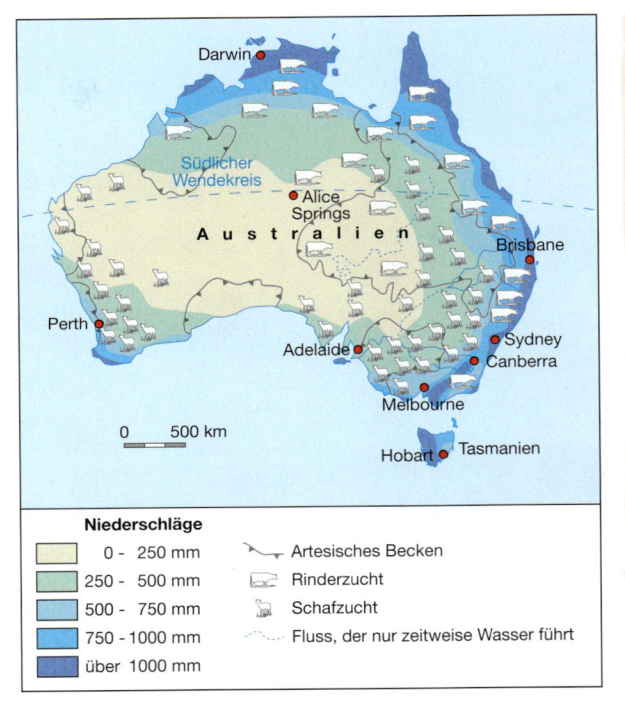

M2: Verteilung der Niederschläge und Viehzucht

Niederschläge
- 0 - 250 mm
- 250 - 500 mm
- 500 - 750 mm
- 750 - 1000 mm
- über 1000 mm

- Artesisches Becken
- Rinderzucht
- Schafzucht
- Fluss, der nur zeitweise Wasser führt

Obwohl nur 2 % seiner Fläche als Ackerland nutzbar sind, ist Australien ein bedeutender Produzent von Weizen, Zucker und Baumwolle. Der wichtigste Zweig der Landwirtschaft ist jedoch die Viehzucht. Auf 65 % des Landes wird **extensive Weidewirtschaft** betrieben. Schaffarmen von 1000 bis 50 000 km² und mit 10 000 bis 15 000 Tieren sowie Rinderfarmen bis 25 000 km² mit 25 000 Tieren sind üblich (M1, M3, M5, M7).

Australien ist der größte Produzent und Exporteur von Schafwolle (M6), Schaf- und Rindfleisch (M5). Neuerdings zeigen sich Probleme: Der **Grundwasserspiegel** sinkt, weil zu viel Wasser entnommen wurde, Überweidung hat zu **Bodenerosion** geführt, Staubstürme nehmen zu. Ökologen fordern die Einschränkung der Viehzucht. Nach 1991 fielen die Weltmarktpreise für Wolle, Fleisch und Weizen auf den Exportmärkten und heute denkt man in Australien über eine deutliche Verkleinerung der Schafbestände nach.

1. Erkläre die landwirtschaftliche Nutzung im Zusammenhang mit dem Klima.
2. Schildere die Lebensbedingungen im australischen Outback am Beispiel der Familie Evans (M4).
3. Welchen Anteil hat Australien an der Schafwollproduktion? Welche Regionen des Landes eignen sich besonders für die Schafzucht (M2, M6)?

M3: Vieh im Outback

Australien – der ferne Kontinent

Die Red-Soil-Farm liegt nördlich von Alice Springs und ist riesig – fast 2500 km² gehören den Evans. Der Graswuchs ist sehr spärlich. Deshalb können auf 1 km² nur drei Rinder leben. Das Wasser für das Vieh wird aus 136 m Tiefe hochgepumpt. Es regnet fast nie. Herr Evans ist oft tagelang draußen. Mit dem Motorrad ist er am beweglichsten. Wenn er Material transportieren muss, braucht er einen Geländewagen. Das Leben auf der Farm ist hart. An die Hitze und die Staubstürme sind alle gewöhnt, doch die Einsamkeit macht ihnen zu schaffen. Bekannte trifft man nur beim Einkaufen in Alice Springs – aber die Stadt ist 182 km entfernt. Wie bei allen Farmern im Outback ist auch bei den Evans das Funkgerät zum wichtigsten Gerät geworden: Mit ihm kann man mit Freunden oder dem Arzt sprechen, etwas bestellen oder die Arbeiter anweisen. Selbst der Schulunterricht der Kinder erfolgt täglich 30 Minuten über Funk. Seit Ende der 1980er-Jahre erfolgt ein Teil des Unterrichtsangebotes über Satellitenfernsehen.

M4: Auf der Evans-Farm im Outback

M5: „Cowboy" auf einer Schaffarm

Bien que seulement 2 % de sa surface soit cultivable, l'Australie est un producteur important de blé, de sucre et de coton. La branche la plus importante de l'agriculture est cependant l'élevage. **L'exploitation des pâturages** s'opère de manière **extensive** sur 65 % du territoire. Des métairies de moutons de 1000 à 50 000 km² avec 10 000 à 15 000 animaux, tout comme des métairies de bœufs de 25 000 km² avec 25 000 animaux sont fréquentes (M1, M3, M5, M7).

L'Australie est le plus grand producteur et exportateur de laine (M5), de viande de mouton et de viande de bœuf. Récemment des problèmes apparaissent: le **niveau d'eau souterrain** baisse parce que trop d'eau en a été soutirée, l'exploitation extensive des pâturages a conduit à une **érosion du sol**, les tempêtes de sable augmentent. Les écologistes exigent une limitation de l'élevage. A partir de 1991, les prix de la laine, de la viande et du blé chutèrent sur le marché mondial, et aujourd'hui, une diminution significative du nombre de moutons est prise en considération.

Erzeugung Wolle (Schafwolle roh) Weltproduktion 1999: 2,363 Mio. t

- Australien: 29,9%
- China: 11,9%
- Neuseeland: 9,5%
- Iran: 3,1%
- Großbritannien: 2,8%
- Argentinien: 2,7%
- Uruguay: 2,5%
- Südafrika: 2,4%
- Sonstige: 35,2%

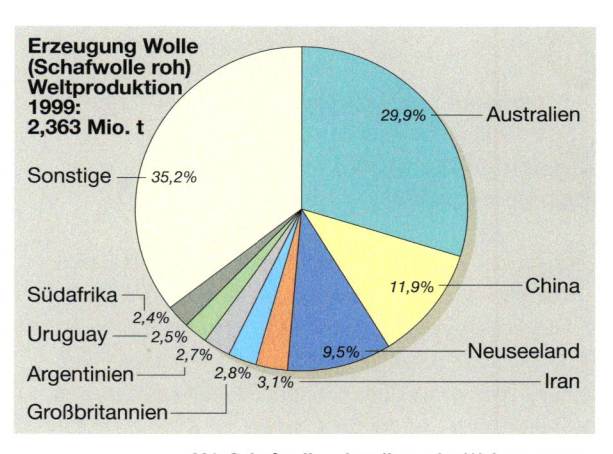

M6: Schafwolle – Anteile an der Welterzeugung

1. Explique le rapport entre l'exploitation agricole et le climat.
2. Décris les conditions de vie dans l'arrière-pays australien en prenant la famille Evans comme exemple (M4).
3. Qu'elle est la participation de l'Australie à la production de laine? Quelles sont les régions du pays qui se prêtent le mieux à l'élevage de moutons (M2, M6)?

M7: Schafscherer

L'Australie – le continent lointain

Die Aborigines | Les Aborigènes

M1: Uluru (Ayers Rock), Heiligtum der Aborigines

Die **Aborigines** sind wahrscheinlich vor mehr als 40 000 Jahren mit Kanus aus Asien nach Australien gekommen. „Aborigines" stammt aus dem lateinischen „ab origine" und bedeutet „von Anfang an".

Diese dunkelhäutigen Ureinwohner (M2) waren bestens an die lebensfeindliche Natur angepasst, obwohl sie erst auf der Entwicklungsstufe der Altsteinzeitmenschen lebten (M4). Sie durchzogen das Land in kleinen Gruppen und lebten in primitiven Unterkünften. Die Männer jagten mit dem Bumerang und der Speerschleuder. Die Frauen sammelten Pflanzen und Insekten. In den langen Trockenzeiten gruben sie Wasser speichernde Wüstenfrösche aus.

Les **Aborigènes** sont probablement venus en canots d'Asie en Australie. „Aborigène" vient du latin „ab origine" et signifie „depuis le début".

Les indigènes de peau sombre (M2) étaient parfaitement adaptés à la nature hostile, bien qu'ils ne vivent qu'à un niveau de développement du temps de l'âge de pierre (M4). Ils parcouraient le pays en petits groupes et vivaient dans des habitations primitives. Les hommes faisaient la chasse au boomerang et au lance-pierre. Les femmes récoltaient des plantes et des insectes. Pendant les périodes sèches, ils déterraient du désert des grenouilles qui accumulent l'eau.

M2: Aborigine bei der Jagd mit dem Bumerang

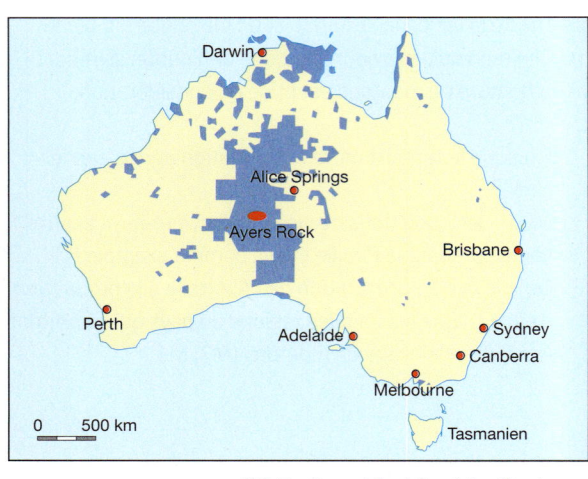

M3: Besitz und Pachtland der Aborigines

Australien — der ferne Kontinent

M4: Felsmalerei

M5: Aborigines als Farmarbeiter

Wem gehört Australien?

Die weißen Siedler hatten wenig Verständnis für die Kultur und das Verhältnis der Ureinwohner zu ihrem Land. Landraub, Waffengewalt und eingeschleppte Krankheiten wurden den Aborigines zum Verhängnis. Um 1900 lebten nur noch 40 000 Ureinwohner weit abgelegen in **Reservaten**. Nur wenige haben sich bis heute an das Leben auf den Farmen (M5) oder in den städtischen Slums angepasst. Erst 1962 erhielten die Aborigines das Wahlrecht und 1967 die australische Staatsbürgerschaft.

1971 fand man in einigen Reservaten die größten bisher bekannten Uranvorkommen der Welt. Die Abbau-**Konzerne** zwangen die Aborigines ihre Landrechte zu verkaufen. Ein Gesetz von 1994 ermöglicht die Rückgabe von Landbesitz an die Ureinwohner, vorausgesetzt, sie können eine traditionelle Beziehung dazu nachweisen. 1985 erhielten die Ureinwohner den Uluru (Ayers Rock) zurück (M1, M3, M6).

Seit etwa 1972 taucht diese eigene Flagge der Aborigines auf. Man sieht sie in Westaustralien, vor allem in Perth, sehr häufig, was auf das zunehmende Selbstbewusstsein der Aborigines hinweist. Der gelbe Kreis im Zentrum steht für den leuchtenden Sonnenball als den Ursprung und den Spender des Lebens. Das schwarze Feld symbolisiert die schwarze Hautfarbe der Ureinwohner und die rote untere Hälfte steht für die rote Erde des Landes.

A qui appartient l'Australie?

Les émigrants blancs n'avaient aucune compréhension pour la culture et l'attachement des indigènes à leur pays. Le vol de leur territoire, les conflits armés et l'apport de maladies furent une catastrophe pour les Aborigènes. En 1900, il n'y avait plus que 40 000 indigènes qui vivaient dans des **réserves** éloignées. Peu d'entre eux purent s'adapter, jusqu'à maintenant, à la vie dans les fermes (M5) ou dans les slums des villes. Les Aborigènes n'obtinrent le droit de vote qu'en 1962 et la nationalité australienne qu'en 1967.

En 1971, on découvrit la plus grande mine d'uranium connue au monde. Les **firmes multinationales** pour l'exploitation des mines contraignirent les Aborigènes à vendre leurs droits terriens. Une loi de 1994 permet de rendre leurs terres aux Aborigènes, à condition qu'ils puissent prouver avoir une relation traditionnelle avec ces terres. En 1985, le mont Uluru (Ayers Rock) fut rendu aux indigènes (M1, M3, M6).

Depuis environ 1972, on voit apparaître ce drapeau des Aborigènes. On le voit le plus souvent dans l'est de l'Australie, surtout à Perth, ce qui démontre de l'assurance croissante des Aborigènes. Le cercle jaune au centre du drapeau symbolise le globe lumineux du soleil qui représente l'origine et le don de la vie. La partie noire représente la peau noire des indigènes et la partie rouge de la moitié inférieure évoque la terre rouge du pays.

M6: Flagge der Aborigines / Le drapeau des Aborigènes

L'Australie – le continent lointain

Kennst du Australien und Ozeanien? | Connais-tu l'Australie et l'Océanie?

1. Ordne Australien im Gradnetz ein. Vergleiche seine Lage auf der südlichen Halbkugel mit der von Afrika und Südamerika.
2. Die Indian-Pacific-Fahrroute durchquert den Kontinent. Diese Eisenbahnstrecke verläuft von Perth nach Sydney. Stelle fest an welchen Ortschaften sie vorbeifährt. Rechne mit Hilfe des Maßstabes die ungefähre Länge dieser Eisenbahnstrecke (Atlas).
3. Sie sind die Nachfahren der Ureinwohner Australiens und benutzten den Bumerang. Wie heißt dieses Volk?
4. Im Zentrum Australiens liegt das Naturdenkmal des Landes. Es ist der bekannteste Monolith der Erde und zugleich Heiligtum der Ureinwohner. Wie heißt dieses Wahrzeichen (S. 166 M1)?
5. Kennst du Tiere, die es nur in Australien gibt?
6. Wie heißen die drei großen kulturellen Räume Ozeaniens?
   Gib jeweils 2 Beispiele an (M2 und Atlas).
7. Flache, aus einem ehemaligen Vulkankegel entstandene, ringförmige Inseln wurden von kleinen Meerestieren gebildet. Diese leben in klaren, salzreichen und warmen Gewässern.
   Wie heißen solche Inseln (M4)?
8. Berechne die Länge des Great Barriere-Riffs. Vergleiche diese Länge mit der Entfernung von Luxemburg zu einer südeuropäischen Stadt (Atlas).
9. Die Olympischen Spiele fanden im Jahr 2000 in Sydney statt. Zu welcher Tageszeit konntest du dir die Life-Übertragungen im Fernsehen anschauen, wenn die Wettkämpfe am Vormittag abgehalten wurden? Arbeite mit der Zeitzonenkarte im Atlas.
10. Die „Chinese goosberries" wurden erst in der ganzen Welt bekannt, als man diese grünen Früchte in „Kiwis" umbenannte. Sie wurden zum Exportschlager eines pazifischen Inselstaates. Um welches Land handelt es sich (M2)?

---

1. Place l'Australie sur la grille des latitudes. Compare son emplacement sur l'hémisphère Sud avec celui de l'Afrique et de l'Amérique du Sud.
2. La voie Indien – Pacifique traverse le continent. Cette ligne de chemin de fer conduit de Perth à Sydney. A côté de quelles agglomérations passe-t-elle? A l'aide de l'échelle calcule la longueur approximative de cette ligne de chemin de fer (atlas).
3. Ils sont les descendants des indigènes de l'Australie et utilisent le boomerang. Comment s'appelle ce peuple?
4. Au centre de l'Australie se trouve le monument naturel du pays. C'est le monolithe le plus connu de la terre et en même temps le lieu saint des indigènes. Comment s'appelle ce site (p.166 M1)?
5. Connais-tu des animaux qui ne vivent qu'en Australie?
6. Comment s'appellent les trois grandes régions culturelles de l'Océanie?
   Donnes-en deux exemples (M2 et atlas).
7. Des îles plates en forme d'anneaux résultant d'anciens cônes volcaniques, furent formées par de petits animaux aquatiques. Ceux-ci vivent dans des eaux chaudes, claires et riches en sel.
   Comment s'appellent de telles îles (M4)?
8. Calcule la longueur du Great Barriere-Riff. Compare cette longueur avec la distance du Luxembourg à une ville du sud de l'Europe (atlas).
9. Les jeux olympiques eurent lieu à Sydney en l'an 2000. A quelle heure de la journée pouvais-tu suivre la transmission en direct des épreuves qui avaient lieu le matin? Travaille avec les cartes des fuseaux horaires de l'atlas.
10. Les „chinese goosberries" furent connues dans le monde entier lorsque ces fruits verts furent nommés „kiwis". Ils devinrent le produit d'exportation par excellence d'une île du Pacifique. De quel pays s'agit-il (M2)?

M1: West-Ost-Profil Australiens

Geographie Trainer

http://www.australien-australien.de/australien-allgemeines
http://gw.eduhi.at/programm/dehmer/puzzle/puzzle11.htm

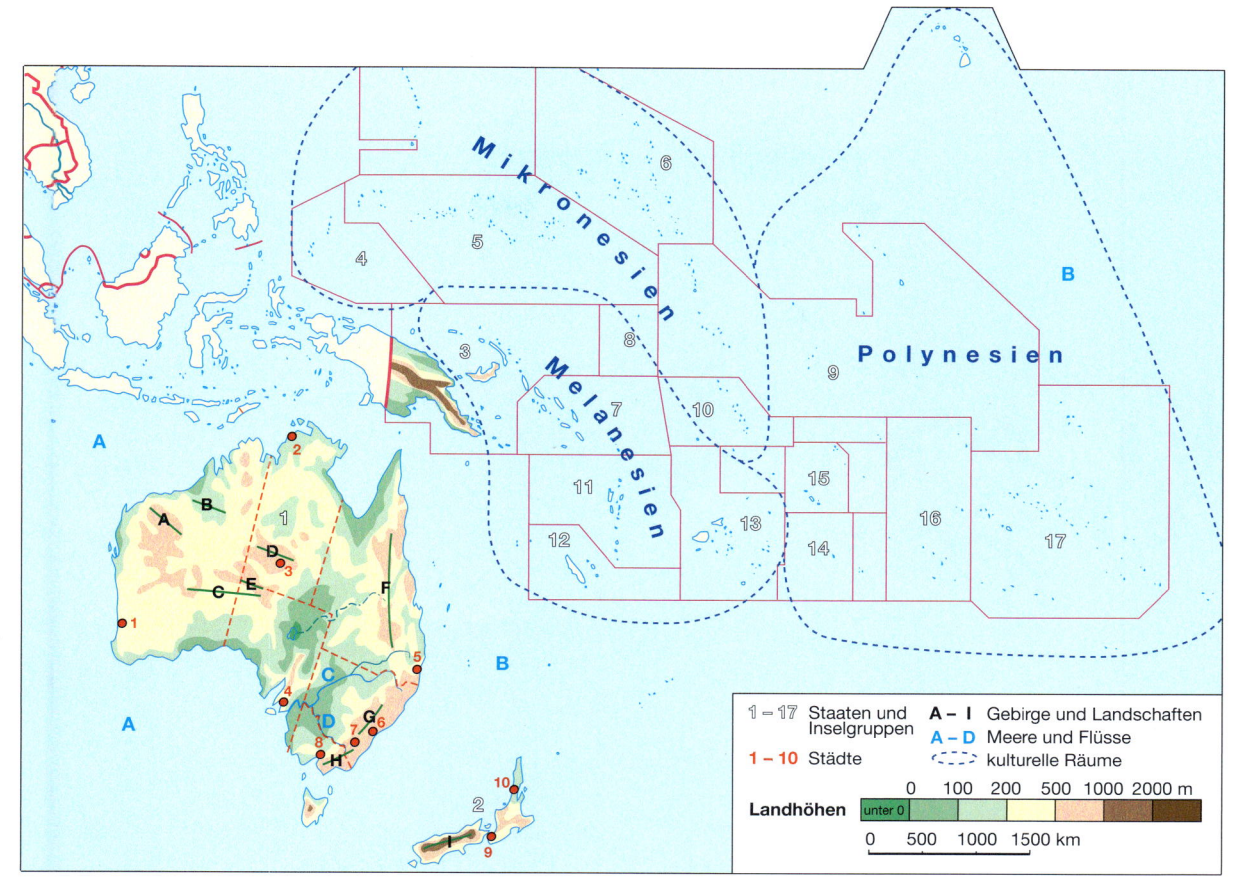

M2: Stumme Karte Australien und Ozeanien

Legende:
- 1 – 17 Staaten und Inselgruppen
- 1 – 10 Städte
- A – I Gebirge und Landschaften
- A – D Meere und Flüsse
- kulturelle Räume
- Landhöhen: unter 0, 0, 100, 200, 500, 1000, 2000 m
- 0 500 1000 1500 km

M3: Koralleninsel

M4: Entstehung von Koralleninseln und -riffen

Koralleninseln entstehen durch die Bildung von Saumriffen, die durch Korallen gebildet werden. Das Saumriff entsteht unmittelbar an einer Vulkaninsel und wächst vom Ufer an seewärts. Die Oberfläche bleibt gleichmäßig dicht unter der Wasseroberfläche. Die Ausdehnung zum offenen Meer hin ist durch das Gefälle des Meeresbodens und die Stärke des Korallenwachstums begrenzt. So entstehen Riffe, die zwar viele Kilometer lang, dafür aber kaum über hundert Meter breit sind. Bei manchen alten Saumriffen bildet sich an der inselzugewandten Seite durch Erosion eine Lagune.

Barriereriffe liegen weit vor der Küste, sind aber nicht vom Ufer aus dorthin gewachsen, sondern sind dort entstanden. Eine Senkung des Untergrundes bzw. eine Hebung des Meeresspiegels waren nötig, um Barriereriff und Lagune zu solchen Dimensionen wachsen zu lassen. Wegen dieser zu ihrer Entstehung notwendigen geologischen Vorgänge über eine längere Zeitspanne sind Barriereriffe seltener als Saumriffe. Das bekannteste Beispiel ist das Great Barriere-Riff vor der Nordostküste Australiens.

Das Atoll ist wohl der bekannteste Rifftyp. Hier umschließt ein ringförmiges Korallenriff die Lagune, wobei diese Lagune stets durch mindestens eine Passage mit dem offenen Meer verbunden ist. Die Entstehung eines Atolls ist vielfältig und kompliziert. Die bekanntesten Atolle befinden sich in der Südsee und im Bereich der Malediven.

L'Australie – le continent lointain

Antarktis – Eiskeller der Erde

Pinguine auf einem Eisberg

L'Antarctique – congélateur de la Terre

Touristen in der Antarktis

Auf dem Inlandeis

Eisberg im Packeis

Naturraum und Klima | Le milieu naturel et le climat

Der Naturraum

Die Antarktis ist von allen Kontinenten der abgelegenste und am wenigsten besiedelte auf der Erde. Erst im Dezember 1911 gelang es dem Norweger Roald Amundsen, nach einem spannenden Wettrennen mit dem Engländer Scott, den Südpol zu erreichen (M1, M2).

Die Antarktis besteht aus zwei Hauptteilen (M4):
- Der 14,1 Millionen km² große Kontinent Antarktika wird von einem bis zu 4500 m dicken Eispanzer bedeckt; die durchschnittliche Dicke des **Inlandeises** beträgt etwa 2000 m (M3).
  Nur an den Rändern des Kontinents findet man stellenweise Gebiete, die frei von Schnee und Eis sind.
- Zur Antarktis gehört auch ein durchschnittlich 800 km breiter Meeresgürtel, auf dem sich im Winter **Packeis** bildet (M5).

Das Klima

Obwohl im Inneren des Kontinents jährlich weniger als 50 mm Niederschläge fallen, lagern hier 70–80 % der Süßwasserreserven der Erde in Form von Eis. Es ist das Ergebnis von 200 000 Jahren Schneefall (M6).
Wie lebensfeindlich diese polare Eiswüste ist, erkennt man an den Lufttemperaturen. Diese schwanken in den einzelnen Regionen im Jahresmittel zwischen −35 °C und −50 °C (M6).
Auf der russischen Forschungsstation Wostock wurde die bisher tiefste bekannte Temperatur mit −89,2 °C gemessen.

In der Antarktis gibt es nur zwei ausgeprägte Jahreszeiten:
- den Südsommer von Dezember bis März, während dem die Sonne nicht untergeht, es herrscht **Polartag**;
- den Südwinter von April bis November, während dem die Sonne nie aufgeht, es herrscht **Polarnacht**.

Während der Polarnacht wird die Landschaft in ein unwirtliches, fahles Licht gerückt und **Polarlichter** flimmern über den Himmel (M7).

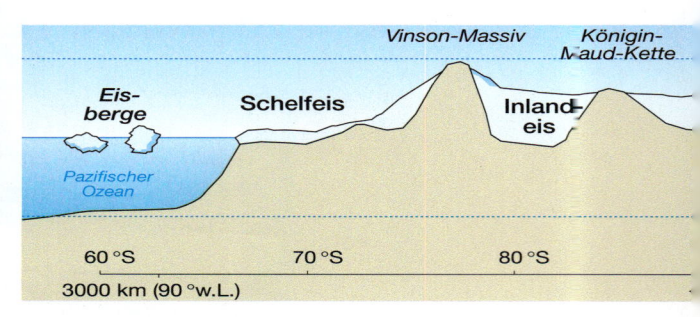

M1: Roald Amundsen

1773–1774	Der englische Weltumsegler James Cook stößt in das südliche Polarmeer vor und umrundet die Antarktis.
14.12.1911	Nach einem dramatischen Wettlauf erreicht der norwegische Polarforscher Roald Amundsen als Erster den Südpol.
18.1.1912	Der englische Antarktisforscher Robert Scott erreicht ebenfalls den Südpol. Auf dem Rückweg kommen er und seine Gefährten ums Leben.
1961	Der internationale Vertrag zum Schutz der Antarktis tritt in Kraft (Antarktisvertrag).
1992	Ein Protokoll zum Antarktisvertrag betreffend den Umweltschutz bezeichnet die Antarktis für mindestens 50 Jahre als „ein dem Frieden und der Wissenschaft gewidmetes Naturreservat". Der Abbau von Bodenschätzen ist verboten.

M2: Etappen der Entdeckung

M3: Das Inlandeis

Klimagramm

Antarktis – Eiskeller der Erde

Le milieu naturel

L'Antarctique est le continent le plus éloigné de tous et le moins peuplé de la Terre. Ce n'est qu'en décembre 1911 que le Norvégien Roald Amundsen a réussi à atteindre en premier le pôle sud après avoir battu l'Anglais Scott dans une course passionnante (M1, M2).

L'Antarctique se compose de deux parties principales (M4):
- Le continent Antarctica d'une taille de 14,1 millions de km^2 est couvert d'une carapace de glace d'une épaisseur allant jusqu'à 4500 m; l'épaisseur moyenne de la **glace intérieure** est de 2000 m (M3).
  Ce n'est que sur les bordures du continent que l'on trouve par endroits des régions sans neige ni glace.
- Une ceinture océanique d'en moyenne 800 km de largeur fait également partie de l'Antarctique. Ici se forment des **glaces accumulées** en hiver (M4).

Le climat

Bien qu'à l'intérieur du continent ne s'affichent que 55 mm de précipitations par an, c'est ici que l'on trouve 70–80 % du réservoir en eau douce de la planète sous forme de glace. Ceci est le résultat des chutes de neige durant 200 000 ans (M6).
C'est à partir des températures de l'air que l'on reconnaît à quel point le désert de glace polaire est hostile à la vie. Celles-ci varient entre –35 °C et –50 °C (M6).
A la station de recherche russe Wostock a été mesuré la température la plus basse jamais connue, –89,2 °C.

Il n'existe que deux saisons signifiantes en Antarctique:
- l'été austral du mois de décembre jusqu'en mars durant lequel le soleil ne se couche pas, c'est le **jour polaire**;
- l'hiver austral du mois d'avril jusqu'en novembre durant lequel le soleil ne se lève pas, c'est la **nuit polaire**.

Durant la nuit polaire le paysage est immergé dans une lumière iréelle et terne et ces **aurores australes** scintillent dans le ciel (M7).

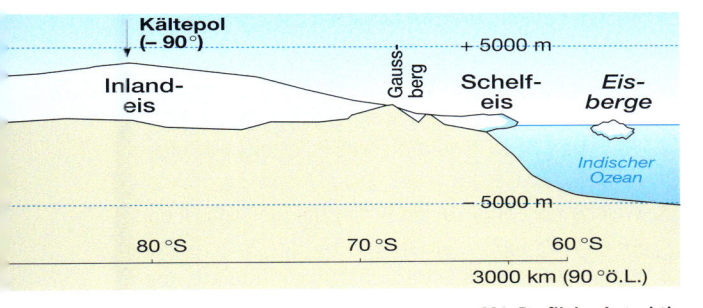

M5: Bildung von Packeis an der Küste

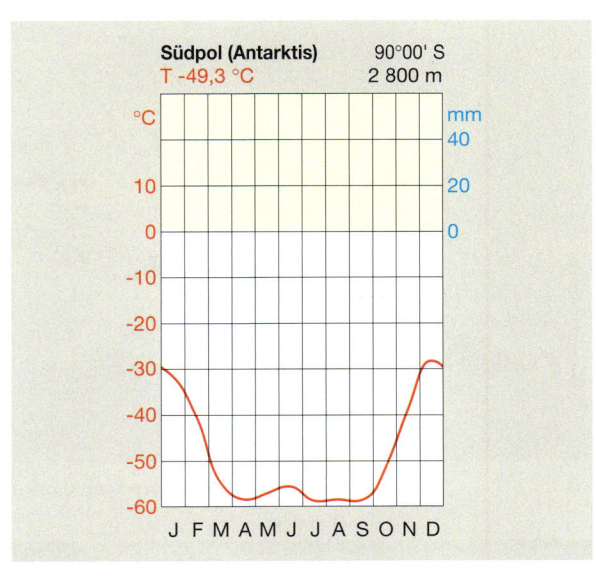

M6: Klimadiagramm Südpol/Antarktis

M4: Profil der Antarktis

M7: Polarnacht und Polarlichter

L'Antarctique – congélateur de la Terre

Lebensfeindliche Schatzkammer | Trésorerie hostile à la vie

M8: Amundsen-Scott-Forschungsstation am Südpol

M9: Luftbild der Amundsen-Scott-Station

M10: Die Tierwelt der Antarktis

Leben in der Antarktis?
Wegen der lebensfeindlichen klimatischen Bedingungen kann der Mensch in der Antarktis ohne technische Hilfsmittel nicht leben. Aus diesem Grund ist die Antarktis der einzige Kontinent der Erde, auf dem es keine Ureinwohner gibt.

Von den dort lebenden 4000 Menschen sind die meisten Wissenschaftler. Sie halten sich oft nur wenige Monate in den Forschungsstationen auf und sind von der Außenwelt abhängig (M8, M9).

Auch die Pflanzen- und Tierwelt kann nur an der Küste existieren; vor allem Robben, Pinguine, Killerwale und Kleinstlebewesen findet man in den Randgebieten der Antarktis (M10). Der **Krill**, ein winziges Krebstier, ist hier eines der wichtigsten Elemente der Nahrungskette (M11)

Schatzkammer Antarktis?
Seitdem man weiß, dass viele für die Industrie notwendige **Rohstoffe** in wenigen Jahrzehnten verbraucht sein werden, hoffen Wissenschaftler auf Ersatz aus Lagerstätten in der Antarktis.

Aufgrund von Forschungen kann man davon ausgehen, dass größere Vorkommen an Kohle, Kupfer, Chrom, Nickel, Erdöl, Eisen und Gold in der Antarktis vorhanden sind (M12).

Dennoch wird es in absehbarer Zeit keine Nutzung dieser „Schätze" geben. Die mächtige Eisbedeckung, das lebensfeindliche Klima und die hohen Transportkosten bilden ein kaum zu überwindendes Hindernis.

Außerdem gehört die Antarktis keinem einzelnen Staat, sondern seit 1961 gilt der **Antarktisvertrag** für das Gebiet südlich von 60 Grad südlicher Breite (M2). Er lässt die Nutzung der Antarktis nur für friedliche Zwecke zu und verbietet alle Maßnahmen militärischer Art.

Leider haben bis heute nur einige Länder diesen Vertrag unterschrieben und mehrere Nationen erheben Anspruch auf Teile Antarktikas (M12, M13).

1. Wieso gibt es keine Ureinwohner in der Antarktis?
2. Weshalb gibt es in der Antarktis Polartag und Polarnacht?
3. Welche Tiere leben in der Antarktis? Weshalb ist der Krill so wichtig?
4. Warum werden die Bodenschätze der Antarktis noch nicht ausgebeutet?

Vivre en Antarctique?

A cause des conditions climatiques hostiles à la vie, l'homme ne peut vivre en Antarctique qu'à l'aide de moyens techniques. C'est pour cela que l'Antarctique est le seul continent de la Terre sans population indigène.

La plupart des 4000 hommes qui y habitent, sont des chercheurs. Souvent ils ne passent que quelques mois dans les stations de recherche et dépendent de l'extérieur (M8, M9).

Ce n'est que sur la côte que peuvent exister végétation et faune; dans les régions marginales de l'Antarctique on trouve surtout des phoques, des pinguins, des *orques* et des micro-organismes (M10). Le **krill**, une écrevisse minuscule, est un des éléments fondamentaux de la chaîne alimentaire (M11).

Trésorerie Antarctique?

Depuis que l'on sait que beaucoup de **matières premières** importantes pour l'industrie seront épuisées dans quelques dizaines d'années, les chercheurs espèrent trouver des ressources auxiliaires dans les dépôts de l'Antarctique.

Des recherches démontrent l'existence de gisement importants en charbon, cuivre, chrome, nickel, pétrole, fer et en or (M12).

Pourtant, il n'y aura pas d'exploitation de ce „trésor" dans un temps prévisible. La couche de glace gigantesque, le climat hostile à la vie et les coûts de transport importants représentent un obstacle incontournable.

Par ailleurs, l'Antarctique n'appartient pas à un Etat individuel. **La convention sur l'Antarctique** pour l'espace au-delà de 60 degré de latitude sud est en vigueur depuis 1961 (M2).
Elle ne tolère que l'exploitation pacifique de l'Antarctique et interdit toutes mesures de caractère militaire.
Malheureusement jusqu'ici cette convention n'a été signée que par certains pays. Plusieurs nations réclament des droits sur une partie de l'Antarctique (M12, M13).

1. Pourquoi n'y a-t-il pas d'indigènes en Antarctique?
2. Pourquoi le jour et la nuit polaire existent-ils en Antarctique?
3. Quels animaux vivent en Antarctique? Pourquoi le krill est-il si important?
4. Pourquoi les matières premières de l'Antarctique ne sont-elles pas encore exploitées?

M 11: Der Krill

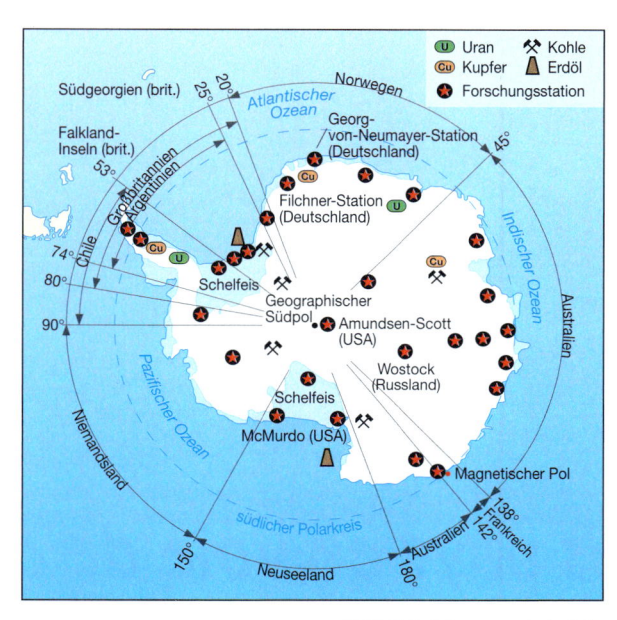

M 12: Schatzkammer Antarktis

M 13: Der geographische Südpol

http://antarktis.here.de
http://www.antarktis.ch

L'Antarctique – congélateur de la Terre

Entwicklungsländer und Entwicklungshilfe

Favela in Brasilien

Nahrungsmittelproduktion am Nil

Les pays en voie de développement et la *coopération au développement*

Erste Welt – Dritte Welt

Verdorrtes Land in Mali

Verkehr in Indien

Merkmale von Entwicklungsländern | Caractéristiques des pays en développement

1. Die zehn ärmsten Staaten
(Bruttosozialprodukt je Einwohner in US-$)

	1990	2001
Mosambik	170	210
Tschad	190	200
Eritrea	k. A.	190
Tadschikistan	k. A.	170
Malawi	200	170
Niger	310	170
Sierra Leone	240	140
Burundi	210	100
Dem. Republik Kongo (Zaire)	220	100
Äthiopien	120	100

2. Die zehn reichsten Staaten
(Bruttosozialprodukt je Einwohner in US-$)

	1990	2001
Luxemburg	28 770	41 770
Schweiz	32 790	36 970
Japan	23 120	35 990
Norwegen	25 430	35 530
USA	11 160	34 870
Dänemark	22 090	31 090
Island	21 150	28 880
Schweden	19 240	25 400
Singapur	21 700	25 140
Großbritannien	16 100	24 230

M1: Die ärmsten und die reichsten Länder der Welt

M2: Hungernde Kinder

Als **Entwicklungsländer** werden die Länder bezeichnet, die weniger weit entwickelt sind als die so genannten **Industrieländer** (z. B. USA, Frankreich, Deutschland, Luxemburg, Japan, Australien). Sie liegen meist in Afrika, Asien oder Lateinamerika. Entwicklungsländer werden auch Länder der **Dritten Welt** oder unterentwickelte Länder genannt. Sie besitzen weniger moderne Industrien und Verkehrsmittel. Unterentwicklung eines Landes ist oft mit Armut für die Mehrheit der Bevölkerung verbunden. Einige Merkmale der Unterentwicklung betreffen den Lebensstandard der Menschen (Ernährung, Gesundheit, Lebensweise), aber auch die Wirtschaft und Politik des Landes.

Zu den ökonomischen Merkmalen gehören:
- eine schwache Wirtschaftskraft des Landes, d. h. ein niedriges BSP (das Bruttosozialprodukt ist die Summe aller Waren und Dienstleistungen, die in einem Land in einem Jahr produziert werden)
- ein niedriges Bruttosozialprodukt je Einwohner (M1)
- eine hohe Arbeitslosigkeit
- ein hoher Anteil der Beschäftigten in der Landwirtschaft, eher weniger in der Industrie
- die wirtschaftliche Abhängigkeit von den Industrieländern
- die Benachteiligung im Welthandel
- eine hohe Abhängigkeit von wenigen Exportprodukten (z. B. Öl, Bananen, Kupfer)
- eine hohe Verschuldung
- eine mangelhafte Infrastruktur (Straßen, Flughäfen, Kraftwerke usw.)

Im Gesundheitsbereich findet sich meist eine unzureichende medizinische Versorgung. Die quantitativ und qualitativ schlechte Ernährungsbasis wird durch ungünstiges Klima, Missernten, Kriege und Verteilungsprobleme verursacht (M2, M4). Es ergibt sich eine relativ niedrige Lebenserwartung der Menschen in der „Dritten Welt", d. h., es erwartet sie ein früherer Tod als bei uns.

Bei den sozialen Problemen sind eine hohe Analphabetenrate auf Grund des mangelhaften Bildungssystems bei gleichzeitiger Armut zu nennen. Oft stellt man extreme soziale Ungleichheiten fest: Eine kleine Oberschicht ist sehr reich, die Bevölkerungsmehrheit dagegen lebt in Armut (M3, M5). Diese **sozialen Disparitäten** können sich nur langsam auflösen, da in Entwicklungsländern nur wenige Möglichkeiten zum gesellschaftlichen Aufstieg existieren. Man spricht von geringer sozialer Mobilität, was z. B. durch das Kastenwesen in Indien, durch Rassenschranken oder durch das ungerechte Bildungssystem verursacht wird.

Entwicklungsländer und Entwicklungshilfe

Par les **pays en développement**, on entend les pays qui sont moins développés que les **pays industriels** (p. ex. les Etats-Unis, la France, l'Allemagne, le Luxembourg, le Japon, l'Australie). Ils se situent en grande partie en Afrique, en Asie ou bien en Amérique Latine. Les pays en développement sont aussi appelés le **tiers-monde** ou „pays sous-développés". Ils possèdent moins d'industrie moderne et moins de moyens de transport. Le sous-développement d'un pays est souvent lié à la pauvreté pour la majeure partie de la population. De nombreux critères et de problèmes caractérisent les pays en développement. Ces critères concernent le niveau de vie des gens (l'alimentation, la santé, le mode de vie) mais aussi l'économie et la politique du pays.

Parmi les caractéristiques économiques on compte:
- la puissance économique faible d'un pays, cela veut dire, un P.N.B. peu élevé (le produit national brut est le total de toutes les marchandises et tous les services produits dans un pays durant une année);
- un P.N.B. faible par habitant (M1);
- un taux de chômage élevé;
- un taux d'occupation en agriculture supérieur à celui en industrie;
- la dépendance économique des pays industriels;
- la défavorisation dans le commerce mondial;
- la forte dépendance de quelques produits d'exportation (par exemple l'huile, la banane, le cuivre);
- un endettement important;
- une infrastructure insuffisante (voies routières, aéroports, centrales électriques etc).

Dans le secteur de la santé publique on trouve souvent des services déficients. La base d'alimentation, mauvaise en quantité et en qualité, est causée par un climat défavorable, de mauvaises récoltes, des guerres et des problèmes de distribution (M2, M4). Il en résulte une espérance de vie relativement faible de la population du „tiers-monde", cela veut dire que les gens y meurent plutôt que chez nous.

Parmis les problèmes sociaux on doit mentionner un taux d'analphabétisme élevé dû à un système d'enseignement déficient renforcé par la pauvreté. On constate souvent des inégalités sociales frappantes: une petite classe supérieure très riche, la majorité de la population par contre vit dans la pauvreté (M3, M5). Les **disparités sociales** ne se résolvent que lentement car il n'existe que peu de possibilités pour faire carrière dans les pays en développement. On parle d'une faible mobilité sociale causée par exemple par le système de caste en Inde, les barrières raciales ou par le système d'enseignement injuste.

M3: Favela

M4: Hirseanbau

M5: Party reicher Nigerianer

Les pays en voie de développement et la coopération au développement

Merkmale von Entwicklungsländern | Caractéristiques des pays en développement

Sind die Bevölkerungsentwicklung und die Bevölkerungsbewegung ungünstig, spricht man in der Geographie von **demographischen Problemen**. Diese entstehen durch ein hohes Bevölkerungswachstum bei gleichzeitig begrenzten Ressourcen und Arbeitsplätzen in einer Region. Oft kommt es zu einer starken **Landflucht**, teilweise zu regelrechten Flüchtlingsströmen. Bevölkerungswachstum und Landflucht tragen zu einem unkontrollierbaren Wachstum der großen Städte (M7) bei. Die Verstädterung bringt wiederum neue Folgeprobleme wie städtische Armut, Arbeitslosigkeit, Straßenkinder und Kriminalität mit sich. Es entstehen riesige Elendsviertel (Slums) in oder bei Großstädten in der „Dritten Welt" (M6).

Die Probleme der Entwicklungsländer werden oft durch die Politik beeinflusst. Oft herrschen dort autoritäre Regime, die wenig Freiheit und Demokratie zulassen. Die staatlichen Institutionen und die Verwaltung funktionieren oft nur mangelhaft. Militärische Konflikte, also Kriege mit Nachbarstaaten oder Bürgerkriege (zwischen Bevölkerungsgruppen im Land), lähmen die Gesellschaft und verschlimmern die anderen Probleme.

1. Entwickle das Porträt eines „Entwicklungslandes": Nenne Probleme und Lösungsmöglichkeiten.
2. Mache eine Collage aus Zeitungsausschnitten und Fotos zum Thema: Leben in Luxemburg – Leben in einem Entwicklungsland.

En géographie, on parle de **problèmes démographiques** lorsque le développement et la migration de la population sont défavorables. Ils résultent d'une croissance importante de la population dans une région limitée en ressources et en emplois, ce qui amène souvent à un fort **exode rural**, parfois à de vrais afflux de réfugiés. La croissance de la population et l'exode rural contribuent à ce que les métropoles s'agrandissent au-delà de ce qui est contrôlable (M7). L'urbanisation à son tour entraîne de nouveaux problèmes comme par exemple la pauvreté urbaine, le chômage, les enfants de la rue et la criminalité. De gigantesques bidonvilles se créent dans les métropoles du „tiers-monde" ou dans leurs environs (M6).

Les problèmes des pays en développement sont souvent influencés par la politique. Les régimes autoritaires sont fréquents et permettent peu de liberté et de démocratie. Les institutions de l'Etat et l'administration fonctionnent souvent mal. Des conflits militaires, c'est à dire des guerres avec des pays voisins ou des guerres civiles (entre deux populations d'un même pays) paralysent la société et aggravent les autres problèmes.

1. Trace le portrait d'un „pays en développement": explique les problèmes et suggère des solutions.
2. Fais un collage avec des extraits de journal et des photos au sujet de: la vie au Luxembourg – la vie dans un pays en développement.

M6: Wohnform am Stadtrand von Mexico City

Entwicklungsländer und Entwicklungshilfe

Land

Bevölkerungswachstum
- Verdrängung von Subsistenzlandwirtschaft auf ungünstige Standorte
- Technisierung der Landwirtschaft
- Mangel an Krediten für Kleinbauern und Pächter
- Missernten durch ungünstige Witterung (Dürren, Überschwemmungen)

Bodenerschöpfung
- Mangel an Grundnahrungsmitteln
- Arbeitslosigkeit / Unterbeschäftigung
- Verarmung

Verfall der traditionellen Ordnung
- Zerstörung des traditionellen Handwerks und Gewerbes durch „moderne" Massenprodukte

Landflucht

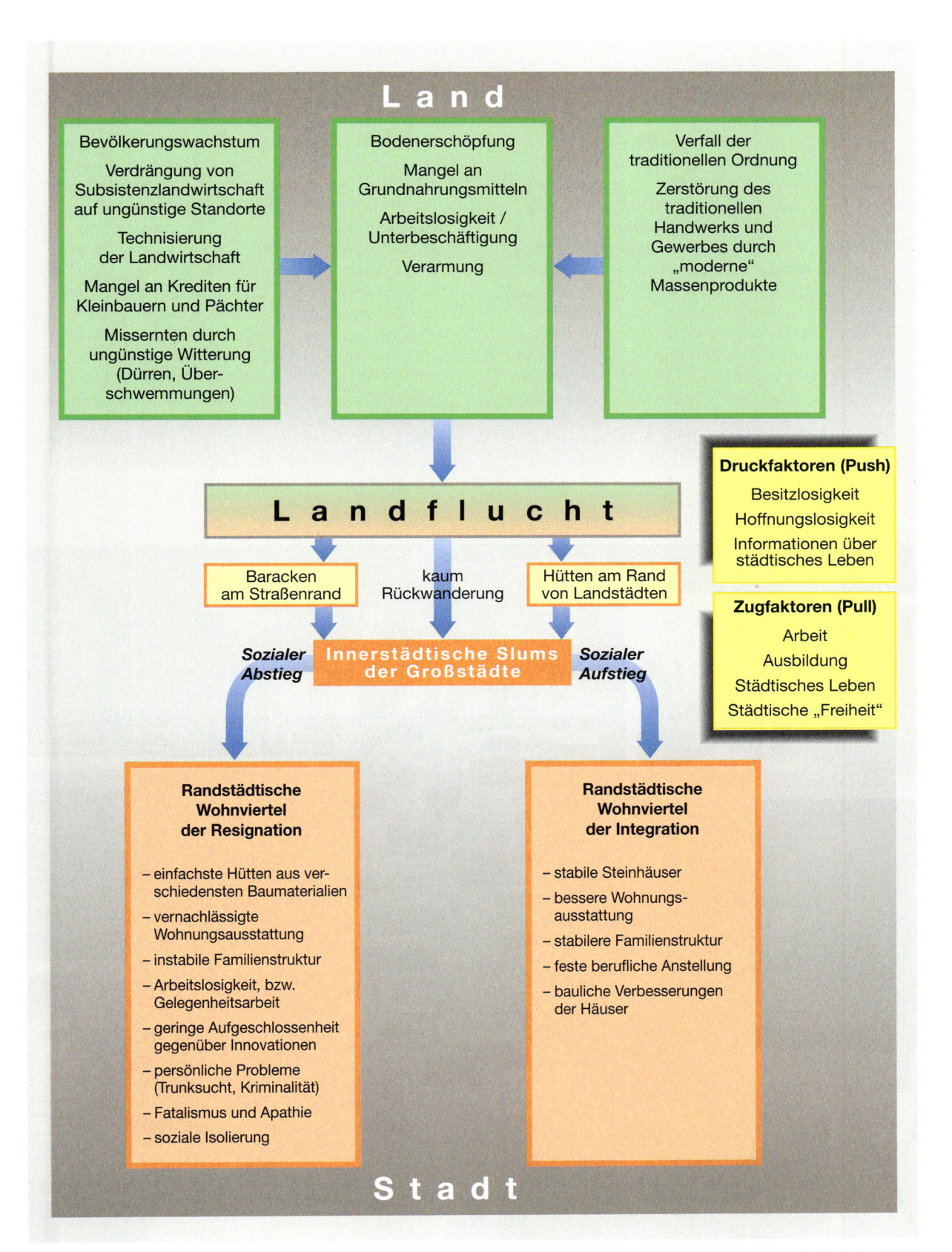

- Baracken am Straßenrand
- kaum Rückwanderung
- Hütten am Rand von Landstädten

Sozialer Abstieg — **Innerstädtische Slums der Großstädte** — *Sozialer Aufstieg*

Druckfaktoren (Push)
- Besitzlosigkeit
- Hoffnungslosigkeit
- Informationen über städtisches Leben

Zugfaktoren (Pull)
- Arbeit
- Ausbildung
- Städtisches Leben
- Städtische „Freiheit"

Randstädtische Wohnviertel der Resignation
- einfachste Hütten aus verschiedensten Baumaterialien
- vernachlässigte Wohnungsausstattung
- instabile Familienstruktur
- Arbeitslosigkeit, bzw. Gelegenheitsarbeit
- geringe Aufgeschlossenheit gegenüber Innovationen
- persönliche Probleme (Trunksucht, Kriminalität)
- Fatalismus und Apathie
- soziale Isolierung

Randstädtische Wohnviertel der Integration
- stabile Steinhäuser
- bessere Wohnungsausstattung
- stabilere Familienstruktur
- feste berufliche Anstellung
- bauliche Verbesserungen der Häuser

Stadt

M7: Schema zu Landflucht und Städtewachstum in der Dritten Welt

Entwicklungshilfe | La coopération au développement

Was ist Entwicklung?
Entwicklung = Wachstum der Wirtschaft?

„Entwicklung" ist ein Begriff, der nicht eindeutig definiert ist. Entwicklung wurde und wird oft verstanden als wirtschaftliche Entwicklung (ökonomisches Wachstum). Soziale und politische Faktoren werden dabei meist wenig beachtet. „Entwicklung" wird häufig mit dem Lebensstandard und dem Lebensstil in den USA, in Westeuropa oder Japan gleichgesetzt. Die Frage bleibt offen, ob die Menschen in den „unterentwickelten Ländern" diese Art von Entwicklung wie bei uns (Autos, Mobiltelefon, Computer, Spielsalons, Freizeitspaß, teure Hobbys, Urlaub, Kriminalität, Umweltverschmutzung, Stress ...) wirklich wollen. Brauchen Indianer im tropischen Regenwald Brasiliens wirklich diese Art von Entwicklung um zu leben? Brauchen Fischer in Indonesien Autos, Computer, Bibliotheken usw., um zu überleben und glücklich zu sein? Muss es das Ziel von Entwicklung sein, dass über 6000 Millionen Menschen auf der Erde so leben wie die 600 Millionen Menschen in Nordamerika, Westeuropa, Japan und Australien?

Qu'est-ce que le développement?
Développement = croissance de l'économie?

Le terme „développement" n'est pas clairement défini. Fréquemment, le développement était et est souvent interprété comme développement économique. Les facteurs sociaux et politiques sont souvent très peu considérés. Le „développement" correspond au niveau et au style de vie aux Etats-Unis, en Europe de l'Ouest ou bien au Japon. Il reste à savoir si les hommes vivant dans les pays „sous développés" désirent vraiment ce genre de développement comme chez nous (des voitures, des portables, des ordinateurs, des salons de jeux, des divertissements, des loisirs coûteux, des vacances, la criminalité, la pollution de l'environnement, le stress ...). Les indiens habitant la forêt vierge brésilienne ont-ils vraiment besoin de ce genre de développement pour vivre? Les voitures, ordinateurs et bibliothèques etc sont-ils nécessaires aux pêcheurs indonésiens pour survivre et être heureux? Est-ce le but du développement de faire en sorte que 6000 millions d'hommes sur Terre vivent comme les 600 millions d'hommes en Amérique du Nord, en Europe de l'Ouest, au Japon et en Australie?

M1: Konsumgesellschaft/Reichtum im Überfluss

Entwicklungsländer und Entwicklungshilfe

Es existieren *verschiedene Formen der Entwicklungshilfe*. Bei Hungersnöten kommt es meist zu **Nahrungsmittelhilfen**. Bei den Finanzhilfen werden den Entwicklungsländern Gelder, zinslose oder zinsgünstige Kredite zur Verfügung gestellt. Diese Hilfe gewähren z. B. Regierungen der Industrieländer oder auch internationale Organisationen (z. B. UNO, UNICEF, Europäische Union, Rotes Kreuz, Caritas, Ärzte ohne Grenzen). **Militärhilfen** bedeuten kostenlose oder billige Waffenlieferungen. Oft erwarten die Industrieländer dann eine politische Unterstützung vom Entwicklungsland.

Unter **technischer Hilfe** versteht man internationale, staatliche oder private **Entwicklungsprojekte**, z. B. in den Bereichen Ausbildung, medizinische Versorgung, Bewässerung oder Katastrophenschutz. Die Experten und Finanzmittel kommen ganz oder teilweise aus den Industriestaaten. Immer öfter wird von **Hilfe zur Selbsthilfe** gesprochen.

Il existe *différentes formes de coopération au développement*. Lors de famines, des **aides alimentaires** sont organisées. A travers les aides financières des sommes d'argent, des crédits sans intérêts ou bien à des intérêts favorables, sont mis à disposition des pays en voie de développement. Les aides sont par exemple accordées par les gouvernements des pays industriels ou par les organisations internationales (par exemple l'ONU, l'UNICEF, l'Union Européenne, la Croix Rouge, la Caritas, les Médecins sans Frontières). Des **aides militaires** signifient des livraisons d'armes gratuites ou très bon marché. Dans la plupart des cas les pays industriels attendent un soutien politique de la part du pays en développement.

Par **aide technique** on comprend des **projets de développement** internationaux, nationaux ou privés, comme par exemple dans les domaines de l'enseignement, de la santé, de l'irrigation ou de la protection contre les catastrophes. Les experts et les moyens financiers viennent entièrement ou en partie des pays riches industrialisés. On parle de plus en plus de **d'aider (un pays en développement à s'aider) lui-même**.

M2: „Wir müssen den Gürtel enger schnallen!"

M4: „Ist was?"

M3: „Das Boot ist voll!"

Entwicklungshilfe | La coopération au développement

Motive für die Entwicklungshilfe

Es gibt viele Gründe, warum Regierungen, private Organisationen und Privatleute Entwicklungshilfe leisten.

- **Humanitäre Gründe:**
  Aus Nächstenliebe entsteht der Wunsch, anderen Menschen beim Kampf gegen Armut, Hunger, Gewalt usw. zu helfen.
- **Politische und militärstrategische Gründe:**
  Man will Unruhen und Kriege in den Entwicklungsländern vermeiden oder dort den Terrorismus bekämpfen. Teilweise wird Entwicklungshilfe als eine Art Wiedergutmachung für die Fehler der Kolonialzeit gesehen. Entwicklungsländer können auch durch die reichen Länder beeinflusst werden. Das heißt, die Hilfe wird nur unter ganz bestimmten Bedingungen geleistet. Damit sichern sich die Industriestaaten politischen und militärischen Einfluss in der „Dritten Welt". Teilweise haben die reichen Länder Angst vor großen Flüchtlingsströmen der Armen in Richtung „Erste Welt"; um dies zu verhindern, leistet man lieber Entwicklungshilfe vor Ort.
- **Wirtschaftliche Gründe:**
  Die wirtschaftliche Entwicklung der Dritten Welt fördert den Welthandel und nutzt auch der Wirtschaft in den Industrieländern. Oft wird die Hilfe aber auch nur geleistet, wenn bestimmte Produkte aus dem Geberland gekauft werden. Teilweise wollen sich Industrieländer mit der Hilfe auch Rohstoffe in den Entwicklungsländern sichern.
- **Ökologische Gründe:**
  Aus Angst vor zu viel Umweltzerstörung in der „Dritten Welt" werden Maßnahmen ergriffen, damit die „Eine Welt" vor einer globalen Umweltkatastrophe geschützt wird.

Motifs pour la coopération avec les pays en développement

Il existe de multiples raisons pour lesquelles les gouvernements, les organisations privées et les particuliers contribuent à la coopération au développement.

- **Des raisons humanitaires:**
  L'amour du prochain provoque le désir d'aider les hommes à combattre la pauvreté, la famine, la violence etc.
- **Des raisons politiques et de stratégie militaire:**
  On désire éviter des émeutes et des guerres dans les pays en développement ou y combattre le terrorisme. La coopération au développement est en partie considérée comme une espèce de compensation pour les erreurs commises durant l'époque de la colonisation. Les pays en développement peuvent aussi être influencés par les pays riches. Cela veut dire que l'aide est seulement accordée à des conditions très précises. C'est ainsi que les pays industriels assurent leur influence politique et économique dans le tiers-monde. Les pays riches craignent en partie l'afflux important de réfugiés pauvres en direction du „premier monde"; afin d'éviter cela, ils préfèrent apporter de l'aide au développement sur place.
- **Des raisons économiques:**
  Le développement économique du tiers-monde renforce le commerce mondial et est également utile à l'économie des pays industriels. Souvent les aides ne sont fournies qu'en contrepartie de l'achat de certains produits du pays donneur. Grâce à ces aides, les pays industriels veulent en partie s'assurer des matières premières dans les pays en développement.
- **Des raisons écologiques:**
  La peur des ravages de l'environnement trop importants dans le tiers-monde pousse les gens à prendre des mesures afin de sauver le „monde unique" d'une catastrophe globale de l'environnement.

---

1. Nenne Vorteile der „Hilfe zur Selbsthilfe".
2. Erläutere die „egoistischen" Seiten der Entwicklungshilfe.

1. Quels sont les avantages de „l'aide à l'effort personnel"?
2. Explique les aspects „égoïstes" de l'aide aux pays en voie de développement.

M5: „Ist dir klar, dass ich dich in der Hand habe?"

M6: „Und jetzt: nichts wie rein ins große Geschäft!"

Entwicklungsländer und Entwicklungshilfe

Eine „umfassende" und nachhaltige Entwicklung

Entwicklung und Unterentwicklung können auch anders verstanden werden als nur der Gegensatz zwischen reichen und armen Ländern. Seit den 1970er-Jahren gibt es Menschen, die unter Entwicklung mehr verstehen als nur das wirtschaftliche Wachstum. Außer der Wirtschaft spielen auch soziale, humanitäre, politische und ökologische Faktoren eine große Rolle.

Ein umfassender Entwicklungsbegriff beinhaltet folgende Ziele und Aspekte:
- Mit einem wirtschaftlichen Wachstum (Quantität und Qualität) soll Armut beseitigt und der materielle Wohlstand gesteigert werden.
- Ausreichend viele Arbeitsplätze führen zu mehr sozialer Gerechtigkeit.
- Ein gesellschaftlicher Strukturwandel soll die Chancengleichheit erhöhen. Dazu gehören Bildungsprogramme, Menschenrechte und der Kampf gegen Ausbeutung und Rassismus.
- Das Recht auf politische Mitbestimmung umfasst freie Wahlen, freie Meinungsäußerung und Assoziationsfreiheit.
- Eine weitgehende politische und wirtschaftliche Unabhängigkeit des Landes brächte mehr Selbstbestimmung und Eigenständigkeit eines Landes.
- Alle Maßnahmen sollen nachhaltig wirken, das heißt dauerhaft sozial- und umweltverträglich sein.

Un développement „global" et durable

Le développement et le sous-développement ne signifient pas seulement le contraste entre pays riches et pays pauvres. Depuis les années 70, certaines personnes considèrent que le terme développement n'est pas uniquement synonyme de croissance économique. Au-delà de l'économie, les facteurs sociaux, humanitaires, politiques et écologiques jouent également un rôle important.

Une notion globale du développement comprend les buts et les aspects suivants:
- Supprimer la pauvreté et augmenter le bien-être matériel par une croissance économique (en quantité et en qualité).
- Créer suffisamment d'emplois pour assurer la justice sociale.
- Augmenter l'égalité des chances par une transformation structurelle de la société, dont font partie les programmes d'enseignement, le respect des droits de l'homme et la lutte contre l'exploitation et le racisme.
- Le droit à la participation politique comprend des élections libres, la liberté d'expression et d'association.
- L'indépendance politique et économique étendue d'un pays apporterait plus d'autodétermination et d'autonomie à ce pays.
- Toutes les mesures devraient avoir un effet persistant, cela veut dire qu'elles devraient être durablement compatibles avec la société et l'environnement.

M7: „Armer Teufel, soll ich dir mal das Schild halten?"

M8: Palmen-Oase „Es war eine hübsche kleine Palmen-Oase, bevor die Entwicklungshelfer kamen."

3. Suche dir zwei Karikaturen der Seite 183 (M2–M4) aus:
    a) Beschreibe sie.
    b) Was will der Zeichner damit sagen?
4. Vergleiche die verschiedenen Verständnisse von Entwicklung:
    a) Entwicklung = Wachstum der Wirtschaft und
    b) „umfassende Entwicklung".
5. Interpretiere zwei Karikaturen (M5–M8).
6. Überlege, wie jeder Einzelne von uns dazu beitragen kann, Probleme in der „Dritten Welt" zu lindern.

3. Choisis deux caricatures de la page 183 (M2–M4):
    a) Décris-les.
    b) Que désire exprimer le dessinateur?
4. Compare les différentes notions de développement:
    a) développement = croissance économique et
    b) „développement global"
5. Fais une interprétation de deux caricatures (M5–M8).
6. Réfléchis comment chacun d'entre nous pourrait contribuer à diminuer les problèmes du tiers-monde!

Entwicklungshilfe aus Luxemburg | La coopération au développement du Luxembourg

Auch in Luxemburg beteiligen sich die Regierung und zahlreiche öffentliche und private Organisationen an der Entwicklungszusammenarbeit.

Diese Politik ist durch das Gesetz von 1996 über die Entwicklungshilfe organisiert. Der für Entwicklungshilfe zuständige Minister legt regelmäßig einen Bericht über die Aktivitäten der Entwicklungspolitik vor. Dazu gehören:
- Spenden für Kooperationsprojekte mit den Regierungen der Entwicklungsländer
- Humanitäre Soforthilfen (z. B. Nahrungsmittelhilfen bei Hungersnöten)
- Beiträge der luxemburgischen Regierung für internationale Organisationen der Entwicklungspolitik (z. B. Projekte der EU, von UNICEF oder dem Roten Kreuz)
- Kofinanzierung von Projekten von Nichtregierungsorganisationen („NGO")

Im Jahr 2002 stellte die Luxemburger Regierung insgesamt 157 Mio. € für Entwicklungshilfe zur Verfügung. Ein großer Teil geht an Kooperationsprojekte mit den Regierungen der Entwicklungsländer. Die luxemburgische Regierung konzentriert die Entwicklungshilfe auf zehn ausgewählte Zielländer (M1, M2).

Ein Teil der öffentlichen Entwicklungshilfe ging an Projekte der NGO, welche auch durch private Spenden finanziert werden. Zu den 74 NGO im Großherzogtum gehören z. B. Action Solidarité Tiers Monde (ASTM), Briderlech Delen, Eng Bréck fir Lateinamerika, Hand an Hand, Médecins sans Frontières, Frères des Hommes.

Die meisten Projekte der luxemburgischen Entwicklungshilfe wollen die Lebensbedingungen der Armen in Lateinamerika, Afrika, Asien und teilweise Europa verbessern: Die Maßnahmen konzentrieren sich meistens auf die Bereiche Gesundheit, Erziehung und Wasser. Die Gruppen, die besonders an der Armut leiden, sollen daher speziell gefördert werden: z. B. Kinder, Kranke, Behinderte, Frauen in sozialer Not, arme Kleinbauern oder unterdrückte Volksgruppen. Bei den Projekten soll auch darauf geachtet werden, dass sie umweltverträglich sind und nachhaltig positiv wirken.

Au Luxembourg, le gouvernement et de nombreuses organisations publiques et privées participent à la coopération au développement.

Cette politique est organisée par la loi de 1996 sur la coopération au développement. Le Ministre en charge de la coopération au développement présente régulièrement un rapport sur les activités. Entre autres:
- des dons pour réaliser des projets en coopération avec des gouvernements de pays en développement
- des aides humanitaires immédiates (par exemple des aide alimentaires lors de famines)
- des contributions du gouvernement du Luxembourg à des organisations internationales du développement (p. ex. les projets de l'UE, de l'UNICEF ou de la Croix Rouge)
- le cofinancement de projets d'Organisations non Gouvernementales („ONG")

En l'an 2002, le gouvernement du Luxembourg a consacré 157 millions d'euros à la coopération au développement. Une grande partie sert à réaliser des projets en coopération avec les gouvernements des „pays en développement". Le gouvernement luxembourgeois concentre sa coopération au développement sur 10 pays appelés pays-cible (M1, M2).

Une partie des aides publiques au développement est destinée au cofinancement de projets d'ONG qui sont également financées par des dons privés. Aux 74 ONG du Grand-Duché appartiennent par exemple Action Solidarité Tiers Monde (ASTM), Briderlech Delen, Eng Bréck fir Lateinamerika, Hand an Hand, Médecins sans Frontières, Frères des Hommes.

La plupart des projets luxembourgeois de coopération au développement visent à améliorer les conditions de vie des pauvres en Amérique Latine, en Afrique, en Asie et en partie en Europe: les projets se concentrent le plus souvent sur la santé, l'éducation et l'eau. Les populations souffrant particulièrement de la pauvreté sont spécialement soutenus, par exemple les enfants, les malades, les handicapés, les femmes en misère sociale, les petits cultivateurs ou les populations opprimées. On s'efforce à rendre les projets compatibles avec l'environnement et durables.

	Total in Mio. €	In % des BSP
1995	46,1	0,34
1996	63,1	0,44
1997	79,6	0,54
1998	98,8	0,58
1999	110,2	0,65
2000	137,3	0,71
2002	157,1	0,82
2003	189,0	0,80

(Source: Inspection Générale des Finances, Lux.)

M1: Staatliche Entwicklungshilfe Luxemburgs

Ausgaben für die Entwicklungszusammenarbeit 2000 in Mio €

Burkina Faso, Kap Verde, El Salvador, Laos, Mali, Namibia, Nicaragua, Niger, Senegal, Vietnam

(Source: Ministère des Affaires Étrangères, Lux.)

M2: Schwerpunktländer der Luxemburger Entwicklungshilfe

M3: Karte von Namibia

„Entwicklungsland Namibia"

Einwohnerzahl (Mitte 2003): 1,9 Millionen

Staatsfläche: 825 000 km²

Mittlere Lebenserwartung: 49 Jahre

Bevölkerungswachstum: 2,6 % pro Jahr

Kindersterblichkeit: 57 pro 1 000 Geburten

Anteil der Bevölkerung ohne Zugang zu Trinkwasser: 17 %

Analphabetenrate: ca. 60 %

BSP pro Einwohner: 1960 US-$

Auslandsschulden: 83,1 % des BSP

Religionszugehörigkeit:
Christen 82 %
Andere 18 %

M4: Steckbrief Namibia

Fallbeispiel:
Luxemburger Entwicklungshilfe in Namibia

Im Südwesten Afrikas liegt Namibia, ein Entwicklungsland mit typischen Problemen (M4). In der Provinz Okavango im besonders rückständigen Norden Namibias laufen seit 1992 Projekte der luxemburgischen Entwicklungspolitik. In dieser Provinz leben rund 170 000 Menschen auf einer Fläche von 51 000 km². Die meisten leben als Viehzüchter und Kleinbauern verstreut in kleinen Dörfern (M5). Zentrum der Region ist die Stadt Rundu, wo sich auch ein wichtiger Markt befindet.

Cas exemplaire:
La coopération au développement du Luxembourg en Namibie

La Namibie, un pays en voie de développement aux problèmes typiques (M4), se situe dans le sud-ouest de l'Afrique. Depuis 1992, des projets de la coopération luxembourgeoise au développement sont en cours dans la province d'Okavango au nord de la Namibie, une région particulièrement arriérée. Dans cette province vivent approximativement 170 000 hommes sur une surface de 51 000 km². La plupart sont éleveurs de bétail et petits paysans vivant dans de petits villages éparpillés (M5). La ville de Rundu est le centre de la région où se trouve également un marché important.

M5: Dorf bei Rundu

Les pays en voie de développement et la coopération au développement

Entwicklungshilfe aus Luxemburg | La coopération au développement du Luxembourg

Integrierte Entwicklung in der Okavangoprovinz

Nach einer schweren Dürre 1992 leistete die luxemburgische Regierung eine Soforthilfe an die Opfer: Man lieferte Tankwagen für die Versorgung mit Trinkwasser und Milchpulver. Danach beschloss man eine dauerhafte Entwicklungszusammenarbeit. Mehrere Projekte sollten der armen Bevölkerung in der rückständigen Provinz Okavango helfen die Armut zu überwinden.

Der Aufbau einer einfachen Infrastruktur war eine wichtige Voraussetzung für die Entwicklung. Zunächst wurden die vorhandenen Einrichtungen wie Schulen, Straßen, Gesundheitszentren, Märkte usw. kartographisch erfasst. Das Ergebnis der Kartographen zeigte, dass viele Dörfer von der Versorgung abgeschnitten waren oder weit entfernt lagen. Dann plante man die Renovierung der vorhandenen Einrichtungen und den Bau neuer Gebäude. Auf dem Land wurden alte Schulen renoviert, neue zusätzlich gebaut. In der Provinzhauptstadt Rundu entstand eine Berufsschule.

Ein neues System der Radiokommunikation wurde zur Verfügung gestellt. „Mobile Kliniken" in Spezialfahrzeugen dienen der Gesundheitsversorgung in entlegenen Gebieten auf dem Land. Außerdem richtete man ein mobiles Team ein, das mit neuen Spezialfahrzeugen die Wartung der Kliniken und Gesundheitszentren sicherstellt (M8).

In den besonders rückständigen ländlichen Gegenden kam es darauf an, traditionelle Formen der Viehzucht zu verbessern. Zusammen mit der belgischen und französischen Regierung wurde ein Programm der ländlichen Entwicklung aufgestellt. Vorhandene Brunnen wurden erneuert. Die wachsende Bevölkerung sollte auch von neuen Wasserstellen profitieren (M7). Tierärzte kümmerten sich um die Gesundheit des Viehs und lernten Helfer an, die später die Arbeit übernehmen sollen.

In Rundu, dem wichtigsten Marktort der Region, wurde eine neue, überdachte Markthalle mit Kühlfächern für Fleisch und Milch gebaut und an die Kanalisation angeschlossen (M9). Hier herrschen jetzt bessere hygienische Bedingungen. Der Ausbruch von Krankheiten wird so vermieden.

Die luxemburgische Entwicklungszusammenarbeit erhofft sich vom Zusammenwirken der verschiedenen Projekte eine dauerhafte Verbesserung der Lebensbedingungen für die Menschen in der Region.

1. Welche verschiedenen Aktivitäten gehören zur Entwicklungspolitik in Luxemburg?
2. a) Was versteht man unter NGO?
   b) Nenne Beispiele aus Luxemburg.
3. Warum wird die Entwicklungshilfe auf spezielle Zielländer konzentriert?
4. Welche Erfolge ergaben sich in Namibia?

Le développement intégré dans la province d'Okavango

Suite à une grave sécheresse en 1992, le gouvernement luxembourgeois apporta une aide immédiate aux victimes: on fournit des camions-citerne pour l'approvisionnement en eau potable et du lait en poudre. Ensuite on décida d'établir une coopération permanente au développement. Plusieurs projets devaient aider la population de la province arriérée d'Okavango à franchir la pauvreté.

La mise en place d'une infrastructure simple fut une condition importante pour le développement. Les établissements existants comme l'école, les rues, les centres de santé, es marchés etc. furent d'abord relevés cartographiquement. Le résultat des cartographes montra que beaucoup de villages étaient écartés ou à longue distance de l'approvisionnement. On planifia alors la rénovation des établissements existants et la construction de nouveaux immeubles. A la campagne, de vieilles écoles furent remises à neuf et de nouvelles furent encore construites. A Rundu, capitale de la province, une école professionnelle fut mise sur pied.

Un nouveau système de radio-communication fut mis à disposition. Des „cliniques mobiles" dans des véhicules spéciaux servirent aux soins médicaux dans les régions éloignées de la campagne. En outre, on établit une équipe mobile qui assurait la maintenance des cliniques et des centres de santé à l'aide de voitures spéciales (M8).

Dans les régions rurales extrêmement arriérées, il s'agissait d'améliorer les formes traditionnelles d'élevage de bétail. En collaboration avec le gouvernement belge et français un programme de développement rural fut conçu. Des puits existants furent remis à neuf. La population croissante devait aussi profiter des nouvelles sources d'eau (M7). Des vétérinaires s'occupaient de la santé du bétail et préparaient des assistants qui devaient ensuite reprendre le travail.

A Rundu, où se trouve le marché le plus important de la région, fut construit un nouveau hall de marché couvert d'un toit, équipé de réfrigérateurs pour la viande et le lait et lié à la canalisation (M9). Ainsi, il y existe aujourd'hui de meilleures conditions d'hygiène. L'apparition de maladies peut ainsi être évitée.

La coopération luxembourgeoise au développement espère que la collaboration des différents projets améliorera durablement les conditions de vie de la population dans cette région.

1. Quelles activités variées font partie de la politique de coopération au développement du Luxembourg?
2. a) Qu'est-ce une ONG?
   b) Cite des exemples du Luxembourg.
3. Pourquoi la coopération au développement est-elle concentrée sur certains pays cibles?
4. Montre les succès en Namibie.

M6: Alte und neue Dorfschule bei Rundu

M7: Rinderherde am Brunnen

M9: Neue Markthalle „Open Market" in Rundu

M8: Mobile „Clinic Maintenance"

M10: Anti-Aids-Campagne in Rundu

Entwicklungsländer

http://www.inwent.org
http://www.ongd.lu/rubrique.php3?id_rubrique=15

Die Erde – ein bedrohter Lebensraum

Aralsee – ein Meer verschwindet

La Terre – un espace de vie menacé

Ausbruch des Oyama auf Miyakejima (Japan)

Zerstörungen nach einem Erdbeben in Izmit in der West-Türkei

Überschwemmungen in Bangladesh

Naturkatastrophen | Catastrophes naturelles

Die Plattentektonik und ihre Folgen

Die Plattentektonik

DIE ERDE IM WANDEL

Der Mensch neigt dazu, die Erdoberfläche als etwas Festes, Unwandelbares anzusehen und meint, dass die Landschaften, die Gebirge und die Meere immer so ausgesehen haben wie heute und in Zukunft immer so aussehen werden.
In Wirklichkeit verändert sich das Bild der Erde die ganze Zeit. Diese Veränderungen geschehen so langsam, dass man sie erst nach Jahrtausenden oder gar Jahrmillionen feststellen kann.
Auch die Berge, die Meere und sogar die riesigen Kontinente verändern sich in diesen geologischen Zeiträumen.

DIE THEORIE DES KONTINENTALDRIFTS
„Alles Lüge, Fantasien, Märchen!"
Bei der Hauptversammlung der Geologischen Gesellschaft in Frankfurt herrscht am 6. Januar 1912 große Aufregung. Ein 31 Jahre junger Außenseiter, Alfred Wegener (M1), hat soeben seinen Vortrag beendet.
Dieser junge Meteorologe behauptet doch allen Ernstes die Form von Afrika und Südamerika lasse darauf schließen, dass diese Kontinente früher zusammengehörten (M2).

Betrachtet man eine Weltkarte, so sieht man, dass die Kontinente der Erde in der Tat wie die Teile eines riesigen Puzzlespiels zusammenpassen könnten.

Wegener stellt außerdem die kühne Vermutung auf, dass die Kontinente vor vielen Millionen Jahren einen einzigen Urkontinent bildeten. Dieser Superkontinent sei später zerbrochen und die Kontinente würden seitdem auf der Gesteinsschmelze des Erdinneren umherschwimmen (M3). Obschon Wegener Beweise für seine Theorie des **Kontinentaldrifts** hat, so stellen sich doch die meisten Geologen gegen ihn.
Das Hauptproblem seiner Theorie liegt darin, dass Wegener nicht beweisen kann, welcher Motor die Kontinente der Erde bewegt.

Außerdem ist er nicht Geologe, sondern Klimaforscher – weswegen ihm die geologische Fachwelt von vornherein skeptisch gegenübersteht und seine „wirren Theorien" ablehnt. Wegener selbst wird ausgelacht und als Phantast abgestempelt.

Alfred Wegener wurde am 1.11.1880 in Berlin geboren. Als studierter Geophysiker, Meteorologe und Klimatologe hat sich dieser vielseitige Forscher aber auch auf anderen Gebieten einen Namen gemacht. So im Bereich der Thermodynamik der Atmosphäre und der Wolkenphysik. Auch verschiedene geophysikalische Instrumente verdanken wir seinem wissenschaftlichen Fleiß.
Die Hauptregion seiner Forschungsaktivitäten ist Grönland. Insgesamt viermal bricht er ins grönländische Inlandeis auf. Berühmt geworden sind neben seinen dort gewonnenen wissenschaftlichen Erkenntnissen besonders seine anschaulichen Reiseschilderungen, die auch außerhalb der Fachwelt großes Interesse gefunden haben. Von seiner letzten Expedition, im November 1930, über das Inlandeis Grönlands kehrt er nicht zurück.

M1: Alfred Wegener – ein Forscherleben

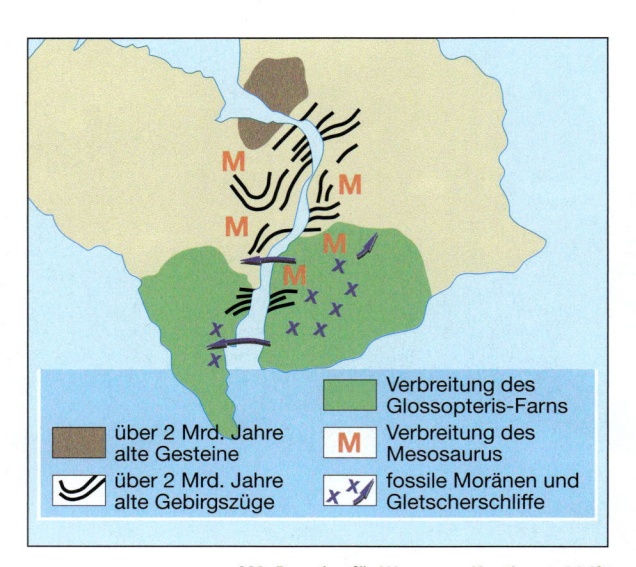

- über 2 Mrd. Jahre alte Gesteine
- über 2 Mrd. Jahre alte Gebirgszüge
- Verbreitung des Glossopteris-Farns
- M Verbreitung des Mesosaurus
- fossile Moränen und Gletscherschliffe

M2: Beweise für Wegeners Kontinentaldrift

1. Welche Beweise hatte Wegener für seine Theorie des Kontinentaldrift?
2. Warum glaubte man ihm nicht?

La tectonique des plaques et ses conséquences

La tectonique des plaques
LA TERRE EN TRANSFORMATION
L'homme a tendance à considérer la surface de la Terre comme quelque chose de fixe et indéformable et il croit que les paysages, les montagnes et les océans ont toujours eu 'apparence qu'ils ont aujourd'hui et qu'ils la garderont dans le futur. En réalité, l'image de la Terre change tout le temps. Ces transformations se font si lentement que l'on ne peut les constater qu'après des milliers, si ce n'est des millions d'années.

Les montagnes et les océans aussi, même les continents géants se transforment durant ces périodes géologiques.

LA THÉORIE DE LA DÉRIVE CONTINENTALE
„Tout est mensonge, fantaisie, conte!"
Le 6 janvier 1912, lors de la réunion générale de la Société Géologique à Francfort une grande agitation règne. Un jeune outsider âgé de 31 ans, Alfred Wegener (M1), vient de prononcer son discours.
Le jeune météorologue prétend sérieusement que selon la forme de l'Afrique et de l'Amérique du Sud, on peut déduire que ces deux continents n'en formaient qu'un seul à l'époque (M2).

En observant le planisphère, on constate que les continents de la Terre pourraient en effet se rassembler comme les morceaux d'un puzzle gigantesque.

En outre, Wegener établit la supposition que les continents formaient un seul continent il y a des millions d'années. Ce super-continent se serait rompu par la suite et les continents flotteraient depuis sur la fonte minérale de l'intérieur de la Terre (M3). Bien que Wegener ait des preuves pour sa théorie de la **dérive continentale**, la plupart des géologues s'y opposent. Le problème fondamental de sa théorie est celui que Wegener n'arrive pas à prouver quel moteur pousse les continents de la Terre à bouger.

En plus, il n'est pas géologue mais climatologue. C'est pour cela que le monde technique des géologues lui fait face avec scepticisme et rejette ses „théories confuses". On se moque de Wegener lui-même et on le traite de rêveur.

1. Quelles preuves Wegener avait-il pour sa théorie de la dérive continentale?
2. Pourquoi ne lui croyait-on pas?

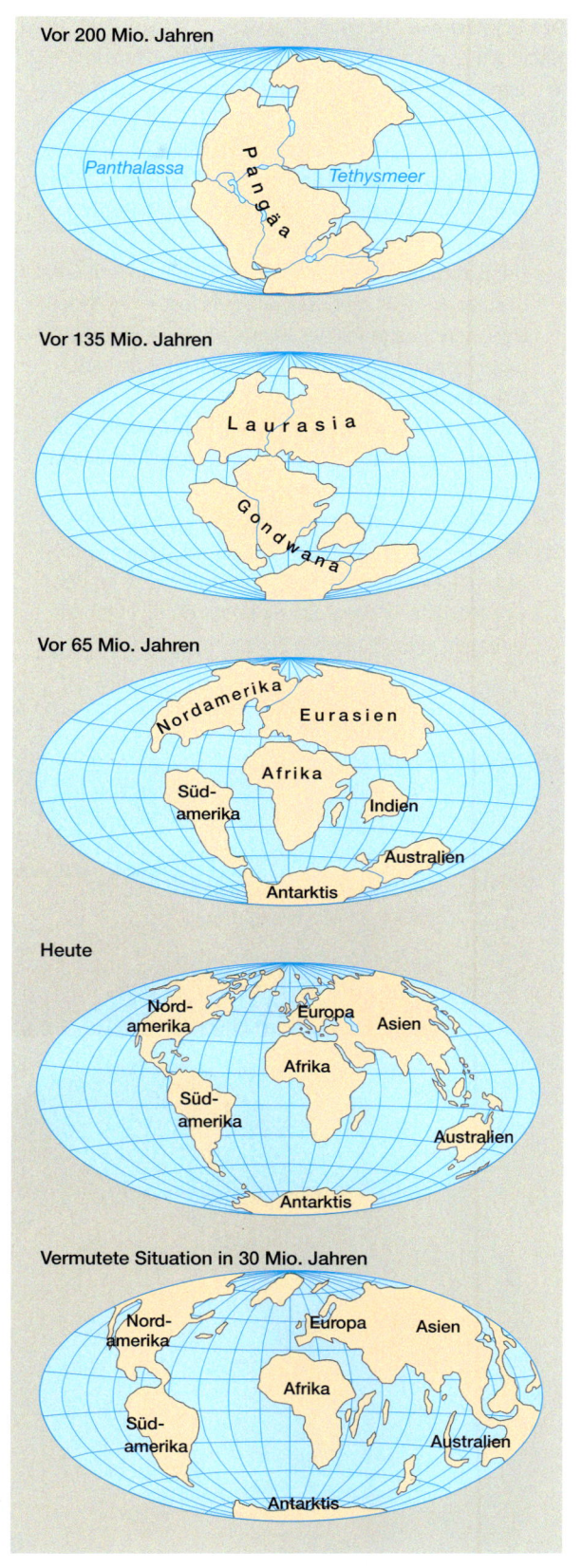

M3: Das Wandern der Kontinente

Naturkatastrophen | Catastrophes naturelles

Der Schalenbau der Erde

Nach heutigen Erkenntnissen gliedert sich unsere Erde in mehrere Schalen, die einander ringförmig umgeben (M4):

- Der **Erdkern** ist der innerste Teil der Erde. Über ihn ist noch relativ wenig bekannt. Man geht davon aus, dass er aus einem inneren Kern (fest) und einem äußeren Kern (flüssig) besteht.
- Der **Erdmantel** reicht bis in etwa 2900 km Tiefe und besteht aus teils zähflüssigem, teils festem Material. Der obere (feste) Teil des Mantels und die Erdkruste bilden zusammen die Gesteinshülle der Erde, die **Lithosphäre**.
  Die darunter liegende Schicht, die **Asthenosphäre**, besteht jedoch aus zähflüssiger, beweglicher Magma (geschmolzenes Gestein).
- Die **Erdkruste** ist die äußerste relativ dünne Haut der Erde, auf der wir leben. Dieser Teil besteht aus festem Gestein und ist bis zu 50 km dick. Unter den Ozeanböden ist diese Kruste relativ dünn, unter den Gebirgen jedoch deutlich dicker.

La construction en coque de la Terre

D'après les connaissances actuelles, notre Terre est structurée par plusieurs coques qui s'entourent l'une l'autre en forme de cercle (M4):

- Le **noyau terrestre** est le centre de la Terre. Concernant ce noyau, les connaissances sont minimes. On part du principe qu'il se compose d'un noyau central (dur) et d'un noyau extérieur (liquide).
- Le **manteau terrestre** a une profondeur d'approximativement 2900 km et consiste en un matériau en partie visqueux, en partie dur. La partie supérieure (dure) du manteau et la croûte terrestre constituent ensemble l'enveloppe minérale de la Terre, la **lithosphère**.
  La couche située en-dessous, l'**asthénosphère**, consiste cependant en un magma visqueux et mobile (minéraux fondus).
- La **croûte terrestre** correspond à la peau relativement fine la plus extérieure de la Terre, sur laquelle nous vivons. Cette partie se constitue de minéraux durs et a une épaisseur de jusqu'à 50 km. Cette croûte est relativement mince au-dessous du fond des océans mais elle est par contre nettement plus épaisse en-dessous des montagnes.

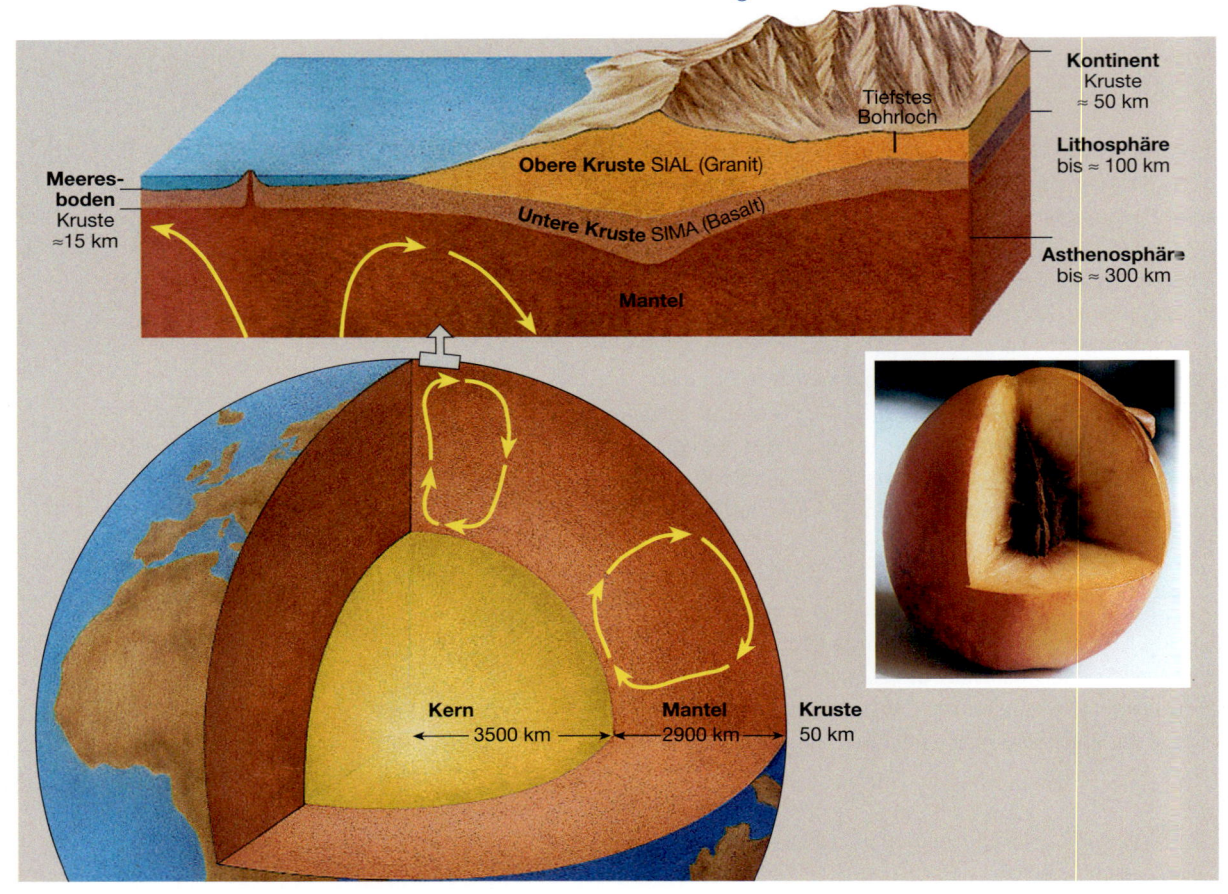

M4: Der Aufbau der Erde

Die Erde – ein bedrohter Lebensraum

Die Theorie der Plattentektonik

Heute geht man davon aus, dass die Erdkruste in etwa 20 Platten zerstückelt ist, die sich langsam (einige cm/Jahr) auf der darunterliegenden zähflüssigen Asthenosphäre bewegen (M5).

Entgegen früheren Ansichten durchpflügen also nicht die Kontinente die Ozeane, sondern die Erdplatten, die entweder kontinental (leicht) oder ozeanisch (schwer) sind, bewegen sich. Diese Lehre nennt man **Plattentektonik** (M6).

La théorie de la tectonique de plaques

De nos jours on part du principe que la croûte terrestre est divisée en environ 20 plaques qui bougent lentement (quelques cm par an) sur l'asthénosphère visqueuse placée en dessous (M5).

Contrairement aux anciennes opinions, ce ne sont pas les continents qui parcourent les océans mais les plaques terrestres, soit continentales (légères), soit océaniques (lourdes) qui bougent. Cette théorie s'appelle la **tectonique des plaques** (M6).

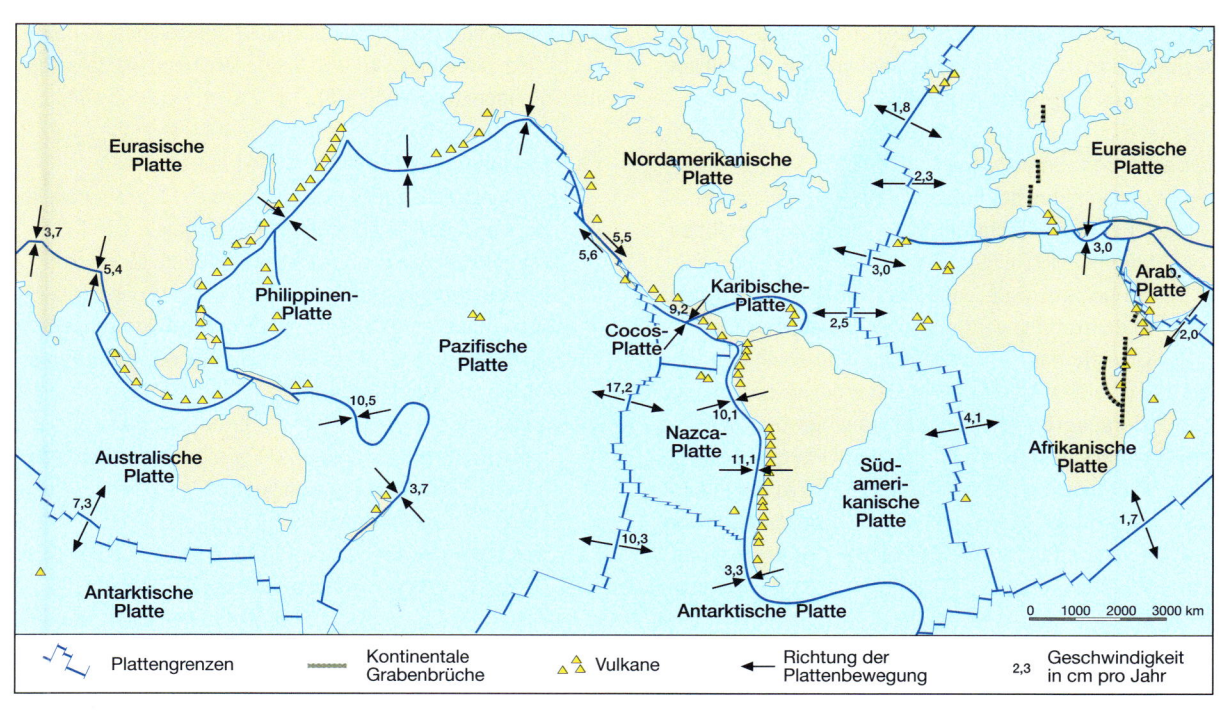

M5: Lithosphärenplatten und ihre Bewegungen

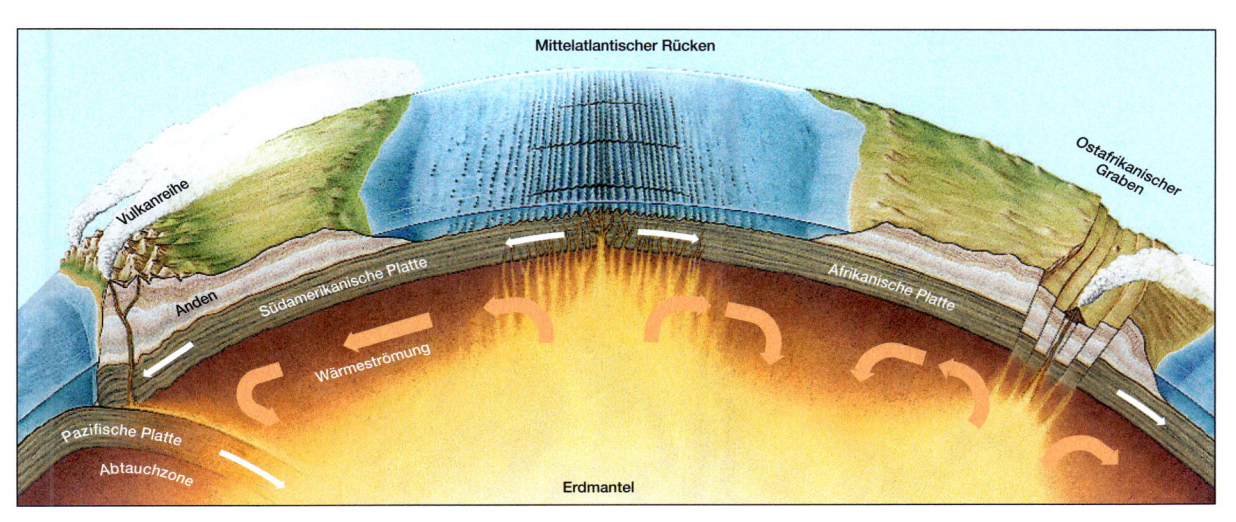

M6: Modell der Plattentektonik

Naturkatastrophen | Catastrophes naturelles

Die Mechanismen der Plattentektonik

Der Motor der Plattenbewegungen sind Wärmeströmungen, so genannte **thermische Konvektionsströmungen**, die vom Erdkern zur Erdkruste fließen, zu den Seiten hin abgelenkt werden und anschließend wieder absinken (M4, M7).

Platten driften auseinander

Trifft eine solche Strömung auf eine Plattengrenze, so werden die Platten zu beiden Seiten weggeschoben und das Magma kann austreten. Diesen Vorgang nennt man **seafloor spreading**, also eine Ausbreitung des Meeresbodens. Auf dem Grund der Ozeane entstehen dadurch riesige, bis zu 40 000 km lange Gebirgszüge, die mittelozeanischen Rücken (M7D, M7E).

Platten stoßen aufeinander

- An den Punkten der Erde, an denen Platten in entgegengesetzter Richtung aufeinander prallen, gibt es 3 Hauptmöglichkeiten:
  - *a)* Wenn zwei ozeanische (schwere) Platten aufeinander treffen, werden beide von ihrem eigenen Gewicht nach unten gedrückt und somit entstehen die tiefsten Meeresstellen der Erde, die so genannten **Tiefseegräben** z. B. der Marianengraben (M7F).
  - *b)* Wenn eine ozeanische (schwere) Platte auf eine leichtere kontinentale Platte trifft, wird sie unter diese geschoben (M7H). Durch diese **Subduktion** schmilzt das Gestein und wird zu heißem Magma. Die Bewegungen der Platten verursachen meistens schwere Erdbeben, die Risse auf der kontinentalen Platte hervorrufen. Durch diese Risse kann Magma nach oben gelangen und somit entstehen häufig Vulkanketten an der Grenze der kontinentalen Platte, z. B. die Anden (M7H).
  - *c)* Wenn zwei kontinentale (also leichte) Platten aufeinander prallen, werden beide zusammengepresst und nach oben gedrückt. Durch diese Kollision entstehen **Faltengebirge**, die sehr hoch werden können, z. B. das Himalayagebirge (M7I).

1. Auf welcher Platte befindet sich Luxemburg?
2. Suche die mittelozeanischen Rücken auf einer physischen Weltkarte. Welche Platten befinden sich an ihren Grenzen?
3. Lokalisiere und erkläre die Entstehung:
   - *a)* Islands
   - *b)* der Anden
   - *c)* des Himalayas
   - *d)* des Japangrabens

Les mécanismes de la tectonique des plaques

Des courants chauds, appelés **courants de convection thermique** allant du noyau vers la croûte terrestre où ils sont déviés vers les côtés pour ensuite retomber vers le bas, sont à l'origine du mouvement des plaques (M4, M7).

Les plaques à la dérive

Lorsque les bords des plaques rencontrent un tel courant, elles sont poussées des deux côtés ce qui permet au magma de surgir. Ce processus s'appelle **seafloor spreading** ce qui veut dire extension du fond océanique. Sur le fond des océans se créent par conséquent des chaînes de montagne géantes jusqu'à 40 000 km de longueur, les dorsales médio-océaniques (M7D + E).

Les plaques s'entrechoquent

- aux points de la Terre où les plaques se heurtent dans le sens opposé il y a 3 possibilités principales :
  - *a)* Quand deux plaques océaniques (lourdes) se heurtent elles sont toutes les deux poussées vers le bas par leur propre poids et les endroits les plus profonds sur Terre se créent alors, lesdites fosses **abyssales océaniques**, la fosse des Mariannes p.ex. (M7F).
  - *b)* Lorsqu'une plaque océanique (lourde) se heurte à une plaque continentale légère, elle glissera en-dessous de celle-ci (M7H). Par cette **subduction** les minéraux fondent et se transforment en magma chaud.
    Dans la plupart des cas le mouvement des plaques provoque des tremblements de terre qui engendrent des failles sur les plaques continentales. Ces failles permettent au magma d'accéder à la surface et par conséquent des chaînes volcaniques se forment souvent au long des bords des plaques, p.ex. les Andes (M7H).
  - *c)* Quand des plaques continentales (donc légères) s'entrechoquent elles sont toutes les deux comprimées et poussées vers le haut. Par cette collision des **montagnes de plissement** se créent et peuvent être très élevées, par exemple le massif du Himalaya (M7I).

1. Sur quelle plaque se trouve le Luxembourg ?
2. Cherche les dorsales médio-océaniques sur le planisphère physique. Quelles plaques se trouvent à leur bord ?
3. Localise et explique la création
   - *a)* de l'Islande
   - *b)* des Andes
   - *c)* de l'Himalaya
   - *d)* de la fosse du Japon

Die Erde — ein bedrohter Lebensraum

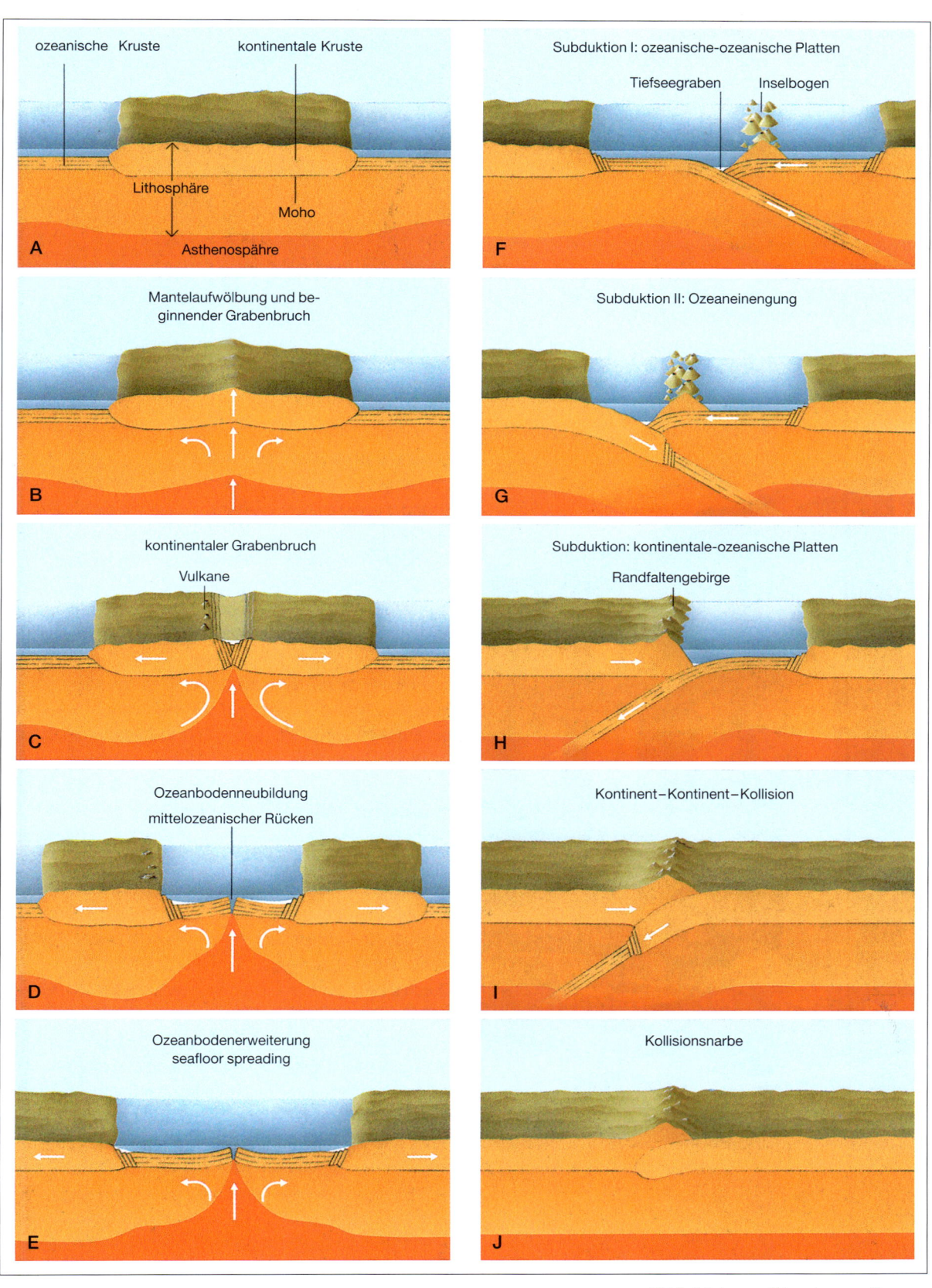

A ozeanische Kruste | kontinentale Kruste | Lithosphäre | Moho | Asthenospähre

B Mantelaufwölbung und beginnender Grabenbruch

C kontinentaler Grabenbruch — Vulkane

D Ozeanbodenneubildung mittelozeanischer Rücken

E Ozeanbodenerweiterung seafloor spreading

F Subduktion I: ozeanische-ozeanische Platten — Tiefseegraben, Inselbogen

G Subduktion II: Ozeaneinengung

H Subduktion: kontinentale-ozeanische Platten — Randfaltengebirge

I Kontinent–Kontinent–Kollision

J Kollisionsnarbe

M7: Entstehen und Vergehen von Ozeanen

La Terre – un espace de vie menacé

Naturkatastrophen | Catastrophes naturelles

Panik in Seattle – 28. Februar 2001

Hunderte Menschen rannten in der US-Westküstenstadt in Panik auf die Straße. Nach ersten Berichten dauerte das Erdbeben fast eine halbe Minute und hatte eine Stärke von 7,0 auf der Richterskala. Bilder von örtlichen Fernsehsendern zeigten starke Schäden an Gebäuden. Auf den Straßen lagen zertrümmerte Scherben von Fenstern und Fassadenteilen (M2).

In der Aufnahme war zu sehen, wie die Wände plötzlich zu wackeln begannen und die Anwesenden verwirrt umherstolperten.

Bei diesem Erdbeben wurden mehr als 250 Personen verletzt, glücklicherweise gab es keine Toten.

Erdbeben sind in der Region nicht ungewöhnlich, eine Erschütterung dieser Stärke ist jedoch sehr selten.

(nach: Spiegel online)

M1: Erdbeben in Seattle 2001

M2: Zerstörte Fassade in Seattle 2001

Phänomene der Erde/Naturkatastrophen

http://sdac.hannover.bgr.de/index2.html
http://www.iaag.geo.uni-muenchen.de/sammlung/geoforum.html

M3: San-Andreas-Verschiebungsspalte

Erdbeben

ERDBEBEN AN DEN PLATTENGRENZEN

Überall, wo die Erdplatten aufeinander stoßen oder auseinander gerissen werden, ist die Gefahr von Beben groß. Besonders gefährdet sind jedoch die Gebiete, in denen die Platten sich horizontal aneinander vorbeibewegen.

Wenn 2 Platten aneinander vorbeidriften, verhaken sich die Erdkrustenplatten an diesen **Verschiebungsspalten**. Dauert dieser Vorgang lange genug an, wird der Druck zu groß und die Platten reißen sich mit einem mächtigen Ruck los. Diese plötzliche Energieentfaltung macht sich an der Erdoberfläche durch sehr starke Erdbeben bemerkbar (M6).

KALIFORNIEN – WARTEN AUF „THE BIG ONE"

Die bekannteste Verschiebungsspalte ist der *San-Andreas-Graben* in Kalifornien (M3, M4).

Die pazifische Platte mit Los Angeles driftet in nordwestliche Richtung, die nordamerikanische Platte mit San Francisco in Richtung Südosten, sodass die beiden Städte sich jedes Jahr um ein paar Zentimeter nähern (M5). Durch diese Plattenlage entstehen jedes Jahr mehr als 8000 kleine und mittlere Erdbeben.

Man geht davon aus, dass ein sehr starkes Erdbeben Kalifornien in nächster Zukunft bevorsteht, wobei sogar Teile der pazifischen Platte abbröckeln könnten. Im Falle eines solchen Superbebens wären die Zerstörungen in den Millionen-Städten katastrophal. Kaum einer der über 30 Millionen Kalifornier denkt jedoch ernsthaft daran, dieses reiche Land mit dem guten Klima zu verlassen, obschon „The Big One", wie die Kalifornier das befürchtete Erdbeben nennen, sie jederzeit heimsuchen kann.

M4: San-Andreas-Graben

Tremblements de terre

TREMBLEMENT DE TERRE AUX BORDS DES PLAQUES

Le danger des tremblements de terre est élevé partout où les plaques terrestres se heurtent, ou bien là où elles se divisent. Particulièrement en danger sont cependant les régions où les plaques se frottent latéralement.

Quand 2 plaques glissent l'une le long de l'autre alors les plaques de l'écorce terrestre au long de ces **failles de glissement** s'accrochent. Si ce procéssus dure assez longtemps la pression devient trop forte et les plaques se décrochent d'un coup violent.
Ce dégagement soudain d'énergie se fait remarquer à la surface terrestre par des tremblements de terre très forts (M6).

CALIFORNIE - EN ATTENDANT „THE BIG ONE"

La faille de glissement la plus connue est celle de la *fosse de San Andreas* en Californie (M3, M4).
La plaque pacifique avec Los Angeles glisse en direction nord-ouest, la plaque nord-américaine avec San Francisco en direction sud-est ce qui implique le rapprochement des deux villes de quelques centimètres chaque année (M5).
Cette position des plaques provoque plus de 8000 tremblements de terre de petite et moyenne ampleur par an.

On suppose que la Californie devra faire face à un tremblement de terre extrêmement fort dans un futur proche à la suite duquel des fragments de la plaque pacifique pourraient même se détacher. Dans le cas d'un tel méga-tremblement les dévastations dans ces métropoles où vivent des millions de personnes seraient catastrophiques. Très peu des plus de 30 millions de Californiens pensent sérieusement à quitter ce pays riche au climat agréable, bien que „The Big One", ainsi qu'appellent les Californiens le tremblement aussi craint, puisse les frapper à tout moment.

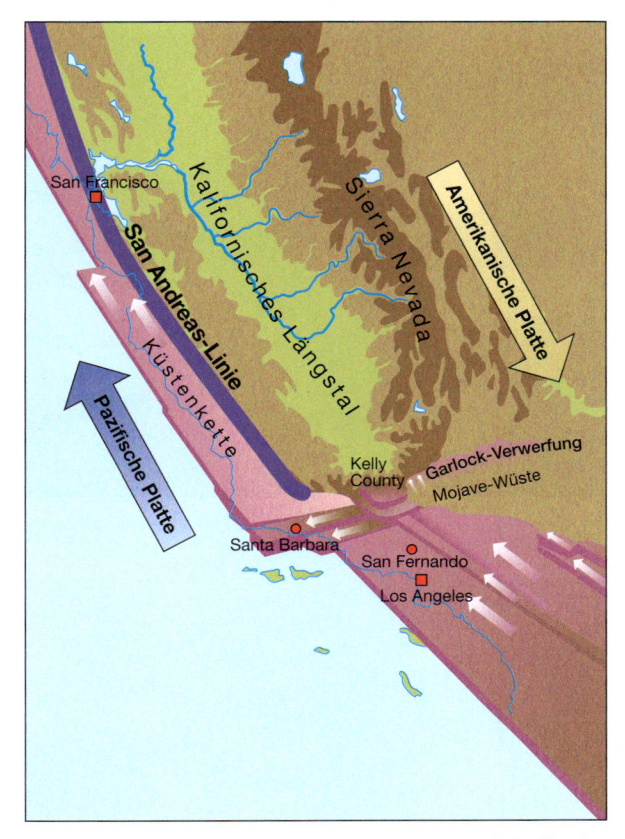

M5: Plattenbewegungen in Kalifornien

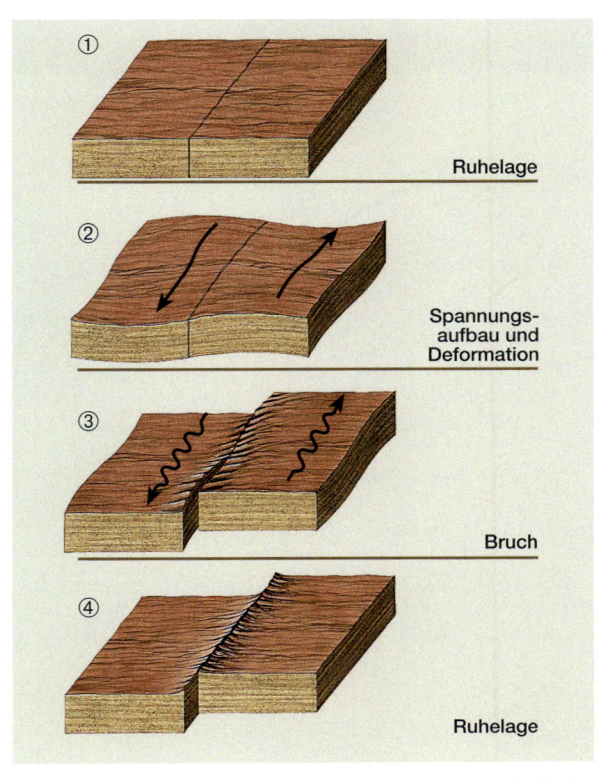

M6: Versetzung entlang der Spalte

La Terre – un espace de vie menacé

Naturkatastrophen | Catastrophes naturelles

M7: Seismograph am Vulkan Mayon

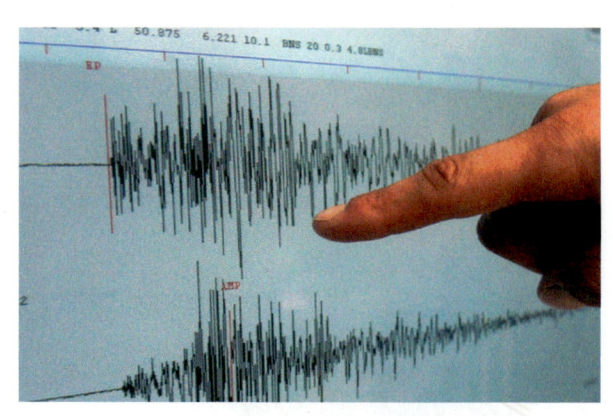

M8: Seismogramm eines Erdbebens

ERDBEBENMESSUNG

Jede kleine Erschütterung der Erdoberfläche wird mithilfe hoch empfindlicher Messgeräte, **Seismographen** (M7), registriert, die in einem dichten Netz über die ganze Erde aufgestellt sind. Eine dieser Stationen befindet sich in Walferdange bei Luxemburg-Stadt.

Die Stärke eines Erdbebens wird dadurch ausgedrückt, wie viel Energie freigesetzt wurde, und auf der **Richterskala** gemessen. Die Richterskala ist nach oben hin offen, weil niemand genau vorhersagen kann, wie stark ein Erdbeben werden kann. Ein Beben mit der Stärke 5,0 ist 10-mal stärker als ein Beben der Stärke 4,0 (M10).

ERDBEBENSCHUTZ

Man ist heute leider nicht im Stande Erdbeben genau vorauszusagen, da diese meist ohne Ankündigung auftreten. In erdbebengefährdeten Gebieten versuchen die Menschen sich so gut wie möglich zu schützen:

- Erdbebensichere Häuser aus Stahlbeton halten die sehr starken Schwingungen aus.
- Starke Verankerungen der Gebäude im Untergrund und „Stoßdämpfer" (M11) schützen vor zu schnellem Einsturz.
- Für Wasser- und Gasleitungen verwendet man Kunststoff, der dehnbar ist.
- Zur Bekämpfung von Bränden hat man in den Städten Löschtanks angelegt.

In erdbebengefährdeten Regionen kann man somit sogar Hochhäuser bauen, die starke Erdbeben ohne Schaden überstehen (M12, M13). Wegen der ständigen Erdbebengefahr hat man in Japan schon sehr früh nach einem wirksamen Schutz gesucht. Das Prinzip des japanischen Hauses basiert darauf, nur leichte Materialien zu verwenden um die Verletzungsgefahr niedrig zu halten (M14).

1. Weshalb ziehen immer mehr Menschen nach Kalifornien, obschon die Erde dort jeden Tag bebt?
2. Lokalisiere die schwersten Erdbeben der Neuzeit auf einer Karte (M9). Was stellst du fest?
3. Berate in der Gruppe über weitere Schutzmaßnahmen bei Erdbeben.

Jahr	Land	Auswirkungen
1906	USA (San Francisco)	Feuersbrünste und Flutwelle, über 1000 Tote (Stärke ca. 8,0)
1923	Japan (Tokio)	Landsenkungen, Feuersbrünste, 150 000 Tote (Stärke 8,3)
1960	Chile (Valdiria)	löste Erdrutsche und Tsunamis aus, ca. 5000 Tote (Stärke 8,6)
1976	China (Tangschan bei Peking)	750 000 Tote, totale Zerstörung der Stadt (Stärke 8,3)
1985	Mexiko (Mexico City)	Zerstörungen in der Innenstadt, 23 000 Tote (Stärke 8,1)
1988	Armenien (Spitak bei Jerewan)	Verwüstungen und Bergstürze, 25 000 Tote (Stärke 7,5)
1993	Indien (Latur bei Sholapur)	Zerstörung von Dörfern, 9 800 Tote (Stärke 7,9)
1995	Japan (Kobe)	Zerstörungen in der Innenstadt, 5300 Tote (Stärke 6,9)
1999	Türkei (Izmit bei Istanbul)	Zerstörungen in mehreren Städten, 18 000 Tote (Stärke 7,4)
2001	Indien (Gujarat bei Rajkot)	Zerstörung von Dörfern, 14 000 Tote (Stärke 7,9)
2003	Iran (Provinz Kerman)	22 000 Tote (Stärke 6,3)

M9: Die schwersten Erdbeben seit 1906

Stärke 1–2:	Nur durch Instrumente nachweisbar.
Stärke 3:	Selten nahe dem Bebenherd zu spüren.
Stärke 4–5:	Im Umkreis von 30 Kilometern um das Bebenzentrum spürbar mit leichten Schäden.
Stärke 6:	Mäßiges Beben, Todesopfer und schwere Schäden in dicht besiedelten Regionen.
Stärke 7:	Starkes Beben, das zu Katastrophen führen kann.
Stärke 8:	Großbeben; 8,6 war bisher der höchste gemessene Wert.

M10: Richterskala

Die Erde – ein bedrohter Lebensraum

Mesurer les tremblements de terre

Chaque petit ébranlement de la surface terrestre est enregistré à l'aide d'appareils extrêmement sensibles, des **sismographes** (M7) qui sont installés en un réseau dense sur toute la planète. Une de ces stations se trouve à Walferdange près de la ville de Luxembourg.

L'intensité d'un séisme est exprimée par l'énergie dégagée et mesurée sur l'échelle de Richter. **L'échelle de Richter** n'est pas plafonnée car personne ne peut prévoir la magnitude d'un séisme. Un séisme d'une puissance 5,0 est 10 fois plus fort qu'un séisme d'une puissance 4,0 (M10).

Mesures de protection en cas de séisme

De nos jours, nous ne sommes malheureusement pas en mesure de prévoir les séismes avec précision étant donné que dans la plupart des cas ils ne s'annoncent pas. Dans les régions menacées par les séismes, les hommes essayent de se protéger dans la mesure du possible:

- Des maisons antisismiques en béton résistent aux vibrations très puissantes.
- L'ancrage souterrain solide des immeubles et des „amortisseurs" (M11) empêchent un effondrement trop rapide.
- Pour les conduites d'eau et de gaz, on utilise du matériel synthétique souple.
- Pour combattre les incendies, on a installé des citernes d'extinction dans les villes.

Il est ainsi possible de construire des immeubles très hauts qui résistent aux tremblements forts dans les régions menacées de séismes (M2, M13). En raison des risques permanents de séisme au Japon, on a déjà cherché très tôt une protection efficace. Le principe de la maison japonaise se base sur l'utilisation de matériaux légers pour minimiser le risque d'être blessé (M14).

1. Pourquoi de plus en plus de personnes vont-elles vivre en Californie bien qu'il y ait des tremblements de terre tous les jours.
2. Localise les séismes les plus forts des temps actues sur une mappemonde (M9). Que constates-tu?
3. Délibère en groupe sur d'autres mesures de protection en cas de séisme.

M 12: Erdbebensicheres Hochhaus in San Francisco

M 13: Erdbebensichere Zwillingshochhäuser in Osaka

M 11: Stoßdämpfer unter einem erdbebensicheren Haus

M 14: Traditionelles japanisches Haus

La Terre – un espace de vie menacé

Naturkatastrophen | Catastrophes naturelles

Vulkane

Nicht nur Erdbeben, auch Vulkane zeugen von den Veränderungen der Erdkruste.

Aus einer Tiefe bis zu 100 km steigen Gase und flüssiges Gestein, **Magma**, durch den **Vulkanschlot** auf. In einem **Krater** erreichen sie die Erdoberfläche. Bei dem Ausbruch, der **Eruption**, hat das Gemisch noch eine Temperatur von über 1000 °C.

DIE VULKANARTEN

Schichtvulkane

Einen Vulkantyp nennt man **Schichtvulkan**, weil er abwechselnd aus einer Schicht Asche und einer Schicht erkalteter Lava besteht (M2).

Beim Aufsteigen des Magmas werden Gase freigesetzt, wodurch es zu einer Explosion kommt. Durch diese Eruption tritt dickflüssige, gasreiche **Lava** aus. Gesteinsbrocken, Asche und Lavafontänen werden kilometerweit aus dem Vulkan geschleudert (M3).

Oftmals ruhen diese Vulkane mehrere Jahrzehnte und entfalten dann plötzlich eine unerwartet starke Aktivität. Diesen Typ Vulkan, zu dem der Ätna, der Pinatubo oder auch der Mount Saint Helens gehören, nennt man deshalb auch „Killervulkan" (M1, M2).

Schildvulkane

Andere Vulkane kennzeichnen sich durch eine ruhigere, aber konstante Form der Aktivität.

Bei den **Schildvulkanen** tritt regelmäßig dünnflüssige, gasarme Lava aus und es kommt nicht zu einer explosiven Eruption.

Weil sich im Inneren des Vulkans kein hoher Druck aufbaut, ist diese Form des Vulkanismus eher ein ruhiges, friedliches Herausströmen auf die flachen Flanken, z. B. die Hawaii-Vulkane (M5, M6).

M1: Ausbruch des Ätna

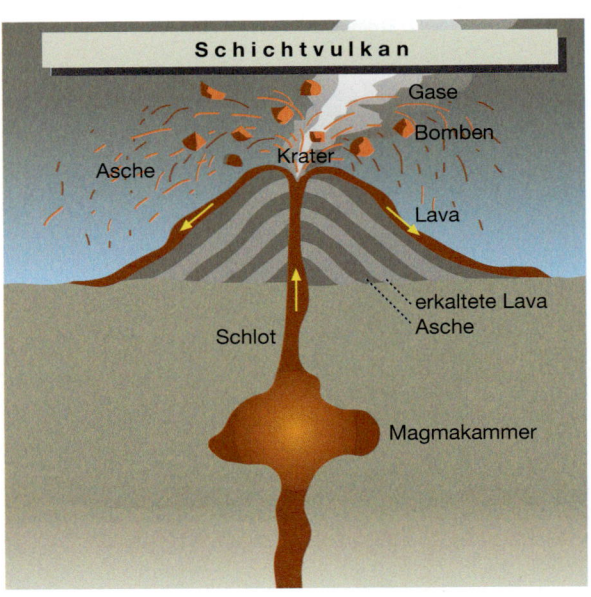

M2: Schema eines Schichtvulkans

M3: Ascheregen des Vulkans Mayon in Manila

Die Erde – ein bedrohter Lebensraum

Volcans

Non seulement les séismes mais aussi les volcans sont une preuve pour les transformations de l'écorce terrestre.
Des gaz et du matériel liquide, du **magma**, montent d'une profondeur allant jusqu'à 100 km par une **cheminée volcanique**. Par un **cratère** ils atteignent la surface terrestre.
Lors de **l'éruption**, le mélange est encore d'une température de plus de 1000 °C.

LES TYPES DE VOLCANS

Strato-volcans

Il existe un type de volcans qui s'appelle **strato-volcan** car il est composé alternativement d'une couche de cendres et d'une couche de magma refroidis. (M2)
Lors de la montée du magma, des gaz libérés provoquent une explosion. De la lave visqueuse est dégagée par cette éruption chargée de gaz. Des blocs, des cendres et des fontaines de **lave** sont projetés par le volcan à des kilomètres dans les alentours (M3).
Ces volcans reposent souvent durant plusieurs décennies et développent soudainement une activité d'une force inattendue. Ce type de volcan dont font partie l'Etna, le Pinatubo ou bien le Mount Saint Helens s'appellent aussi des „volcans tueurs" (M1, M2).

Volcans-boucliers

D'autres volcans se caractérisent par une activité d'une forme plus calme et constante. Les **volcans-boucliers** émettent régulièrement de la lave fluide, pauvre en gaz, ainsi les éruptions explosives ne se produisent pas. Etant donné qu'à l'intérieur du volcan aucune pression élevée ne se crée, cette forme de volcanisme correspond plutôt à un flux calme et paisible de la lave sur les côtés plats, p. ex. les volcans hawaïens (M5, M6).

M5: Ausbruch eines Hawaii-Vulkans

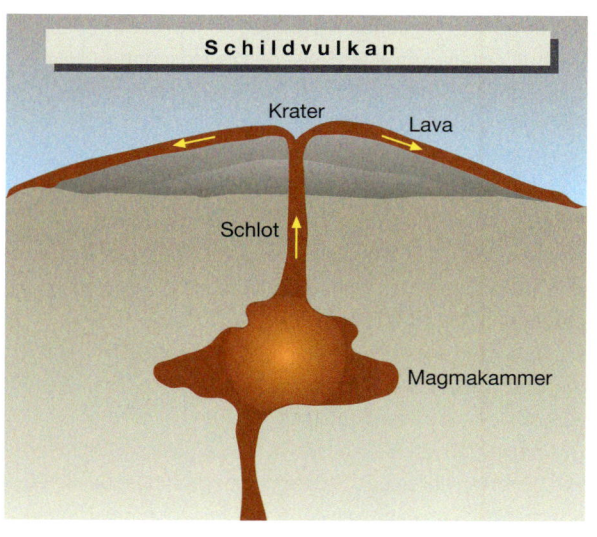

M6: Schema eines Schildvulkans

Jahr	Vulkan	Land	Opfer (ca.)	Lage	Jahr	Vulkan	Land	Opfer (ca.)	Lage
79	Vesuv	Italien	?	40.82 N 14.43 E	1973	Heimaey	Island	1	63.43 N 20.25 W
1669	Ätna	Italien	20 000	37.73 N 15.00 E	1980	St. Helens	USA	62	46.20 N 122.19 W
1772	Papandajan	Indonesien	3 000	7.32 S 107.73 E	1982	El Chichon	Mexiko	3 000	17.33 N 93.20 W
1792	Unzen	Japan	15 000	32.75 N 130.30 E	1985	Nevado de Ruiz	Kolumbien	31 000	4.88 N 75.37 W
1815	Tambora	Indonesien	12 000	8.25 N 118.00 E	1991	Pinatubo	Philippinen	1 000	15.14 N 120.35 E
1883	Krakatau	Indonesien	30 000	6.10 S 105.42 E	1993	Galeras	Kolumbien	9	1.22 N 77.30 W
1902	Mt. Pelée	Martinique	30 000	14.82 N 61.17 W	1997	Soufrière Hills	Montserrat	23	14.82 N 61.17 W
1911	Taal	Philippinen	1 335	14.00 N 121.00 E	2000	Mayon	Philippinen	0	13.26 N 123.68 E
1951	Lamington	Papua-Neuguinea	6 000	8.94 S 148.17 E	2001	Ätna	Italien	0	37.73 N 15.00 E
1963	Agung	Indonesien	1 200	8.34 N 115.51 E	2002	Nyiragongo	Dem. Rep. Kongo	45	1.48 S 29.23 E

M4: Liste der größten Vulkanausbrüche der Neuzeit

La Terre – un espace de vie menacé

Naturkatastrophen | Catastrophes naturelles

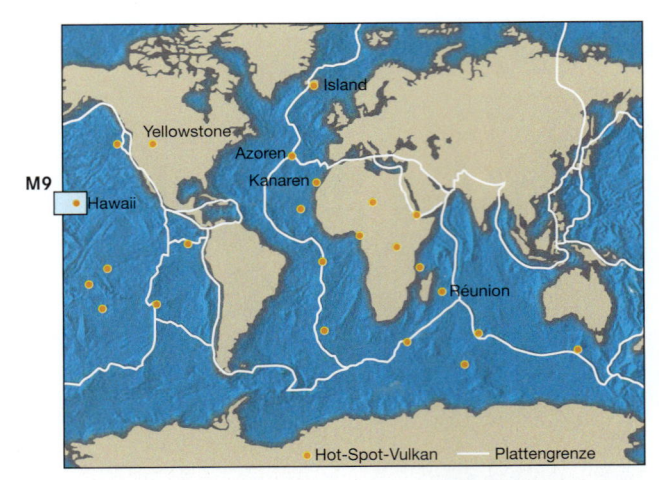

M7: Hot Spots der Erde

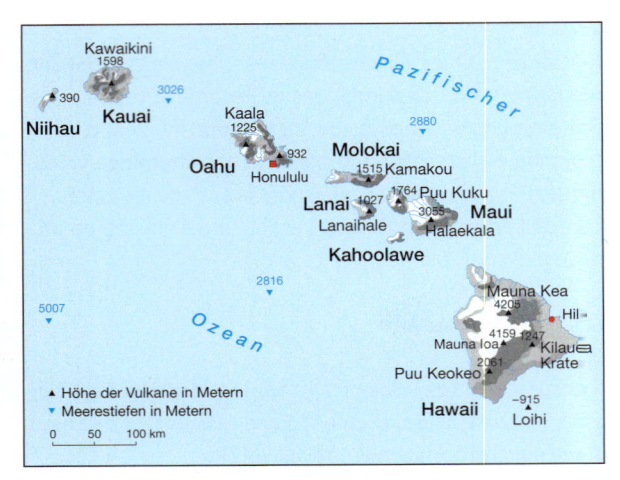

M9: Die Hawaiianische Inselkette

Hot Spots – Vulkane abseits der Plattengrenzen

Ein Großteil der Vulkane passt in das plattentektonische Bild unserer Erde, befindet sich also an den Plattengrenzen. Die Sonderfälle unter den Vulkanen liegen inmitten der Krustenplatten über so genannten **Hot Spots**, „heißen Flecken", auf der Erdkruste (M1).

Ein Hot-Spot-Vulkan wird von einer riesigen Magmaströmung aus dem Erdinneren gespeist. Ein Strahl aus Magma mit mehreren Hundert Kilometern Durchmesser durchbricht die Lithosphäre.
Auf der Erdkruste entsteht ein Vulkan, der, je nach Zusammensetzung des Magmas, sowohl ein Schichtvulkan als auch ein Schildvulkan sein kann.
Das besondere an diesen Hot Spots ist, dass sie Millionen von Jahren an derselben Stelle bleiben, wohingegen die Platten der Erdkruste sich bewegen. Die Folge ist, dass immer neue Vulkane entstehen. Es bildet sich eine Inselkette (M8).

Bei der Hawaii-Inselkette laufen diese Prozesse schon seit 70 Millionen Jahren ab und viele Inseln haben sich über die Meeresoberfläche gehoben (M9).

Hot Spots – points chauds a l'ecart des bords des plaques

La plus grande partie des volcans cadre l'image de la tectonique des plaques de notre Terre, se situant donc sur les confins des plaques. Les cas exceptionnels parmi les volcans se trouvent au milieu des plaques de l'écorce, au-dessus des „points chauds" dits **Hot Spots** sur l'écorce terrestre (M1).

Un volcan Hot Spot est alimenté par un flux de magma gigantesque de l'intérieur de la Terre. Un jet de magma d'un diamètre de plusieurs centaines de kilomètres pénètre la lithosphère.
Lorsqu'un volcan se crée sur l'écorce terrestre, il peut tout aussi bien s'agir d'un strato-volcan que d'un volcan-bouclier selon la composition du magma.
Le côté particulier des Hot Spots est qu'ils démeurent sur place pendant des millions d'années, tandis que les plaques de la croûte terrestre se déplacent. Il en résulte la naissance de nouveaux volcans formant une chaîne d'îles (M8).

Ce procéssus se produisant déjà depuis 70 millions d'années sur l'archipel d'Hawaï, beaucoup d'îles se sont élevées au-dessus de la surface de la mer (M9).

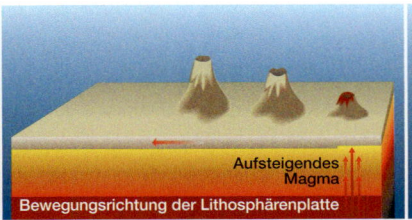

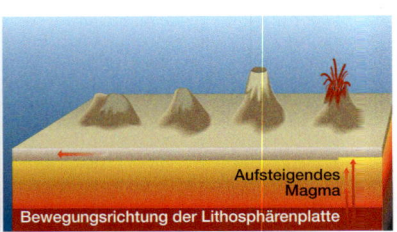

M8: Entstehung einer Inselkette durch einen Hot Spot

Die Erde – ein bedrohter Lebensraum

M 10: Lava begräbt die Stadt Goma

Eine halbe Million Menschen auf der Flucht
Goma/D. R. Kongo, 19. Januar 2002.

Ein eineinhalb Meter dicker Lavastrom hat sich am Samstag durch die Stadt Goma im Osten Kongos gewälzt (M10, M11).

Rund eine halbe Million Menschen waren auf der Flucht. Viele suchten im benachbarten Ruanda Zuflucht (M13).

Die Lava floss vom 3471 Meter hohen Vulkan Nyiragongo, der rund 50 Kilometer nördlich von Goma liegt, durch das Geschäftsviertel der Stadt. Mehr als ein Dutzend Erdbeben erschütterten die Region jede Stunde.

Mehr als die Hälfte von Goma wurde durch die Lava zerstört. Häuser brannten nieder, mindestens 45 Menschen kamen ums Leben. Weitere Gefahr droht der Region durch auftretende Seuchen wie Cholera und andere indirekte Folgen des Vulkanausbruches. So fielen bei der Explosion einer Tankstelle in Goma, zwei Tage nach der Eruption, annähernd 100 weitere Menschen dem Vulkan zum Opfer.

(nach: www.yahoo.de)

M 12: Lava fließt durch die Stadt Goma

VULKANE – GEFAHREN
Drohende Feuerberge

Vulkane sind ohne Zweifel faszinierende Gebilde, die den Menschen seit jeher in ihren Bann gezogen haben.

Scheinbar ohnmächtig steht der Mensch den übermächtigen Urgewalten gegenüber und muss hilflos zusehen, wie Häuser, Straßen oder sogar ganze Städte wie z. B. Pompeji zerstört werden.

Frühere Zivilisationen sahen in den hohen Feuer speienden Bergen gar Götter, die man besser nicht erzürnte, wenn man in ihrer Nähe überleben und leben wollte.

VOLCANS – LES DANGERS
Montagnes de feu menaçantes

Les volcans sont sans aucun doute des créations fascinantes qui ont toujours intéressé l'être humain.

Face à ces forces primitives trop puissantes, l'homme est apparemment impuissant et ne reste que spectateur face aux ravages de maisons, de rues ou même de villes entières comme p. ex. Pompéi qui a été complêtement détruite.

D'anciennes civilisations voyaient ces montagnes crâchant du feu comme des dieux qu'il ne fallait pas mettre en colère, si l'on désirait survivre et vivre dans ses alentours.

M 11: Lava fließt durch die Straßen von Goma

M 13: Die Bewohner verlassen die Stadt Goma

La Terre – un espace de vie menacé

Naturkatastrophen | Catastrophes naturelles

M 14: Zerstörung der Skistation auf dem Ätna, Juli 2001

M 15: Löschversuche auf dem Ätna

Schutz vor dem Vulkan?
Unser Wissen über die Vulkane hat sich im Laufe der letzten Jahrzehnte stark verbessert. Doch wie kann der Mensch konkret eingreifen?

Die Möglichkeiten des Menschen beschränken sich am Anfang des 21. Jahrhunderts immer noch darauf, dass Eruptionen nur kurzfristig vorhergesagt werden können. Die Zeit reicht dann meistens nur aus um die Bevölkerung der Umgegend zu evakuieren, manchmal sind aber Tote und Verletzte nicht zu vermeiden.
Versuche, die Lavaströme durch Kanäle abzuleiten oder durch Wälle und Wasserfronten aufzuhalten, gelingen manchmal, bleiben aber leider nur Einzelerfolge (M14, M15).

Die Vulkane Japans oder Italiens gehören zu den bekanntesten und am besten überwachten der Erde.

In ärmeren und unterentwickelten Regionen der Erde ist diese Vorhersage weniger verlässlich und die Evakuierungsmöglichkeiten sind deutlich schlechter, wie die Eruption des Nyiragongo in der Demokratischen Republik (D. R.) Kongo im Januar 2002 sehr deutlich gezeigt hat (M10, M11).

Y a-t-il moyen de se protéger des volcans?
Nos connaissances concernant les volcans ont nettement progressé durant les dernières décennies. Pourtant, comment l'homme peut-il intervenir concrètement?

Au début du 21e siècle, les possibilités de l'homme se limitent toujours à la prévision à court terme des éruptions. Dans la majorité des cas, il ne reste que le temps d'évacuer la population de la région ne pouvant pourtant pas toujours éviter morts et des blessés.
Les tentatives de déviation des fleuves de lave par des canaux ou de les retenir par des remparts et des fronts d'eau ont parfois réussi mais ne restent malheureusement que des réussites particulières (M14, M15).

Les volcans du Japon et de l'Italie font partie des volcans les plus connus et les plus surveillés sur Terre.

Dans les régions plus pauvres et moins développées du monde, ces prévisions sont moins sûres et les possibilités d'évacuation sont nettement plus faibles, comme l'a prouvé l'éruption du Nyiragongo dans la République Démocratique du Congo en janvier 2002 (M10, M11).

M 16: Vulkantourismus am Ätna

M 17: Geothermisches Kraftwerk auf Island mit Abwassersee

Vulkane und deren Nutzen

Durch Vulkane werden Siedlungen und Felder zerstört und trotzdem kehren die Bewohner nach einem Ausbruch immer wieder zurück. Dies liegt daran, dass bei Vulkanausbrüchen Lava und Asche ausgeworfen werden, die sehr viele Mineralien enthalten, also sehr fruchtbar sind. Die Böden der Felder im direkten Umkreis von Vulkanen sind dadurch sehr fruchtbar und erlauben einen vielfältigen Anbau mit mehreren Ernten im Jahr.

Vulkanische Wärme kann auf unterschiedliche Weise genutzt werden. In den USA und in Europa (Island, Italien) wird sie zur Herstellung von Elektrizität und zum Heizen von Häusern genutzt (M17).

Die Vulkanberge ziehen außerdem immer mehr Touristen an, die zum Skifahren und zum Wandern kommen oder die Faszination Vulkan erleben wollen (M16).

1. Erstelle eine Liste mit den direkten und den indirekten Gefahren, die von einem Vulkan ausgehen.
2. Lokalisiere die größten Vulkanausbrüche der Neuzeit auf einer Karte (M4). Was stellst du fest?
3. Welche der Hawaiianischen Inseln ist die älteste, welche die jüngste (M8, M9)?
4. Weshalb leben Menschen in der Nähe von Vulkanen?
5. Weshalb wird ein Vulkanausbruch meistens von Erdbeben begleitet?

Phänomene der Erde/Naturkatastrophen

http://www.naturgewalten.de/vulkan.htm
http://www.arte-tv.com/science/volcans/dtext/terre.htm
http://www.fherrgen.de

Les volcans et leur utilité

Les volcans détruisent des habitats et des champs et pourtant les habitants y retournent toujours après une éruption. Ceci est dû au fait que de la lave et des cendres très riches en minéraux, donc très fertiles, sont émis lors des éruptions volcaniques. Par conséquent, le sol et les champs, dans les alentours directs d'un volcan, sont très fertiles et permettent une culture variée avec plusieurs récoltes par an.

La chaleur volcanique peut être utilisée de plusieurs manières. Aux Etats-Unis et en Europe (en Islande, Italie), elle est utilisée à la production électrique et au chauffage des maisons (M17).

D'ailleurs, les montagnes volcaniques attirent de plus en plus de touristes qui viennent pour faire du ski ou des randonnées ou bien pour vivre la fascination du volcan (M16).

1. Etablis une liste des dangers directs et indirects d'un volcan.
2. Localise sur une carte les éruptions volcaniques les plus importantes des temps modernes (M4). Que constates-tu?
3. Laquelle des îles hawaïennes est la plus ancienne, laquelle la plus récente (M8, M9)?
4. Pourquoi les hommes vivent-ils près des volcans?
5. Pourquoi une éruption volcanique est-elle accompagnée dans la plupart du temps par des séismes?

http://www.vulkane.net/
http://www.g-o.de
http://www.biketravel.net/german/sizilien/dlivecam.htm

La Terre – un espace de vie menacé

Naturkatastrophen | Catastrophes naturelles

Tropische Wirbelstürme

Die Entstehung

Die Tropen und Subtropen werden regelmäßig von verheerenden Wirbelstürmen heimgesucht, die einen Durchmesser von mehreren Hundert Kilometern und Geschwindigkeiten von bis zu 350 km/h erreichen können (M2, M3).

Die tropischen Wirbelstürme entstehen zwischen dem 5. und dem 20. Breitengrad nördlicher und südlicher Breite über Ozeanen mit mehr als 26 °C Wassertemperatur.

Sowohl auf der Nordhalbkugel als auch auf der Südhalbkugel wandern die tropischen Wirbelstürme generell von Osten nach Westen und entfernen sich vom Äquator.

Die riesigen Sturmgebiete rotieren um das Zentrum, das **Auge**, in dem ein extrem tiefer Luftdruck herrscht. Die warme, feuchte Luft steigt schnell nach oben und wird somit kälter. Dieses schnelle Absinken der Temperatur führt zur **Kondensation**, welche die nötige Energie zum Wachstum des Wirbelsturmes liefert (M1).

Les cyclones tropicaux

La formation

Les régions tropicales et subtropicales sont régulièrement touchées par des cyclones dévastateurs qui peuvent atteindre des diamètres de plusieurs centaines de kilomètres et une vitesse atteignant les 350 km/h (M2, M3).

Les cyclones tropicaux se forment entre 5 et 20 degré de latitude nord et sud, au-dessus des océans ayant une température de l'eau de plus de 26°C.

Sur l'hémisphère nord ainsi que sur l'hémisphère sud les cyclones tropicaux vont généralement de l'Est à l'Ouest en s'éloignant de l'équateur.

Les tourbillons gigantesques tournent autour du centre, l'**oeil**, dans lequel la pression de l'air est extrêmement basse. L'air chaud et humide monte rapidement et se refroidit ainsi. Cette chute de température rapide mène à la **condensation** qui fournit l'énergie nécessaire à la croissance du cyclone (M1).

M1: Querschnitt eines tropischen Wirbelsturmes

Hurrikane werden ihrer Geschwindigkeit nach in fünf verschiedene Kategorien eingeteilt. Erst ab 114 km/h **m**ittlerer **W**ind**g**eschwindigkeit erhält ein tropischer Sturm die Bezeichnung Wirbelsturm.

	Bezeichnung	MWG in km/h
1	Schwach	114–153
2	Mäßig	154–177
3	Stark	178–209
4	Sehr stark	210–249
5	Verwüstend	> 250

M2: Die Saffir-Simpson-Hurrikan-Skala

	Tropische Stürme	darunter Hurrikane/Taifune
Nord-Atlantik	9,3	5,0
Nordost-Pazifik	17,8	10,3
Nord-Indik	5,2	2,0
Südwest-Indik	10,6	4,8
Südwest-Pazifik	16,4	7,5
Nordwest-Pazifik	26,8	16,4
gesamt	86,1	45,9

M3: Zahl der jährlichen tropischen Stürme weltweit

Die Erde — ein bedrohter Lebensraum

M4: Die Satellitenaufnahme zeigt den Hurrikan Mitch am 26. Oktober 1998

Die tropischen Wirbelstürme der Erde

1. In Mittel- und Nordamerika werden die Wirbelstürme **Hurrikane** genannt; hier sind insbesondere die karibischen Inseln und die südliche Ostküste der USA gefährdet (M4).
2. In Südost- und Ostasien werden sie **Taifune** genannt; zu den am stärksten gefährdeten Regionen zählen hier die Philippinen, Japan, die Ostküste Chinas und Taiwan.
3. Die sich im Indischen Ozean entwickelnden **Zyklone** verursachen jährlich große Schäden in Südasien und in Ostafrika.
4. Die tropischen Wirbelstürme, die an der Nordküste Australiens auftreten nennen, die dortigen Einwohner **Willy-Willies**.

Les cyclones tropicaux de la Terre

1. Ces cyclones sont appelés **Hurricane** en Amérique du Nord et en Amérique Centrale; les îles des Caraïbes et la côte du sud-est des Etats-Unis en sont particulièrement menacées (M4).
2. On les appelle **typhons** en Asie du Sud et en Asie orientale; les régions les plus sinistrées sont les Philippines, le Japon, la côte orientale de la Chine et le Taiwan.
3. Les cyclones se créant dans l'océan Indien causent chaque année des dégâts importants en Asie du Sud et en Afrique de l'Est.
4. Les cyclones tropicaux se manifestant sur la côte nord de l'Australie sont appelés **Willy-Willies** par les habitants locaux.

Naturkatastrophen | Catastrophes naturelles

Hurrikan Mitch verwüstet Mittelamerika

Weit über 9000 Tote, dazu verheerende Krankheitsepidemien und nun auch noch drohende Hungersnöte ... – dies ist die Schreckensbilanz, die der Killer-Hurrikan „Mitch" vor allem in den mittelamerikanischen Staaten Honduras und Nicaragua binnen nur wenigen Tagen der Vernichtung hinterließ.

Der Wirbelsturm „Mitch" gilt als der stärkste Hurrikan, der im 20. Jahrhundert vor der mittelamerikanischen Küste entstanden ist. In seinem Inneren rotierte am Montag, den 26. Oktober 1998, eine Sturmsäule mit Geschwindigkeiten von bis zu 330 km/h.   (nach: www.wetterleuchten.de)

M5: Die Wirkung des Hurrikane Mitch

M6: Verwüstungen durch den Hurrikan Mitch

Auswirkungen auf den Menschen

Sobald ein tropischer Wirbelsturm auf das Festland trifft, kann er durch die hohen Geschwindigkeiten große Verwüstungen anrichten, gegen die der Mensch sich fast überhaupt nicht wehren kann (M5).

Durch das Eindringen auf das Festland wird der Wirbelsturm von seiner Energiequelle, dem Wasser, abgetrennt, verliert somit an Stärke und löst sich schließlich ganz auf.

Auf dem Festland können dann innerhalb weniger Stunden bis zu einem halben Meter Niederschlag fallen. Oft sind die Zerstörungen und das Elend, die durch diese sintflutartigen Regen entstehen, noch schlimmer als die Zerstörungskraft des eigentlichen Sturmes.

Überschwemmungen, Epidemien und vernichtete Ernten stürzen ganze Länder über Jahre hinweg in eine menschliche und wirtschaftliche Katastrophe.

Die mittelamerikanischen Staaten Honduras und Nicaragua haben die Folgen von „Mitch" noch am Anfang des 21. Jahrhunderts nicht vollständig überwunden (M4–M6).

Effets sur l'homme

Lorsqu'un cyclone tropical touche la terre ferme, il peut causer des dévastations terribles contre lesquelles les hommes ne peuvent se protéger (M5).

En touchant la terre ferme, le cyclone est séparé de sa source d'énergie, l'eau. Ainsi il perd sa force et finit par disparaître entièrement.

Jusqu'à 50 cm de précipitations en quelques heures sont donc possibles sur la terre ferme. Les ravages et la misère causées par ces pluies diluviales sont souvent pires que la force destructive de la tempête elle-même.

Des inondations, des épidémies et des récoltes détruites noient tout un pays pour des années dans des catastrophes humaines et économiques.

Au début du 21e siècle, les Etats de l'Amérique Centrale, le Honduras et le Nicaragua, n'ont toujours pas surmonté les effets du „Mitch" (M4–M6).

Die Erde – ein bedrohter Lebensraum

2002	2003	2004	2005	2006	2007	2008 = 2002
Arthur	Ana	Alex	Arlene	Alberto	Allison	Arthur
Bertha	Bill	Bonnie	Bret	Beryl	Barry	Bertha
Cristobal	Claudette	Charley	Cindy	Chris	Chantal	Cristobal
Dolly	Danny	Danielle	Dennis	Debby	Dean	Dolly
Edouard	Erika	Earl	Emily	Ernesto	Erin	Edouard
Fay	Fabian	Frances	Franklin	Florence	Felix	Fay
Gustav	Grace	Gaston	Gert	Gordon	Gabielle	Gustav
Hanna	Henri	Hermine	Harvey	Helene	Humberto	Hanna
Isidore	Isabel	Ivan	Irene	Isaac	Iris	Isidore
Josephine	Juan	Jeanne	Jose	Joyce	Jerry	Josephine
Kyle	Kate	Karl	Katrina	Kirk	Karen	Kyle
Lili	Larry	Lisa	Lee	Leslie	Lorenzo	Lili
Marco	Mindy	Matthew	Maria	Michael	Michelle	Marco
Nana	Nicholas	Nicole	Nate	Nadine	Noel	Nana
Omar	Odette	Otto	Ophelia	Oscar	Olga	Omar
Paloma	Peter	Paula	Philippe	Patty	Pablo	Paloma
Rene	Rose	Richard	Rita	Rafael	Rebekah	Rene
Sally	Sam	Shary	Stan	Sandy	Sebastien	Sally
Teddy	Teresa	Tomas	Tammy	Tony	Tanya	Teddy
Vicky	Victor	Virginie	Vince	Valerie	Van	Vicky
Wilfred	Wanda	Walter	Wilma	William	Wendy	Wilfred

M7: Aktuelle Namenliste für den Atlantik

Erkennung und Namengebung
Mithilfe moderner Radar- und Satellitentechnik und dank eines weltweiten Vorwarnsystems sind tropische Wirbelstürme heute relativ leicht zu entdecken und zu verfolgen (M4).

Deutlich schwieriger ist es jedoch, die genaue **Zugbahn** zu bestimmen und vorauszusagen um die betroffene Bevölkerung rechtzeitig zu warnen.

Zur gleichen Zeit können mehrere tropische Wirbelstürme auf der Erde aktiv sein. Deshalb und weil sie mehrere Tage andauern, gibt man ihnen einen Namen. Seit 1979 werden abwechselnd weibliche und männliche Namen vergeben. Hat ein Hurrikan zu schlimm gewütet oder viele Lebensopfer gefordert, wird sein Name aus den Listen gestrichen z. B. Hugo, Mitch (M7).

1. Worauf sind die enormen Niederschlagsmengen zurückzuführen, die ein tropischer Wirbelsturm mitbringt?
2. Weshalb gibt man den tropischen Wirbelstürmen Namen?

Repérage et dénomination
Grâce à la technique moderne de radar et de satellite et à un système mondial d'avertissement, il est relativement facile aujourd'hui de repérer et de poursuivre les cyclones tropicaux (M4).

Cependant, il est nettement plus difficile de définir et de prévoir la **trajectoire précise** pour avertir à temps la population concernée.

Plusieurs cyclones tropicaux peuvent être simultanément actifs sur la Terre. C'est pour cette raison et parce qu'ils durent plusieurs jours qu'on les a dénominé. Depuis 1979, on donne des noms alternativement féminin et masculin. Si un cyclone a fait trop de ravages ou causé beaucoup de victimes son nom est rayé de la liste, p.ex. Hugo, Mitch (M7).

1. A quoi sont dûes les précipitations exorbitantes amenées par le cyclone?
2. Pourquoi les cyclones tropicaux sont-ils dénominés?

Phänomene der Erde/Naturkatastrophen

Naturkatastrophen | Catastrophes naturelles

Tornados

Die Entstehung

Tornados entstehen immer dann, wenn feucht-heiße Luft und trockene Kaltluft aufeinander treffen. Daraufhin entstehen Gewitterwolken, aus denen die schwere, kalte Luft nach unten stürzt und die warme, leichte Luft verdrängt. Die so aufsteigende Warmluft kondensiert und es bildet sich ein Trichter, der aus den Wolken nach unten wächst, bis er den Erdboden erreicht hat (M1).
Dieser typische **Wolkenschlauch** dreht sich wegen der Erdrotation um seine eigene Achse (M1, M2).

Ein Tornado durchmisst bis zu einigen Hundert Metern und bewegt sich mit Geschwindigkeiten von 90–100 km/h vorwärts, wobei die Windgeschwindigkeiten im Inneren jedoch bis zu 800 km/h betragen können.

Verbreitungsgebiete

Tornados können auf allen Kontinenten entstehen, sie treten aber vor allem in den Ebenen des amerikanischen Mittelwestens auf. In einem Jahr werden hier etwa 800 solcher Stürme gemeldet.

Dies liegt daran, dass die Gebirge Nordamerikas, die Rocky Mountains und die Appalachen, in Nord-Süd-Richtung verlaufen und somit keine Barriere für den Wind darstellen, während auf den anderen Kontinenten die meisten Gebirge von Westen nach Osten verlaufen (M3).

Auswirkungen auf den Menschen

Durch die hohen Geschwindigkeiten und den sehr starken Unterdruck zerstört ein Tornado alles, was sich auf seinem Weg befindet.

Die Aufwinde eines Tornados sind so stark, dass sie Autos und Lokomotiven hochheben können. Nach maximal 20–30 Minuten löst sich ein Tornado meistens auf, zurück bleibt eine Schneise der Verwüstung (M4).

M1: Der trichterförmige Wolkenschlauch

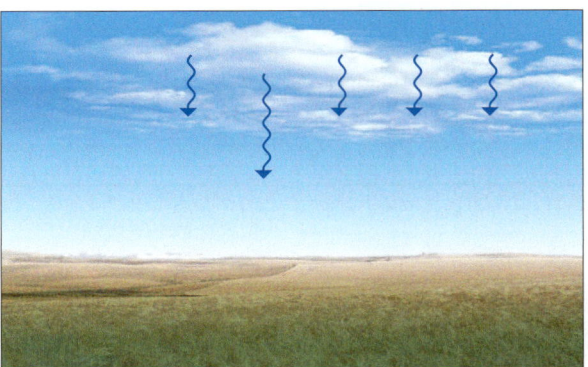

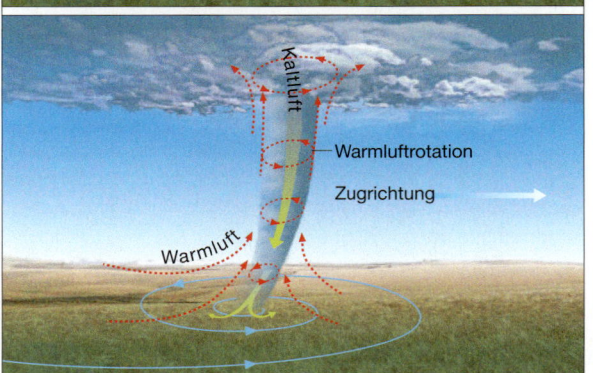

M2: Die Entstehung eines Tornado

1. Erstelle eine Tabelle mit den gemeinsamen Merkmalen und den Unterschieden zwischen Tornados und tropischen Wirbelstürmen.
2. Weshalb gibt es keine Tornados in Luxemburg? Hast du schon ein ähnliches Phänomen beobachtet? Berichte

http://www.naturgewalten.de/tornado.htm

Die Erde – ein bedrohter Lebensraum

Tornades

La formation

Les tornades se créent à chaque fois que de l'air chaud et humide rencontre de l'air sec et froid. Les nuages orageux qui se forment ensuite, font tomber l'air lourd en chassant l'air chaud et léger.
Ainsi, l'air chaud ascendant se condense en formant un entonnoir qui s'agrandit à partir des nuages vers le bas, jusqu'à toucher le sol (M1).
Ce **tuyau de nuages** typique tourne autour de sa propre axe à cause de la rotation de la Terre (M1, M2).

Une tornade a un diamètre de plusieures centaines de mètres et avance à une vitesse de 90–100 km/h. A l'intérieur, les vents ont cependant des vitesses pouvant atteindre les 800 km/h.

Zones de répartition

Les tornades peuvent se créer sur tous les continents, mais elles sont plutôt courantes dans les plaines américaines du Centre-ouest. Environ 800 tempêtes de ce genre y sont enregistrées en une année.

Ceci est dû au fait que les montagnes de l'Amérique du Nord, les Rocheuses et les Appalaches, s'étendent du nord au sud et ne représentent aucune barrière pour le vent tandis que sur d'autres continents, la plupart des montagnes s'étendent d'ouest en est (M3).

Effets sur l'homme

Dû à sa grande vitesse et sa pression extrêmement insuffisante, une tornade détruit tout ce qu'elle trouve sur son chemin.

Les vents ascendants d'une tornade sont si forts qu'ils sont capables de soulever des voitures et des locomotives. Après 20 à 30 minutes au maximum, la tornade se dissoud dans la plupart des cas, laissant derrière elle un couloir de dévastation (M4).

1. Etablis un tableau contenant les caractéristiques communes et les différences entre les tornades et les cyclones tropicaux.
2. Pourquoi n'existe-t-il pas de tornades au Luxembourg? As-tu déjà observé un phénomène similaire? Raconte.

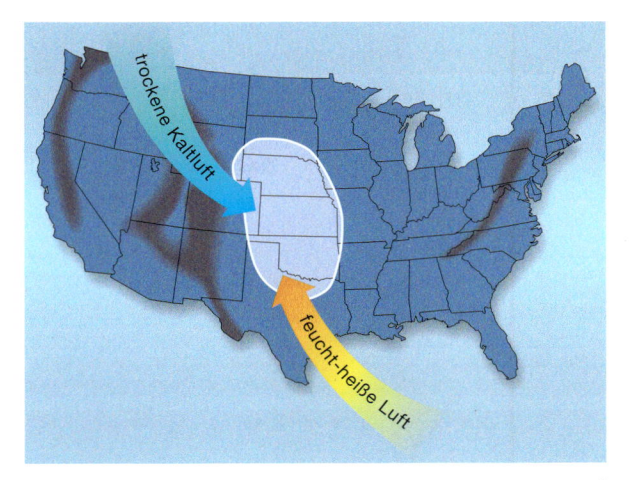

Phänomene der Erde/Naturkatastrophen

http://www.g-o.de

M3: Die „Tornado-Alley"

M4: Nach einem Tornado

Anthropogene Bedrohungen | Menaces anthropogènes

Fernseher und PC erobern die Kinderzimmer
MÖLLN (dpa). Fernseher und Computer erobern die Kinderzimmer in Deutschland. Jedes dritte Kind im Alter zwischen sechs und 13 Jahren besitzt einen eigenen Fernseher, jedes zehnte hat einen eigenen Computer.
Das ergab eine Umfrage des Sample Instituts im schleswig-holsteinischen Mölln. Das Institut fand heraus, dass bereits in 91 Prozent der deutschen Kinderzimmer Unterhaltungselektronik zu finden ist. Ein Radiorekorder gehört schon beinahe zur Standardausrüstung der Kleinen – fast jedes zweite befragte Kind besitzt ein solches Gerät.
(nach: Südwestpresse vom 26. 8. 1994)

M 1: Gründe für die Verknappung – der Konsumrausch

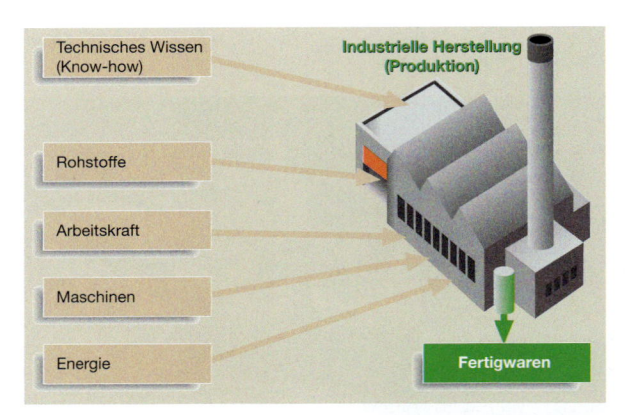

M 2: Vom Rohstoff zur Fertigware

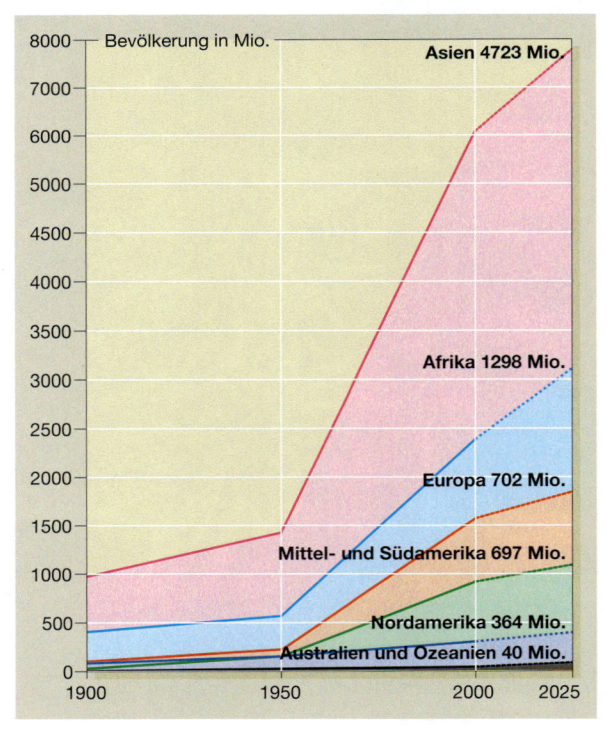

M 3: Bevölkerungsexplosion – die Entwicklung bis 2025

Die Verknappung der Rohstoff- und Energiereserven

Die Gründe für die Verknappung

Farbenfrohe Anzeigen in Zeitschriften und trickreiche Werbespots im Fernsehen versuchen uns täglich aufs Neue zu überzeugen: Das höchste Glück des Menschen liegt im Konsum (M1).

- Durch den steigenden Wohlstand in den reichen Ländern werden immer mehr **Fertigwaren** hergestellt, verkauft und alte weggeworfen (M2).

Diese Konsumgüter werden in komplizierten Verfahren aus den so genannten mineralischen **Rohstoffen** hergestellt, d. h. den Ausgangsmaterialien, die man in oder auf der Erde findet, z. B. Gold, Eisenerz, Bauxit.

- Durch das explosionsartige Ansteigen der Erdbevölkerung in den letzten Jahrzehnten gibt es außerdem immer mehr Verbraucher (M3).

Es gibt also auch immer mehr Menschen, die Rohstoffe verbrauchen und Energie benötigen um zu leben. Die benötigte Energie wird aus den **Energierohstoffen** wie Kohle (M5), Erdöl oder Uran gewonnen.

Der ungleiche Verbrauch

Der Rohstoff- und der Energieverbrauch sind nicht in allen Ländern gleich. Die reichen **Industrienationen** Nordamerikas oder Europas sowie Japan verbrauchen viel mehr als ihnen in ihren eigenen Gebieten zur Verfügung steht. Deshalb importieren sie diese billigen Güter aus den ärmeren, bevölkerungsreichen Ländern. Die armen Regionen der Erde sind auf die Gelder und die Fertigwaren angewiesen, da sie meist nicht genügend eigene Industrien besitzen (M4). Auf dem Weltmarkt sind die Preise für Fertigwaren in den letzten Jahrzehnten sehr viel schneller gestiegen als die Preise für Rohstoffe (M6).

Die **Rohstofflieferanten** sind also gezwungen, immer mehr Waren zu liefern um ausreichende Gewinne zu erzielen, senken jedoch durch diese hohen Lieferungen erneut die Rohstoffpreise.

Einige Länder sehen also keinen anderen Ausweg, als ständig neue Vorkommen auszubeuten, wobei ihnen die Zeit, das Know-how und vor allem das Geld fehlen um dies organisiert und kontrolliert durchzuführen. Die neuen Förderungen gleichen deswegen eher einem *Raubbau an der Natur*, die hierdurch nachhaltig zerstört wird.

Die Erde – ein bedrohter Lebensraum

La pénurie des réserves en matières premières et en énergie

Les raisons de la pénurie
Des affiches en couleurs dans les magazines et des publicités raffinées à la télévision essaient de nous convaincre tous les jours à nouveau: le bonheur suprême de l'homme est la consommation.
- Le bien-être croissant dans les pays riches provoque une production et une vente croissante de **produits manufacturés** qui, une fois vieux, sont jetés (M2).

Ces biens de consommation sont produits à partir desdites **matières premières** minérales par des processus compliqués, c'est à dire des matières de départ trouvées dans, ou sur la terre, p.ex. l'or, le minerai de fer, la bauxite.
- En outre, la croissance exponentielle de la population mondiale durant les dernières décennies engendre de plus en plus de consommateurs (M3).

Il existe donc de plus en plus d'hommes qui consomment des matières premières et qui ont besoin d'énergie pour vivre. L'énergie nécessaire est fournie par les **matières premières énergétiques** comme le charbon (M5), le pétrole l'uranium.

La consommation inégale
La consommation en matières premières et en énergie n'est pas la même dans tous les pays. **Les pays industrialisés** riches de l'Amérique du Nord ou de l'Europe ainsi que le Japon consomment nettement plus que ce qui est à leur disposition dans leurs propres régions. Ils importent donc ces produits bon marché des pays plus pauvres et plus peuplés. Souvent les régions pauvres de la Terre sont dépendants de la vente de ces revenus et de l'importation de biens de consommation parce qu'ils ne disposent pas eux-même des industries nécessaires (M4). Sur le marché mondial, les prix des produits manufacturés ont augmenté plus rapidement que les prix des matières premières durant les dernières décennies (M6).
Les fournisseurs de matières premières sont alors forcés de fournir toujours plus de marchandises pour atteindre des bénéfices suffisants. En fournissant ces grandes quantités, les prix des matières premières sont à nouveau baissés.

Certains pays ne voient donc comme solution que l'exploitation constante de nouveaux gisements, tout en étant en manque de temps, de savoir-faire et surtout d'argent, pour une réalisation organisée et contrôlée. Les nouveaux lieux d'extraction ressemblent ainsi plutôt à un pillage de la nature qui est ainsi détruite à durablement.

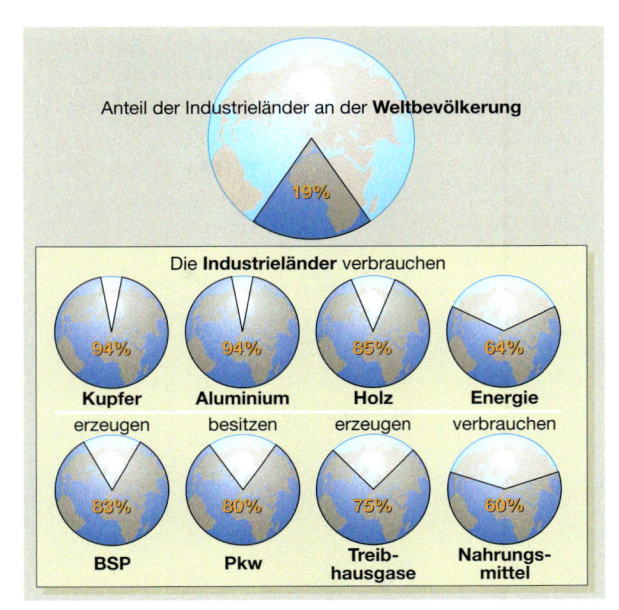

M4: Verbrauch der Industrieländer

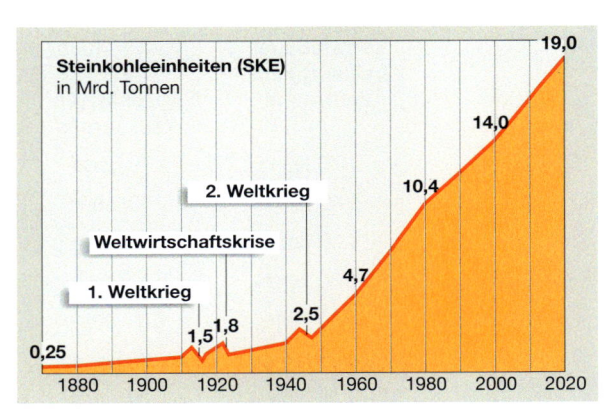

M5: Energieverbrauch der Welt

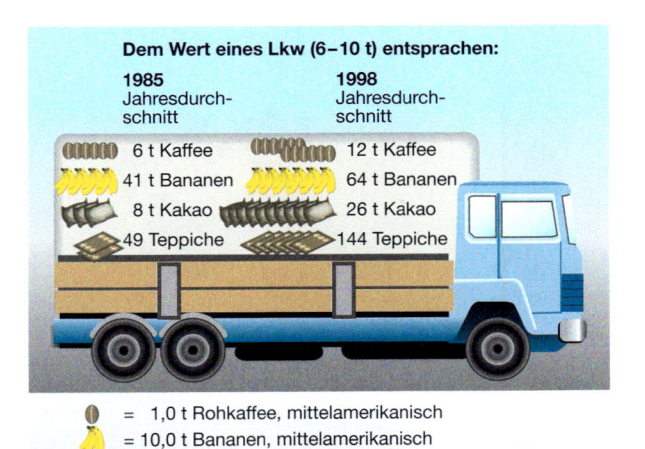

M6: Das Austauschverhältnis – so viel Waren kostet ein Lkw

La Terre – un espace de vie menacé

Anthropogene Bedrohungen | Menaces anthropogènes

	Westliche Industrieländer	Ehemaliger Ostblock	Entwicklungsländer
Zinn	4	17	79
Erdöl	10	16	74
Erdgas	22	38	40
Eisen	35	36	29
Bauxit	38	6	58
Phosphat	39	18	43
Kupfer	41	14	45
Nickel	44	15	41
Kohle	49	48	3
Mangan	52	29	19
Zink	69	16	15
Blei	70	17	13

M7: Anteil der Rohstoffreserven in Prozent

	Vorratsdauer bei heutigem Verbrauch	Vorratsdauer der geschätzten Ressourcen
Erdgas	75 Jahre	90 Jahre
Erdöl	45 Jahre	60 Jahre
Steinkohle	200 Jahre	300 Jahre
Eisenerz	300 Jahre	204 Jahre
Aluminiumerz	30 Jahre	310 Jahre
Kupfer	15–20 Jahre	45 Jahre
Silber	10–15 Jahre	45 Jahre
Gold	8–10 Jahre	20 Jahre

M8: Energie- und Rohstoffvorräte

M9: „So leben wir alle Tage"

Begrenzte Rohstoffe

Ein Großteil der Rohstofflager der Erde ist heute entdeckt, es ist jedoch schwierig die **Rohstoffreserven** der Erde genau anzugeben (M7).

Nicht alle bekannten Rohstofflager werden heute schon abgebaut. Schwer zugängliche Vorkommen im Eis, im Meer oder in Gebirgen sind technisch noch nicht erreichbar. Oder es wäre nicht rentabel, sie zu erschließen. Die Preissteigerung eines Materials, das rar wird, sowie der technische Fortschritt erweitern immer wieder die Möglichkeiten und vergrößern somit die abbaubaren Vorräte.

Die Rohstoff- und Energievorkommen der Erde sind jedoch begrenzt und größtenteils nicht erneuerbar.
So hat z. B. die Entstehung des heute geförderten Erdöls viele Millionen Jahre gedauert. Die **Vorratsdauer** des Erdöls beträgt jedoch nur noch zwei Generationen. Bei den meisten anderen Rohstoffen ist die Lage kaum anders (M8).

Die gesamten Rohstoffvorkommen der Erde, die bekannten, die noch nicht abbauwürdigen sowie die noch nicht entdeckten, nennt man **Ressourcen**.

Zukunftsperspektiven

Wir müssen uns damit abfinden, dass die Ressourcen der Erde nicht unbegrenzt sind und dass verschiedene Rohstoffe in den nächsten Jahrzehnten knapp werden. Wir sind also dabei unsere eigene Lebensgrundlage und die unserer Nachkommen nachhaltig zu zerstören (M9).

- Eine Lösungsmöglichkeit wäre die Abkehr von der Wegwerfgesellschaft und die mehrfache Nutzung der Rohstoffe in einem geschlossenen Kreislauf. Dieses **Recycling** wird heute schon angewandt, jedoch genügen die heutigen Bestrebungen bei weitem nicht um eine zukünftige Verknappung zu verhindern.
- Die Energieversorgung muss, besonders nach der zunehmenden Abkehr von der Atomenergie, durch dauerhafte **alternative Energiequellen** ersetzt werden.

Energiequellen, die uns von der Erde geliefert werden, müssen erschlossen und umweltgerecht genutzt werden, z. B. Windenergie, Wasserkraft, Solarenergie ... (M10, M11).

1. Weshalb wird Recycling immer wichtiger? Was kannst du recyceln?
2. Welche alternativen Methoden zur Energieerzeugung fallen dir ein?

http://www.inaro.de/Deutsch/d_index.htm
http://www.nachwachsende-rohstoffe.de/
http://www.bioenergie.inaro.de/

Die Erde – ein bedrohter Lebensraum

Matières premières limitées

De nos jours, la plus grande partie des dépôts de matière première de la Terre a été découverte. Il est pourtant difficile d'indiquer avec précision les **réserves en matière première** de la Terre (M7).

Tous les dépôts de matière première connus ne sont pas encore exploités de nos jours. Des gisements difficilement accessibles par la glace, la mer ou à la montagne n'ont pas encore pu être atteints techniquement ou il ne serait pas rentable de les exploiter. L'augmentation du prix d'un produit se faisant rare ainsi que les progrès techniques renforcent les possibilités. Ainsi le nombre des réserves exploitables augmente.

Les gisements de la Terre en matières premières et en énergie sont pourtant limités et pour la plus grande partie non renouvelables.

La création du pétrole qui est exploité aujourd'hui par exemple a pris plusieurs millions d'années. Les **réserves** pétrolières par contre **ne suffiront que** pour deux générations. C'est le cas pour presque toutes les autres matières premières (M8).

La totalité des gisements en matière première, ceux qui sont déjà connus, ceux qui ne sont pas dignes d'être exploités et ceux qui n'ont pas encore été découverts, sont appelés les **ressources**.

Perspectives d'avenir

Nous sommes obligés d'accepter le fait que les ressources de la Terre ne sont pas illimitées et que certaines matières seront de plus en plus rares dans les décennies à venir. Nous sommes donc en train de détruire à long terme notre base vitale et celle de nos descendants (M9).

- Une solution possible serait de remplacer la consommation de produits jetables par l'utilisation des matières premières à plusieures reprises en créant un **recyclage** complet. De nos jours, le recyclage est déjà appliqué, mais les efforts actuels ne suffisent pas du tout à éviter la pénurie future.
- Surtout après l'abandon croissant de l'énergie nucléaire, l'approvisionnement en énergie doit être remplacé par des **sources d'énergie alternatives** durables.

Les sources d'énergie qui nous sont fournies par la Terre doivent être exploitées et utilisées en respectant l'environnement p.ex. l'énergie éolienne, hydraulique, solaire ... (M10, M11).

1. Pourquoi le recyclage gagne-t-il en importance? Que peux-tu recycler?
2. Quelles méthodes alternatives de production d'énergie connais-tu?

M10: Solaranlage auf einem Dach

M11: Windenergie

La Terre – un espace de vie menacé

Anthropogene Bedrohungen | Menaces anthropogènes

Der Aralsee — ein Meer stirbt

Naturraum

Noch 1960 war der Aralsee der viertgrößte See der Erde. Die Seeoberfläche betrug 67 000 km², das entspricht in etwa der doppelten Fläche Belgiens. In den Steppen und Wüsten Kasachstans und Usbekistans wurde der abflusslose Aralsee durch die Zuflüsse Syrdarja und Amudarja geschaffen. Sie versorgten den See mit reichlich Wasser aus den Gebirgsregionen des Pamir, Tienschans und Hindukusch (M1, M2).

Viele Menschen am Aralsee lebten vom Fischfang. Obwohl mithilfe von Bewässerungsanlagen Ackerbau betrieben wurde, blieb der Wasserhaushalt trotz hoher Verdunstung ausgeglichen.

La Mer d'Aral – une mer mourante

Le milieu naturel

En 1960, la mer d'Aral était encore le quatrième lac de la Terre. Sa surface s'élevait à 67 000 km² ce qui correspond approximativement au double de la surface de la Belgique. Etant sans écoulement, la mer d'Aral a été créée par les afflux Syr-Daria et Amou-Daria dans la steppe et les déserts du Kazakhstan et de l'Ouzbékistan. Ils l'approvisionnaient abondamment en eau venant des régions montagneuses du Pamir, Tian Shan et du Hindu Kush (M1, M2).

Beaucoup d'hommes aux bords du lac d'Aral vivaient de la pêche. Bien que l'on cultivait la terre à l'aide de dispositifs d'irrigation, la quantité d'eau restait en équilibre malgré la forte évaporation.

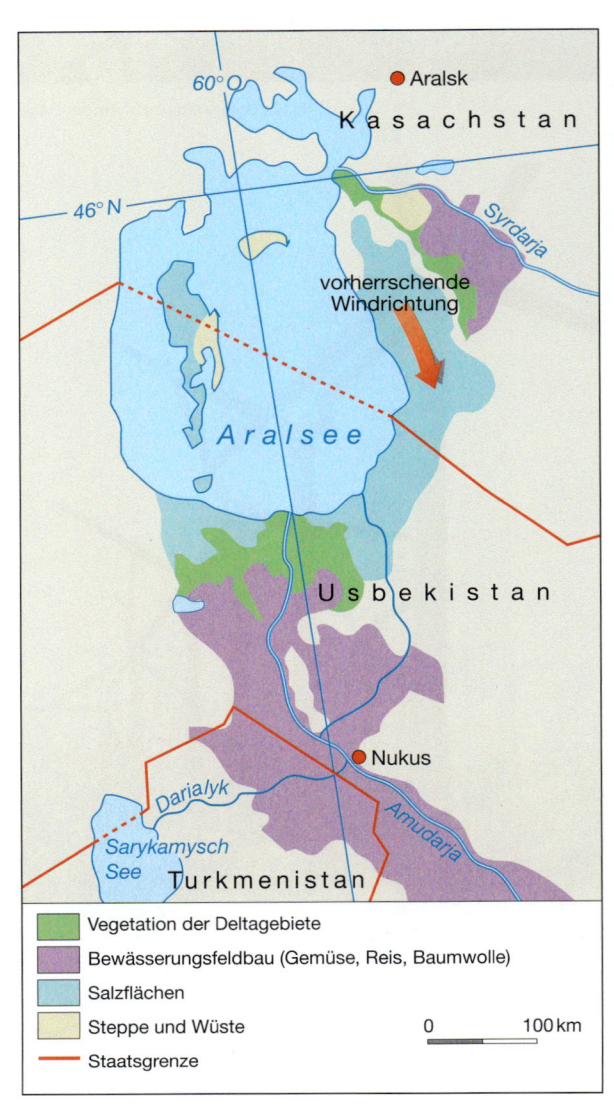

M1: Das Gebiet des Aralsees, 1988

M2: Satellitenbild, Oktober 2003

Die Erde — ein bedrohter Lebensraum

Um 1960 beschloss die damalige sowjetische Regierung in Moskau, Baumwolle und Reis anzubauen, um das Land von Baumwollimporten unabhängig zu machen. Die Zuflüsse zum Aralsee wurden angezapft und das Wasser zu den **Plantagen** in die Wüste geleitet. Es entstanden riesige **Monokulturen**, die in industriellem Maßstab bearbeitet wurden (M3, M5, M6).

1. Beschreibe die Entwicklung des Aralsees (M4).

Autour des années 60, le gouvernement soviétique à Moscou décida de cultiver du coton et du riz afin que le pays devienne indépendant des importations de coton. Les affluents de la mer d'Aral furent canalisés et l'eau conduite aux **plantations** dans les déserts. Des **monocultures** géantes furent ainsi créées et cultivées de manière industrielle (M3, M5, M6).

1. Décris l'évolution de la mer d'Aral (M4).

M3: Lage des Aralsees in den zentralasiatischen Wüsten

La Terre – un espace de vie menacé

Anthropogene Bedrohungen | Menaces anthropogènes

Folgen des Bewässerungsprojektes

Das Gebiet rund um den Aralsee wird von der UNO als „das größte ökologische Katastrophengebiet neben Tschernobyl" bezeichnet (M4).

Die ehemals betriebsamen Hafenstädte liegen heute bis zu 100 km von den Ufern entfernt. Inzwischen hat der Aralsee zwei Drittel seiner Fläche verloren. Der Seespiegel ist um mehr als 20 m gefallen, der Wasservolumen reduzierte sich um etwa 60 % und der Salzgehalt stiegt auf 34 g/l, so hoch wie in den offenen Meeren. Die meisten der 25 heimischen Fischarten sind ausgestorben und Fischfang wird kaum noch betrieben.

Heute erreichen die beiden Flüsse den See nicht mehr. Etwa die Hälfte ihres Wassers ist verdunstet. Die andere Hälfte dient zur Trinkwasserversorgung der rasch steigenden Bevölkerung und zur Bewässerung der Plantagen. Große Mengen Wasser versickern durch undichte Kanäle nutzlos im Wüstensand (M5).

Les effets du projet d'irrigation

D'après l'ONU, la région de la mer d'Aral est désignée comme „la région souffrant le plus d'une catastrophe écologique après Tschernobyl" (M4).

Les villes portuaires, animées à l'époque, se situent aujourd'hui jusqu'à 100 km des rivages. Entretemps, la mer d'Aral a perdu deux tiers de sa surface. Le niveau de l'eau a baissé de plus de 20 m, le volume d'eau s'est réduit d'environ 60 % et la teneur en sel a atteint 34 g/l ce qui correspond à l'eau marine. La plupart des 25 espèces locales de poissons a disparu et la pêche n'y est pratiquement plus possible.

De nos jours, les deux rivières n'atteignent plus le lac. Environ la moitié de leur eau s'est évaporée. L'autre moitié sert à l'approvisionnement en eau potable de la population croissante et à l'irrigation des plantations. A cause des fuites dans les canaux, une grande quantité d'eau s'infiltre dans le sable (M5).

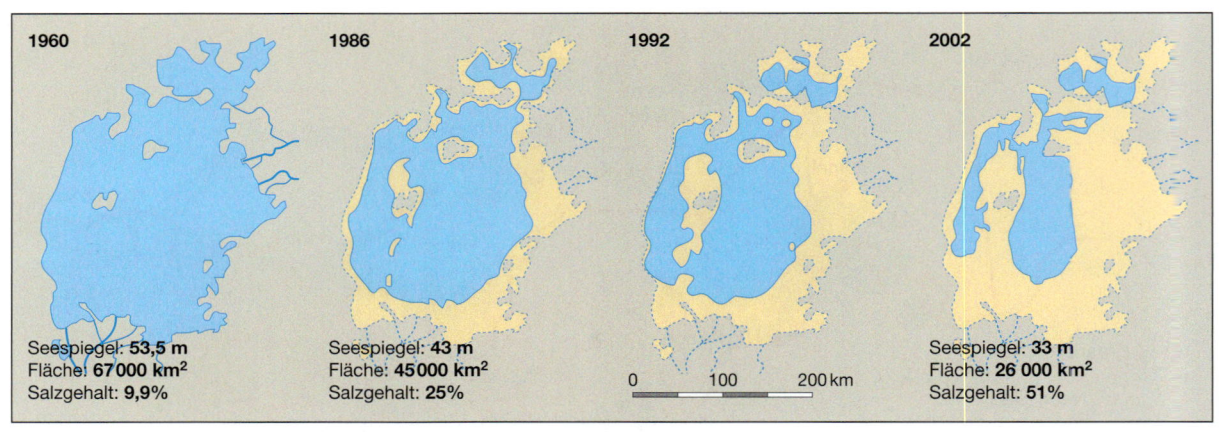

1960
Seespiegel: **53,5 m**
Fläche: **67 000 km²**
Salzgehalt: **9,9%**

1986
Seespiegel: **43 m**
Fläche: **45 000 km²**
Salzgehalt: **25%**

1992

2002
Seespiegel: **33 m**
Fläche: **26 000 km²**
Salzgehalt: **51%**

M4: Das Sterben des Aralsees

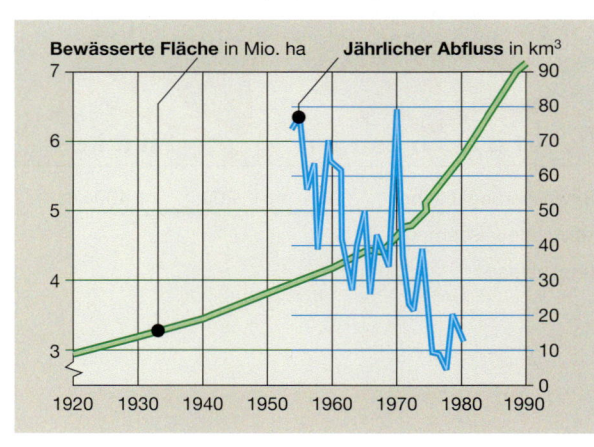

M5: Daten zu den Flüssen Amudarja und Syrdarja

M6: Baumwollernte am Amudarja

Die Erde — ein bedrohter Lebensraum

Durch den Rückgang der Küstenlinie wurde der ehemalige Meeresboden freigelegt (M7). Dieser ist stark belastet mit:
- Salzen
- giftigen Rückständen aus dem Baumwollanbau: Dünger-, Schädlingsbekämpfungs-, Unkrautvernichtungs- und Entlaubungsmitteln
- Schwermetallen aus den Industrieabwässern

Alle diese Stoffe wurden und werden noch heute vom Flusswasser in den Aralsee transportiert. Besonders bedenklich ist, dass dieses Wasser auch als Trink- und Bewässerungswasser in den Dörfern genutzt wird. Starke Winde, die die Schadstoffe vom freigelegten Meeresboden auswehen und über Dörfern und Städten ablagern, stellen eine weltweite Umweltbelastung dar.

Die Folge ist ein Ansteigen der *Säuglings-* und *Müttersterblichkeit*. Infektiöse Erkrankungen des Magen-Darm-Trakts (Typhus, Hepatitis) sowie Atmungsorgane (Asthma, Bronchitis, Tuberkulose) nehmen dramatisch zu (M5). Erhöhte **Bodenversalzung** auf den Feldern führt zu einem starken Rückgang der Ernteerträge (M6).

Mit der Verlandung des Aralsees verändert sich auch das Klima. Die Winter werden kälter und länger, die Sommer heißer und auch die Zahl der Frosttage hat zugenommen. Möglicherweise kann in naher Zukunft keine Baumwolle mehr angepflanzt werden.

Par le recul des rivages l'ancien fond de la mer a été mis à jour (M7). Celui-ci est fortement pollué par:
- des sels
- des résidus de la culture de coton: engrais, insecticides, pesticides et défoliants
- des métaux lourds des écoulements industriels.

Tous ces produits étaient et sont toujours transportés à la mer d'Aral par l'eau des rivières. Ce qui est spécialement inquiétant, c'est que cette eau sert également d'eau potable et pour l'arrosage dans les villages. Des vents intenses causent une pollution de l'environnement à un niveau mondial car ils emportent les substances nocives du fond de la mer mis à jour et les déposent sur les villages et les villes.

En conséquence, la *mortalité infantile et maternelle augmente*. Les maladies infectieuses du système gastro-intestinal (typhoïde, hépatite) ainsi que de l'appareil respiratoire (asthme, bronchite, tuberculose) sont de plus en plus fréquentes (M5).
La **salinisation des terres agricoles** mène à une baisse considérable des récoltes (M6).

Par l'assèchement de la mer d'Aral, le climat aussi change. Les hivers deviennent plus froids et longs, les étés plus chauds et le nombre de jours de gel a également augmenté. Il se peut que dans un futur proche le coton ne pourra plus être cultivé.

M7: Der verlandete Aralsee

Anthropogene Bedrohungen | Menaces anthropogènes

Gibt es noch eine Chance?

Fast alle Wissenschaftler halten es für ausgeschlossen, den ursprünglichen Zustand des Gebietes um den Aralsee wiederherzustellen. Es geht darum, die weitere Verlandung zu stoppen und den See in seinem heutigen Umfang zu erhalten. Viele sehen die einzige Lösung in einer Verringerung des Baumwollanbaus. Dafür sollte verstärkt wieder Viehzucht betrieben sowie Gemüse-, Kürbis- und Melonenkulturen angebaut werden. Wichtig wäre auch eine Verringerung des Bewässerungswassers auf etwa 100 000 m³ pro ha durch Wasser sparende Techniken wie z. B. die **Tropfbewässerung** oder modernere Bewässerungsanlagen.

Seit 1986 hat man die Speisung des Aralsees wieder aufgenommen. Über lange Kanäle wird das gesammelte Bewässerungswasser in den Aralsee transportiert. Entsalzungs- und Kläranlagen, die mit Sonnenenergie betrieben werden, könnten eine mehrfache Benutzung des Bewässerungswassers ermöglichen. Somit könnte der Aralsee die lebensnotwendigen 30–40 km³ Wasser erhalten.

Aber vor allem muss den Menschen in der betroffenen Region geholfen werden. Die Gesellschaft für Technische Zusammenarbeit (GTZ) bemüht sich darum, die Trinkwassersituation entlang des Amudarja zu verbessern. Das Wasserleitungsnetz soll renoviert und vervollständigt werden. Zahlreiche Anlagen zur Entsalzung und bakteriologischen Behandlung des Wassers müssen in das bestehende Leitungsnetz eingefügt werden.

All diese Maßnahmen sind mit hohen Kosten verbunden und werden den Lebensstandard der Bevölkerung weiter senken, falls diese Länder keine Unterstützung erhalten, um neue Produktionszweige aufzubauen.

1. Setze das Organigramm über die Folgen der Verlandung des Aralsees (M10) in einen schriftlichen Bericht um.
2. Mache Vorschläge, um den Aralsee zu retten.

Y a-t-il encore une chance?

Presque tous les scientifiques sont d'avis qu'il est impossible de rétablir l'état original des environs de la mer d'Aral. Il s'agit d'éviter l'assèchement complet et de préserver l'état actuel. Pour la majorité des hommes, l'unique solution est la réduction de la culture de coton. Par contre, il faudra renforcer l'élevage ainsi que la culture de légumes, potirons et melons. Il serait aussi important de réduire à 100 000 m³ par ha la quantité d'eau d'irrigation en appliquant des techniques économisant de l'eau comme p.ex. **l'irrigation à gouttes** ou des dispositifs d'irrigation plus modernes.

Depuis 1986, l'alimentation de la mer d'Aral a repris. L'eau d'irrigation accumulée est transportée à la mer d'Aral par de longs canaux. Des stations de dessalage et d'épuration alimentées par l'énergie solaire pourraient permettre l'utilisation continue de l'eau d'irrigation. Ainsi la mer d'Aral pourrait conserver les 30–40 km³ d'eau nécessaire à sa survie. Mais il faut surtout aider les gens dans la région sinistrée. La société allemande pour la collaboration technique (GTZ) s'efforce d'améliorer la situation de l'eau potable au long de l'Amudarja. Le réseau des conduites d'eau doit être rénové et complété. De nombreuses installations servant au dessalage et au traitement bactériologique de l'eau doivent être intégrées au réseau de conduites existant.

Toutes ces mesures sont liées à des coûts élevés ce qui fera baisser le niveau de vie de la population, si celle-ci ne reçoit pas de soutien pour développer d'autres productions.

1. Fais un compte rendu des effets de l'assèchement de la mer d'Aral (M10) à partir de cet organigramme.
2. Propose des solutions pour sauver la mer d'Aral.

Krankheit/Jahr	1980	1985	1989	UdSSR
Gallensteinleiden	8,5	50	58	*
Chronische Gastritis	120	279	367	*
Nierenkrankheiten	18	338	154	*
Arthrose/Arthritis	7	12	26	*
Typhus/Paratyphus	26	*	13	3,3
Schwere Darmkrankheiten	373	*	607	510
Virushepatitis	584	*	771	316

* keine Angaben

[Karakalpakistan: Autonome Republik innerhalb Usbekistans]
(Quelle: Zusammenfassung verschiedener Tabellen aus Letolle/Mainguet. Der Aralsee. Springer 1996)

M8: Häufigkeitsrate für verschiedene Krankheiten in Karakalpakistan (pro 100 000 Einw.) im Vergleich zur ehemaligen UdSSR

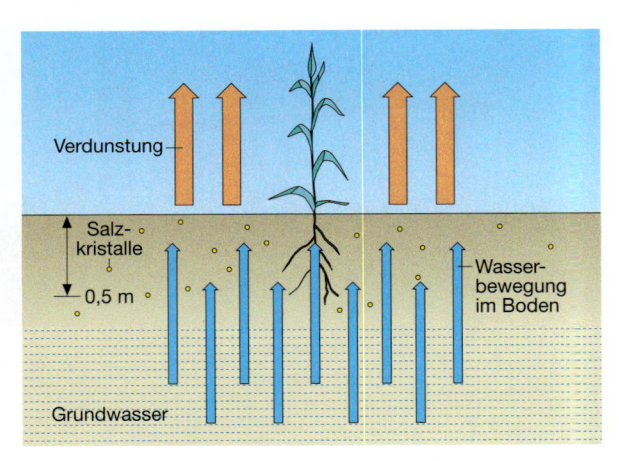

M9: Schema der Bodenversalzung

Die Erde — ein bedrohter Lebensraum

Ursachen

- subtropisches Wüstenklima
- Entwicklung der Landwirtschaft
- Anbau von Baumwolle und Reis

Maßnahmen

- Einsatz von Dünger und Pestiziden
- Bewässerung der Felder
- Entnahme von Flusswasser

Folgen

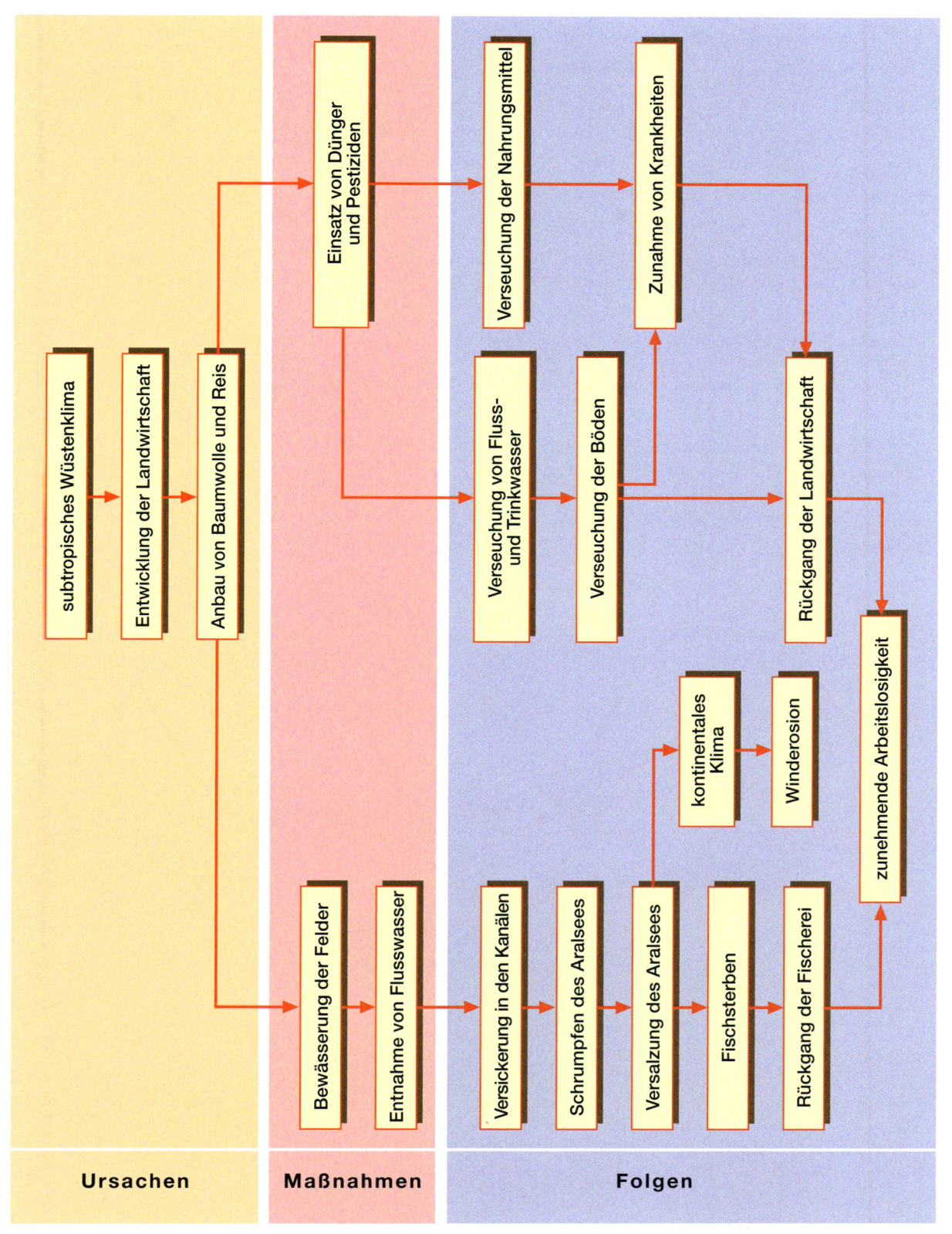

- Verseuchung der Nahrungsmittel
- Zunahme von Krankheiten
- Verseuchung von Fluss- und Trinkwasser
- Verseuchung der Böden
- Rückgang der Landwirtschaft
- kontinentales Klima
- Winderosion
- zunehmende Arbeitslosigkeit
- Versickerung in den Kanälen
- Schrumpfen des Aralsees
- Versalzung des Aralsees
- Fischsterben
- Rückgang der Fischerei

M 10: Organigramm „Verlandung des Aralsees"

http://www.wasser-macht-schule.de/pub/f20-aralsee/t2-4.html

La Terre – un espace de vie menacé

Anthropogene Bedrohungen | Menaces anthropogènes

Treibhauseffekt und Ozonloch

Die Erdatmosphäre

Die Erde ist der einzige Planet unseres Sonnensystems, auf dem es Leben gibt. Dies verdankt der Blaue Planet der schützenden Lufthülle – **Erdatmosphäre** –, die ihn umgibt. Die Erdatmosphäre ist ein Gemisch aus einer Vielzahl von Gasen, von denen die wichtigsten Stickstoff (N_2), Sauerstoff (O_2) und Argon (Ar) sind. Diese drei Stoffe bilden zusammen 99,96 % aller in der Erdatmosphäre enthaltenen Gase. Die restlichen 0,04 % nehmen so genannte Spurengase ein, von denen das Kohlendioxid (CO_2) wiederum das wichtigste ist (M1).

Nicht berücksichtigt ist Wasserdampf, dessen Volumenanteil von der Lufttemperatur abhängt: Warme Luft kann mehr von ihm enthalten, kalte Luft weniger.

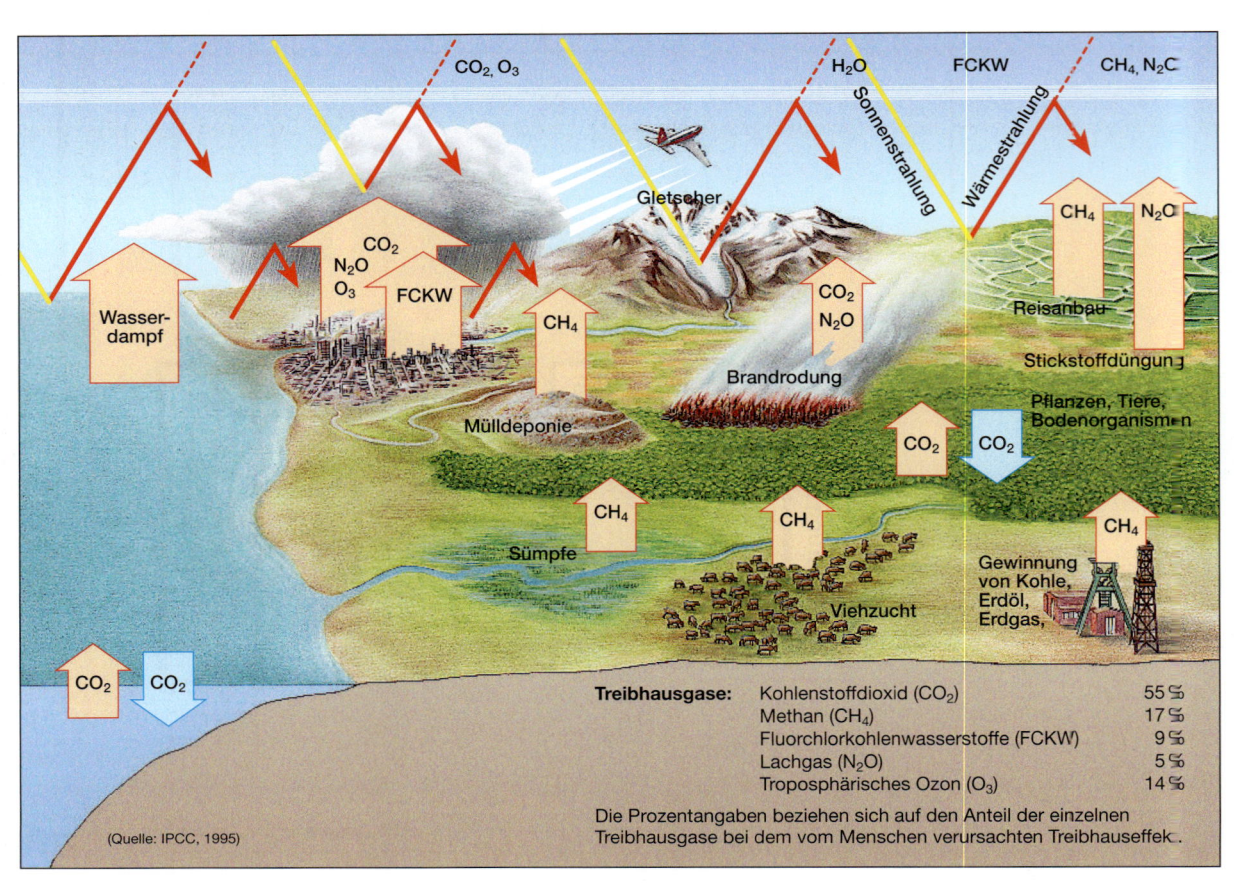

Zusammensetzung der trockenen Luft	
Gas (chemische Formel)	Volumenanteil (%)
Stickstoff (N_2)	78,08
Sauerstoff (O_2)	20,95
Argon (Ar)	0,93
Zwischensumme	**99,96**
Kohlendioxid (CO_2)	0,035
Alle anderen Spurengase:	0,005
Neon (Ne), Helium (He), Methan (CH_4), Wasserstoff (H_2), Distickstoffoxid = Lachgas (N_2O), Xenon (Xe), FCKW	

M1: Zusammensetzung der trockenen Luft

„Glas lässt die Sonnenstrahlen ungehindert durch, die Wärme wird dagegen im Glashaus (=Treibhaus) zurückgehalten. Ähnlich wirkt die Erdatmosphäre. Ohne sie würde die weltweite Durchschnittstemperatur über dem Boden nicht +15 °C, sondern –18 °C betragen."

M2: Treibhauseffekt

Treibhausgase:
- Kohlenstoffdioxid (CO_2) — 55 %
- Methan (CH_4) — 17 %
- Fluorchlorkohlenwasserstoffe (FCKW) — 9 %
- Lachgas (N_2O) — 5 %
- Troposphärisches Ozon (O_3) — 14 %

Die Prozentangaben beziehen sich auf den Anteil der einzelnen Treibhausgase bei dem vom Menschen verursachten Treibhauseffekt.

(Quelle: IPCC, 1995)

M3: Verursacher des Treibhauseffektes

Die Erde – ein bedrohter Lebensraum

L'effet de serre et le trou de la couche d'ozone

L'atmosphère terrestre

La Terre est la seule planète de notre système solaire sur laquelle existe la vie. La planète bleue doit cela à l'atmosphère protective qui l'entoure. **L'atmosphère de la Terre** est un mélange de multiples gaz dont les plus importants sont l'azote (N_2), l'oxygène (O_2) et l'argon (Ar).
Ensemble, ces trois corps représentent 99,96 % de tous les gaz contenus dans l'atmosphère de la Terre. Les 0,04 % qui restent sont les oligo-gaz dont le plus important est le dioxyde de carbone (CO_2) (M1).

Etant donné que sa part en volume dépend de la température de l'air, la vapeur d'eau n'est pas prise en considération: l'air chaud peut en contenir plus, l'air froid moins.

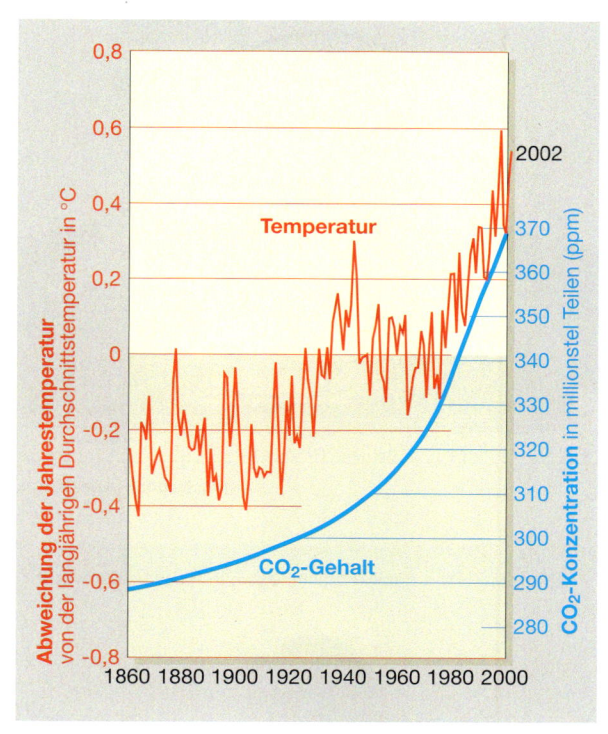

M5: „Fieberkurve" der Erde

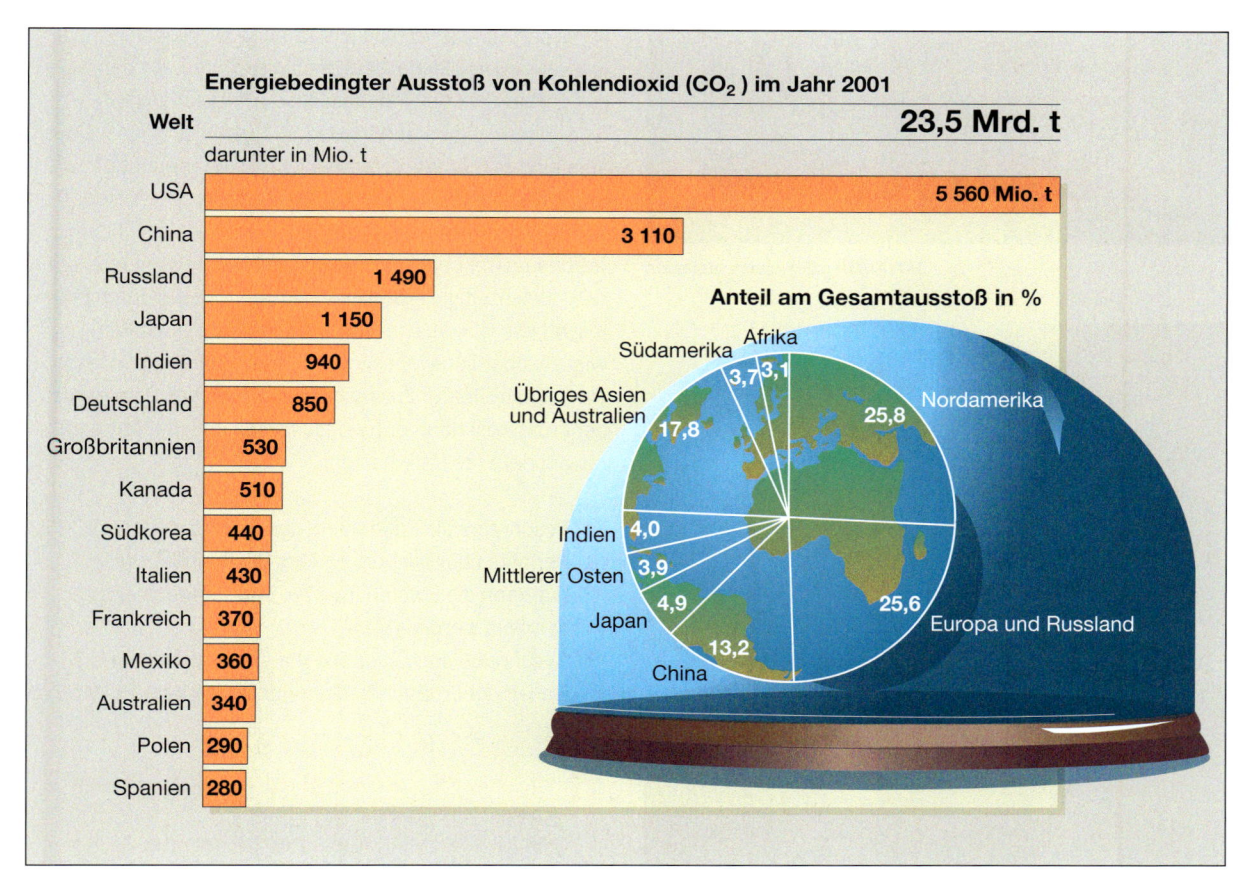

M4: Austoß von Kohlendioxid

La Terre – un espace de vie menacé

Anthropogenbedingte Bedrohungen — Menaces anthropogènes

M6: Neulich in der Arktis

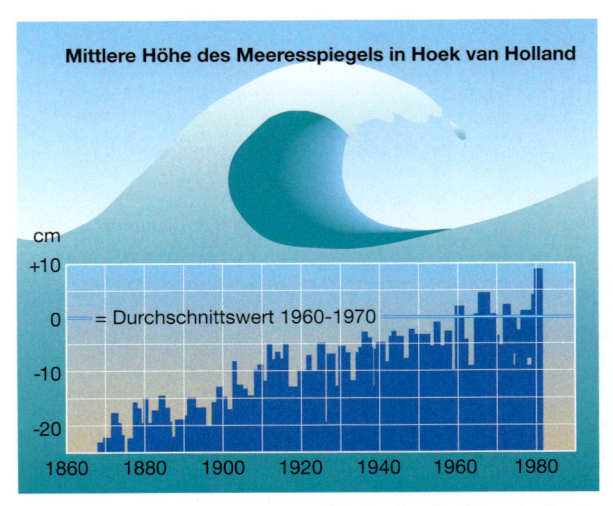

M7: Anstieg des Meeresspiegels

M8: Kupferhütte in Nevada (USA)

Der Treibhauseffekt

Ursachen und Folgen

Die Gase in der Tabelle (M1) lassen sich in zwei Gruppen ordnen: Die Moleküle der ersten Gruppe bestehen aus einem oder aus zwei Atomen (N_2, O_2, Ar, Ne, He, Kr, H_2 und Xe), die anderen aus Molekülen mit drei oder mehr Atomen: CO_2, CH_4, N_2O sowie O_3 (Ozon), H_2O (Wasserdampf) und FCKW (Fluorchlorkohlenwasserstoff).

Alle Gase, deren Moleküle aus höchstens zwei Atomen bestehen, sind sowohl für die einfallenden Sonnenstrahlen als auch für die von der Erde abgestrahlte Erdwärme durchlässig. Im Gegensatz dazu sind jene Gase, deren Moleküle sich aus drei oder mehr Atomen zusammensetzen, verantwortlich für den Treibhauseffekt. Sie lassen zwar die Sonnenstrahlen zur Erdoberfläche durch, wo sich das Licht in Wärme umwandelt, aber die Treibhausgase sind für die abgestrahlte Erdwärme undurchlässig, sodass sich die Erde immer stärker erwärmt.

Viele der genannten Spurengase, die den Treibhauseffekt verursachen, entstehen z. T. auf natürliche Weise in der Atmosphäre. Kohlendioxid z. B., Hauptverursacher des Treibhauseffektes, entsteht auch, wenn abgefallene Blätter verwesen, und es wird bei der Atmung ausgeschieden. Jedoch sind es die menschlichen Aktivitäten, die den weitaus größten Teil der Treibhausgase verursachen (M3). So entstammen immerhin rund 80 % des alljährlich weltweit anfallenden CO_2 der Verbrennung fossiler Brennstoffe wie Erdöl, Kohle und Erdgas (M4). Die Zerstörung des tropischen Regenwaldes ist gleich in zweifacher Hinsicht am Treibhauseffekt beteiligt: Durch die Brandrodung entsteht CO_2; gleichzeitig werden Pflanzen zerstört, die durch Photosynthese CO_2 aus der Atmosphäre entzogen haben. Wissenschaftliche Messungen haben aber ergeben, dass ein unbestreitbarer Zusammenhang zwischen dem Gehalt der Erdatmosphäre an Treibhausgasen und den Temperaturen auf der Erde (M5) besteht.

1. Beschreibe die Entstehung des Treibhauseffektes (M3).
2. Berichte über die Verwendung der Treibhausgase. Wie kann die Entstehung bzw. der Gebrauch eingeschränkt werden (M3)?
3. Beschreibe den Zusammenhang zwischen dem CO_2-Gehalt der Erdatmosphäre und der Temperatur (M5).

http://www.seilnacht.tuttlingen.com/Lexikon/Treibh.htm
http://www.treibhauseffekt.com
http://www.learn-line.nrw.de/angebote/agenda21/lexikon/treibhaus.htm

L'effet de serre
CAUSES ET EFFETS

Les gaz dans le tableau (M1) peuvent être classifiés en deux groupes: les molécules du premier groupe consistent en un ou deux atomes (N_2, O_2, Ar, Ne, He, Kr, H_2 et Xe), les autres en molécules de trois atomes ou plus: CO_2, CH_4, N_2O ainsi que O_3 (l'ozone), H_2O (la vapeur d'eau) et CFC (chloro-flucro-carbones).

Tous les gaz dont les molécules consistent en deux atomes au maximum sont perméables et aux rayons solaires pénétrant et à la chaleur terrestre émise par la Terre. Par contre, les gaz dont les molécules se composent de trois atomes ou plus sont responsables de l'effet de serre: Ils permettent aux rayons solaires d'atteindre la surface terrestre où la lumière se transforme en chaleur, mais les gaz créant l'effet de serre sont imperméables à la chaleur terrestre émise ce qui amène la Terre à se rechauffer de plus en plus.

Beaucoup des oligo-gaz mentionnés, causant l'effet de serre, se créent d'une manière naturelle dans l'atmosphère. Le dioxyde de carbone p.ex., principal responsable de l'effet de serre, se crée également lorsque les feuilles mortes putréfient et il est expiré lors de la respiration. Ce sont cependant les activités des êtres humains qui causent la plus grande partie des gaz responsables de l'effet de serre (M3). Ainsi, environ 80 % du CO_2 dégagé mondialement chaque année, viennent de la combustion de carburants fossiles comme le pétrole, le charbon et le gaz naturel (M4). La destruction de la forêt vierge tropicale participe à l'effet de serre de deux manières: le défrichement par le feu crée du CO_2; en même temps des plantes absorbant du CO_2 de l'atmosphère par la photosynthèse sont détruites. Des mesurages scientifiques ont cependant montré qu'il y a un rapport incontestable entre la teneur en gaz créant l'effet de serre de l'atmosphère terrestre et les températures sur Terre (M5).

1. Décris l'origine de l'effet de serre (M3).
2. Rends compte de l'utilisation des gaz créant l'effet de serre. Comment leur formation respectivement leur utilisation peuvent être limitées (M3)?
3. Explique le rapport entre la teneur en CO_2 de l'atmosphère terrestre et la température (M5).

Phänomene der Erde/Naturkatastrophen

Seit Beginn der industriellen Revolution Mitte des 18. Jahrhunderts hat der CO_2-Gehalt der Atmosphäre beständig zugenommen. Dies beweisen eindeutig Untersuchungen von Luftblasen im Eis der Antarktis und regelmäßige Messungen. Im 20. Jahrhundert hat sich die Erdatmosphäre daraufhin bereits um 0,5 bis 1 °C erwärmt.

Bei fortschreitender Industrialisierung und weiter steigendem Verbrauch an fossilen Energiequellen wird sich die Erde immer schneller erwärmen, bis zum Jahr 2050 schätzungsweise um weitere 3 bis 5 °C.

Bei weiterem Temperaturanstieg besteht die Gefahr, dass die Eismassen Grönlands und der Antarktis abschmelzen. Als Folge davon würden die Meeresspiegel ansteigen und ausgedehnte Küstengebiete überflutet. Außerdem käme es zu einer Ausdehnung der Wüsten von der Sahara aus bis zu den Ländern Südeuropas. Meeresströmungen wie z. B. der Golfstrom könnten ganz verschwinden und mit Sicherheit käme es zu einer weltweiten Klimakatastrophe. Aufgrund der Verschiebung von Klima- und Vegetationszonen und der Zunahme extremer Wetterlagen (z. B. Wirbelstürme) käme es vermehrt zu Missernten. Damit wären Hungersnöte von bisher nicht gekanntem Ausmaß vorprogrammiert.

M9a: Folgen des Treibhauseffektes

Depuis le début de la révolution industrielle au milieu du 18e siècle, la teneur en CO_2 a continuellement augmenté dans l'atmosphère. Ceci est prouvé par les analyses de bulles d'air dans la glace antarctique et des mesurages régulières. Ainsi l'atmosphère terrestre s'est déjà réchauffée de 0,5 à 1 °C au 20e siècle.

Vu le progrès de l'industrialisation et la consommation croissante de sources d'énergie fossile, la Terre se réchauffera toujours plus vite, approximativement de 3 à 5 °C jusqu'en 2050.

Une nouvelle hausse des températures engendre le risque que les masses de glace au Grœnland et en Antarctique fondent. En conséquence, le niveau des mers augmenterait et d'amples zones côtières seraient inondées. En outre, le désert s'étendrait du Sahara jusqu'aux pays du Sud de l'Europe. Des courants maritimes comme p.ex. le Gulf Stream pourraient entièrement disparaître et une catastrophe climatique à l'échelle mondiale serait inévitable. Un déplacement des zones climatiques et végétatives et l'aggravation des situations météorologiques extrêmes (p.ex. cyclones) entraîneraient de plus nombreuses mauvaises récoltes. Ainsi des famines d'une ampleur jusqu'ici inconnue seraient programmées.

M9b: Les conséquences de l'effet de serre

Anthropogenbedingte Bedrohungen | Menaces anthropogènes

Das Ozonloch

Ursachen und Folgen

Eine besondere Bedeutung für die weitere Entwicklung des Weltklimas kommt dem Ozon (O_3) zu (M1).

Einerseits ist erdnahes Ozon, das unter Einwirkung von ultravioletten Sonnenstrahlen aus Autoabgasen entsteht, mitverantwortlich am Treibhauseffekt (M2). Bodennahes Ozon reizt die Atemwege und ist ein starkes Pflanzengift. Es ist somit auch eine der Ursachen des Waldsterbens in den Industrieländern.

Die Ozonschicht der **Erdstratosphäre** (M3) schützt andererseits die Erde gegen die ultraviolette Sonnenstrahlung (M4). Ultraviolette Strahlen in zu hoher Dosis verursachen beim Menschen u. a. Hautkrebs. Starke UV-Strahlung kann auch zu Augenerkrankungen bis hin zur vollkommenen Blindheit führen. Bei Pflanzen beeinträchtigt zu starke ultraviolette Strahlung die **Photosynthese**. Durch die beeinträchtigte Photosynthese können Pflanzen weniger CO_2 aus

Le trou de la couche d'ozone

Causes et effets

L'ozone (O_3) est d'une importance particulière pour l'évolution future du climat mondial (M1).

D'un côté, l'ozone proche du sol, produit à partir des gaz d'échappements sous l'effet des rayons ultraviolets du soleil, est responsable de l'effet de serre (M2). L'ozone proche du sol irrite l'appareil respiratoire et est un herbicide très puissant. C'est pour cette raison qu'il est aussi à l'origine du dépérissement des forêts dans les pays industrialisés.

D'autre part, la couche d'ozone de la **stratosphère terrestre** (M3) protège la Terre contre les rayons ultraviolets du soleil (M4). Une dose trop forte de rayons ultraviolets crée entre autres le cancer de la peau chez l'homme. Une forte radiation ultraviolette peut aussi provoquer des maladies des yeux et même la cécité complète. Chez les plantes, la radiation ultraviolette trop élevée perturbe la **photosynthèse**. Une photosynthèse perturbée ne permet

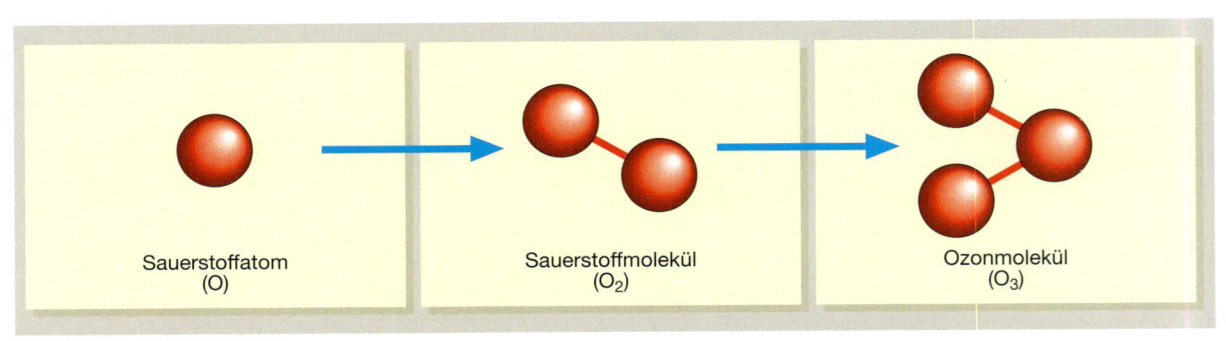

M1: Das Ozonmolekül

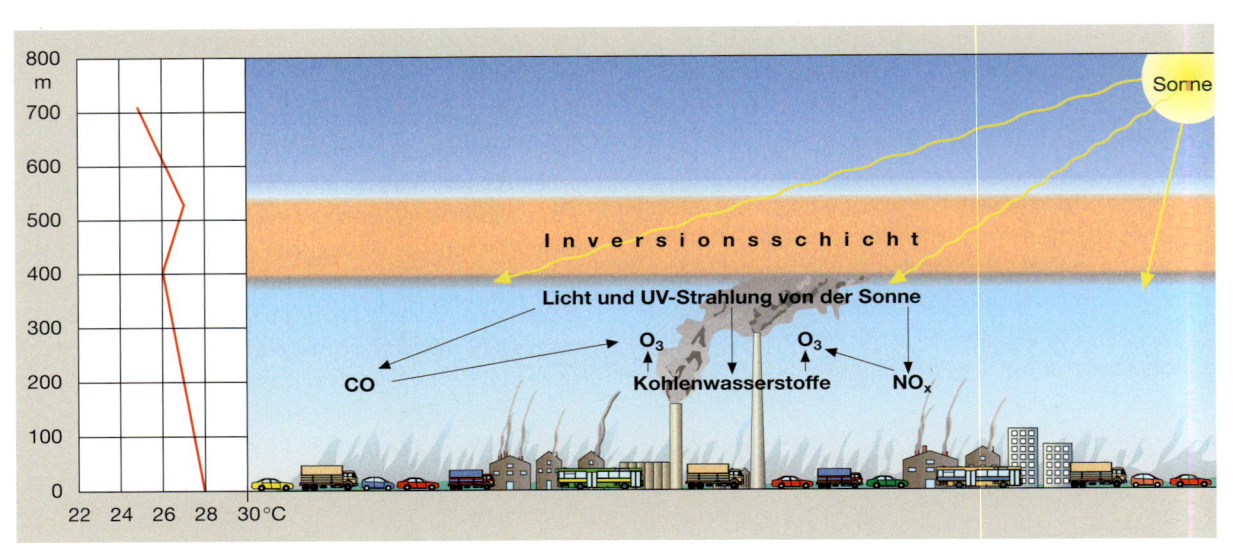

Sauerstoffatom (O) → Sauerstoffmolekül (O_2) → Ozonmolekül (O_3)

M2: Die Entstehung von O_3-Smog

Die Erde — ein bedrohter Lebensraum

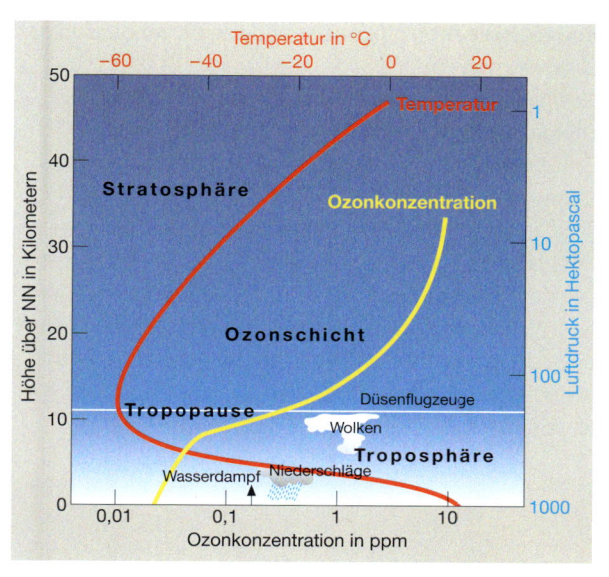

M3: Unsere Atmosphäre

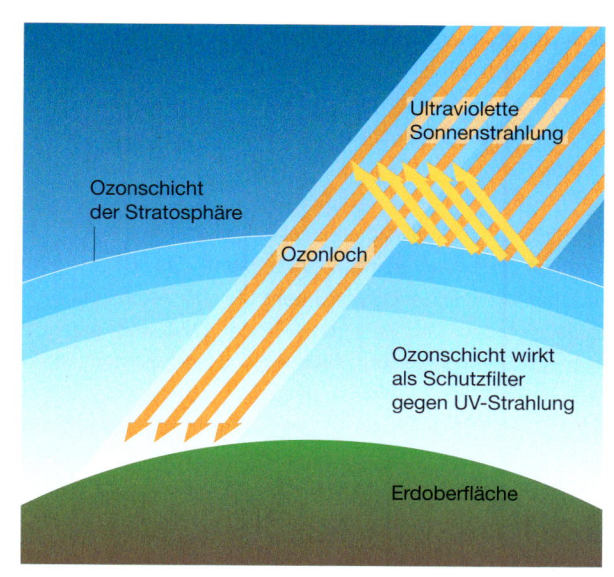

M4: Die Bedeutung der Ozonschicht

der Atmosphäre filtern. Kohlendioxid ist aber bekanntlich Hauptverursacher des Treibhauseffektes.

Die Entstehung des Ozonlochs

Ende der 1970er-Jahre entdeckten Wissenschaftler, dass über der Antarktis der Ozongehalt in der Stratosphäre um etwa 30–40 % gegenüber den sonst gemessenen Normalwerten gesunken war (M5).
Diesen fortschreitenden Zusammenbruch der Ozonschicht der Stratosphäre über dem Polargebiet bezeichnet man als Ozonloch. Nach Informationen der US-Weltraumbehörde NASA war das Ozonloch über der Antarktis im Jahr 2001 mit 28,3 Millionen km^2 – fast dreimal so groß wie Europa. Schuld an der Zerstörung der Ozonschicht sind die so genannten Fluorchlorkohlenwasserstoffe (die FCKW), welche früher als Treibgas in Spraydosen, als Aufschäummittel bei der Herstellung von Dämmstoffen (Styropor), als Reinigungsmittel für Elektronikteile, als Kältemittel in Kühlschränken, als Löschmittel in Feuerlöschern und in Klimaanlagen in Autos und Häusern eingesetzt wurden (M6). Sie steigen nach ihrer Freisetzung langsam in die Atmosphäre auf und erreichen nach 10 bis 15 Jahren die Stratosphäre. Dort setzen sie bei chemischen Reaktionen Chlor frei. Jedes freie Chloratom kann bis zu 100 000 Ozonmoleküle zerstören (M7). Auf diese Weise wird die Ozonschicht ausgedünnt.

pas aux plantes de filtrer autant de CO_2 de l'atmosphère. Mais il est connu que le dioxyde de carbone est le principal responsable de l'effet de serre.

La formation du trou de la couche d'ozone

A la fin des années 1970, les scientifiques ont découvert que la teneur en ozone dans la stratosphère au-dessus de l'Antarctique avait diminuée d'environ 30–40 % par rapport aux valeurs normales mesurées habituellement (M5). Cette réduction progressive de la couche d'ozone de la stratosphère au-dessus de la région polaire est appelée trou d'ozone. D'après les informations des autorités spatiales américaines NASA, le trou d'ozone au-dessus de l'Antarctique était de 28,3 millions de km^2 en 2001, c'est-à-dire presque trois fois la surface de l'Europe.
Les chloro-fluoro- carbones (CFC) sont responsables de la destruction de la couche d'ozone. A l'époque, on pouvait les trouver dans les atomiseurs de laque, de déodorant, etc., dans les produits mousseux servant à la production de matériel isolant (polystyrène), dans les produits pour nettoyer les pièces électroniques, dans les produits réfrigérants des réfrigérateurs, dans les extincteurs ainsi que dans les climatiseurs des voitures et des maisons (M6). Une fois mis en liberté, ils montent lentement dans l'atmosphère et atteignent la stratosphère au bout de 10 à 15 ans. A cet endroit ils libèrent du chlore lors de réactions chimiques. Chaque atome de chlore libre peut détruire jusqu'à 100 000 molécules d'ozone (M7). De cette manière la couche d'ozone s'amincit.

http://www.g-o.de

La Terre – un espace de vie menacé

Anthropogenbedingte Bedrohungen | Menaces anthropogènes

WARUM BEFINDET SICH DAS OZONLOCH ÜBER DER ANTARKTIS?
Zwar ist auch auf der Nordhalbkugel die Ozonschicht dünner geworden, doch ein Ozonloch, das mit dem über dem Südpolargebiet vergleichbar wäre, ist im Norden noch nicht entstanden (M8).

Es ist erstaunlich, dass das Ozonloch gerade über dem einzigen unbewohnten Kontinent entsteht. Die FCKW vermischen sich mit der Luft im unteren Teil der Atmosphäre. Diese Luft steigt vor allem in den Tropen von der unteren Atmosphäre in die Stratosphäre auf und wird von den Luftströmungen polwärts getrieben (sowohl zum Nordpol als auch zum Südpol). Da der Südpol zu einem Kontinent

POURQUOI LE TROU D'OZONE SE TROUVE-T-IL AU-DESSUS DE L'ANTARCTIQUE?
Il est vrai que la couche d'ozone s'est aussi amincie sur l'hémisphère nord, mais un trou d'ozone comparable à celui des régions polaires australes ne s'y est pas encore développé (M8).
Il est étonnant que le trou d'ozone se crée précisément au-dessus du seul continent inhabité. Les CFC se mélangent à l'air dans la partie inférieure de l'atmosphère. Cet air s'élève surtout dans les régions tropicales de la partie inférieure de l'atmosphère vers la stratosphère et est poussé vers les pôles par les courants atmosphériques (vers le pôle nord ainsi que vers le pôle sud).

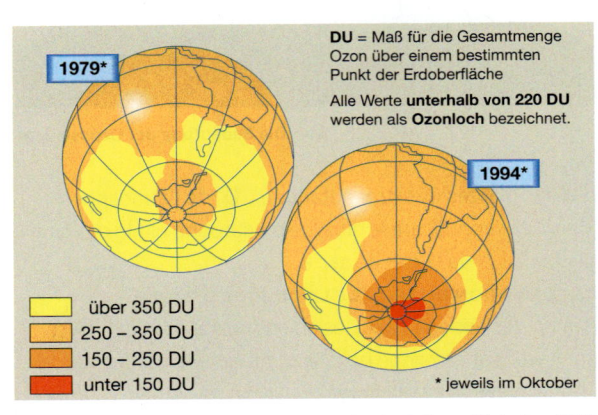

M5: Ozonkonzentration in Dobson-Einheiten (DU)

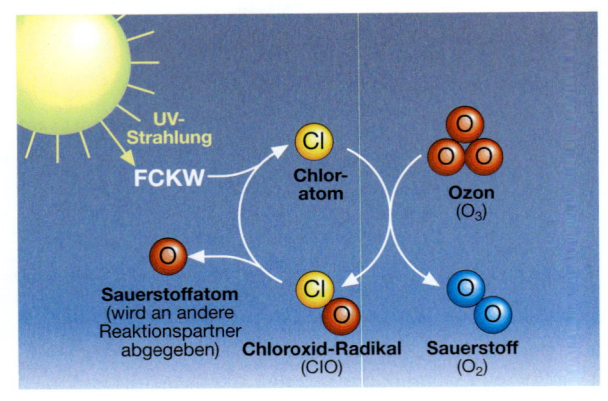

M7: Zerstörung des Ozonmoleküls durch Chloratome

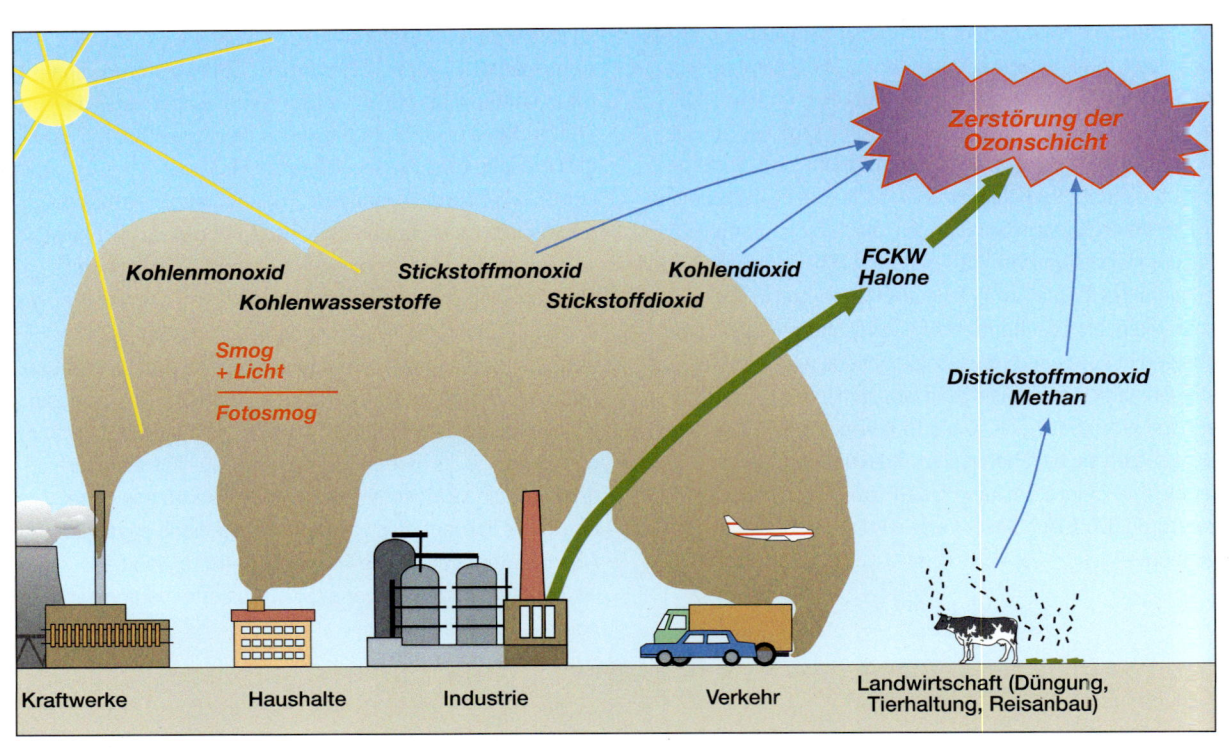

M6: Zerstörung der Ozonschicht durch verschiedene Faktoren

Die Erde — ein bedrohter Lebensraum

gehört, der von einem riesigen Ozean umgeben ist, sind die natürlichen Bedingungen für die Entstehung sehr niedriger stratosphärischer Temperaturen gegeben. Während der Polarnacht sind die Temperaturen so tief, dass der Wasserdampf in der Stratosphäre zu Eiskristallen gefriert. Dadurch entstehen sog. „polare stratosphärische Wolken". Während der Polarnacht fehlt zwar die nötige UV-Strahlung, um die FCKW zu spalten und weitere Chloratome freizusetzen, aber die bestehenden Chlormoleküle werden in den erwähnten Eiskristallen eingeschlossen. Zu Beginn des südlichen Frühlings erwärmt die Sonne die Luft, und die über sechs Monate angesammelten Chlormoleküle werden alle auf einmal freigesetzt und durch die UV-Strahlung in Chloratome gespalten, welche die Ozonschicht angreifen (M9 und M11).

Die höheren stratosphärischen Temperaturen in der Arktis verhindern eine vergleichbare Zerstörung der Ozonschicht im Nordpolargebiet.

Etant donné que le pôle sud fait partie d'un continent entouré d'un immense océan, les conditions naturelles sont données pour que des températures très basses se créent dans la stratosphère. Durant la nuit polaire les températures sont si basses que la vapeur d'eau dans la stratosphère se transforme en cristaux de glace. Ainsi se créent les nuages appelés „nuages polaires stratosphériques". Durant la nuit polaire la radiation ultraviolette nécessaire à décomposer les CFC et à libérer d'autres atomes de chlore manque, mais les molécules de chlore sont enfermées dans les cristaux de glace mentionnés. Au début du printemps austral, le soleil réchauffe l'air et les molécules de chlore accumulées durant six mois sont toutes libérées en une fois et décomposées par la radiation ultraviolette en atomes de chlore attaquant alors la couche d'ozone (M9 et M11).
Les températures stratosphériques plus élevées de l'Arctique empêchent une destruction comparable de la couche d'ozone dans la région polaire boréale.

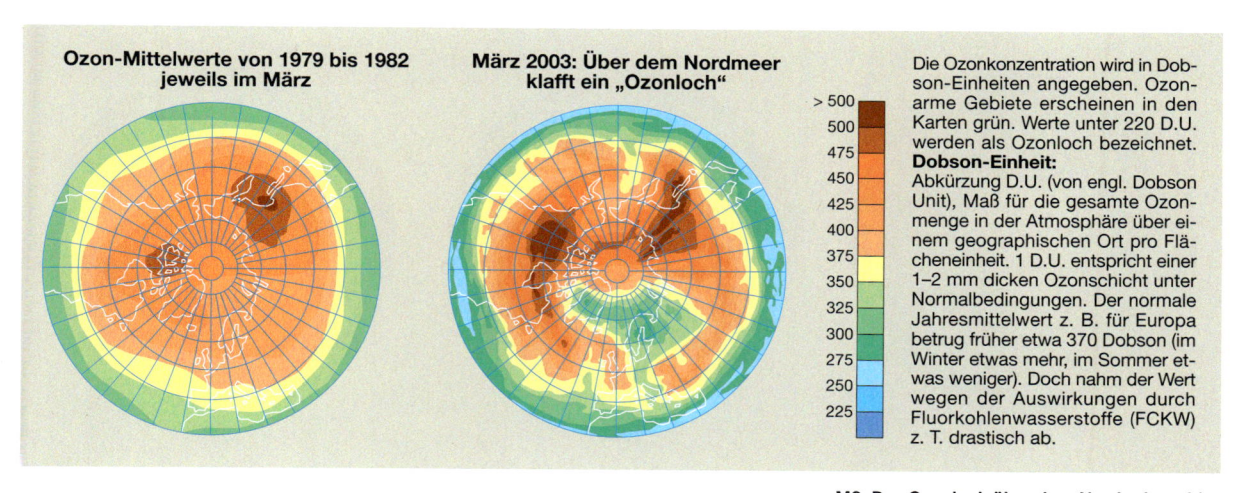

Die Ozonkonzentration wird in Dobson-Einheiten angegeben. Ozonarme Gebiete erscheinen in den Karten grün. Werte unter 220 D.U. werden als Ozonloch bezeichnet.
Dobson-Einheit:
Abkürzung D.U. (von engl. Dobson Unit), Maß für die gesamte Ozonmenge in der Atmosphäre über einem geographischen Ort pro Flächeneinheit. 1 D.U. entspricht einer 1–2 mm dicken Ozonschicht unter Normalbedingungen. Der normale Jahresmittelwert z. B. für Europa betrug früher etwa 370 Dobson (im Winter etwas mehr, im Sommer etwas weniger). Doch nahm der Wert wegen der Auswirkungen durch Fluorkohlenwasserstoffe (FCKW) z. T. drastisch ab.

M8: Das Ozonloch über dem Nordpolargebiet

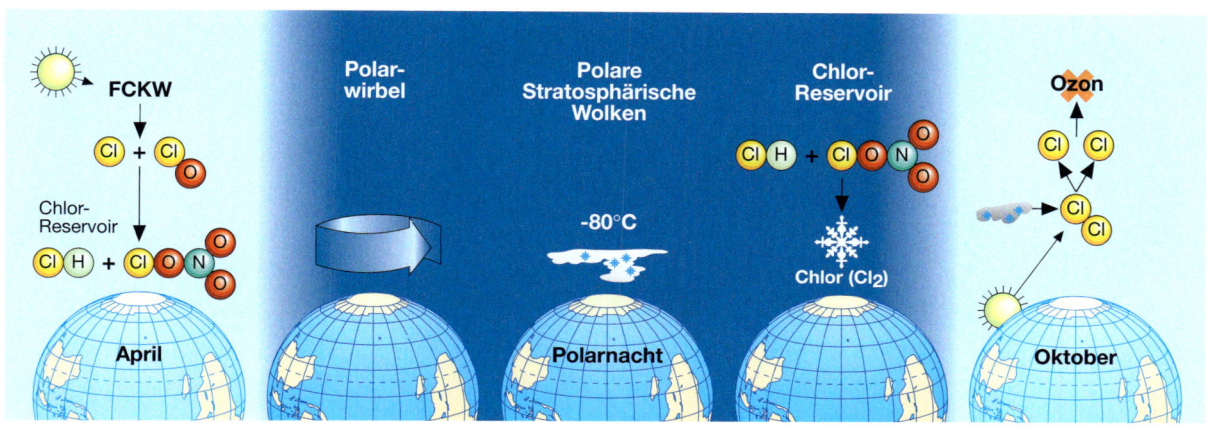

M9: Die Entstehung des Ozonlochs im antarktischen Frühling

La Terre – un espace de vie menacé

Anthropogenbedingte Bedrohungen — Menaces anthropogènes

LÖSUNGSVERSUCH

Bis 1999 hatten 168 Länder das Montrealer Abkommen von 1987 ratifiziert, durch das sie sich verpflichten, die Verwendung von FCKW gesetzlich zu verbieten und den Ozonkiller durch andere Stoffe zu ersetzen. Seit 1996 ist die Verwendung von FCKW in den meisten Industrieländern verboten.

Dennoch ist die Produktion von FCKW fast unverändert hoch geblieben. Das kommt daher, dass einige Industrieländer und viele Entwicklungsländer einen Aufschub bis etwa 2015 erhielten. Auch die von den Chemieunternehmen versprochene bessere Umweltverträglichkeit der Ersatzstoffe ist noch nicht bewiesen.

1. Inwiefern tragen Industrieunternehmen zur Zerstörung der Ozonschicht bei?
2. Welche Möglichkeiten zum Schutz der Ozonschicht kennst du?
3. Ist die Gefahr nach dem Verbot der FCKW gebannt? Begründe.

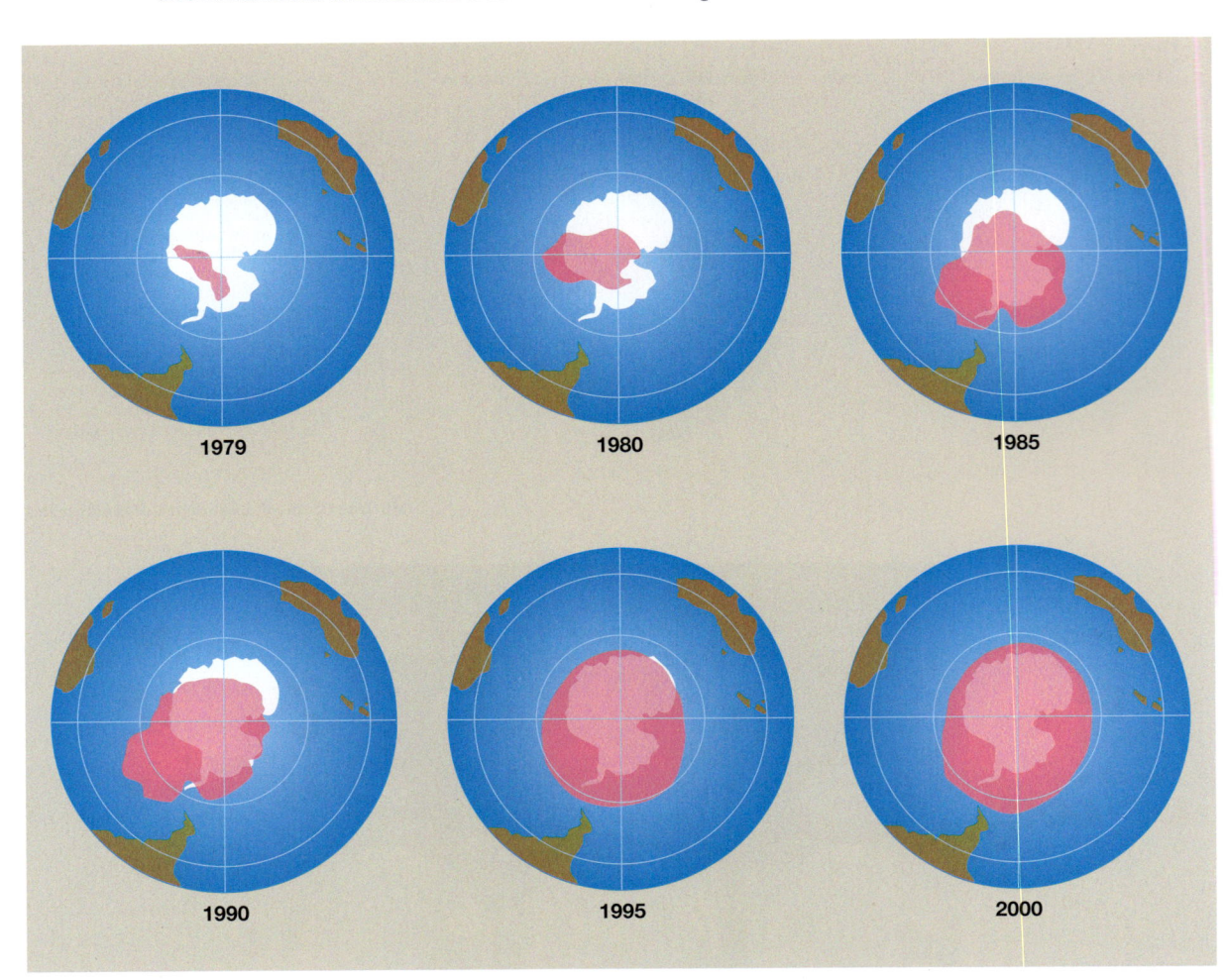

M 10: Klimaforscher an der Eiskante in der Antarktis

M 11: Das Ozonloch über der Antarktis

Die Erde – ein bedrohter Lebensraum

TENTATIVE DE SOLUTION

Jusqu'en 1999, le traité de Montréal de 1987 avait été ratifié par 168 pays, traité qui les obligeait d'interdire l'utilisation des CFC et de remplacer le tueur d'ozone par d'autres substances. Depuis 1996, l'utilisation des CFC est interdite dans la plupart des pays industriels.

Cependant, la production des CFC est restée presque identique. Ceci est dû au fait qu'un délai a été accordé à certains pays industriels et à de nombreux pays en voie de développement jusqu'en 2015 environ. De plus, il n'est pas encore prouvé que les produits de remplacement soient plus respectueux de l'environnement, comme les entreprises chimiques l'avaient promis.

1. Dans quelle mesure les entreprises chimiques contribuent-elles à la destruction de la couche d'ozone?
2. Quelles mesures de protection de la couche d'ozone connais-tu?
3. Le danger est-il banni après l'interdiction des CFC? Donne des arguments.

M 13: Untersuchung einer Eiskernbohrung in der Antarktis

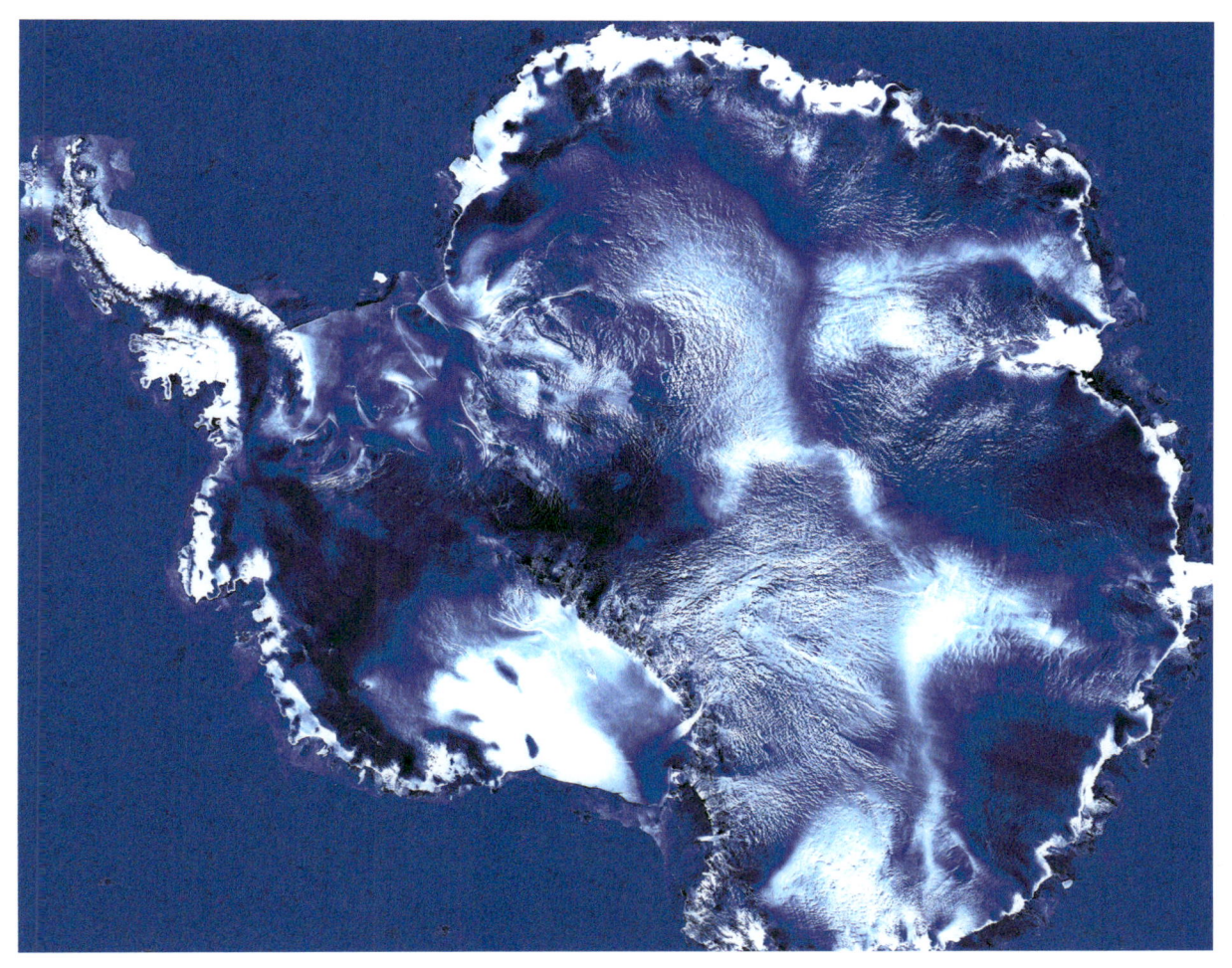

M 12: Satellitenbild der Antarktis

La Terre – un espace de vie menacé

Anthropogenbedingte Bedrohungen | Menaces anthropogènes

Saurer Regen und Waldsterben

Seit Jahrzehnten gelten in den Industrieländern wie Luxemburg qualmende Industrieschornsteine und eine größer werdende Zahl von Autos als ein Zeichen des wachsenden Wohlstandes. Die Abgaswolken aus Auspuffen, Industrieschloten und aus den privaten Heizungsanlagen verschleiern oft den Blick für die Gefahren: Unsere Umwelt stirbt und zwar schneller als viele dies wahrhaben mögen (M1).

Umweltprobleme wie saurer Regen und Waldsterben sind hauptsächlich auf die Nutzung fossiler Brennstoffe wie Kohle, Erdöl und Erdgas zurückzuführen. Mit einem Anteil von 36,5 Prozent ist Erdöl nach wie vor der weltweit wichtigste Energielieferant. Der Löwenanteil des geförderten Erdöls geht mit 60 Prozent in den Verkehrssektor — mit steigender Tendenz. Die Autoflotte wächst derzeit doppelt so schnell wie die Weltbevölkerung. Prognosen gehen davon aus, dass allein die Zahl der Pkw bis zum Jahr 2030 von derzeit 500 Millionen auf 2,3 Milliarden ansteigen wird, zum Teil durch die große Nachfrage in den rasant wachsenden und

Les pluies acides et le dépérissement des forêts

Depuis des décennies, les cheminées industrielles fumeuses et le nombre croissant des voitures sont symboles d'un niveau de vie élevé dans les pays industriels comme le Luxembourg. Des nuages de gaz sortant des pots d'échappement, des cheminées industrielles et des installations de chauffages privés voilent souvent les dangers: Notre environnement est en train de mourir et cela bien plus vite que nous ne voulons le croire (M1).

Les problèmes écologiques comme les pluies acides et le dépérissement des forêts sont surtout une conséquence de l'utilisation des carburants fossiles comme le charbon, le pétrole et le gaz naturel. Avec une part de 36,5 pourcent, le pétrole reste la source d'énergie la plus importante à l'échelle mondiale. La majeure partie du pétrole exploité (60 pourcent) est destinée au secteur du transport – tendance croissante. A l'heure actuelle la flotte automobile s'accroît deux fois plus vite que la population mondiale. D'après des prévisions rien que le nombre des voitures augmentera de 500 millions actuellement à 2,3 milliards d'ici

M1: Waldsterben

stark bevölkerten Wirtschaftsräumen Ost- und Südostasiens. Bei der Verbrennung der fossilen Energieträger entstehen neben Kohlendioxid (CO_2), das der Hauptverursacher des Treibhauseffektes ist (s. S. 224-227), riesige Mengen umweltschädigender Abgase: Schwefeldioxid (SO_2), Stickoxide (NO_X), Kohlenmonoxid (CO), unverbrannte Kohlenwasserstoffe sowie Ruß, Stäube und Bleiverbindungen (M2).

Obwohl diese Stoffe auch in der Natur vorkommen, stellen sie bei zu hoher Konzentration eine Gefahr für die Umwelt und unsere Gesundheit dar.

Zu den wichtigsten Schadstoffen gehören die Stickoxide und besonders das Schwefeldioxid. SO_2 verbindet sich in der Erdatmosphäre mit Feuchtigkeit zu Schwefelsäure, aus Stickoxiden entsteht Salpetersäure. Mit den Regentropfen gelangen die Schadstoffe als saurer Regen zur Erdoberfläche zurück, wo sie verheerende Schäden anrichten (M3).

Bereits um 1950 zeigte sich, dass Wälder in Industrie- und Ballungsgebieten zu Grunde gingen. Deshalb baute man Schornsteine bis zu einer Höhe von 300 m um die direkte Umgebung zu entlasten. Doch die höheren Schornsteine lösten das Problem nicht, sie verlagerten es nur in Gebiete, in denen es keine Industrien und deshalb nur geringen Schadstoffausstoß (Schadstoffemissionen) gab. Das Schwefeldioxid und die anderen Schadstoffe blieben nun mehrere Tage in der Atmosphäre und wurden durch den Wind pro Tag 200 – 500 km weit transportiert. SO_2-Emissionen aus den englischen Industrierevieren haben so z. B. Seen in Südnorwegen und in Schweden derart übersäuert,

2030, en partie en raison de la demande croissante dans les espaces économiques fort peuplés et en pleine expansion de l'Asie de l'Est et du Sud. Mise à part de le dioxyde de carbone (CO_2), principal responsable de l'effet de serre (voir p. 224-227), de grandes quantités de gaz d'échappement nuisibles à l'environnement sont produits lors de la combustion des sources d'énergies fossiles: le dioxyde de soufre (SO_2), l'oxyde d'azote (NO_X), le monoxyde de carbone (CO), des hydrocarbures résiduels tels que la suie, les poussières et les combinaisons de plomb (M2).

Bien que l'on trouve également ces substances dans la nature, elles représentent pourtant en concentration trop élevée un danger pour l'environnement et pour notre santé.
Les oxydes d'azote et particulièrement le dioxyde de soufre font partie des substances nocives les plus importantes.
Le SO_2 et l'humidité se combinent dans l'atmosphère terrestre en acide sulfurique, les oxydes d'azote se transforment en acide nitrique. C'est dans les gouttes de pluie que les substances nocives reviennent à la surface terrestre en tant que pluies acides en créant ainsi des dégâts considérables.

Vers 1950 le dépérissement des forêts se manifestait déjà dans les régions de concentration urbaine et industrielles. Voilà pourquoi on construisait des cheminées atteignant 300 m d'hauteur afin de moins polluer les environs directs. Pourtant, les cheminées plus élevées ne résolvaient pas le problème mais le transféraient dans les régions où il n'y avait pas d'industries et par conséquent très peu d'émission de substances nocives. Le dioxyde de soufre et les autres substances nocives restaient alors plusieurs jours dans l'atmosphère et était transportées par le vent à des distances de 200–500 km par jour. Les émissions de SO_2

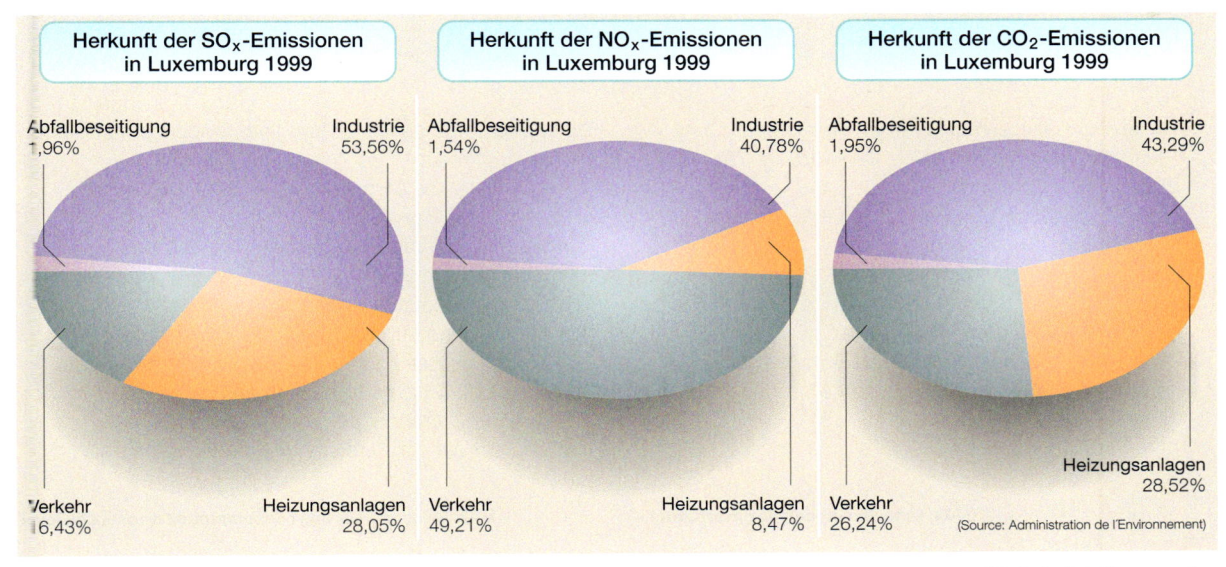

Herkunft der SO_X-Emissionen in Luxemburg 1999
- Abfallbeseitigung 1,96%
- Industrie 53,56%
- Verkehr 16,43%
- Heizungsanlagen 28,05%

Herkunft der NO_X-Emissionen in Luxemburg 1999
- Abfallbeseitigung 1,54%
- Industrie 40,78%
- Verkehr 49,21%
- Heizungsanlagen 8,47%

Herkunft der CO_2-Emissionen in Luxemburg 1999
- Abfallbeseitigung 1,95%
- Industrie 43,29%
- Verkehr 26,24%
- Heizungsanlagen 28,52%

(Source: Administration de l'Environnement)

M2: Schadstoffverursacher

Anthropogenbedingte Bedrohungen | Menaces anthropogènes

Herkunft der SO₂-Emissionen in Deutschland

1. Schwefel in Kohle und Öl verbrennt zu Schwefeldioxid
2. Das Gas Schwefeldioxid entweicht...
3. ... und verbindet sich mit Sauerstoff und Regenwasser zu Schwefelsäure
4. Die Säure greift Gebäude an ...
5. ... und dringt in den Boden ein.
6. Übersäuerung zerstört das biologische Gleichgewicht im Boden.
7. Pflanzen sterben ab.
8. Gewässer übersäuern, Fische sterben.

- 49% aus Kraftwerken/Heizkraftwerken
- 35% aus der Industrie
- 12% aus Heizungsanlagen
- 4% aus Verkehr

M3: Saurer Regen und seine Folgen

dass in ihnen kein Fisch mehr lebt. Luftverschmutzung macht nicht an Staatsgrenzen Halt. Die Industriestaaten der Nordhalbkugel sind bei weitem die Hauptverursacher von Luftverschmutzung, saurem Regen und Waldsterben, doch mit fortschreitender Industrialisierung in den Entwicklungsländern vergrößern sich auch durch diese Staaten die Umweltschäden.

Obwohl es mannigfaltige Möglichkeiten zur Verringerung der Luftverschmutzung gibt, mangelt es den verantwortlichen Politikern und Industriellen allzu oft am Willen oder am Verantwortungsbewusstsein, die notwendigen Entscheidungen zu treffen oder Gesetze zu erlassen.

des districts industriels anglais ont p. ex. rendu les lacs dans le Sud de la Norvège et en Suède si acides qu'on n'y rencontre plus de poissons. La pollution de l'air ne s'arrête pas aux frontières des Etats. Les pays industriels de l'hémisphère nord sont bien les principaux responsables de la pollution de l'air, des pluies acides et du dépérissement des forêts mais vu le progrès de l'industrialisation dans les pays en voie de développement, les dégâts écologiques se multiplient également à cause de ces Etats.

Bien qu'il existe de multiples possibilités pour diminuer la pollution de l'air, les hommes politiques et les industriels responsables manquent trop souvent de volonté ou de sens de responsabilité pour prendre les décisions nécessaires ou pour décréter des lois.

- hohes Fahrzeuggewicht bei zu geringer Motorleistung
- schlechte Aerodynamik (hoher CW-Wert, kantige Karosserie)
- falsche Einstellung von Vergaser/Einspritzanlage, verdreckter Luftfilter
- zu geringer Reifenluftdruck
- Motorverschleiß (hohe Laufleistung)
- hohe Geschwindigkeit, Vollgasfahrer
- Fahren mit zu hohen/zu niedrigen Motordrehzahlen
- starkes Beschleunigen, Kavalierstarts
- Kurzstreckenfahrten/Kaltstarts

M4a: Ursachen hohen Benzinverbrauchs

- poids automobile trop lourd par rapport à la puissance du moteur
- une mauvaise aérodynamique (valeur CW élevée, carosserie à profil carré)
- un faux règlement du carburateur/carburateur à giclage, filtre à air sali
- pression pneumatique trop basse
- usure du moteur (forte puissance de rotation)
- grande vitesse/conducteur roulant à plein gaz
- rouler à un régime trop haut/bas
- forte accélération, démarrage en trombe
- courses sur courte distance/démarrage à froid

M4b: Raisons pour une consommation d'essence élevée

http://www.seilnacht.tuttlingen.com/Lexikon/Waldster.htm
http://www.g-o.de

M5: Das Kraftwerk von Ferrybridge in Großbritannien

1. Welche Schäden verursacht saurer Regen?
2. Kennst du Waldgebiete in Europa, die stark vom Waldsterben betroffen sind? Aus welchen Industriegebieten kommen die Schadstoffe? Denke an die vorherrschende Windrichtung.
3. Mit welchen Mitteln könnte man eine Verringerung der Luftverschmutzung erreichen (M4 und M6)? Denke auch an: Katalysator, Rauchgasentschwefelungsanlagen, Bahntransport, öffentlicher Nahverkehr, Wärmedämmung, Tempolimit, regelmäßige Abgaskontrollen, Fahrzeuggewicht, Aerodynamik, erneuerbare Energiequellen.

1. Quelles détériorations causent les pluies acides?
2. Connais-tu des régions d'Europe, qui sont fortement touchées par le dépérissement des forêts? De quelles régions industrielles proviennent les matières polluantes? Pense à la direction dominante du vent.
3. Par quels moyens pourrait-on diminuer la pollution de l'air (M4 et M6)? Pense aussi aux catalyseurs, aux installations de désulfuration des fumées de gaz, au transport par la voie ferrée, aux transports en commun, à l'isolation de la chaleur, à la vitesse limitée, aux contrôles réguliers des gaz d'échappement, au poids des véhicules, à l'aérodynamique, aux sources d'énergie renouvelables.

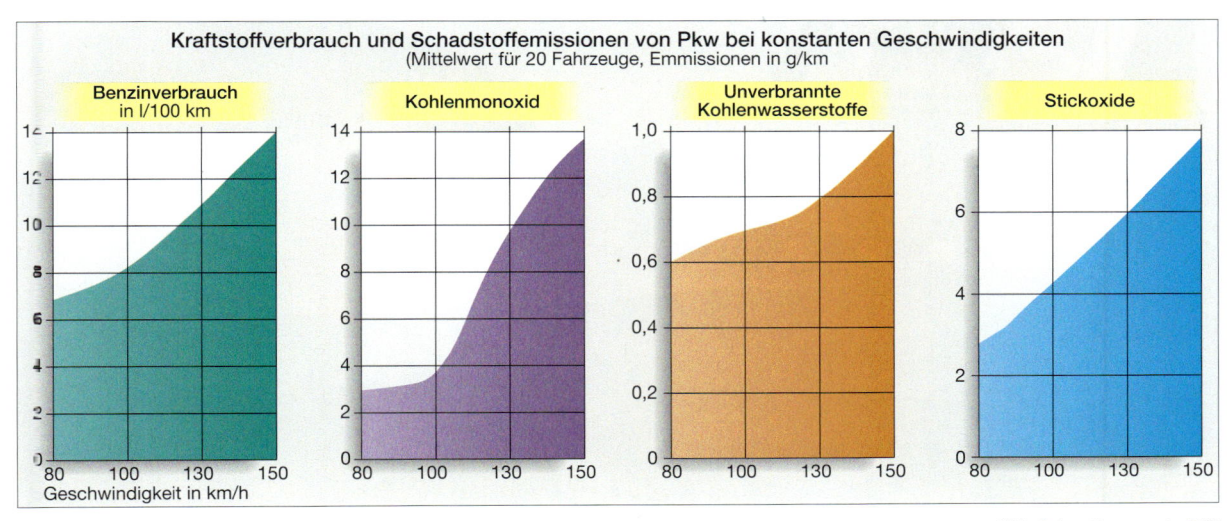

Kraftstoffverbrauch und Schadstoffemissionen von Pkw bei konstanten Geschwindigkeiten
(Mittelwert für 20 Fahrzeuge, Emmissionen in g/km)

Benzinverbrauch in l/100 km — Kohlenmonoxid — Unverbrannte Kohlenwasserstoffe — Stickoxide

Geschwindigkeit in km/h

M6: Schneller = mehr Gift

La Terre – un espace de vie menacé

Anthropogenbedingte Bedrohungen | Menaces anthropogènes

Sterbende Meere

Auch in der Vergangenheit haben die Menschen die Meere genutzt, aber nur flüchtig und extensiv, für Schifffahrt und Fischfang. Vieles hat sich – fast unbemerkt – verändert. Der enorme Anstieg der Weltbevölkerung – gekoppelt an eine massive Verstädterung und Industrialisierung – führt zu einem wachsenden Bedarf an Raum, Nahrungsmitteln, Rohstoffen und Energie. Die Menschen konzentrieren sich zunehmend an den Küsten. Gegenwärtig leben ca. 60 % der Weltbevölkerung in einem ungefähr 60 km breiten küstenparallelen Streifen. Diese Situation an Land hat erhebliche Auswirkungen auf die Meere. Der Schiffsverkehr wird immer dichter, immer weitreichender und die Schiffseinheiten wachsen. Auch der Fischfang in den Weltmeeren hat sich außerordentlich gesteigert. Umweltschützer schlagen Alarm: Der Gesundheitszustand der Weltmeere verschlechtert sich zusehends. Schuld an der Zerstörung der Meere sind, wie so oft, Kurzsichtigkeit, Unbekümmertheit und Profitgier des Menschen. Mit immer wirksameren und aufwendigeren Fangmethoden plündern große Fischereiflotten die Weltmeere (M2a, M3). Der Raubbau an der Natur hat katastrophale Folgen: Viele Arten von Meereslebewesen sind in manchen Meeren nahezu ausgerottet.

Le dépérissement des mers

Dans le passé aussi, les êtres humains utilisaient la mer pour la pêche et la navigation, mais de manière éphémère et extensive. Beaucoup de choses ont changé – presque imperceptiblement. L'augmentation énorme de la population mondiale – liée à une urbanisation et à une industrialisation massives – conduit à un besoin croissant d'espace, de nourriture, de matières premières et d'énergie. Les hommes se concentrent de plus en plus sur les côtes. Actuellement, à peu près 60 % de la population mondiale vit sur une bande de terre d'environ 60 km de large parallèle à la côte. Cette situation sur terre a des répercussions considérables sur les mers. La circulation des bateaux devient de plus en plus dense, de plus en plus étendue et la capacité des bateaux augmente. La pêche dans les mers du monde a, elle aussi, augmenté de façon considérable. Les défenseurs de l'environnement ont appuyé sur la sonnerie d'alarme. L'état de santé des mers se détériore progressvement. Comme souvent, c'est la vue courte, l'inconscience et l'appât du gain des êtres humains qui en sont les causes. De grandes entreprises de pêche dévalisent les mers du monde avec des méthodes de plus en plus élaborées et efficaces (M2b, M3). L'exploitation à outrance de la nature a des conséquences catastrophiques. Beaucoup d'espèces maritimes ont été presque complètement décimées dans certaines mers.

M1: Sinkender Tanker Prestige im November 2002 vor der spanischen und portugiesischen Atlantikküste

Die Erde — ein bedrohter Lebensraum

„Petri Unheil – die mickrigen Wachstumsraten oder sogar schrumpfenden Erträge der Fischerei haben ihren Grund im gnadenlosen Raubbau, der in den Tiefen der Meere stattgefunden hat. Und weiterhin jagt die Fischerei mit immer raffinierteren Fangmethoden hinter den dezimierten Beständen her. Mithilfe von Satelliten ermitteln die Fischer, wo sich Plankton ansammelt und deshalb Beute zu erwarten ist, mit hoch sensiblen Echoloten und Helikoptern orten sie die Schwärme. Die Ernährungs- und Landwirtschaftsorganisation der Vereinten Nationen, FAO, kritisiert die Verwendung von allzu engmaschigen Netzen, in denen die für die Bestandserholung wichtigen Jungfische hängen bleiben, und den Einsatz von überdimensionierten Stellnetzen zum Fang wandernder Fischschwärme. Und sie beklagt, dass durch Umweltverschmutzung, durch landwirtschaftliche Erschließung von Flussdeltas oder durch Ausmerzung von Feuchtgebieten die natürlichen Laichgründe weiter zurückgedrängt werden."

(nach: Neue Zürcher Zeitung vom 1. 3. 1999)

M2a: Die Jagd nach den Fischen

„Petri Unheil – Les indices de croissance dérisoires ou même la diminution du rendement de la pêche sont fondés sur le pillage impitoyable qui a eu lieu dans les profondeurs des mers. Et les entreprises de pêche continuent de chasser les réserves décimées avec des méthodes toujours plus sophistiquées. A l'aide de satellites, les pêcheurs reconnaissent les endroits où s'amasse le plancton et où on peut donc s'attendre à trouver du gibier, ils peuvent localiser les essaims de poissons avec des sondes à écho de haute sensibilité et des hélicoptères. L'organisation des nations unies pour l'alimentation et pour l'agriculture, la FAO, critique l'utilisation de filets à mailles beaucoup trop étroites où les jeunes poissons nécessaires à la régénération des réserves restent accrochés et l'emploi de filets stationnaires surdimensionnés pour la prise des essaims de poissons migrateurs. Et elle déplore que le frai naturel des poissons soit de plus en plus refoulé par la pollution de l'environnement, par la mise en exploitation agricole des deltas ou par l'élimination des zones humides."

M2b: La chasse aux poissons

Doch auch die zunehmende Verschmutzung der Weltmeere gibt Anlass zur Sorge. So sind bestimmte Meeresregionen hochgradig strahlenverseucht – durch nukleare Altlasten wie unter Wasser verrottende sowjetische Atom-U-Boote oder durch die atomaren Wiederaufbereitungsanlagen in La Hague (Frankreich) und Sellafield (Großbritannien), die ungehindert große Mengen plutoniumhaltigen Abfall ins Meer leiten. Große Quantitäten von schwer abbaubaren Chemikalien gelangen regelmäßig ins Meer, zum Beispiel durch den Unterwasseranstrich der Tanker mit Giftfarbe gegen Algen- und Muschelbewuchs. Jährlich werden riesige Mengen Erdöl über die Weltmeere verschifft – in Tankern, die zu mindestens einem Fünftel reif sind für den Schrott. Dabei werden nur rund fünf Prozent der 3 – 4 Millionen

Mais la pollution croissante des mers donne, elle aussi, des raisons de s'inquiéter. Certaines zones maritimes sont ainsi hautement polluées par les radiations – par des déchets nucléaires tels que des sous-marins atomiques soviétiques qui pourrissent sous l'eau, ou par des usines de retraitement atomique comme La Hague (France) et Sellafield (Grande-Bretagne), qui versent sans encombre de grandes quantités de résidus contenant du plutonium vers la mer. De grandes quantités de produits chimiques difficiles à désintégrer, parviennent régulièrement dans la mer, provenant par exemple de la couche immergée de peinture toxique contre l'accumulation des algues et des coquillages, des bateaux pétroliers. Chaque année, des quantités énormes de pétrole sont transportées sur les océans

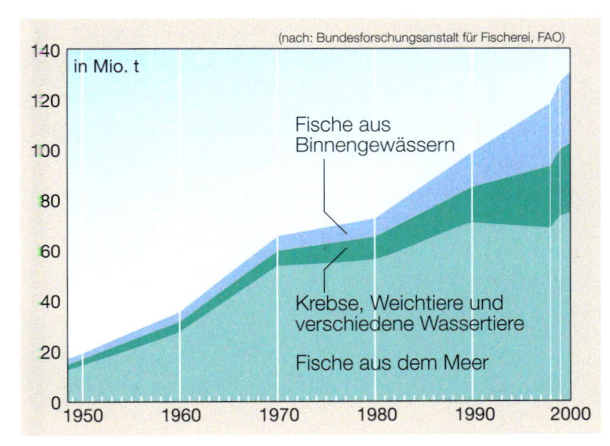

M3: Entwicklung der Weltfischerei

M4: „Sind Sie angemeldet?" (Zeichnung: Frank Cerny)

La Terre – un espace de vie menacé   239

Anthropogenbedingte Bedrohungen Menaces anthropogènes

Schweröl für Schiffe muss gereinigt werden, bevor es in die Maschine gelangt. Dabei fallen 1–2 % Rückstände an. Oft werden sie aus Kosten- und Zeitgründen außenbords gepumpt, statt im Hafen entsorgt. Etwa 90 % der Ölverschmutzungen in der Deutschen Bucht stammen von Schiffen. Ihnen sind 71 % der verölten Vögel, die zwischen 1990 und 1993 in Dänemark, Deutschland und den Niederlanden eingesammelt wurden, zum Opfer gefallen.

Auch legale Einleitungen verpesten manche Region. So dürfen Tanker laut Regelungen der IMO (International Maritime Organization) Ballast- und Tankwaschwasser abpumpen, wenn dabei nicht mehr als 30 l Öl pro Seemeile (1,8 km) abgelassen werden. Nur in ausgewiesenen Sondergebieten ist das Ölabpumpen total verboten (u. a. seit 1980 in der Ostsee).

Auch bei den Unterwasseranstrichen ist die IMO gefragt. Heute wird meist Tributylzinn (TBT) verwendet, das Algen-, Seepocken- und Muschelbewuchs an den Schiffswänden verhindern soll. Die Farbe gelangt langsam ins Meer. Ähnlich wie Dioxin ist TBT schon in geringsten Konzentrationen giftig.

(nach: Hamburger Abendblatt vom 20. 8. 1998)

M4: Müllkippe Meer

Tonnen Öl, die jährlich die Ozeane vergiften, von Unglücksschiffen (wie z. B. Exxon Valdez oder Erika) ins Meer gespült. Der größte Teil stammt von Schiffen, die ihre Tanks auf See auswaschen, aus Flusseinleitungen, Niederschlägen aus der Atmosphäre und von der Offshore-Industrie. Mehr als 6000 Plattformen fördern Erdöl in den Weltmeeren, davon allein 416 in der Nordsee. Sie kippen mit Öl und Chemikalien belastete Abwässer und Schlämme einfach ins Meer. Die gesamte Fläche des in der Nordsee durch Ölrückstände verunreinigten Meeresbodens beträgt inzwischen etwa 5000 bis 8000 km^2 (M1, M4, M6 und M8).

Jahrzehntelang glaubte man, alle eingeleiteten Schadstoffe würden in der riesigen Wassermasse der Nordsee ausreichend verdünnt und damit unschädlich (Verdünnungstheorie). Fischtod, Robbensterben, Fischkrankheiten (M10) und ein hoher Giftgehalt im Fleisch gefangener Fische sind aber eine deutliche Warnung.

Zwei bedeutende Folgen ergeben sich aus der Verschmutzung der Meere durch den Menschen:

Folge 1 Die in der Landwirtschaft verwendeten Pflanzennährstoffe Nitrat und Phosphat überdüngen weltweit die Meere. Das im Meerwasser schwebende pflanzliche Plankton (Phytoplankton) nimmt dadurch so stark zu, dass es nur zum Teil von den Pflanzen fressenden Meereslebewesen vertilgt wird. Der größte Teil jedoch stirbt ab, sinkt auf den Grund des Meeres und wird dort von Bakterien zersetzt. Diese Zersetzung entzieht dem Wasser den enthaltenen Sauerstoff und die bodennahe Tierwelt stirbt infolge Sauerstoffmangels ab.

Folge 2 Die vom Menschen in die Meere eingeleiteten Schadstoffe reichern sich in den Lebewesen der Nahrungskette an. Das von Pflanzen und Tieren mit der Nahrung aufgenommene Gift wird nicht abgebaut. Weil aber jedes Lebewesen große Mengen bereits vergifteter Nahrung aufnimmt, steigt die Konzentration der Schadstoffe mit jeder Stufe der Nahrungskette etwa um das Zehnfache. So hat z. B. der Hering als Endglied einer Nahrungskette bereits einen tausendfach höheren Giftgehalt als das Wasser, in dem er lebt. Der Hering dient aber dem Menschen als Nahrung (M9).

M6: Verölter Seevogel

Die Erde – ein bedrohter Lebensraum

par des pétroliers dont au moins un cinquième est bon pour la casse. Pourtant, seulement cinq pour cent environ des 3 à 4 millions de tonnes de pétrole qui contaminent les océans annuellement, sont déversées dans la mer par les bateaux avariés (comme p. ex. Exxon Valdez ou Erika). La majeure partie provient des bateaux qui lavent leurs citernes dans la mer, des afflux des fleuves, des précipitations de l'atmosphère – et de l'industrie offshore. Plus de 6000 plates-formes exploitent du pétrole dans les océans, 416 rien que dans la Mer du Nord. Elles déversent simplement, des eaux usées et des vases chargées de pétrole et de produits chimiques dans la mer. La surface intégrale du fond de mer contaminé par les restes de pétrole s'élève à environ 5000 à 8000 km^2 dans la Mer du Nord (M1, M4, M6 et 8).

Pendant des décennies, on a cru que toutes les matières polluantes déversées se dilueraient suffisamment dans la masse d'eau gigantesque de la Mer du Nord pour être neutralisées (théorie de la dilution). La mort des poissons, l'extinction des phoques, les maladies des poissons (M10) et une haute teneur en toxines dans la chair des poissons ramassés sont cependant un net signe d'alarme.

Deux effets significatifs résultent de la pollution des mers par l'homme:

1er effet Les matières nutritives pour les plantes, le nitrate et le phosphate, utilisés dans l'agriculture engraissent exagérément les mers au niveau mondial. Ainsi, le plancton végétal (phytoplancton) qui flotte dans l'eau de mer augmente tellement qu'il n'est consommé qu'en partie par les organismes herbivores des mers. La majeure partie cependant meurt et se dépose sur le fond de la mer où il est décomposé par des bactéries. Cette décomposition retire de l'eau son l'oxygène si bien que les animaux vivant près du sol meurent par manque d'oxygène.

2e effet Les matières polluantes déversées dans les mers par les hommes s'accumulent dans les organismes de la chaîne alimentaire. Les toxines absorbées avec la nourriture par les plantes et les animaux ne sont pas résorbées. Mais comme chaque organisme absorbe de grandes quantités de nourriture déjà intoxiquée, la concentration des toxines augmente à chaque niveau de la chaîne alimentaire de dix fois environ. Par exemple, le hareng, en tant que dernier maillon d'une chaîne alimentaire, contient déjà mille fois plus de toxines que l'eau dans laquelle il vit. Le hareng cependant, sert de nourriture à l'être humain (M9).

Über Jahrhunderte hinweg verband Menschen und Wale eine blutige Geschichte. Während zunächst nur langsame, küstennah wandernde Wale erlegt wurden, brachten schnelle, dampfbetriebene Fangschiffe und die Sprengharpune nahezu alle Großwalarten an den Rand der Ausrottung.

Seit 1986 ist es weltweit verboten, Großwale zu jagen. Mit Walfleisch und sonstigen Walprodukten darf nicht gehandelt werden. Seit 1979 gibt es ein Schutzgebiet für Wale im Indischen Ozean und seit 1994 sogar rund um die Antarktis. Trotz des Fangverbotes mussten aber seit 1986 über 20 000 Großwale sterben. Hauptverantwortlich dafür sind die Länder Japan und Norwegen. Sie weigern sich, den Walfang einzustellen (M12, M13).

Japan behauptet, Wale nur zu wissenschaftlichen Zwecken zu fangen. Um den Schein zu wahren, werden deshalb die getöteten Wale gezählt, gewogen, vermessen, untersucht. Dann wird das Walfleisch sündhaft teuer unter die „Feinschmecker" gebracht und erzielt Preise von bis zu 300 Euro pro Kilo.

Der Walfang stellt nicht die einzige Bedrohung für die Riesen der Meere dar: Wale stehen am Ende der Nahrungskette, reichern Gifte in ihrem Körper ständig an und sind deshalb von der Belastung der Weltmeere durch Industriechemikalien, Pestizide und versenkten Atommüll besonders betroffen. Im Fett gespeicherte chlororganische Giftstoffe beispielsweise wirken krebsauslösend und verringern die Fruchtbarkeit. Das Fett gestrandeter Wale enthält oft Giftkonzentrationen, die sonst nur bei Sondermüll bekannt sind. Der Raubbau an den weltweiten Fischbeständen verschärft die Situation der Tiere weiter: Sie verlieren durch Überfischung ihre Nahrungsgrundlage, werden als unliebsame Konkurrenten von Fischern getötet oder sterben als Beifang. Außerdem stellen die Folgen des Klimawandels und der stetig ansteigende Unterwasserlärm eine Bedrohung für die Wale dar.

(nach: Greenpeace-Broschüren)

M7: Bewundert und bedroht – Wale

M8: Sinkende Ölplattform vor Brasilien, 2001

La Terre – un espace de vie menacé

Anthropogenbedingte Bedrohungen | Menaces anthropogènes

M9: Nahrungskette

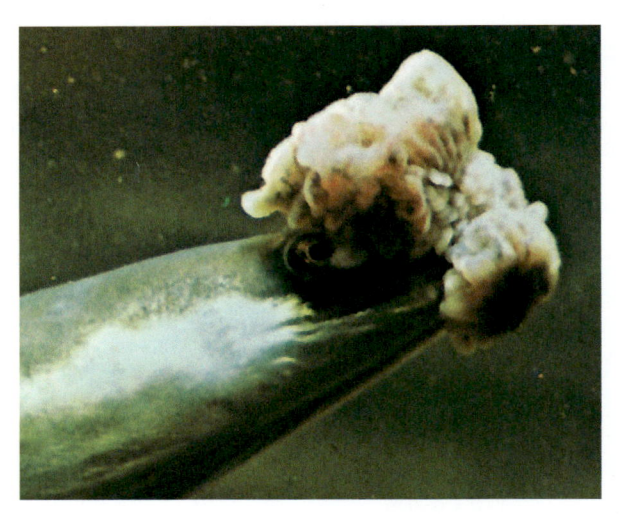

M10: Aal mit Blumenkohlkrankheit

M11: Volle Netze

1. Erläutere die Abbildung M4, S. 239.
2. Erläutere die Abbildung M9.
3. Aus welchen Gründen entledigen sich viele Industriebetriebe ihrer Abfälle im Meer?
4. Wie gelangt Erdöl ins Meerwasser (vgl. dazu auch S. 54)?
5. **a)** Wir müssen feststellen, dass wir das Meer oft verantwortungslos nutzen. Zu den Gefährdungen gehören u. a. Überfischung und Verschmutzung. Durch Appelle überstaatlicher Institutionen, Abschlussdokumente internationaler Konferenzen sowie Aktionen von Umweltverbänden wird versucht eine breitere Öffentlichkeit auf diese Probleme aufmerksam zu machen. Greenpeace bekämpft z. B. besonders den Walfang und die Treibnetzfischerei, während der WWF (World Wildlife Fund) sich z. B. für ein weltweites Verbot von Schiffsfarben, die die Meeresumwelt schädigen, engagiert. Berichte anhand von Presseartikeln oder Informationen aus dem Internet über entsprechende Aktivitäten.

   b) Überlege, wo du durch dein Verhalten und deine Konsumgewohnheiten das Ökosystem Meer belastest. Was könnte jeder Einzelne zum Schutz der Meere tun?

Die Erde — ein bedrohter Lebensraum

M 12: Walfang

1. Commente l'illustration M4, p. 239.
2. Commente l'illustration M9.
3. Pour quelles raisons beaucoup d'entreprises industrielles se débarrassent-elles de leurs déchets dans la mer?
4. Comment le pétrole arrive-t-il dans la mer (compare également avec la p. 55) ?
5. a) Nous devons admettre que nous utilisons la mer souvent de façon irresponsable. La pêche intensive et la pollution font partie de ces dangers. Les sollicitations d'institutions supranationales, les rapports des conférences internationales, tout comme les actions des groupes de protection de l'environnement essayent d'attirer une plus large attention du public sur ces problèmes. Greenpeace, par exemple, lutte surtout contre la pêche de la baleine et la pêche aux filets mobiles, alors que le WWF (Word Wildlife Fund), par exemple, s'engage pour une interdiction mondiale de peintures à bateaux nuisibles à l'environnement des mers. Fais un exposé sur ce genre d'initiatives à l'aide d'articles de presse ou d'informations trouvées sur Internet!

b) Réfléchis sur les effets nuisibles de ton comportement et de tes habitudes de consommation sur le système écologique de la mer. Que pourrait faire chacun de nous pour la protection des mers?

Phänomene der Erde/Naturkatastrophen

M 13: Greenpeace-Aktion gegen den japanischen Walfang

La Terre – un espace de vie menacé

Anthropogene Bedrohungen / Menaces anthropogènes

Nachhaltige Entwicklung – ein Lösungskonzept für anthropogene Bedrohungen

Das Konzept nachhaltiger Entwicklung

Die **Agenda 21**, das weltweite Aktionsprogramm für eine dauerhaft umweltgerechte Entwicklung der UN-Umweltkonferenz von Rio de Janeiro 1992, haben neben Luxemburg 177 weitere Staaten unterzeichnet. Sie wollen sich im Kader des „Programms 21" (Programm für das 21. Jh.), das aus der Agenda 21 entstand, für mehr Gerechtigkeit zwischen den Nationen und den Schutz der **natürlichen Lebensgrundlagen** für diese und künftige Generationen einsetzen. Die Ideen der Agenda 21 zu verwirklichen gehört zu den größten Herausforderungen dieses neuen Jahrtausends. Das Konzept dafür heißt **Nachhaltige Entwicklung**. Es steht für eine Verbindung von ökonomischer Beständigkeit, dem Erhalt der ökologischen Funktionsfähigkeit des Naturhaushaltes und sozialer Gerechtigkeit. Diese drei Aspekte (M1) können nicht voneinander abgespalten oder gar gegeneinander ausgespielt werden.

Das Dreieck der Nachhaltigkeit

Den Industriestaaten kommt bei dem von der Agenda 21 geforderten Umorientierungsprozess eine Vorreiterrolle zu. Sie sind als Erste gefordert, neue Muster des Konsums und der Produktion zu entwickeln und dabei den Material- und Energieaufwand mindestens um den Faktor vier zu verringern. Gefragt sind dabei nicht rückwärts gewandte Lösungen, sondern Modernisierungsszenarien, die sich an der Wechselwirkung zwischen Sozialem, Ökonomie und Ökologie – am Dreieck der Nachhaltigkeit – orientieren (M2). So muss beispielsweise die **Ökonomie** durch den Einsatz neuer Technologien und effizienterer Produktionsverfahren Antworten auf **Globalisierung** und zunehmenden internationalen Konkurrenzdruck finden, die sozial und ökologisch verträglich sind.

Im Feld der **Ökologie** gilt es, Schadstoffeinträge und Ressourcenverbrauch so zu reduzieren, dass weder die ökonomische Handlungsfähigkeit aufs Spiel gesetzt wird noch soziale Probleme, etwa durch mehr Arbeitslosigkeit, entstehen.

Schließlich ist es eine zentrale Frage des Sozialen, Ansprüche an Gerechtigkeit so umzusetzen, dass auch angesichts steigender Weltbevölkerung und Verstädterung die ökologischen Belastungen sinken und die Stabilität der Volkswirtschaften beachtet werden.

Le développement durable – un concept de solutions aux dangers générés par la présence humaine

Le concept du développement durable

L'**Agenda 21**, le programme d'action mondiale pour un développement écologiquement soutenable, de la conférence sur l'environnement de Rio de Janeiro en 1992, a été signé par 177 pays, dont le Luxembourg. Ils veulent s'engager dans le cadre du „programme 21" (le programme pour le 21e siècle) qui résulte de l'Agenda 21, pour plus d'égalité entre les nations et la protection des **conditions naturelles de vie** pour notre génération et celles à venir. Réaliser les idées de l'Agenda 21 est un des plus grands défis de ce nouveau millénaire. Le concept pour y arriver est celui du **développement durable**. Il fait le lien entre stabilité économique, préservation du fonctionnement écologique des biens naturels et égalité sociale. Ces trois aspects (M1) ne peuvent être séparés les uns des autres, ni même être mis en rivalité.

Le triangle de la durabilité

Les pays industriels ont un rôle pionnier dans le processus de réorientation revendiqué par l'Agenda 21. Ils sont les premiers sollicités pour développer un nouveau modèle de production et de consommation tout en diminuant d'au moins quatre fois les besoins énergetiques et matériels. Ce ne sont pas des solutions rétrogrades qui sont demandées, mais des scénarios de modernisation qui s'orientent à l'interaction entre le social, l'économie et l'écologie – au triangle de la durabilité – (M2). Ainsi l'**économie** doit, par exemple, trouver, par une mise en place de nouvelles technologies et de moyens de production plus efficaces, des réponses, écologiquement et socialement compatibles, à la **globalisation** et à la pression croissante de la concurrence internationale.

Dans le domaine de l'**écologie**, il s'agit de réduire la consommation des ressources et la production de matières polluantes de façon à ce que ni les possibilités économiques ne soient remises en cause, ni des problèmes sociaux, tels une augmentation du chômage, n'en résultent.

En définitive, c'est une question sociale fondamentale, face à l'augmentation de la population mondiale et à l'urbanisation, que de répondre aux revendications d'égalité en réduisant les problèmes écologiques et en veillant à la stabilité des économies publiques.

Brundtland-Bericht (Weltkommission für Umwelt und Entwicklung) 1987:
Wir benötigen ein Konzept globaler Entwicklung, das „die Bedürfnisse der Gegenwart befriedigt, ohne zu riskieren, dass künftige Generationen ihre eigenen Bedürfnisse nicht befriedigen können."

Das Konzept der Nachhaltigkeit
- Leitlinien -

Zukunftsfähige wirtschaftliche Entwicklung

Globale Gerechtigkeit

Dauerhafte Umweltverträglichkeit

M1: Das Konzept der Nachhaltigkeit

Das Dreieck der Nachhaltigkeit
- Modernisierungsszenario -

Ökonomie
- Internationalisierung der Warenströme und Produktionsorte
- Effizienzsteigerung aufgrund von Konkurrenzen und Nachfrage
- Konsistenzforderungen aufgrund ökologischer Einsichten

Innovationsdruck:
Technik, Produktion, Produkte

Soziales
- Diskrepanz zwischen Arm und Reich
- Demokratisierungsbestrebungen
- Bevölkerungswachstum
- Individualisierung
- Verstädterung

Innovationsdruck:
Lebensgestaltung, Gerechtigkeit

Ökologie
- Riskante Schadstoffeinträge
- Übernutzung
- Ressourcenreduktion

Innovationsdruck:
Analyse und Bearbeitung

M2: Das Dreieck der Nachhaltigkeit

1. Warum sollten die Industriestaaten bei der nachhaltigen Entwicklung mit dem guten Beispiel vorgehen?
2. Warum muss nachhaltige Entwicklung sowohl kurz als auch langfristig geplant sein?
3. Warum ist es wichtig, dass Ökonomie, Ökologie und das Soziale bei einer nachhaltigen Entwicklung gleichermaßen berücksichtigt werden?

1. Pourquoi les pays industrialisés devraient-ils donner le bon exemple en matière de développement durable?
2. Pourquoi un développement durable doit-il être prévu autant à court qu'à long terme?
3. Pourquoi est-il important que l'économie, l'écologie et le social soient considérés équitablement en vue d'un développement durable?

http://www.nachhaltigkeitsrat.de/service/links/content.html

Kennst du Naturkatastrophen? Connais-tu des catastrophes naturelles?

Datum	Ereignis	Tote
1.5.1970	Erbeben in Peru	52 000
12.11.1970	Wirbelsturm in Bangladesh	200 000
Nov. 1972	Herbststürme in Mitteleuropa	54
23.12.1972	Erdbeben in Nicaragua	5 000
April 1974	Tornados in den USA	322
Sept. 1974	Hurrikan Fifi in Honduras	9 000
Januar 1976	Winterstürme in Europa	82
4.2.1976	Erdbeben in Guatemala	22 778
6.5.1976	Erdbeben in Italien	978
8.7.1976	Erdbeben in China	750 000
24.11.1976	Erdbeben in der Türkei	3 626
August 1979	Hurrikan David, Karibik	1 400
Mai 1980	Vulkanausbruch Mt. St. Helens (USA)	60
10.10.1980	Erdbeben in Algerien	2 590
23.11.1980	Erdbeben in Italien	3 114
Jan./April 1983	Überschwemmungen, Peru/Ecuador	500
30.10.1983	Erdbeben in der Türkei	1 330
Dez. 1982	Kältewelle in den USA	471
2.9.1984	Taifun Ike auf den Philippinen	über 1 000
23.5.1985	Wirbelsturm in Bangladesch	40 000
19.9.1985	Erdbeben in Mexiko	23 000
13.11.1985	Vulkanausbruch in Kolumbien	23 000
Herbst 1986	Überschwemmungen in Indien	1 078
10.10.1986	Erdbeben in El Salvador	1 500
5.3.1987	Erdbeben in Ecuador	über 2 000
Juli 1987	Hitzewelle in Griechenland	über 1 000
7.12.1988	Erdbeben in Armenien	25 000
Jan./Febr. 1990	Orkan über West- und Mitteleuropa	50
18.7.1990	Erdbeben auf den Philippinen	2 000
April 1991	Überschwemmung in Bangladesch	150 000
9.6.1991	Vulkanausbruch auf den Philippinen	über 200
13.4.1992	Erdbeben im Dreiländereck (D, B, NL)	1
24.8.1992	Hurrikan Andrew, Florida/Lousiana	49
1993	Erdbeben in Indien	9 800
Nov. 1994	Überschwemmungen in Südeuropa	über 100
18.1.1995	Erdbeben in Japan	über 5 300
28.5.1995	Erdbeben auf Sachalin	über 2 000
Oktober 1996	Wirbelsturm in Bangladesch	500
Juli 1997	Vulkanausbruch auf Montserrat	23
November 1997	Überschwemmung in Somalia	1 700
Oktober 1998	Hurrikan Mitch, Honduras/Nicaragua	9 100
August 1999	Erbeben in der Türkei	18 000
Januar 2001	Erdbeben/Erdrutsche in El Salvador	850
26.1.2001	Erdbeben in Indien	14 000
Januar 2002	Vulkanausbruch in der D. R. Kongo	45
25.1.2002	Erdbeben in Afghanistan	2 000
August 2002	Überschwemmungen in Europa	230
28.10.2002	Orkan über West- und Mitteleuropa	33
25.2.2003	Erdbeben in Xinjiang (China)	300
6.5.2003	Tornados in den USA	38
26.12.2003	Erdbeben in Iran (Provinz Kerman)	22 000
29.8.2005	Hurrikan Katrina, US-Golfküste	1 300
12.1.2010	Erdbeben in Haiti	200 000

M1: Tabelle weltweit bedeutsamer Naturkatastrophen seit 1970

M2: Katastrophengefährdete Gebiete der Erde

M3: Orkanschäden in Ettelbruck im Januar 1990

Die Erde – ein bedrohter Lebensraum

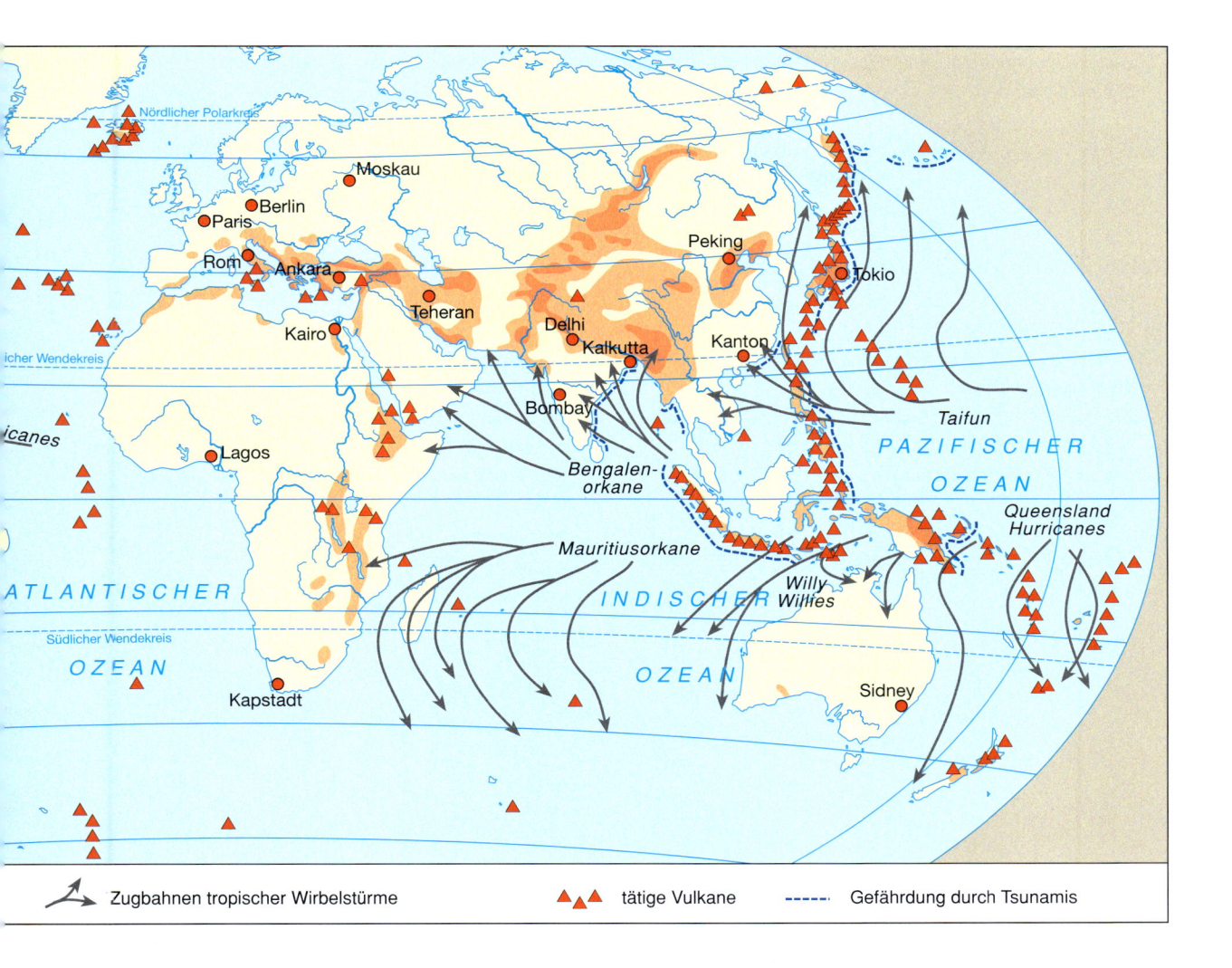

→ Zugbahnen tropischer Wirbelstürme ▲▲▲ tätige Vulkane ----- Gefährdung durch Tsunamis

1. Die Naturkatastrophen in M1 haben entweder klimatische Ursachen, oder sie sind durch Kräfte aus dem Erdinneren verursacht. Ordne die Ereignisse zu.
2. Welche Landschaften der Erde werden von tropischen Wirbelstürmen (Hurrikans, Taifune) heimgesucht? Suche im Atlas betroffene Länder.
3. Welche Räume der Erde werden von verschiedenartigen Naturkatastrophen bedroht?
4. Betrachte M1 und M3. Wo besteht in Europa die Gefahr von Naturkatastropen?
5. Wie erklärst du dir die ausgeprägten Linien in M2, auf denen so viele tätige Vulkane liegen und wo die Gefahr von Erdbeben offensichtlich groß ist?
6. Es gibt andere Naturkatastrophen, die in der Tabelle nicht berücksichtigt wurden. Welche sind dir vom Fernsehen und aus Zeitungen aus letzter Zeit bekannt?

Erde 3D/Glasklar edition

Phänomene der Erde/Naturkatastrophen

1. Les catastrophes naturelles ont soit des causes climatiques soit elles proviennent de forces venant de l'intérieur de la terre. Classe ces incidents selon leurs causes.
2. Quelles zones de la terre sont touchées par les cyclones tropicaux (ouragans, typhon)? Cherche ces pays dans l'atlas.
3. Quelles zones de la terre sont menacées par diverses catastrophes naturelles?
4. Examine M3 et M1. Où court-on des risques de catastrophes naturelles en Europe?
5. Comment t'expliques-tu la ligne distinctive de M2, sur laquelle se trouvent de nombreux volcans en activité et où le risque de tremblements de terre est manifestement important?
6. Il existe d'autres catastrophes naturelles qui ne sont pas mentionnées sur le tableau. Quelles sont celles dont tu as pris connaissance récemment par la télé et dans les journaux?

La Terre – un espace de vie menacé

Kennst du die Welt? | Connais-tu le monde?

1. Zeige und benenne die Räume, die im Unterricht behandelt wurden. Liste auf nach folgendem Schema:

Raum/Land	Vegetationszone	Kontinent

2. Welche Kontinente weisen große Ungunsträume auf (Wüsten, Kältegebiete, Hochgebirge)?
3. In welchen Regionen der Erde leben die meisten Menschen? Nenne Länder oder Landschaften und die Breitenlage im Gradnetz.
4. Liste vier große Gebirge aus verschiedenen Kontinenten auf. Ermittle deren Länge und Breite sowie die höchsten Erhebungen. Nenne die Länder, in denen sie liegen.

1. Indique et désigne les zones qui ont été étudiées pendant le cours. Classe-les selon le schéma suivant:

zone / pays	zone de végétation	continent

2. Quels sont les continents à zones défavorables aux hommes (déserts, zones froides, hautes montagnes)?
3. Dans quelles régions de la Terre vit la plupart des gens? Désigne des pays ou des territoires et les latitudes correspondantes.
4. Énumère quatre grandes chaînes de montagnes de continents différents. Calcule leur longitude et leur latitude ainsi que leurs points culminants. Désigne les pays où elles se situent.

Legende:
- 1 – 7 Kontinente
- 1 – 33 Städte
- a – k Inseln
- A – K Gebirge
- a – r Flüsse und Seen
- A – C Ozeane

Landhöhen: unter 0 | 0 | 100 | 200 | 500 | 1000 | 2000 | 4000 m

0 | 1000 | 2000 | 3000 | 4000 | 5000 km

Geographie Trainer

248 Kennst du die Welt?

5. Die größte Insel der Erde ist fast gänzlich eisbedeckt. Sie grenzt mit ihrem südlichen Teil an den 60. Grad nördlicher Breite. Nenne ihren Namen.
6. In welchen Ländern kann man den nördlichen Polarkreis überschreiten?
7. Wie heißen die Kanäle, die den Atlantik mit dem Pazifik und das Rote Meer mit dem Mittelmeer verbinden?
8. Das größte Flusssystem unserer Erde transportiert sein Wasser von West nach Ost quer durch den Kontinent. Welches Flusssystem und welcher Kontinent ist gemeint?
9. Zu welchem Kontinent gehört: die größte Stadt, das höchste Gebirge, der größte Binnensee, die größte Wüste, der größte Regenwald der Erde?

5. La plus grande île du monde est presque entièrement recouverte de glace. La partie Sud de l'île frôle les 60ᵉ degrés de latitude nord. Désigne-la.
6. Dans quels pays peut-on traverser le cercle polaire boréal?
7. Comment s'appellent les canaux qui relient l'Océan Atlantique à l'Océan Pacifique, et la Mer Rouge à la Mer Méditerranée?
8. Le plus grand système fluvial de la terre transporte ses eaux d'ouest en est à travers un continent. De quel système fluvial et de quel continent s'agit-il ?
9. Sur quel continent se trouvent: la plus grande ville, la plus haute chaîne de montagnes, le plus grand lac, le plus grand désert, la plus grande forêt vierge de la terre?

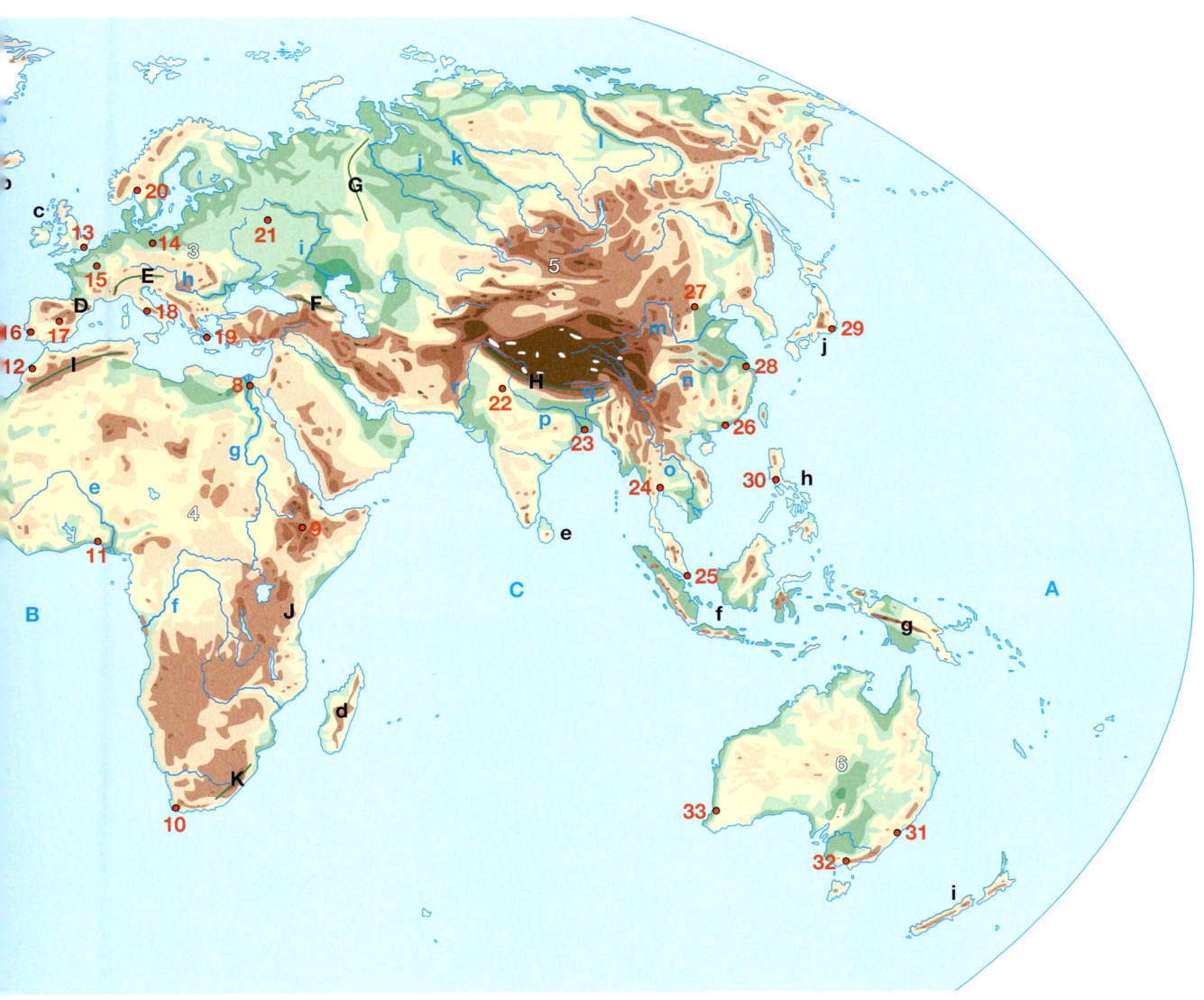

M 1: Stumme Karte Welt

Connais-tu le monde?

Fachbezogene Arbeitsweisen

Tabellenüberschrift					
Kopfleiste					
1. Zeile					
2. Zeile					
3. Zeile					
		6. Spalte	7. Spalte	8. Spalte	evtl: Summenspalte
evtl: Summenzeile					

Fußnoten, Anmerkungen, Quellenangaben

Auswerten von Bildern   Auswerten von Tabellen

Méthodes de travail spécifiques

Arbeiten mit Diagrammen   Auswerten von Karten   Anfertigen von Kartenskizzen

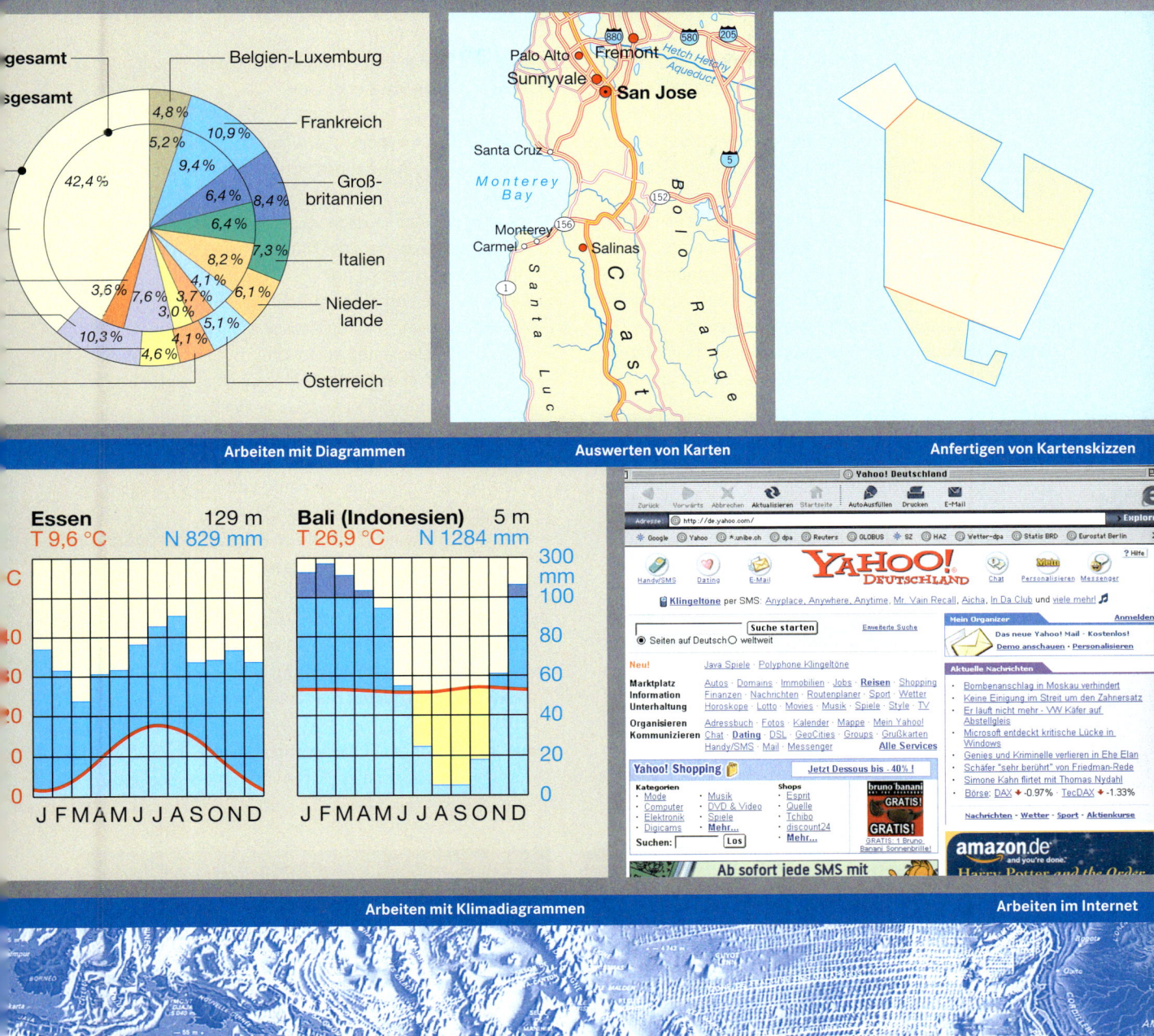

Arbeiten mit Klimadiagrammen   Arbeiten im Internet

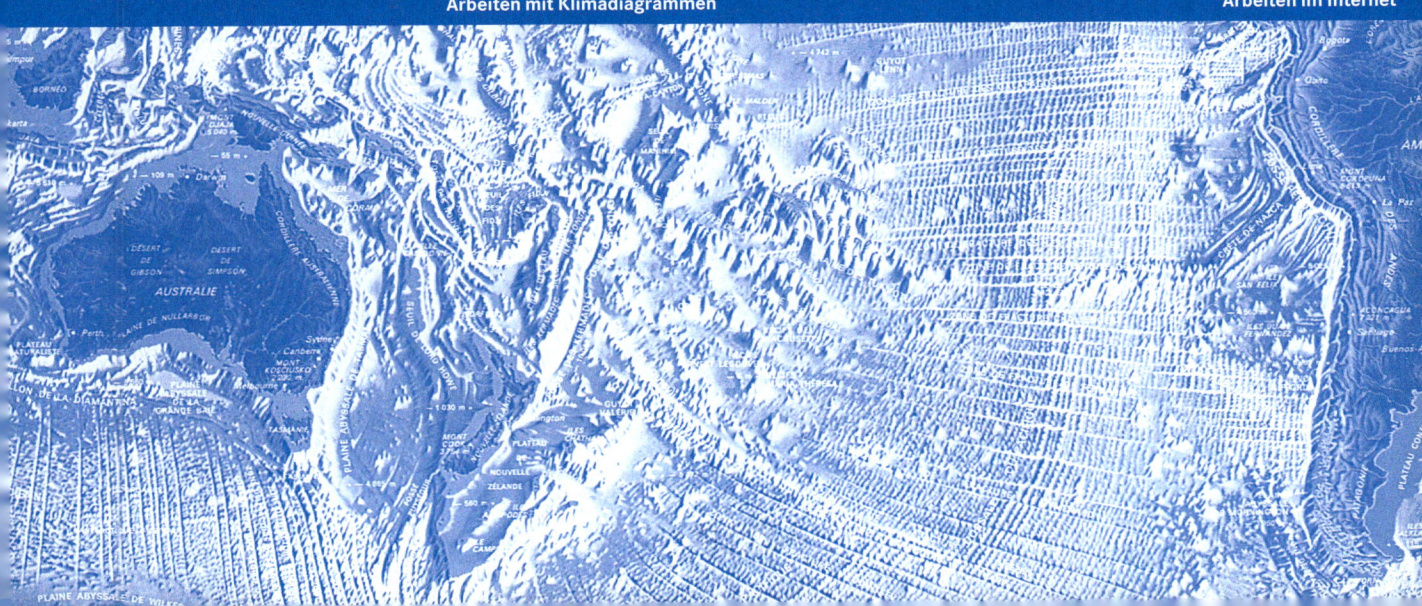

Auswerten von Fotografien | Analyser une photographie

„Wie sieht es in anderen Ländern aus?" – „Wie leben die Menschen dort?" – „Welche Probleme haben sie zu bewältigen?". Antworten auf derartige Fragen fallen uns heute wesentlich leichter als Schülerinnen und Schülern vor 100 Jahren. War man früher vor allem auf Berichte und Zeichnungen von Forschungsreisenden angewiesen, so stehen uns heute in Zeitschriften, Büchern, Film und Fernsehen eine Fülle von Bildern aus allen Teilen der Welt zur Verfügung. Sie vermitteln dem, der sie zu deuten versteht, wichtige Einsichten.

Für die Auswertung der Bilder ist es wichtig, aus welcher Perspektive das Foto gemacht wurde. Aufnahmen, wie man sie selbst oft macht, werden **Frontalaufnahmen** genannt. Sie haben allerdings oft subjektiven Charakter und sind deshalb geographisch nur wenig aussagekräftig.
Schrägluftbilder zeigen demgegenüber einen größeren Ausschnitt. Sie haben eine Perspektive, die der von einem Aussichtsturm gleicht.
Senkrechtluftbilder werden senkrecht aus der Luft fotografiert. Sie gleichen einer Landkarte, sind in ihrer Detailfülle jedoch verwirrender als eine Karte, in der viele Einzelheiten fortgelassen werden.
Fotos, die größere Raumausschnitte und somit einzelne Landschaftselemente in räumliche Zusammenhänge stellen, werden **Totalaufnahmen** genannt. Sie kommen in Form aller bisher genannten Aufnahmetechniken vor.
Dann gibt es noch **Detailaufnahmen**. Sie zeigen Ausschnitte von oben genannten Fotoformen, die Einzelheiten besonders hervorheben sollen.

1. Schritt: Annäherung an den Inhalt
- Wie heißt die Bildunterschrift?
- Welche Bildart liegt vor?
- Was zeigt das Bild?
- Lässt sich evtl. das Aufnahmejahr, die Jahreszeit oder sogar die Tageszeit erkennen?

2. Schritt: Beschreibung des Inhaltes
- Welche einzelnen Landschaftselemente sind erkennbar?
- Wie ist der Raumausschnitt zu gliedern: nach den Höhenverhältnissen, der Nutzung oder dem Vorder-, Mittel- und Hintergrund?
- Welche Funktion haben einzelne Objekte?
- Welche Zusammenhänge lassen sich zwischen den einzelnen Bildelementen erkennen?
- Was kann über abgebildete Menschen gesagt werden?
- Welcher Landschaftstyp ist dargestellt?

3. Schritt: Erläuterung des Inhaltes
- Wie ist die Entstehung der natur- und/oder kulturlandschaftlichen Bildelemente zu erklären?
- Welche Ursachen haben die im Bild evtl. sichtbaren landschaftsverändernden Prozesse?

4. Schritt: Bewertung des Inhaltes
- Stehen Bildunterschrift und Bildaussage in einem eindeutigen Zusammenhang?
- Sind die abgebildeten Elemente typisch für diesen Raum?
- Wurde erkennbar Einfluss genommen auf die Bildaussage (Urlaubsprospekt: Blumen im Vordergrund)?

M 1: Feldflur in Kansas

M 2: Reisbauern bei der Ernte

Fachbezogene Arbeitsweisen

M3: Reisanbau auf der Insel Bali

M4: Arbeiten im Reisfeld

M5: Wassergefüllte Terrassen

M6: Intensiver Feldbau

Fachbezogene Arbeitsweisen

Auswerten von Photo-Bildern | Analyser une photographie

„À quoi ressemblent les autres pays?", „Comment y vivent les gens?", „Quels problèmes doivent-ils surmonter?". Nous pouvons aujourd'hui répondre plus facilement à de telles questions que ne pouvait le faire les élèves il y a un siècle. Alors que les gens étaient autrefois dépendants des comptes rendus et des dessins des explorateurs, de grandes quantités de photos sur toutes les parties du monde sont aujourd'hui mises à notre disposition par le biais de magazines, de livres, de films et de la télévision. Ces photos sont le vecteur d'importantes informations pour celui qui sait les interpréter.

La perspective choisie pour prendre la photo est importante pour l'interprétation de son contenu. Les photos que nous faisons usuellement sont ce qu'on appelle des **prises de vue frontales**. Elles ont bien souvent un caractère subjectif et ne sont de ce fait géographiquement peu probantes.

Les **photos aériennes obliques** fournissent par contre une vue plus étendue, similaire à celle obtenue du haut d'une tour d'observation.

Les **photos aériennes verticales** sont prises verticalement d'en haut. Elles ressemblent à une carte géographique mais sont plus déconcertantes qu'une carte sur laquelle beaucoup de détails sont laissés de côté.

Les photos à larges prises de vue, qui permettent des resituer des éléments individuels dans un ensemble paysager sont appelées **prises de vue panoramique**. On les trouve dans toutes les techniques photographiques mentionnées ci-dessus.

Il reste enfin les **photos en gros plan**. Elles montrent des extraits de types de photos mentionnées plus haut et en mettent en évidence des détails.

1ère étape: présentation du contenu
- Quel est le titre de la photo?
- De quel type de photo s'agit-il?
- Que montre la photo?
- Est-il possible de déterminer l'année, la saison ou même l'heure à laquelle la photo a été prise?

2ème étape: description du contenu
- Quels éléments individuels du paysage sont reconnaissables?
- Comment doit-on organiser l'espace photographié? Selon les rapports de hauteur, l'utilisation ou l'arrière-plan, le plan central ou le premier plan?
- Quelle fonction ont les différents objets?
- Quelles relations peut-on déterminer entre les éléments de la photo?
- Que peut-on dire sur les personnes photographiées?
- Quel type de paysage est représenté?

3ème étape: explication du contenu
- Comment peut-on expliquer l'apparition des éléments naturels et/ou culturels du paysage photographié?
- Quelles sont les causes des processus de modification paysagère éventuellement reconnaissables sur la photo?

4ème étape: évaluation du contenu
- Y a-t-il un rapport clair entre le titre et le contenu de la photo?
- Les éléments photographiés sont-ils typiques pour cette région?
- A-t-on cherché à influencer le contenu de l'image (prospectus de vacances avec des fleurs au premier plan)*

M1: Champs au Kansas

M2: Riziculteurs lors de la récolte

M3: Rizières sur l'île de Bali

M4: Travail dans la rizière

M5: Terrasses irriguées

M6: Agriculture intensive

Méthodes de travail spécifiques 255

Auswerten von Tabellen | Analyser un tableau statistique

Zu einer Tabelle gehören die Tabellenüberschrift sowie Angaben zur Größenordnung, zur Herkunft der Daten (Quellenangabe) und zum Zeitpunkt der Datenerhebung. Die angeführten Daten können durch Messungen, durch Zählungen, durch Befragungen oder durch Erhebungen gewonnen werden. Hierbei kann es sich um **absolute Zahlen** (z. B. Industriebeschäftigte eines Landes) oder um **relative Zahlen** handeln (M2). Letztere geben entweder Prozentwerte an (z. B. Anteil am Welthandel) oder Indexwerte (z. B. Veränderung der Erdölförderung gegenüber einem Ausgangsjahr, das den Indexwert 100 besitzt) oder sie setzen verschiedene Zahlen zueinander in Beziehung (Einwohner/km^2).

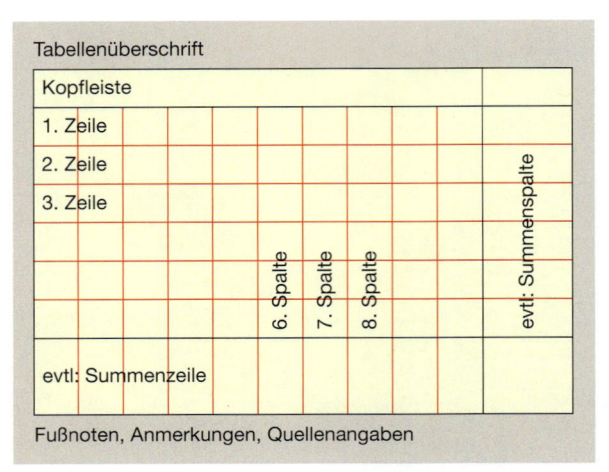

M1: Aufbau einer Tabelle

1. Schritt: Annäherung an den Inhalt
- Wie lautet die Überschrift?
- Welche Zahlenart ist dargestellt (absolut, relativ, Index)? Welche Größenordnung liegt vor?
- Wie ist die Tabelle gegliedert (Kopfleiste, Spalten, Zeilen, Zeitraum)?
- Handelt es sich um gerundete, geschätzte, vorläufige oder vorausgesagte Zahlen?

2. Schritt: Beschreibung des Inhaltes
- Welche räumlichen Abgrenzungen liegen vor?
- Welcher Zeitraum wird dargestellt? Werden ggf. verschiedene Zeiträume miteinander verglichen?
- Welche Werte sind welchem Zeitpunkt zugeordnet?
- Welche Daten fallen auf?
- Was ist die zentrale Aussage der Tabelle?

3. Schritt: Erläuterung des Inhaltes
- Haben die Einzeldaten einen Zusammenhang?
- Lassen sich Regelhaftigkeiten („Trends") oder Abweichungen erkennen?
- Welches geographische Vorwissen kannst du anführen, um den Inhalt näher zu erklären?

4. Schritt: Bewertung des Inhaltes
- Sind bei Zahlenreihen die Abstände der Erhebungsjahre gleichmäßig oder unterschiedlich?
- Sind bei relativen Zahlenangaben die absoluten Bezugswerte genannt?
- Reichen die Daten für eine gesicherte Aussage aus oder benötigst du weitere Informationen?
- Liegt ein Verdacht auf „Zahlenspielerei" vor?

	Bevölkerungszahl (Mio.)			0–14-Jährige (%)		
	1990	2000	2025	1990	2000	2025
Ägypten	52	62	86	39	36	24
Brasilien	150	178	237	37	31	24
Indien	850	1006	1348	37	33	24
Australien	17	20	23	22	21	18
Japan	124	128	128	18	16	15
USA	250	270	307	22	21	18
Deutschland	79	80	78	16	16	15

	Nahrungsmittelproduktion (je E.) (1980 = Index 100)			Warenhandel 1990 (Mrd. $)		
	1984	1987	1990	Einfuhr	Ausfuhr	Saldo
Ägypten	104	106	118	10	3	−7
Brasilien	105	107	115	22	31	+9
Indien	103	109	119	23	18	−5
Australien	98	97	95	39	36	−3
Japan	110	109	101	231	286	+55
USA	102	97	92	515	372	−143
Deutschland*	110	112	112	341	398	+57

	Verteilung des BSP (in %)					
	Landwirtschaft		Industrie		Dienstleistung	
	1965	1990	1965	1990	1965	1990
Ägypten	29	17	27	29	44	54
Brasilien	19	10	33	39	48	51
Indien	44	31	22	29	34	40
Australien	9	4	39	32	52	64
Japan	10	3	44	42	46	55
USA	3	2	38	33	59	65
Deutschland*	4	2	53	39	43	59

*Deutschland (alte Bundesländer)

M2: Strukturdaten im Vergleich

Fachbezogene Arbeitsweisen

Chaque tableau statistique est accompagné d'un titre et d'indications sur l'ordre de grandeur, l'origine des données (source) et le moment de la collecte de ces données. Les données représentées peuvent être obtenues par le biais de mesures, de comptages, d'enquêtes ou de relevés. Il peut s'agir de **chiffres absolus** (p. ex.: le nombre d'employés dans l'industrie d'un pays) ou de **chiffres relatifs** (M2). Ces derniers expriment, soit des pourcentages (p. ex.: part du marché mondial), soit des indices (p. ex.: changement de la production de pétrole par rapport à une année de référence notée avec l'index 100), soit un rapport entre différents chiffres (habitants/km^2).

1ère étape: présentation du contenu
- Quel est le titre?
- Quel type de chiffres est représenté (absolus, relatifs, indice)? Quel est l'ordre de grandeur?
- Comment est organisé le tableau (en-tête, colonnes, lignes, période temporelle)?
- S'agit-il de chiffres arrondis, estimés, provisoires ou prédits?

2ème étape: description du contenu
- De quelles délimitations territotiales s'agit-il?
- Quelle période temporelle est représentée? Différentes périodes sont-elles éventuellement comparées entre elles?
- Quelles valeurs sont attribuées à quel moment?
- Quelles données attirent l'attention?
- Quel est le message principal du tableau?

3ème étape: explication du contenu
- Y a-t-il une relation entre les différentes données?
- Peut-on discerner des régularités (des „tendances") ou des écarts?
- De quelles connaissances géographiques disposes-tu pour expliquer davantage le contenu?

4ème étape: évaluation du contenu
- Est-ce que, dans le cas de séries de chiffres, les écarts annuels sont réguliers ou non?
- Est-ce que, dans le cas de chiffres relatifs, les valeurs absolues de référence sont mentionnées?
- Les données suffisent-elles pour l'analyse du problème ou te faut-il d'autres informations?
- Y a-t-il un soupçon de truquage des chiffres?

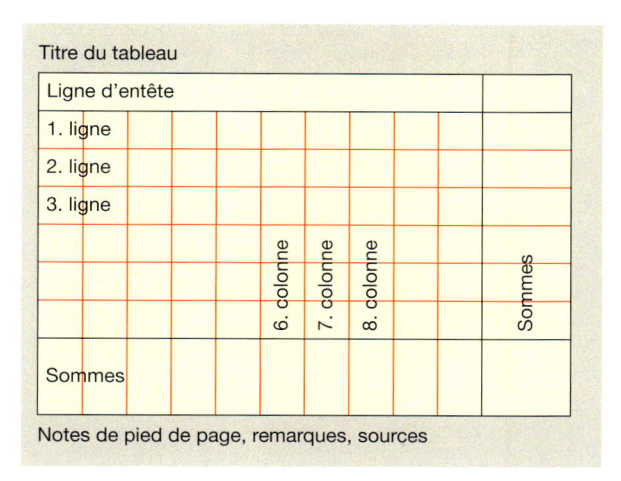

M1: Construction d'un tableau

	Population (en millions)			0 – 14 ans (%)		
	1990	2000	2025	1990	2000	2025
Egypte	52	62	86	39	36	24
Brésil	150	178	237	37	31	24
Inde	850	1006	1348	37	33	24
Australie	17	20	23	22	21	18
Japon	124	128	128	18	16	15
USA	250	270	307	22	21	18
Allemagne	79	80	78	16	16	15

	Production alimentaire (par hab.) (1980 = indice 100)			Commerce 1990 (en milliards de $)		
	1984	1987	1990	Import	Export	Solde
Egypte	104	106	118	10	3	-7
Brésil	105	107	115	22	31	+9
Inde	103	109	119	23	18	-5
Australie	98	97	95	39	36	-3
Japon	110	109	101	231	286	+55
USA	102	97	92	515	372	-143
Allemagne*	110	112	112	341	398	+57

	Distribution du PNB (en %)					
	Agriculture		Industrie		Services	
	1965	1990	1965	1990	1965	1990
Egypte	29	17	27	29	44	54
Brésil	19	10	33	39	48	51
Inde	44	31	22	29	34	40
Australie	9	4	39	32	52	64
Japon	10	3	44	42	46	55
USA	3	2	38	33	59	65
Allemagne*	4	2	53	39	43	59

Allemagne (vieux Bundesländer)

M2: Données structurelles comparatives

Méthodes de travail spécifiques

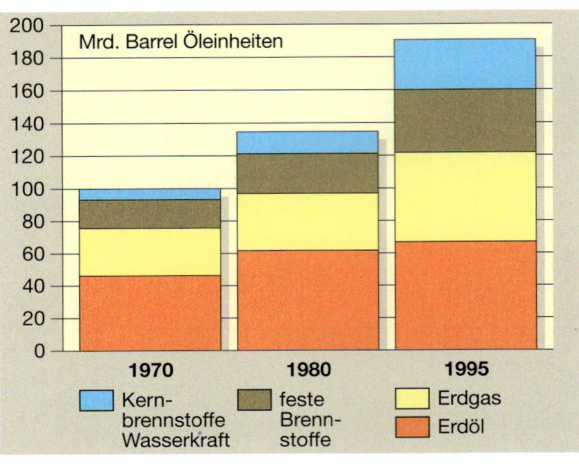

Arbeiten mit Diagrammen | Travailler avec des diagrammes

M1: Weltweiter Energiebedarf 1970 – 1995

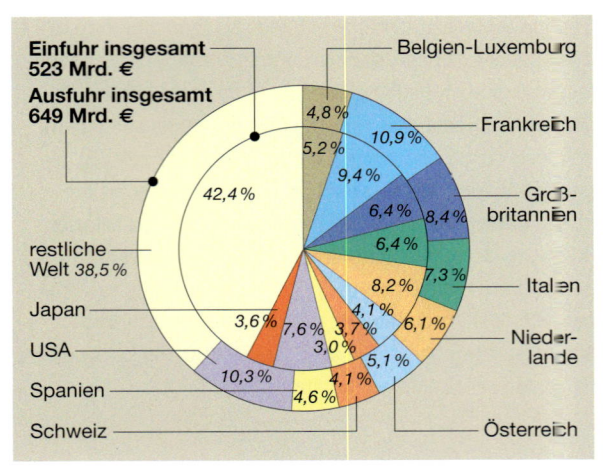

M2: Ein- und Ausfuhr Deutschlands 2002

Tabellen werden oft in Diagramme umgesetzt, wodurch die Aussage anschaulicher wird: Zeitliche Entwicklungen fallen sofort ins Auge, Größenverhältnisse kann man sich schneller und besser einprägen, Beziehungen und ihre Zusammenhänge werden „auf einen Blick" deutlich, mehrere Sachverhalte können gleichzeitig „überblickt" werden.

1. Schritt: Annäherung an den Inhalt
- Um welche Art Diagramm handelt es sich?
- Welches Thema wird dargestellt?
- Welche Über- oder Unterschrift ist vorhanden?
- Welche Zahlenart wird dargestellt (absolut, relativ, Index, Durchschnittswerte)?
- Handelt es sich um eine Zeitreihe oder um Vergleichsdaten?
- Welche Quellenangaben liegen vor?

2. Schritt: Beschreibung des Inhaltes
- Welche räumlichen Abgrenzungen liegen vor?
- Welcher Zeitraum ist erfasst worden?
- Welche zeitlichen Entwicklungen kann man ablesen?
- Welche Größenangaben wurden gewählt?
- Was ist die zentrale Aussage des Diagramms?

3. Schritt: Erläuterung des Inhaltes
- Lassen sich zwischen den Einzeldaten Zusammenhänge herstellen?
- Ist ein Vergleich mit anderen geographischen Materialien möglich?
- Werden zur Erklärung zusätzliche Informationen benötigt?
- Welche Gesamtaussage ermöglicht das Diagramm?

4. Schritt: Bewertung des Inhaltes
- Stehen Über- und Unterschriften in sinnvollem Bezug zur optischen Darstellung des Inhaltes?
- Sind bei relativen Zahlenangaben die absoluten Bezugswerte genannt?
- Entspricht die optische Größe der zeichnerischen Elemente der Bedeutung der Zahlenwerte?
- Reicht die Darstellung für eine eindeutige Aussage?
- Besteht die Gefahr einer „Manipulation" durch die Datenauswahl oder durch die Art der Darstellung?

Arbeite mit Tabelle M2, S. 256
1. Stelle die Bevölkerungsentwicklung in Form eines Kurvendiagrammes dar; berücksichtige die unterschiedlichen Zeitabstände.
2. Füge in deine Darstellung den Anteil der 0–14-Jährigen in Form senkrechter Balkendiagramme hinzu.
3. In welcher Form lässt sich die Entwicklung der Nahrungsmittelproduktion am besten darstellen? Verdeutliche bei deiner Darstellung, welches Entwicklungsländer und welches Industriestaaten sind.
4. Stelle die Verteilung des BSP in Form von Kreis- oder Säulendiagrammen dar; orientiere dich an M1 und M2.
5. Auf dem hinteren Einband findest du weitere Strukturdaten verschiedener Staaten. Stelle einige davon graphisch dar.

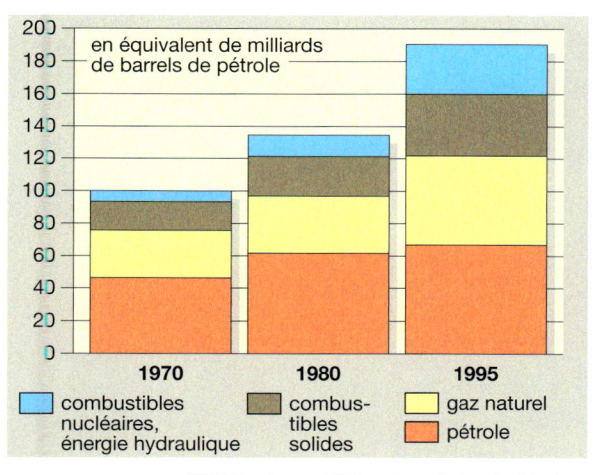

M1: Besoin mondial en énergie de 1970 à 1995

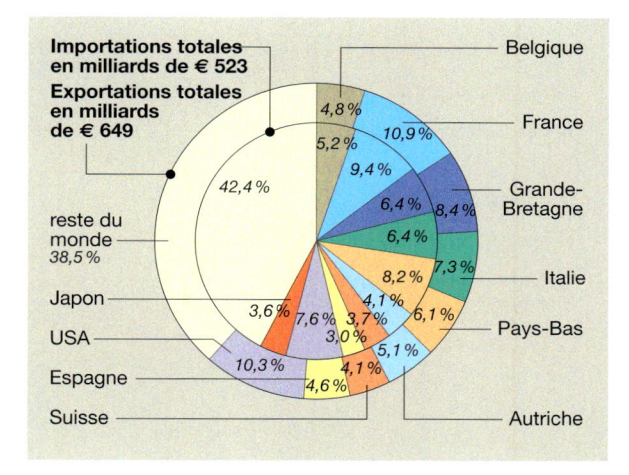

M2: Importations et exportations de l'Allemagne en 2002

Les tableaux sont souvent convertis en diagrammes, ce qui permet de rendre plus lisible leur contenu: les évolutions dans le temps apparaissent clairement; on peut retenir plus rapidement et plus facilement les proportions; les relations et leurs rapports sont évidents au premier coup d'œil; on peut comprendre simultanément plusieurs faits.

1ère étape: présentation du contenu
- De quel type de diagramme s'agit-il?
- Quel sujet est représenté?
- Quel titre ou sous-titre y trouve-t-on?
- Quel type de chiffres est représenté (absolus, relatifs, indices, moyennes)?
- S'agit-il d'une série chronologique ou de données comparatives?
- Quelles en sont les sources?

2ème étape: description du contenu
- De quelles délimitations territoriales s'agit-il?
- Quelle période temporelle est représentée?
- Quelles évolutions diachroniques peut-on y lire?
- Quelles unités de grandeur ont été choisies?
- Quel est le message principal du diagramme?

3ème étape: explication du contenu
- Est-il possible d'établir des relations entre les différentes données?
- Est-il possible de procéder à une comparaison avec d'autres données géographiques?
- D'autres informations sont-elles nécessaires à l'explication?
- Quel constat général ce diagramme permet-il de faire?

4ème étape: évaluation du contenu
- Y a-t-il une relation entre le titre et le sous-titre et la représentation optique du contenu?
- Est-ce que, dans le cas de chiffres relatifs, les valeurs absolues de référence sont mentionnées?
- La taille optique des éléments graphiques correspond-elle à l'importance des valeurs numériques?
- Cette représentation suffit-elle pour en tirer des constats sans équivoque?
- Y a-t-il risque de „manipulation" dû au choix des données ou au type de représentation?

Travaille avec le tableau M2, p. 257
1. Représente la croissance démographique sous forme d'un diagramme à courbe. Tiens compte des différents intervalles temporels.
2. Ajoute la part des personnes de 0 à 14 ans sous forme de diagrammes en bâtons verticaux.
3. De quelle manière peut-on représenter au mieux l'evolution de la production de denrées alimentaires? Indique clairement dans cette représentation les pays en voie de développement et les pays industrialisés.
4. Représente la répartition du PNB sous forme de diagrammes circulaires ou de diagrammes en bâtons. Inspire-toi pour cela des Fig. M1 et M2.
5. Tout à la fin du manuel tu trouveras d'autres données structurelles de divers États. Représente-en quelques unes sous forme de graphiques.

Méthodes de travail spécifiques

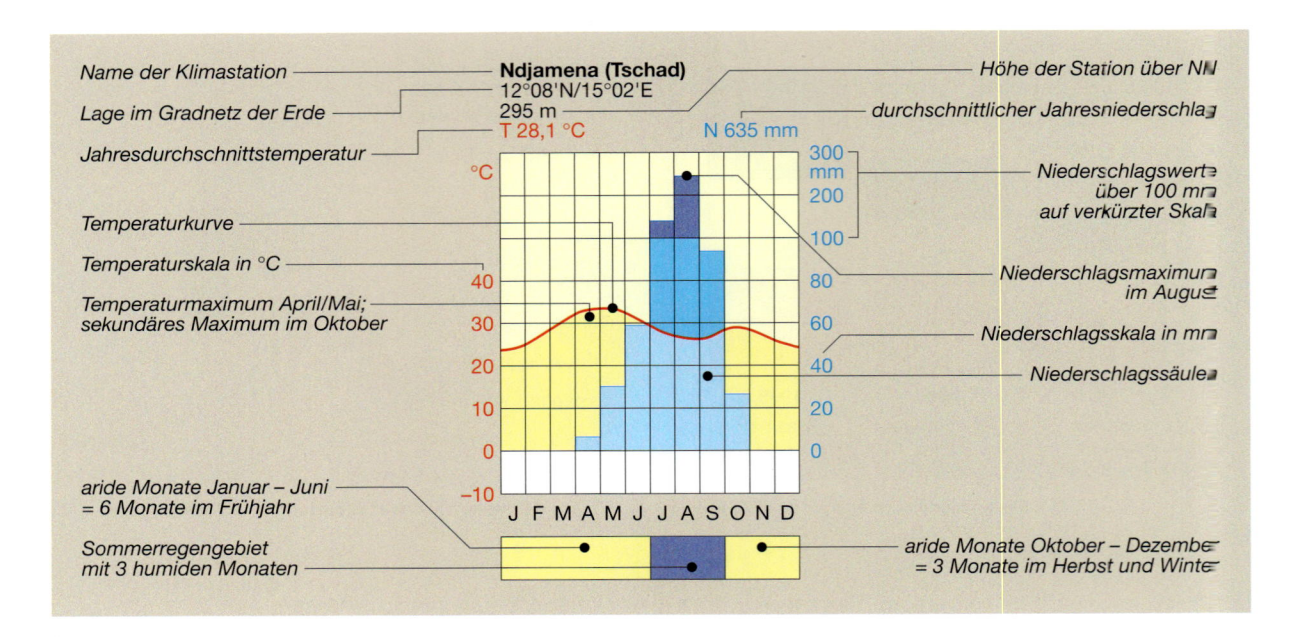

Arbeiten mit Klimadiagrammen — Travailler avec des diagrammes ombrothermiques

Diagramm-Beschriftungen (Ndjamena, Tschad):

- Name der Klimastation: Ndjamena (Tschad)
- Lage im Gradnetz der Erde: 12°08'N/15°02'E
- Höhe der Station über NN: 295 m
- Jahresdurchschnittstemperatur: T 28,1 °C
- durchschnittlicher Jahresniederschlag: N 635 mm
- Temperaturkurve
- Temperaturskala in °C
- Temperaturmaximum April/Mai; sekundäres Maximum im Oktober
- Niederschlagswerte über 100 mm auf verkürzter Skala
- Niederschlagsmaximum im August
- Niederschlagsskala in mm
- Niederschlagssäulen
- aride Monate Januar – Juni = 6 Monate im Frühjahr
- Sommerregengebiet mit 3 humiden Monaten
- aride Monate Oktober – Dezember = 3 Monate im Herbst und Winter

---

Angaben über das Klima werden häufig in Form von Klimadiagrammen gemacht. Welche Daten werden in einem solchen Klimadiagramm erfasst und wie liest man eine derartige Darstellung?

Die wichtigsten Merkmale des Klimas an einem bestimmten Ort sind der Jahresgang der Temperatur (gemessen im Schatten) sowie die Höhe und die Verteilung der Niederschläge im Jahr. Grundlage für die Daten eines Klimadiagramms sind die Durchschnittswerte aus jahrelangen Messreihen.

In einem Klimadiagramm werden die Durchschnittstemperaturwerte der einzelnen Monate miteinander zu einer roten Temperaturkurve verbunden. So lässt sich schnell erkennen, welches der wärmste und welches der kälteste Monat ist. In der Station Ndjamena (siehe oben) werden die höchsten Temperaturen im April und Mai mit etwa 33 °C ausgewiesen. Doch dies sind Durchschnittstemperaturen, in denen auch die nächtlichen Werte erfasst sind. Es ist daher möglich, dass die Temperatur an bestimmten Tagen mehr als 40 °C oder sogar 50 °C erreichen kann.

Die durchschnittlichen Niederschlagswerte pro Monat werden in Form von blauen Säulen dargestellt. Häufig sind die Temperaturangaben und die Niederschlagswerte im Verhältnis 1 : 2 eingezeichnet. Der Temperatur von 20 °C steht so beispielsweise ein Niederschlagswert von 40 mm gegenüber. Durch diese Art der Darstellung erkennt man, in welchen Monaten die Niederschläge höher sind als die Verdunstung. Dies ist dann der Fall, wenn die Niederschlagssäulen über die Temperaturkurve hinausragen. Solche Monate, in denen den Pflanzen genügend Wasser zum Wachstum zur Verfügung steht, nennt man **humid** (feucht). Erreichen die Niederschlagssäulen die Temperaturkurve nicht, ist die Verdunstung in diesen Monaten höher als der Niederschlag. Solche Monate heißen **arid** (trocken).
Bei Niederschlägen über 100 mm im Monat wird die Skala der Niederschlagswerte verkürzt. Der Abstand zwischen zwei Kästchen entspricht dann nicht mehr 20 mm, sondern 100 mm. Durch diese Art der Darstellung können auch sehr hohe monatliche Niederschlagswerte in einem normal großen Klimadiagramm untergebracht werden.

1. Beschreibe das Klima von Ndjamena. Gehe dabei in folgenden Schritten vor:
- Beschreibe den Verlauf der Temperaturkurve.
- Wie hoch ist der Temperaturunterschied zwischen dem wärmsten und dem kältesten Monat?
- Beschreibe die Verteilung der Niederschläge im Jahr.
- Fasse die wichtigsten Kennzeichen des Klimas zusammen.
2. Ein Klimadiagramm enthält nicht nur Daten über die Temperatur und die Niederschläge. Welche zusätzlichen Angaben kannst du dem Klimadiagramm noch entnehmen?

Diagramme ombrothermique de Ndjamena

- Nom de la station climatique : **Ndjamena (Tchad)**
- Localisation géographique : 12°08'N/15°02'E
- Altitude de la station au-dessus du niveau de la mer : 295 m
- Température moyenne anuelle : T 28,1 °C
- Moyenne anuelle des précipitations : P 635 mm
- Courbe des températures
- Echelle des températures en °C
- Température maximale en avril/mai maximum secondaire en octobre
- Précipitations >100 mm sur échelle réduite
- Maximum des précipitations en août
- Echelle des précipitations en mm
- Bâtons de précipitations
- Mois arides janvier – juin = 6 mois en printemps
- Secteur des pluies estivales avec 3 mois humides
- Mois arides octobre – décembre = 3 mois en automne et hiver

---

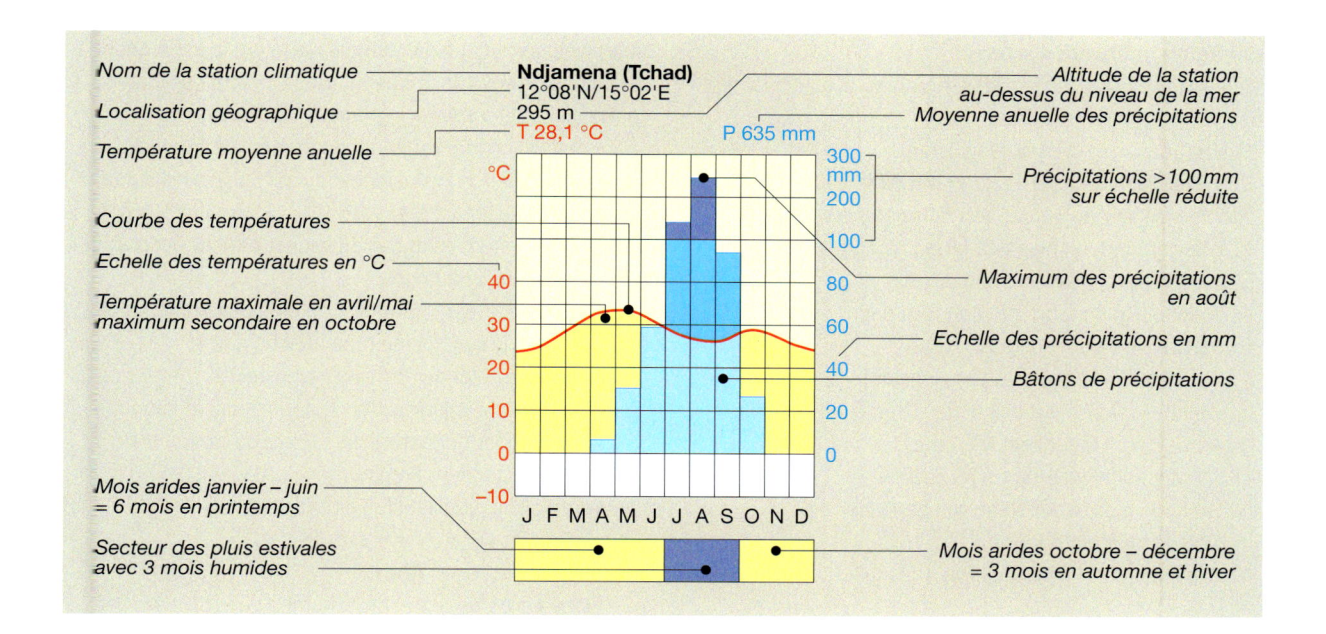

Les informations sur le climat sont souvent représentées sous forme de diagrammes ombrothermiques. Quelles données sont saisies dans un tel diagramme et comment lit-on une telle représentation?

Les plus importantes caractéristiques du climat dans un lieu précis sont l'évolution annuelle des températures (mesurées à l'ombre) ainsi que l'importance et la distribution des précipitations annuelles. Les moyennes de séries de mesures pluriannuelles constituent la base des données de tout diagramme ombrothermique.

Dans le diagramme ombrothermique toutes les moyennes mensuelles des températures sont combinées en une courbe rouge des températures. Ceci permet de reconnaître rapidement le mois le plus chaud et le mois le plus froid. À la station de Ndjamena (voir ci-dessus), les températures les plus élevées sont mesurées en avril et en mai avec 33 °C. Il s'agit toutefois de températures moyennes contenant également les températures nocturnes. Il est donc possible que, certains jours, la température soit supérieure à 40 °C, voire même qu'elle puisse atteindre 50 °C.

Les précipitations moyennes mensuelles sont représentées sous forme de colonnes bleues. Souvent, les températures et les précipitations sont représentées dans un rapport de 1 : 2. Par exemple, à une température de 20 °C, fait face un taux de précipitations de 40 mm. Ce type de représentation permet de reconnaître les mois durant lesquels les précipitations sont supérieures à l'évaporation. C'est le cas quand les colonnes de précipitations dépassent la courbe des températures. On parle ainsi de mois **humides** quand les plantes disposent de suffisamment d'eau pour leur croissance. Si les colonnes des précipitations n'atteignent pas la courbe des températures, l'évaporation est, durant ces mois, supérieure aux précipitations. On parle alors de mois **arides**.

Si le taux de précipitations dépasse 100 mm par mois, l'échelle des précipitations est réduite. L'écart entre deux cases ne correspond alors plus à 20 mm mais à 100 mm. Cette façon de représenter permet de loger des valeurs mensuelles élevées de précipitations dans un diagramme ombrothermique de taille normale.

1. Décris le climat de Ndjamena. Procède, pour cela, de la manière suivante:
- Décris la forme de la courbe des températures.
- Quelle est la différence de température entre le mois le plus chaud et le mois le plus froid?
- Décris la répartition des précipitations annuelles.
- Synthétise les plus importantes caractéristiques du climat.

2. Les diagrammes ombrothermiques ne contiennent pas uniquement des données sur la température et les précipitations. Quelles autres indications peux-tu tirer du diagramme ombrothermique?

Auswerten von Karten | Analyser une carte

Ein Raum, mehrere Karten
Viele Fragen zu Kalifornien lassen sich mithilfe von Karten beantworten:
1. Wie hoch liegt die Mojavewüste?
2. In welchem Gebirge liegt der Mt. Whitney?
3. Wie weit ist Kap Blanco von Boise entfernt?
4. Wie viel Niederschlag gibt es in Los Angeles?
5. Liegt Fresno in einem Waldgebiet?
6. Welche Straße führt von San Jose nach San Luis Obispo?
7. Wie viele Einwohner hat Los Angeles?
8. Welche Waldart gibt es bei San Diego?
9. An welchem Meer liegt Monterey?
10. An welchem Fluss liegt Twin Falls?
11. Wo kann man in der Nähe von San Luis Obispo im Meer baden?
12. Wie heißt die Hauptstadt von Arizona?

Eine Landkarte gleicht einem Luftbild. Das Luftbild zeigt die Landschaft so, wie sie zu einem ganz bestimmten Zeitpunkt ausgesehen hat. Die Karte vereinfacht das Bild und verzichtet auf Einzelheiten. Sie bildet nur Dinge ab, die unverändert am Ort bleiben, beispielsweise Straßen, Städte oder Flüsse. Das Abbild der Erdoberfläche wird also vereinfacht, **generalisiert**. Dazu müssen fotografische Bilder zu Kartenzeichen, zu **Signaturen**, umgewandelt werden.
Beispiele: Die Höhenstufen sind durch eine Farbskala dargestellt. Hangneigungen werden schraffiert. Je nach Größe erhalten Ortschaften einen Kreis oder ein Quadrat. Farbige Linien verdeutlichen Flussverläufe oder Staatsgrenzen. Genaue Auskunft hierüber gibt eine **Legende**.

Die beiden wichtigsten Kartenarten sind die physische Karte und die thematische Karte. **Physische Karten** informieren den Betrachter ganz allgemein über die Oberflächengestalt der Erde. Man erkennt sie daran, dass Meere und Flüsse immer blau, Gebirge immer braun und große Städte immer rot eingezeichnet sind.

Thematische Karten stellen einen Raum unter bestimmten Gesichtspunkten (Themen) dar. Das können z. B. Aussagen über Umweltverschmutzung, Bevölkerungsdichte oder Klima sein. Wichtige thematische Karten sind auch Stadtpläne und Straßenkarten.

Aber welches ist nun die richtige Karte um deine Fragen zu beantworten? Wie findest du sie? Zunächst solltest du im Register deines Atlas nachsehen. Dort wirst du eine, manchmal auch mehrere Seitenangaben vorfinden. Wenn du sie dann aufschlägst, solltest du auf Folgendes achten:
- Welche Kartenart liegt vor?
  Meistens steht es dabei; du kannst es aber auch an der Farbgebung erkennen.
  → Für die Frage **1** benötigst du eine physische Karte
  → für die Frage **11** eine thematische Karte.
- Welches Gebiet der Erde ist dargestellt?
  Mithilfe des eingedruckten Gradnetzes, der Ländergrenzen oder der natürlichen Grenzen kannst du das herausfinden. Frage **2**.
- Wie groß ist der Maßstab der Karte?
  → Dies ist wichtig für Frage **3**.
- Sieh dir die Legende an.
  Blaue Farbe bedeutet nicht immer, dass dort ein See oder ein Meer ist. → Frage **4**.

M 1: Ausschnitt aus einer Straßenkarte

Fachbezogene Arbeitsweisen

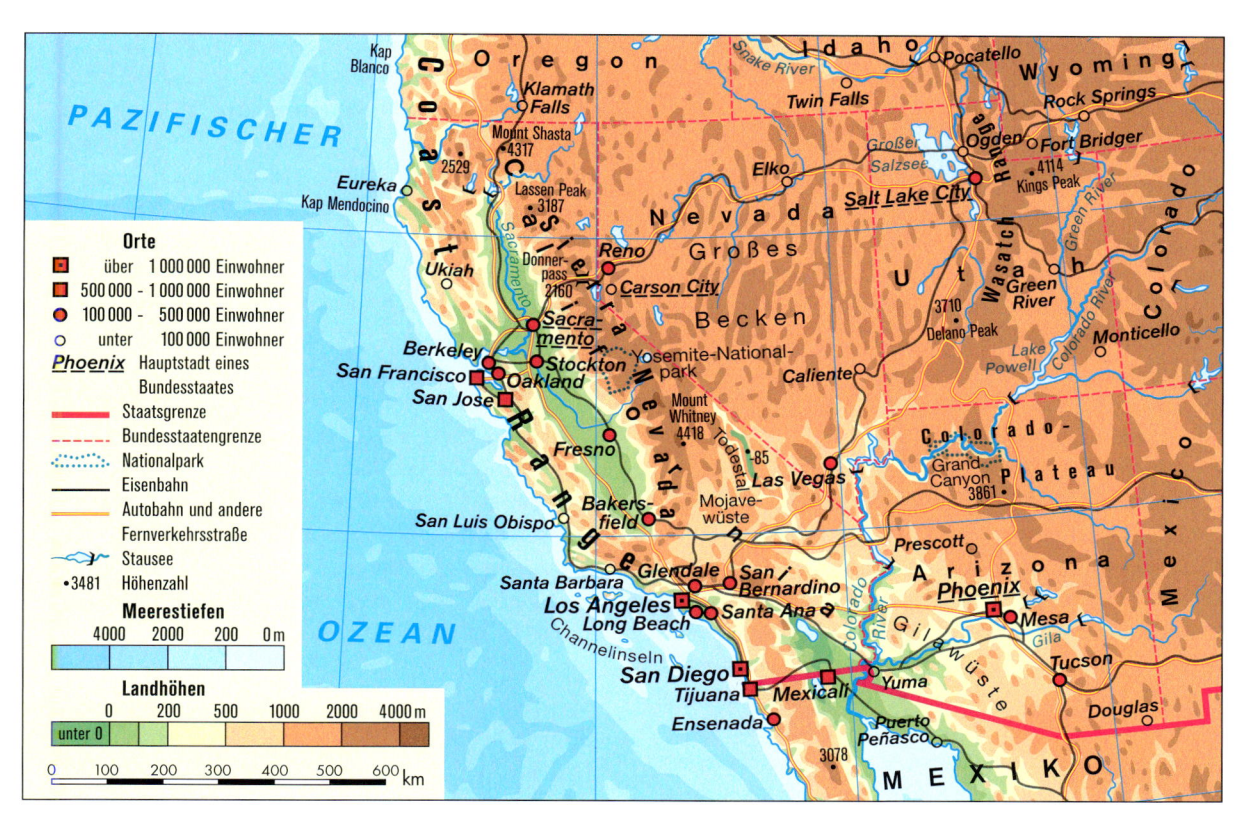

M2: Physische Karte, Kalifornisches Längstal

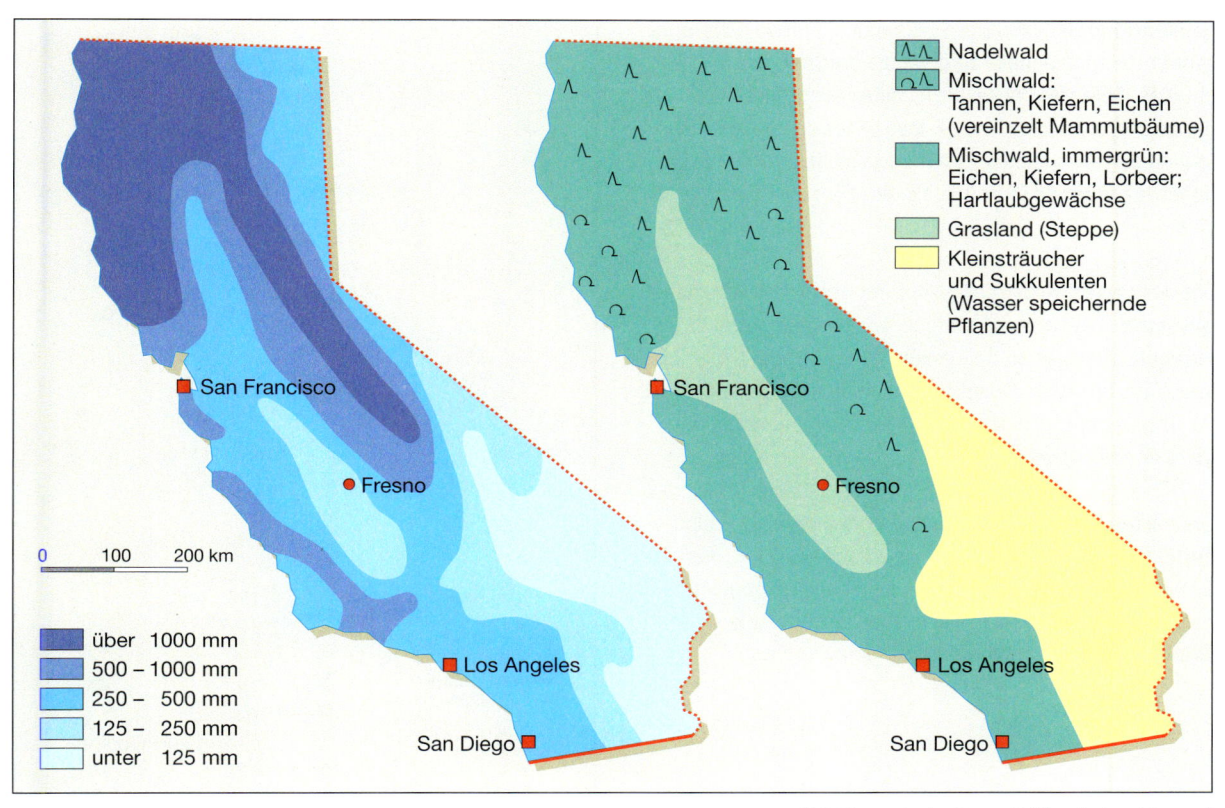

M3: Thematische Karte, Kalifornisches Längstal

Fachbezogene Arbeitsweisen

Auswerten von Karten | Analyser une carte

Une région, plusieurs cartes

On peut répondre à de nombreuses questions sur la Californie à l'aide de cartes:

1. À quelle altitude se trouve le désert de Mojave?
2. Dans quelle chaîne de montagnes se trouve le Mt. Whitney?
3. Quelle distance sépare Cap Blanco de Boise?
4. Quel est le taux de précipitations à Los Angeles?
5. Est-ce que Fresno se trouve dans une région forestière?
6. Quelle route mène de San Jose à San Luis Obispo?
7. Combien d'habitants compte Los Angeles?
8. Quel type de forêt trouve-t-on près de San Diego?
9. Au bord de quelle mer se trouve Monterey?
10. Au bord de quel fleuve se trouve Twin Falls?
11. Où peut-on aller se baigner dans la mer à proximité de San Luis Obispo?
12. Comment s'appelle la capitale de l'Arizona?

Toute carte géographique ressemble à une photographie aérienne. La photographie aérienne montre le paysage tel qu'il était à un moment donné. La carte simplifie l'image et renonce à des détails. Elle ne représente que des choses qui ne changent pas comme, par exemple, des routes, des villes ou des fleuves. La représentation de la surface terrestre est donc simplifiée, **généralisée**. Pour cela, il faut convertir les images photographiques en symboles, en **signes conventionnels**. Exemples: les cotes d'altitude sont représentées par une échelle de couleurs. Les pentes sont hachurées. Selon leur taille, les localités sont représentées par un cercle ou par un carré. Des lignes de couleur mettent en évidence le cours des fleuves ou les frontières étatiques. La **légende** fournit des indications précises à ce sujet.

Les deux types de cartes les plus importants sont la **carte physique** et la carte thématique. Les cartes physiques informent l'observateur de manière générale sur l'aspect de la surface terrestre. On les reconnaît au fait que les mers et les fleuves sont représentés en bleu, les montagnes toujours en brun et les grandes villes toujours en rouge.

Les **cartes thématiques** représentent une région selon certains critères (thèmes). Ce peuvent être, p. ex., des informations sur la pollution, sur la densité de population ou le climat. Les plans de villes et les cartes routières sont également des cartes thématiques importantes.

Mais quelle est la bonne carte pour répondre à tes questions? Comment peux-tu la trouver? Consulte d'abord le registre de ton atlas. Tu y trouveras un ou, parfois même plusieurs numéros de pages. Quand tu t'y rends, tiens compte des points suivants:

- De quel type de carte s'agit-il?
  Généralement, cela est indiqué sur la carte; sinon, tu peux le reconnaître aux couleurs!
  → Pour la question **1**, il te faut une carte physique,
  → pour la question **11**, une carte thématique.
- Quelle région du globe y est représentée? Tu peux le découvrir à l'aide du système imprimé des coordonnées géographiques, des frontières des pays et des frontières naturelles. Question **2**.
- Quelle est l'échelle de la carte?
  → Ceci est important pour la question **3**.
- Consulte la légende!
  La couleur bleue ne signifie pas toujours qu'il s'agit d'un lac ou d'une mer. → Question **4**

M 1: Extrait d'une carte routière

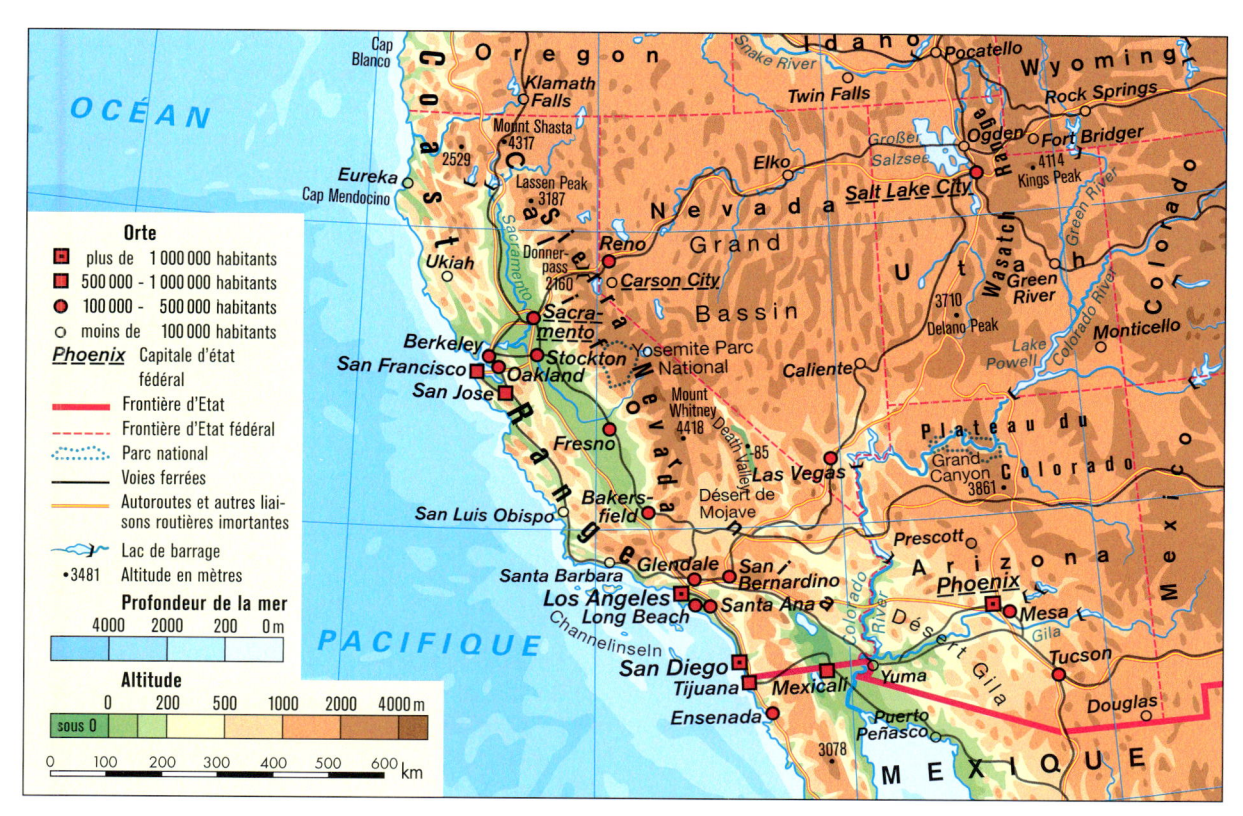

M2: Carte physique, Grande Vallée de Californie

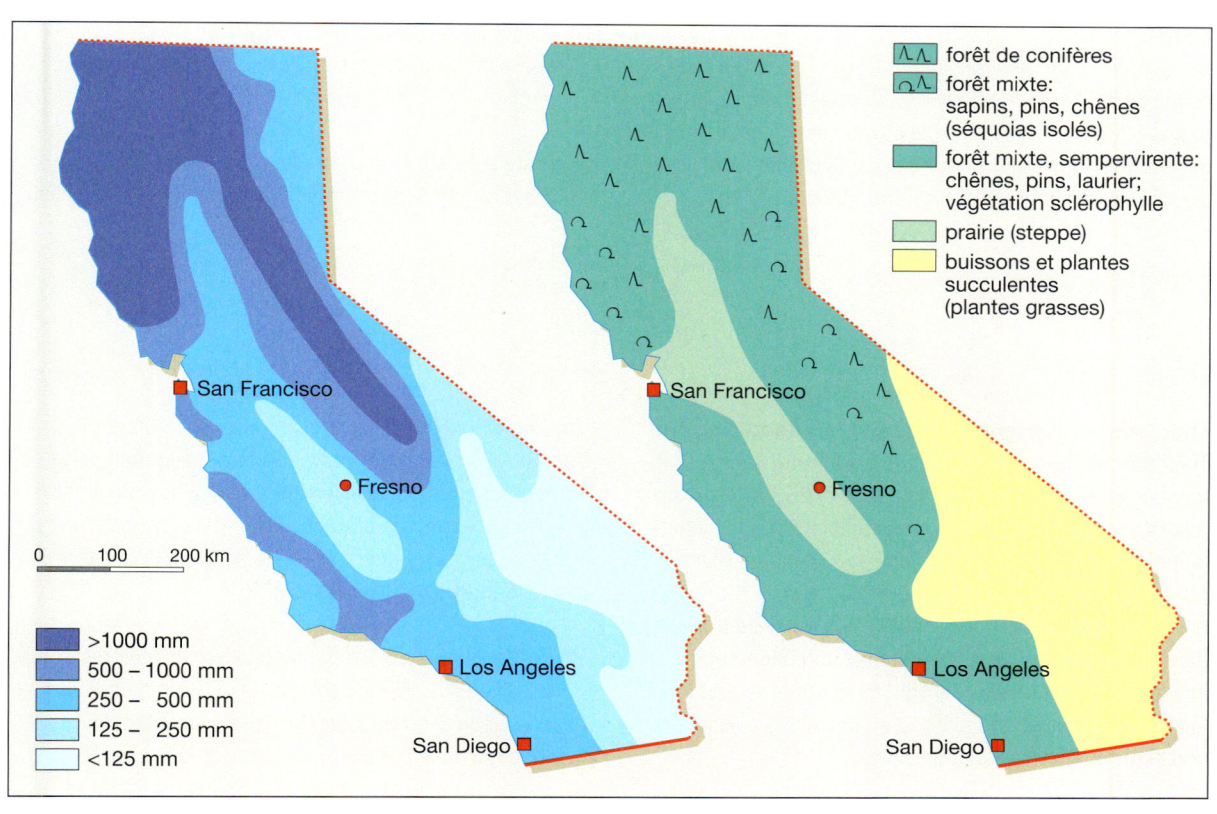

M3: Carte thématique, précipitations et végétation naturelle en Californie

Méthodes de travail spécifiques — 265

Anfertigen von Kartenskizzen / Réaliser un croquis

Kartenskizze von Nordamerika

Wenn du die Umrisse von Staaten oder Kontinenten im Gedächtnis behalten willst, sodass du sie sogar auswendig zeichnen kannst, dann brauchst du vereinfachte **Kartenskizzen**. Manche Länderumrisse oder Kontinente haben von Natur aus eine besonders auffällige, leicht einprägsame Form, die mühelos nachzuzeichnen ist: Afrika scheint aus einem Trapez und einem Dreieck zusammengesetzt zu sein, Italien gleicht einem Stiefel und Griechenland einer vierfingrigen Hand. Kartenskizzen sind starke Vereinfachungen von Atlaskarten, sie stellen den groben Umriss eines Kontinentes oder eines Staates dar. Beim Anfertigen einer solchen Skizze brauchst du dich nur grob an den Maßstab zu halten.

Ein Zeichner hat für dich von der Karte Nordamerikas und Indiens zweierlei Arten Skizzen angefertigt:
a) In M4 hat er Grenzen durch gerade Linien dargestellt.
b) In M5 wurden geometrische Flächen benutzt, die grob die Umrissgestalt Indiens verdeutlichen sollen.

1. Fertige eine Kartenskizze von Australien mithilfe von gebogenen und geraden Linien an.
2. Zeichne mithilfe von zwei Dreiecken den Kontinent Südamerika.
3. Fertige eine Kartenskizze von der japanischen Insel Hokkaido mithilfe von Dreieck und Viereck an.

Topographische Merkskizze der physischen Karte „Indien"

Schülerinnen und Schülern einer 8. Klasse wurde folgende Aufgabe gestellt:
„Zeichne eine Kartenskizze von Indien. Die Skizze sollte enthalten: wichtige Flüsse, Hochgebirge, natürliche und politische Grenzen, die Hauptstadt und wichtige andere Städte."
Die Schülerinnen und Schüler legten auf Grund der physischen Karte (M2) Inhalte für ihre „**Topographische Merkskizze**" (M5) fest, die ihnen die Lagebeziehungen der nachfolgenden Raumelemente veranschaulichte:
a) Gebirge: Westghats, Ostghats und den Himalaya.
b) Flüsse: Ganges, Brahmaputra und den Godavari.
c) Grenzen zum Arabischen Meer und zum Golf von Bengalen, zu Bangladesh, Myanmar, China, Bhutan, Nepal und Pakistan.
d) Städte: Mumbai, Haiderabad, Madras, Kalkutta und Delhi.
e) Zudem wurden noch das Hochland von Dekkan, die Wüste Tharr und die Niederungen am Küstensaum sowie am Ganges und am Brahmaputra kenntlich gemacht.

4. Erstelle zu M5 eine Legende.
5. Zeichne eine topographische Merkskizze von Brasilien.

Thematische Kartenskizze zum „Manufacturing Belt"

Thematische Karten helfen dabei, bestimmte Sachzusammenhänge zu verdeutlichen (vgl. S. 262/263). Diese Kartenart gibt dir zum Beispiel Auskunft über Bodenbeschaffenheit oder Wanderbewegungen von Nomaden. Hierzu lässt sich auch eine Kartenskizze anfertigen.
Ein Beispiel: Der Ausschnitt der Wirtschaftskarte M3 zeigt den „Manufacturing Belt", das älteste und bedeutendste Industriegebiet der USA. Zentraler Industriezweig ist die Eisen- und Stahlindustrie, für deren Entwicklung Eisenerz- und Kohlevorkommen wichtig sind.

Um eine einprägsame Vorstellung vom „Manufacturing Belt" als „Standort der Schwerindustrie" zu erhalten, wurden bei unserem Beispiel in eine Kartenskizze die entsprechenden Rohstoffvorkommen, die Transportwege sowie die Industriezentren eingetragen. Eine solche Skizze nennt man „**Thematische Merkskizze**" (M6).

6. Fertige eine thematische Merkskizze an: „Wirtschaft Brasiliens". Zeichne in die Karte die wichtigen Flüsse und Gebirge sowie folgende Städte ein: Manaus, Macapá, Belém, Recife, Salvador, Belo Horizonte, Brasilia, Rio de Janeiro und São Paulo.

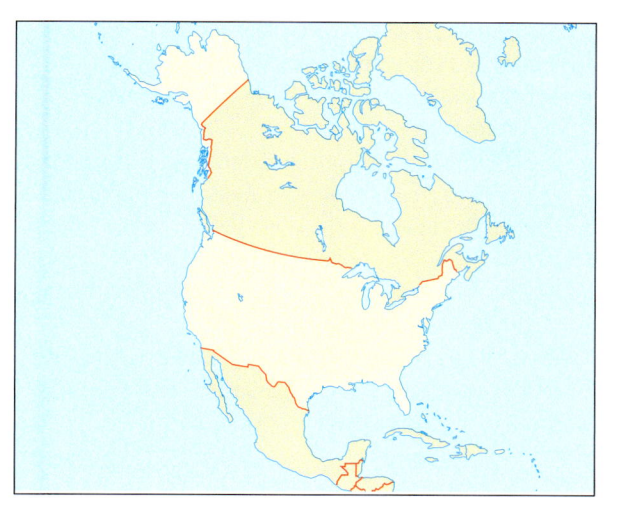

M1: Nordamerika

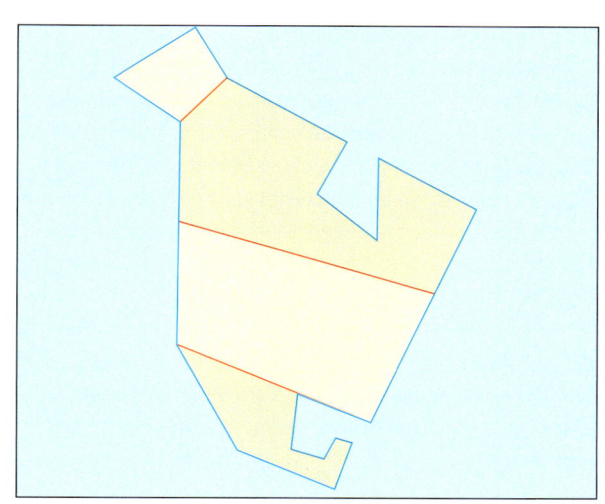

M4: Faustskizze Nordamerika

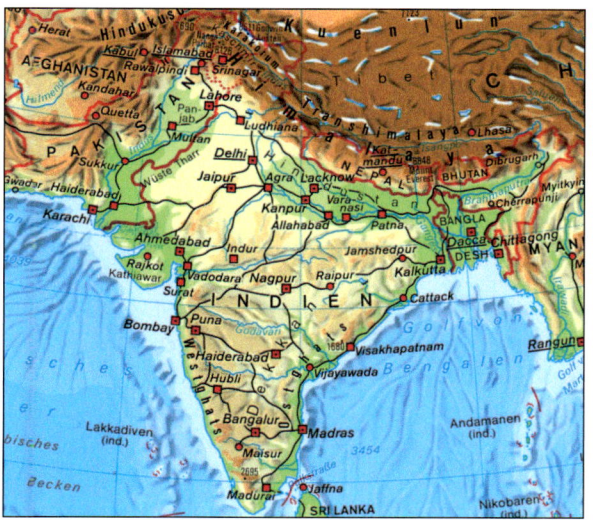

M2: Physische Karte Indien

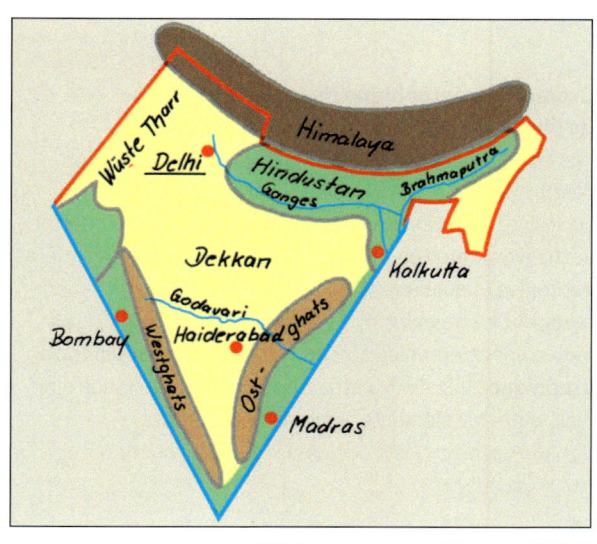

M5: Topographische Merkskizze Indien

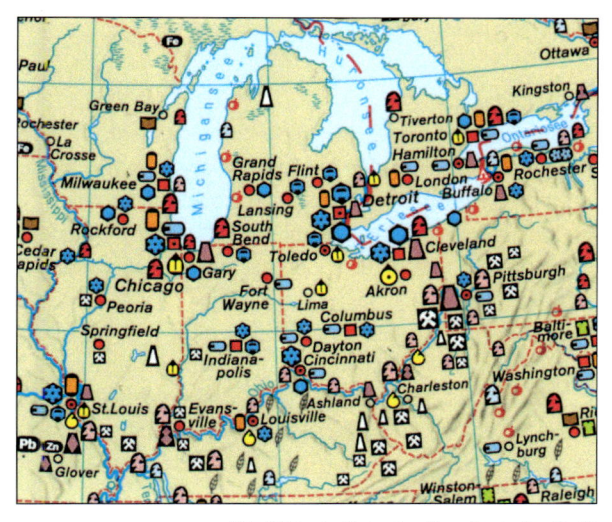

M3: Wirtschaftskarte „Manufacturing Belt"

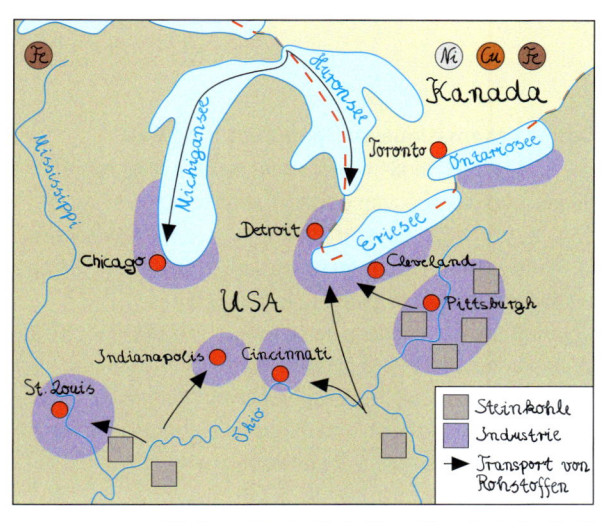

M6: Thematische Merkskizze „Manufacturing Belt"

Fachbezogene Arbeitsweisen

Anfertigen von Kartenskizzen | Réaliser un croquis

Croquis de l'Amérique du Nord

Si tu veux garder en mémoire le contour d'États ou de continents afin de pouvoir même les dessiner par coeur, il te faut recourir à des **croquis de cartes**. Certains contours de pays ou continents ont une forme très caractéristique et facile à retenir que l'on peut dessiner sans difficulté : l'Afrique semble être formée par l'agencement d'un trapèze et d'un triangle ; l'Italie ressemble à une botte ; la Grèce à une main à quatre doigts.

Les croquis de cartes sont des simplifications poussées de cartes d'atlas ; elles représentent grossièrement le contour d'un continent ou d'un État. Lors de la réalisation d'un tel croquis, seul un respect approximatif de l'échelle est nécessaire.

Un dessinateur a réalisé pour toi deux types de croquis à partir de la carte de l'Amérique du Nord et de l'Inde :
a) Sur la Fig. M4, il a représenté les frontières par des lignes droites.
b) Sur la Fig. M5, il a utilisé des surfaces géométriques pour mettre grossièrement en évidence la forme du contour de l'Inde.

1. Réalise un croquis de l'Australie à l'aide de courbes et de droites.
2. Dessine l'Amérique du Sud à l'aide de deux triangles.
3. Réalise un croquis de l'île japonaise de Hokkaido à l'aide du triangle et du carré.

Croquis topographique de la carte physique de l'Inde

Les élèves d'une classe de 8ème devaient résoudre le problème suivant :
„Dessinez un croquis de l'Inde. Le croquis doit comporter les fleuves importants, les hautes montagnes, les frontières naturelles et politiques, la capitale et d'autres villes importantes." En se basant sur la carte physique (Fig. M2), les élèves spécifièrent les contenus pour leur **„croquis topographique"** (Fig. M5) mettant en évidence la relation spaciale entre les éléments territoriaux suivants :
a) Montagnes : Ghâts occidentaux, Ghâts orientaux et Himalaya.
b) Fleuves : Gange, Brahmapoutre et Godavari.
c) Les frontières avec la mer d'Oman et le golfe de Bengale, avec le Bangladesh, l'Union de Myanmar, la Chine, Le Bhoutan, le Népal et le Pakistan.
d) Villes : Bombay, Hyderabad, Madras, Calcutta et Delhi.
e) En outre, ils mirent en évidence le haut-plateau du Deccan, le désert de Thar et les dépressions en bordure de mer ainsi qu'au niveau du Gange et du Brahmapoutre.

4. Réalise une légende pour la Fig. M5.
5. Dessine un croquis topographique du Brésil.

Croquis thématique du „Manufacturing Belt"

Les cartes thématiques permettent de faire ressortir certaines relations spécifiques à un thème (cf. pages 264/265). Ce type de carte te fournit, par exemple, des informations sur la nature du sol ou sur les déplacements des nomades. Là aussi on peut réaliser un croquis.
Un exemple : l'extrait de la carte économique M3 montre le „Manufacturing Belt", la plus ancienne et importante région industrielle des États-Unis. La branche industrielle principale est la sidérurgie dont le développement dépend essentiellement des gisements de fer et de charbon.

Dans notre exemple, les gisements correspondants de matières premières, les voies de transport ainsi que les centres industriels furent inscrits sur un croquis afin d'avoir une idée précise du „Manufacturing Belt" comme „site de l'industrie lourde". Un tel croquis est appelé **„croquis thématique"** (Fig. M6).

6. Réalise un croquis thématique intitulé : „l'économie du Brésil". Dessine y les fleuves et les montagnes les plus importants ainsi que les villes suivantes : Manaus, Macapá, Belém, Recife, Salvador, Belo Horizonte, Brasilia, Rio de Janeiro et São Paulo.

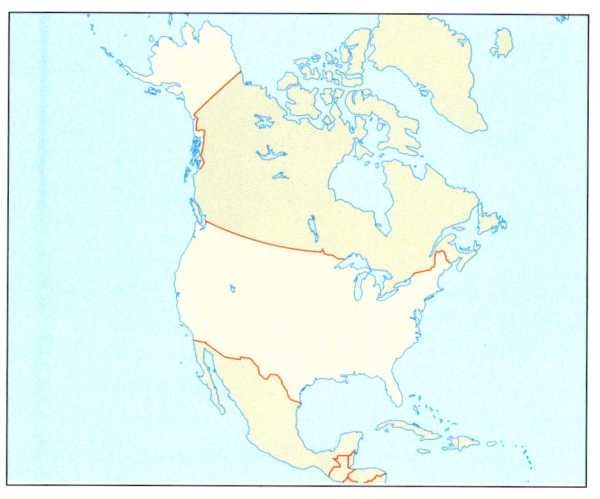

M1: L'Amérique du Nord

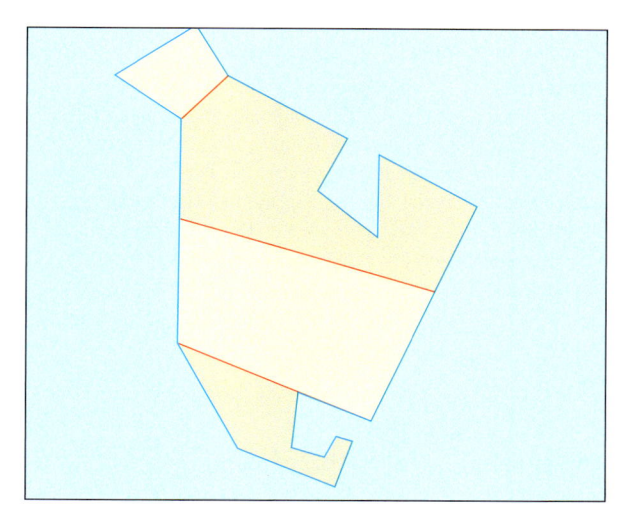

M4: Croquis de l'Amérique du Nord

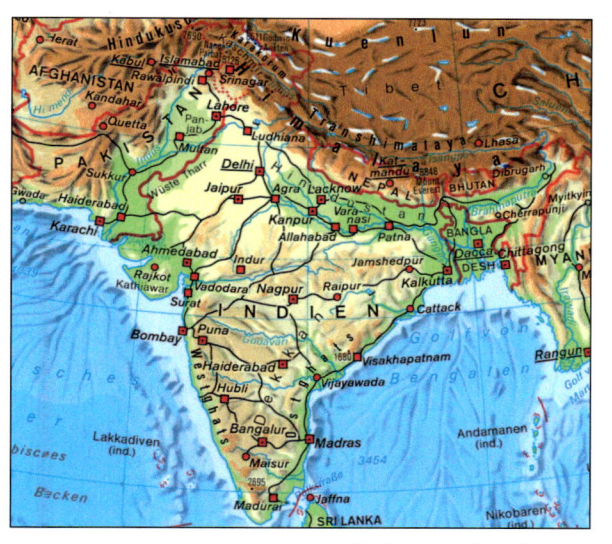

M2: Carte physique de l'Inde

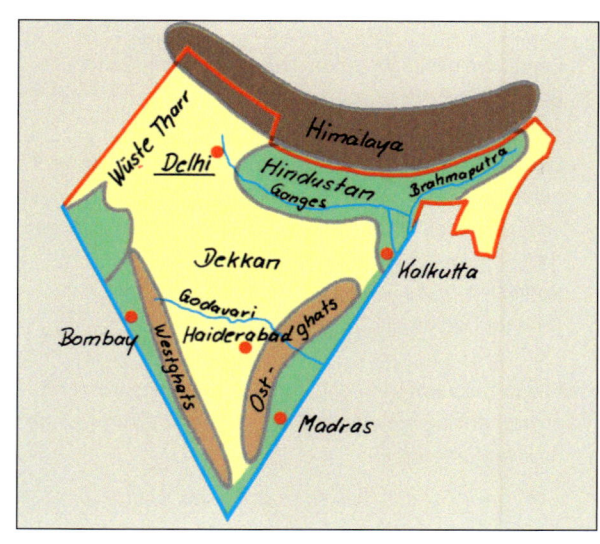

M5: Croquis topographique de l'Inde

M3: Carte économique „Manufacturing Belt"

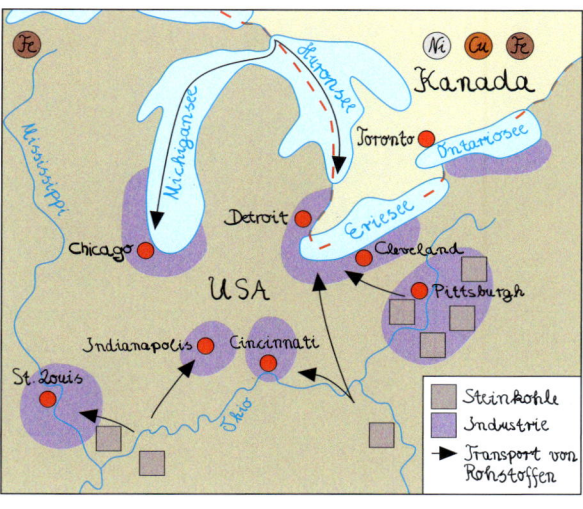

M6: Croquis thématique „Manufacturing Belt"

Méthodes de travail spécifiques   269

Arbeiten mit verschiedenen Materialien | Travailler avec différents outils

Tourismus auf Bali

„Insel der Götter", so nennen die Balinesen ihre reizvolle Insel. Eine exotische Insel, ein hinduistisches Eiland mit einer einzigartigen Fülle von Tempeln und Festen, Riten und Künsten. Eine Begegnung mit lebensfrohen Menschen von tiefer Gläubigkeit. Ein Paradies mit Vulkanen, tropischen Regenwäldern, kunstvoll angelegten Reisterrassen, kleinen friedlichen Dörfern und einladenden Stränden. Lassen auch Sie sich vom einzigartigen Charme Balis verzaubern!

(aus einem Reiseprospekt)

M2: Urlaubsparadies

Bekannte planen eine Reise nach Bali. Bevor sie sich entscheiden, ziehen sie eine Reihe von Auskünften ein. Du sollst ihnen bei der Auswertung der geographischen Informationen helfen.

1. Bestimme die Lagemerkmale Balis (Atlas).
2. Beschreibe die naturräumliche Ausstattung der Insel (Atlas und M1).
3. Bestimme Art und Lagemerkmale touristischer Schwerpunkte auf der Insel (M1 und M2).
4. Überprüfe das Klima der Insel auf günstige Reisezeiten (M3).
5. Stelle fest, welche Rolle der Tourismus auf Bali spielt (M4) und woher die Touristen kommen (M5).

Stelle nun zusammenfassend unter Verwendung aller Materialien dar, welche Vorzüge und Nachteile mit einem Urlaub auf Bali verbunden sind.

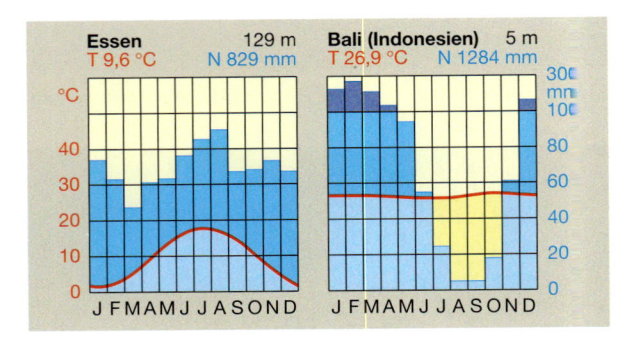

M3: Klimadiagramm von Essen und Bali

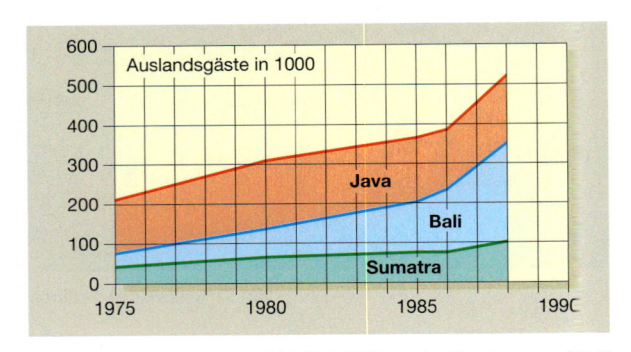

M4: Entwicklung des Tourismus auf Bali

M1: Bali

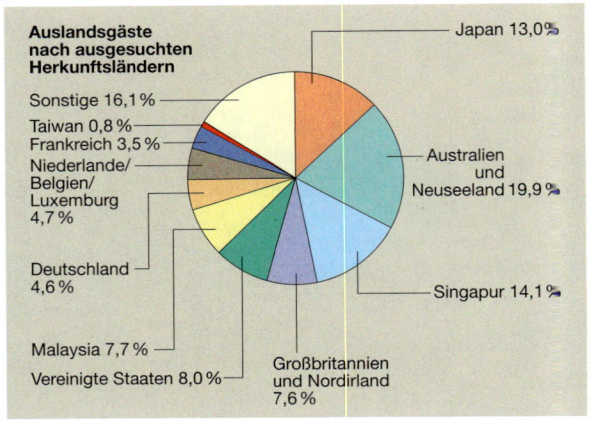

M5: Touristen auf Bali nach Herkunftsländern

Fachbezogene Arbeitsweisen

Tourisme à Bali

Les Balinais appellent leur charmante île „l'île des dieux". Une île exotique, une île hindoue avec un nombre exceptionnel de temples et de fêtes, de rites et d'arts. Une rencontre avec des gens heureux de vivre et très croyants. Un paradis avec des volcans, des forêts tropicales, d'attrayantes rizières en terrasse, de petits villages paisibles et de merveilleuses plages. Laissez-vous envoûter par le charme unique de Bali.

(extrait d'un prospectus touristique)

M2: Paradis de vacances

Des amis prévoient de faire un voyage à Bali. Avant de se décider, ils rassemblent une série d'informations. Tu dois les aider à interpréter les informations géographiques.

1. Spécifie les caractéristiques de la situation de Bali (atlas).
2. Décris la richesse naturelle de l'île (atlas et Fig. M1).
3. Spécifie le type et le site des attractions touristiques de l'île (Fig. M1 et M2).
4. Détermine quand le climat de l'île est favorable pour s'y rendre (Fig. M3).
5. Constate le rôle que le tourisme joue à Bali (M4) et d'où viennent les touristes (Fig. M5).

À l'aide de tout le matériel dont tu disposes, résume quels sont les avantages et inconvénients liés à un séjour de vacances à Bali.

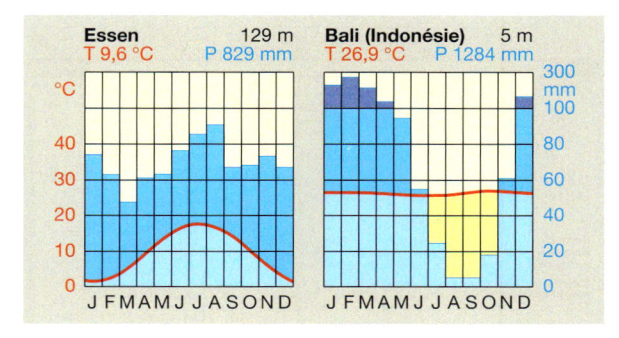

M3: Diagrammes ombrothermiques de la ville d'Essen et de l'île de Bali

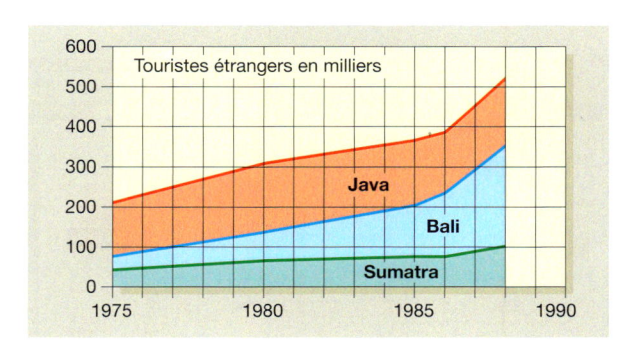

Essen 129 m — T 9,6 °C — P 829 mm
Bali (Indonésie) 5 m — T 26,9 °C — P 1284 mm

M4: Développement du tourisme à Bali

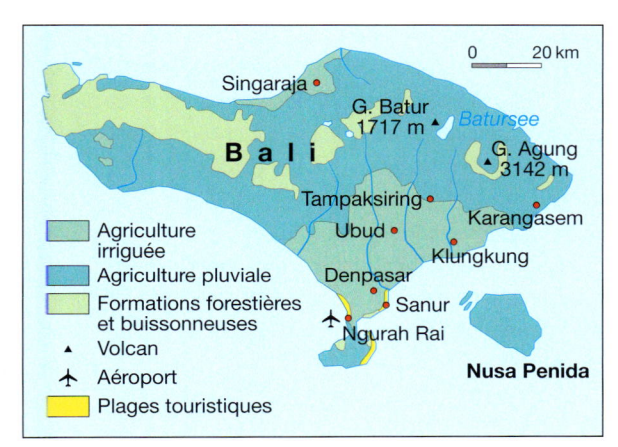

Touristes étrangers en milliers — Java, Bali, Sumatra (1975–1990)

M1: Bali

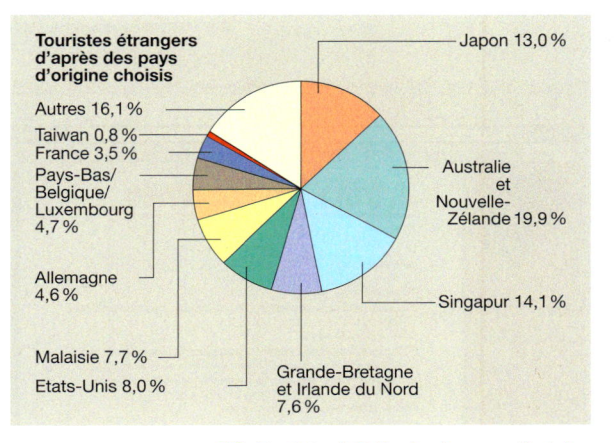

- Agriculture irriguée
- Agriculture pluviale
- Formations forestières et buissonneuses
- ▲ Volcan
- ✈ Aéroport
- Plages touristiques

Singaraja, G. Batur 1717 m, Batursee, G. Agung 3142 m, Tampaksiring, Ubud, Karangasem, Klungkung, Denpasar, Sanur, Ngurah Rai, Nusa Penida

M5: Touristes à Bali selon les pays d'origine

Touristes étrangers d'après des pays d'origine choisis:
- Japon 13,0 %
- Autres 16,1 %
- Taiwan 0,8 %
- France 3,5 %
- Pays-Bas/Belgique/Luxembourg 4,7 %
- Allemagne 4,6 %
- Malaisie 7,7 %
- Etats-Unis 8,0 %
- Grande-Bretagne et Irlande du Nord 7,6 %
- Singapour 14,1 %
- Australie et Nouvelle-Zélande 19,9 %

Méthodes de travail spécifiques

Arbeit im Internet | Travailler avec l'Internet

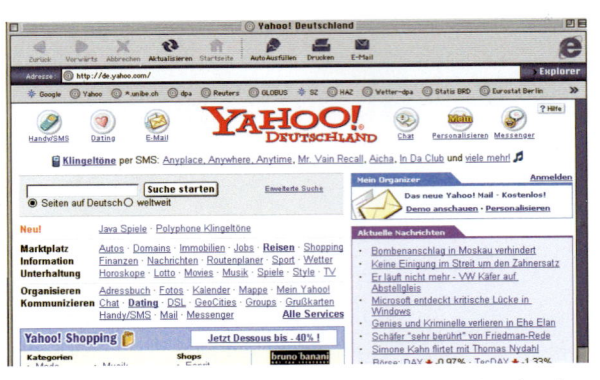

M1: Adresse vom Suchkatalog eingeben

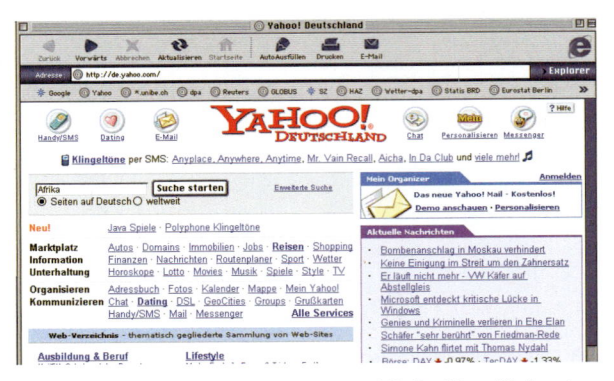

M2: Suchbegriff eingeben

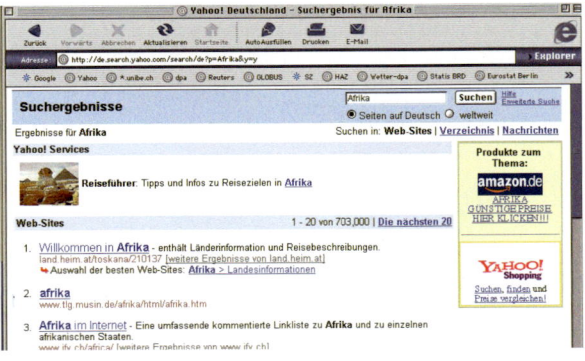

M3: Trefferliste auswerten

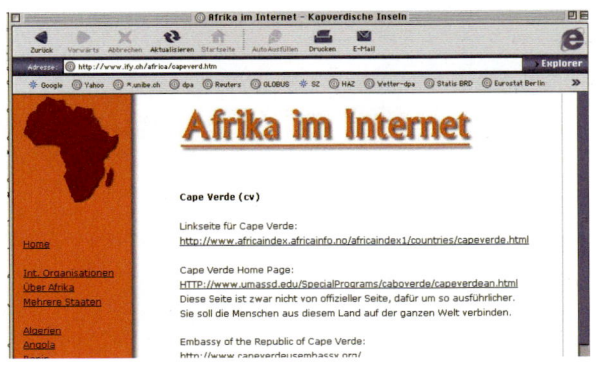

M4: Gesuchte Informationen finden

Arbeiten mit einer Suchmaschine

Die wichtigsten Grundlagen:
- Der Suchbegriff muss genau sein, sonst gibt es zu viele „Treffer", die nichts oder nicht direkt mit einer Suche zu tun haben.
- Notiere die Ergebnisse in Stichwörtern.
- Schreibe die benutzte Internetadresse auf, damit sie später noch einmal wiedergefunden werden kann.

Bevor die Suche im Internet losgehen kann, muss zunächst das Internetprogramm gestartet werden, z. B. der Internet Explorer oder der Netscape.

1. Schritt: Adresse vom Suchkatalog eingeben
In dem Adressfeld oben auf dem Bildschirm wird der Name eines Suchkataloges eingegeben, z. B. http://de.yahoo.com. Dabei müsst ihr ganz genau auf die richtige Schreibweise achten. Die Adresse wird mit der Enter-Taste bestätigt. Auf eurem Bildschirm erscheint der Yahoo-Suchkatalog. Hier ist alles nach Themen sortiert. Der Suchkatalog verfügt über seine eigene Datenbank.

2. Schritt: Suchbegriff eingeben
In das freie Feld könnt ihr nun einen Begriff zu dem gesuchten Thema eingeben, z. B. „Afrika". Dann klickt ihr auf das Feld „Suche starten" und der Computer beginnt zu suchen.

3. Schritt: Trefferliste auswerten
Nach einer Weile erscheint eine Trefferliste auf eurem Bildschirm. Wählt aus den gefundenen Einträgen, den so genannten „Links", einen passenden aus und klickt ihn wieder an. Beispielsweise: „Afrika im Internet". Hier findet ihr Informationen sowie Linklisten zu den afrikanischen Ländern.

4. Schritt: Gesuchte Informationen finden
Die Links erkennt ihr daran, dass sie immer unterstrichen sind. Wenn ihr einen anklickt, gelangt ihr auf eine neue Seite. Über die Links klickt ihr euch immer näher zu den gewünschten Informationen, bis ihr schließlich einen Text zu eurem Thema findet (z. B. Cape Verde).

5. Schritt: Informationen festhalten
Die gefundenen Informationen könnt ihr entweder ausdrucken oder auf eurem Computer abspeichern. Sortiert die Informationen nach Stichwörtern und sammelt alles in einem Hefter.

Fachbezogene Arbeitsweisen

Weitere Suchmaschinen sind z. B.:
http://www.alltheweb.com
http://www.altavista.de
http://www.google.de
http://de.yahoo.com
http://meta.rrzn.uni-hannover.de (Metasuchmaschine)

Suchmaschinen arbeiten nicht immer gleich. Schaut euch deshalb zuerst die „Hilfe" an, damit ihr bei der Profisuche schneller vorankommt.

Was ist noch wichtig?

- Der Suchbegriff muss so genau wie möglich sein, sonst bekommt ihr zu viele Seiten, mit denen ihr womöglich nichts anfangen könnt und die nur zeitraubend sind. In der Suchmaschine „Google" z. B. könnt ihr Afrika+Klima eingeben oder „Das Klima in Afrika". Gute Treffer erhaltet ihr auch, wenn ihr z. B. Afrika+Erdkunde oder Afrika+Geographie eingebt. So werden alle Treffer eliminiert, die nicht direkt mit Erdkunde zu tun haben.
- Ergebnisse entweder stichwortartig notieren oder Wichtiges mit „kopieren" und „einfügen" in ein WORD-Dokument einsetzen. Grafiken, Karten usw. können mit der „rechten Maustaste" kopiert werden.
- Benutzte Internetadresse aufschreiben oder besser noch sie als Lesezeichen oder Favorit festhalten, damit sie später schnell wiedergefunden werden. Hier einige Tipps, damit eure Lesezeichen oder Favoriten übersichtlich bleiben:
- Unter „Verwalten" könnt ihr, ehe ihr anfangt, „Ordner" erstellen, z. B. enthält der Ordner GEOGRAPHIE die Ordner AFRIKA, EUROPA, ASIEN usw.
- Der Ordner AFRIKA kann dann z. B. die Ordner LANDWIRTSCHAFT, KLIMA, BEVÖLKERUNG ... enthalten. Jedes Mal wenn ihr dann eine interessante Adresse findet, könnt ihr dann gleich die Adresse in die richtige Kategorie einklassieren. Ihr könnt natürlich auch noch im Nachhinein während des „Surfens" neue Ordner hinzufügen.
- Immer kritisch bleiben. Jeder kann im Internet publizieren, was er will. So können sich natürlich auch Informationen einschleichen, die falsch sind. Bevorzugt Informationen von Schulen, Universitäten, Ämtern, Gesellschaften und bekannten Verlagen. Euer Lehrer kann euch sicherlich auch einige gute Adressen geben.

Weitere hilfreiche Erklärungen zum Internet für Schüler könnt ihr unter folgender Adresse herunterladen:
http://imurp.cte.lu/ Nachher unter Downloads: internet_Schuelerunterlagen.doc klicken.

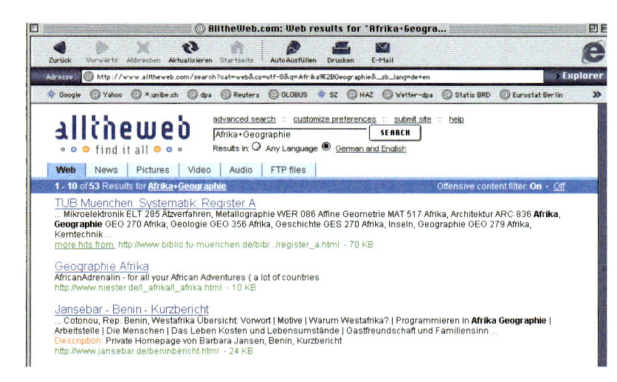

M5: Suchmaschine

M6: Suchmaschine

M7: Schlagwortkatalog

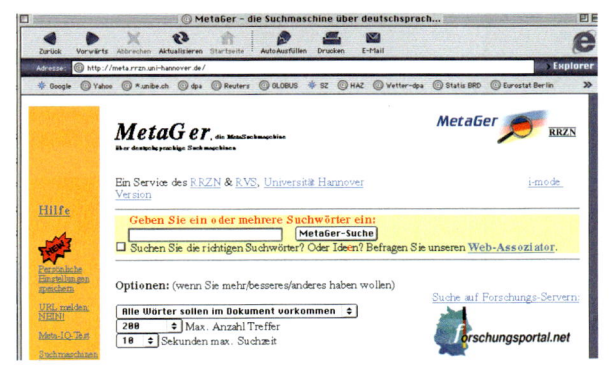

M8: Metasuchmaschine

Fachbezogene Arbeitsweisen

Arbeit im Internet | Travailler avec l'Internet

M1: Entrer l'adresse du moteur de recherche.

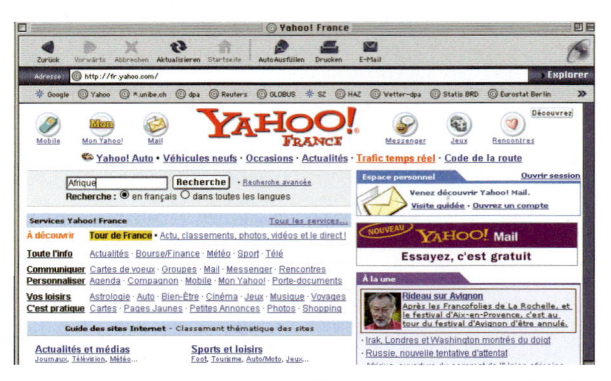

M2: Entrer la notion de recherche.

M3: Analyser la liste des pages trouvées.

M4: Trouver les informations recherchées.

Travailler avec un moteur de recherche

Les principes de base:
- La notion de recherche doit être précise sinon le nombre de pages trouvées n'ayant peu ou rien à voir avec la recherche sera trop important.
- Note les résultats sous forme de mots-clés.
- Note l'adresse Internet utilisée afin de pouvoir la retrouver plus tard.

Avant de commencer la recherche sur Internet, il faut d'abord lancer le navigateur, p. ex. Internet Explorer ou Netscape.

1ère étape: entrer l'adresse du moteur de recherche.
Entrez le nom d'un moteur de recherche dans la zone d'adressage située dans la partie supérieure de l'écran, p. ex.: http://fr.yahoo.com/. Il faut absolument respecter l'écriture exacte. Confirmez l'adresse en tappant sur la touche „Enter". Le moteur de recherche Yahoo apparaît à l'écran. Tout ici est classé par thèmes. Le moteur de recherche dispose de sa propre banque de données.

2ème étape: entrer la notion de recherche.
Entrez dans la zone vide un terme correspondant au sujet recherché, p. ex. „Afrique". Cliquez ensuite sur le bouton „Lancer la recherche" et l'ordinateur se met à chercher.

3ème étape: analyser la liste des pages trouvées.
Au bout d'un certain temps, une liste de pages trouvées apparaît à l'écran. Parmi les articles trouvés (les „liens"), sélectionnez-en un qui est adéquat et cliquez dessus. Par exemple: „Africa-onweb.com". Vous obtenez ici des informations ainsi que des listes de liens concernant les pays africains.

4ème étape: trouver les informations recherchées.
Les liens se reconnaissent au fait qu'ils sont soulignés. Quand vous cliquez sur l'un d'eux, vous vous rendez à une nouvelle page. Les liens vous permettent de vous rapprocher progressivement des informations souhaitées jusqu'à obtenir un texte répondant à votre sujet (p. ex.: Cap Vert).

5ème étape: conserver les informations.
Vous pouvez imprimer les informations trouvées ou les sauvegarder sur votre ordinateur. Classez les informations par mots-clés et regroupez le tout dans un dossier.

D'autres moteurs de recherche sont, p. ex.:
http//www.alltheweb.com
http//www.altavista.fr
http//www.google.de
http//fr.yahoo.com
http//www.apocalx.com (métamoteur)

Les moteurs de recherche ne fonctionnent pas tous de la même manière. Consultez donc d'abord „l'aide" afin de progresser rapidement avec la recherche avancée.

Autres éléments importants:

- La notion de recherche doit être aussi précise que possible sinon vous obtiendrez trop de pages qui ne vous apporteront rien à part perdre du temps. Par exemple, avec le moteur „Google" vous pouvez entrer Afrique +Climat ou „le climat en Afrique". Vous obtiendrez également de bons résultats si vous entrez p. ex. Afrique+Géographie. Toutes les pages n'ayant rien à voir avec la géographie seront de cette manière automatiquement écartées.
- Notez les résultats sous forme de mots-clés ou bien copiez-les dans un document WORD avec „Copier" et „Coller". Vous pouvez copier les graphiques, les cartes, etc. à l'aide de la „touche droite de la souris".
- Notez l'adresse Internet utilisée ou placez-la dans votre liste de signets/favoris afin de pouvoir la retrouver rapidement plus tard. Quelques conseils pour que votre liste de signets/favoris reste claire:
- Le sous-menu „Gestion" vous permet de créer des dossiers avant de commencer. P. ex.: le classeur GÉOGRAPHIE peut contenir les classeurs AFRIQUE, EUROPE, ASIE, etc.
- Le dossier AFRIQUE peut lui-même contenir les dossiers AGRICULTURE, CLIMAT, POPULATION, etc. À chaque fois que vous trouvez une adresse intéressante, vous pouvez alors la ranger immédiatement dans la catégorie correspondante. Bien entendu, vous pourrez également, quand vous naviguerez sur Internet, ajouter de nouveaux dossiers.
- Restez toujours critiques. Tout le monde peut publier ce qu'il veut dans Internet. De fausses informations peuvent donc venir s'y nicher. Optez, de préférence, pour les informations provenant d'écoles, d'universités, de bureaux administratifs, de sociétés et de maisons d'édition connues. Votre professeur pourra certainement vous indiquer aussi quelques adresses fiables.

À l'adresse suivante, vous pourrez télécharger d'autres informations intéressantes sur Internet à l'attention des élèves: http://imurp.cte.lu/

M5: moteur de recherche

M6: moteur de recherche

M7: catalogue à mots-clés

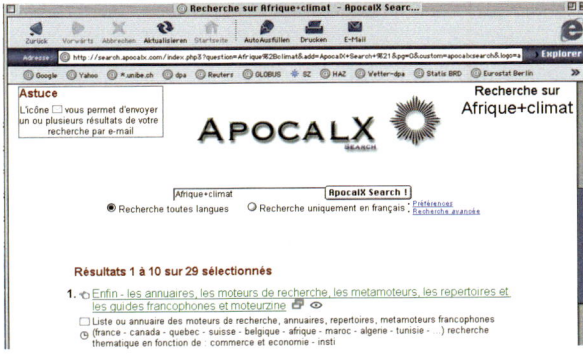

M8: métamoteur

Registerlexikon / Dictionnaire de registre

Abholzung	35	déboisement	35
Aborigine	166	Aborigène	166
Absatzmarkt	88	débouché	88
Ackerbau	15	agriculture	15
Agenda 21	244	Agenda 21	244
Agrobusiness	**134**	**agrobusiness** (marché agraire)	**134**

Eine Produktions- und Organisationsform, in der neben der Landwirtschaft auch die Zulieferbetriebe (Saatgut-, Landmaschinen-, Düngemittelfabriken), die Verarbeitungsbetriebe (Schlachtereien, Konservenfabriken, Mühlen, Großbäckereien) und Vermarktungsorganisationen zusammengefasst sind. In den USA versteht man hierunter agrarindustrielle Großbetriebe, die viel Farmland aufkaufen, sich stark spezialisiert haben, viel Kapital investieren und die Produktion stark rationalisieren. Eigentümer sind weitgehend Konzerne aus anderen Wirtschaftssektoren.

Une forme de production et d'organisation regroupant, avec l'agriculture, les entreprises d'approvisionnement (fabriques de semences, de machines agricoles, d'engrais), de transformation (abattoirs, conserveries, moulins, grandes boulangeries), et les organisations mercantiles. Aux États-Unis, on entend par là de grandes entreprises agro-industrielles qui achètent beaucoup de terres agricoles, sont très spécialisées, investissent beaucoup de capital et rationalisent fortement leur production. Pour la plupart, les propriétaires sont de grands groupes d'entreprises venant d'autres secteurs économiques.

Altersvorsorge	72	assurance vieillesse	72
Antarktisvertrag	174	convention sur l'Antarctique	174
arid	**260**	**aride**	**260**

arid (lat. aridus = trocken): In einem ariden Gebiet fallen weniger Niederschläge als Wasser verdunsten könnte.

Aride (lat. aridus = sec): Dans une région aride, il y a plus d'évaporation d'eau que de pluies.

artesischer Brunnen	**22**	**puits artésien**	**22**

Fließt Grundwasser zwischen undurchlässigen Schichten von einem höher gelegenen Gebiet in ein tiefer liegendes, so steht es unter erhöhtem Druck. Wird die Grundwasserschicht angebohrt, so tritt das Wasser wie in einem Springbrunnen an die Oberfläche.

Si de l'eau souterraine coule entre des couches imperméables d'une zone élevée vers une zone plus basse, elle se trouve sous plus forte pression. Si la nappe phréatique est forée, l'eau jaillit à la surface.

artesisches Becken	162	nappe phréatique	162
Asthenosphäre	194	asthénosphère	194
Aufforstung	36	reboisement	36
Auge (des Wirbelsturms)	208	**oeil** (du cyclone)	208
Babyboom	84	baby-boom	84
Basar	**62**	**bazar**	**62**

Traditionelles Handwerker- und Geschäftsviertel in der ➡ orientalischen Stadt. Handwerker und Händler einer Branche konzentrieren sich in einer Gasse. Der Basar ist von einer Mauer umgeben und wird nachts geschlossen. Wohnungen gibt es hier nicht.

Quartier artisanal et commercial traditionnel de ➡ la ville orientale. Les artisans et les commerçants d'une branche se concentrent dans une ruelle. Le bazar est entouré d'un mur et il est fermé la nuit. Il n'y a pas d'habitations.

Besiedlungskolonie	118	colonie de peuplement	118
Bevölkerungsexplosion	72, 152	explosion démographique	72, 152
Bevölkerungspolitik	84	politique démographique	84
Bevölkerungswachstum	34, 72, 82	croissance démographique	34, 72, 82
Bewässerung	**24**	**irrigation**	**24**

Intensive Form der Landwirtschaft, in der den Pflanzen in niederschlagsarmen bzw. niederschlagsfreien Zeiten künstlich Wasser zugeführt wird. Bewässerung ist meist mit Entwässerungsmaßnahmen (Gräben, Dränagen, Schleusen) verbunden. Fehler in der Bewässerung führen zur ➡ *Bodenversalzung* oder Erosion.

Forme d'agriculture intensive où l'on alimente les plantes en eau durant les périodes sèches ou faibles en précipitations. L'irrigation est le plus souvent liée à des mesures d'évacuation de l'eau (fossés, drainages, écluses). Des erreurs d'irrigation entraînent une ➡ salification ou une érosion des sols.

Biogas	36	biogaz	36

Bodenerosion	34, 164	**érosion du sol**	34, 164

Die Abtragung von Boden durch Wasser oder Wind. Sie wird verstärkt durch Tätigkeiten des Menschen, wie Abholzen von Wäldern oder Zerstörung der Vegetation durch Überweidung.

Bodenversalzung 24, 221

Form der Bodenzerstörung bei ⟹ Bewässerung. Wird überschüssiges Wasser nicht abgeleitet, so steigt es im Boden auf und lagert bei der Verdunstung gelöste Salze an der Oberfläche ab. Der Boden wird unfruchtbar.

Brachezeit 148
Brandrodungsfeldbau 148

Urbarmachen von Land in der traditionellen Landwirtschaft im tropischen Regenwald und den Savannen.

Brettwurzel 146
BSP (Bruttosozialprodukt) 72, 80, 97, 126,

Gesamtwert aller im Verlauf eines Jahres in einem Land erzeugten Güter und erbrachten Dienstleistungen, ausgedrückt in US-$. Das BSP/pro Kopf ist ein Hinweis auf die Wirtschaftskraft und den Entwicklungsstand eines Landes.

Cash-Crop 35

Cash Crops sind landwirtschaftliche Produkte für den (Welt-)Markt.

chemische Verwitterung 147
Commonwealth 118, 162

Dalai Lama 81
demographisches Problem 180
Deng Xiaoping 86
Desertifikation 32, 35

Ausbreitung der Wüste, meist ausgelöst durch unangepasste Landnutzung.

Destillation 58
Detailaufnahme 252
Dienstleistungsgewerbe 62

Tätigkeiten, die eng mit den Begriffen bedienen, beraten, vermitteln, organisieren verbunden sind. Dazu gehören Handel, Verkehr, private und öffentliche Verwaltung. Man unterscheidet Dienstleistungen ohne Erwerbscharakter (staatliche Verwaltung, Schulen, Krankenhäuser, Wohlfahrtsorganisationen) von Dienstleistungen mit Erwerbscharakter (Banken, Handel, Gastronomie, die Tätigkeit von Rechtsanwälten, Ärzten, Friseuren, Reinigungen usw.).

Dränage 25
Dritte Welt 178

Geläufige Bezeichnung für die ⟹ Entwicklungsländer. Sie entstammt einer nicht mehr verwendeten Einteilung der Erde in drei Welten (Industrieländer, Staatshandelsländer, Entwicklungsländer).

Dürre 111

érosion du sol 34, 164

L'ablation, l'enlèvement du sol par l'eau ou le vent. L'érosion du sol est accentuée par des activités humaines, telles le défrichement des forêts ou la destruction de la végétation à cause du surpâturage.

salinisation des terres agricoles 24, 221

Forme de destruction du sol lors de ⟹ l'irrigation. Si l'eau excédentaire n'est pas déviée convenablement, elle monte dans le sol et dépose lors de l'évaporation des sels dissous à la surface. Le sol devient stérile (infertile).

jachère 149
défrichage par le feu 149

Consiste à transformer une terre couverte de végétation naturelle, de forêt le plus souvent, en une terre cultivable.

racine panneau 146
produit intérieur brut (PIB) 72, 80, 97, 126

Montant total de la production de biens et de services d'un pays pendant une période donnée, généralement un an. Le PIB/habitant indique la puissance économique et le niveau de développement d'un pays.

culture commerciale 35

Produits agricoles cultivés destinés à la vente sur le marché (mondial).

décomposition chimique 147
Commonwealth 118, 162

Dalaï Lama 81
problème démographique 180
Deng Xiaoping 86
désertification 32, 35

Extension du désert en raison, le plus souvent, d'une utilisation inappropriée de la terre.

distillation 58
photo en très gros plan 254
secteur des services (secteur tertiaire) 62

Secteur des activités qui sont liées étroitement avec les notions servir, conseiller, fournir et organiser. En font partie le commerce, le transport, l'administration privée et publique. On différencie entre services sans caractère d'acquisition, (administration nationale, écoles, hôpitaux, organisations de prospérité) et services avec un caractère d'acquisition (banques, commerce, gastronomie, l'activité des avocats, des médecins, des coiffeurs, des nettoyages).

drainage 25
Tiers-monde 178

Terme très général désignant l'ensemble des ⟹ pays en déveoppement. Il découle d'une subdivision de la Terre en trois mondes (pays industrialisés, pays à économie étatique, pays en développement) qui n'est plus utilisée.

période de sécheresse 111

Registerlexikon | Dictionnaire de registre

Ein-Kind-Familie (-Politik)	84
Energiequelle (alternative)	216
Energierohstoff	214
Entwässerung	24
Entwicklungshilfe	184

Unterstützung wirtschaftlich gering entwickelter Länder durch wohlhabendere Länder und durch nationale und internationale staatliche oder private Organisationen.

Entwicklungsland 178

Ein Land, das wirtschaftlich, politisch, sozial und technisch hinter dem Stand der Industrieländer weit zurückliegt.

Entwicklungsprojekt	183
Erdatmosphäre	224
Erdbeben	198

Erschütterungen der Erdoberfläche durch ruckartige Bewegungen im Untergrund. Sie entstehen durch Verschiebungen von Platten (➡ Plattentektonik), bei Vulkanausbrüchen oder durch den Einsturz großer unterirdischer Hohlräume. Die Stelle, an der die Erschütterungen ausgelöst werden, ist der Erdbebenherd. Die Stärken von Erdbeben werden mit Werten der ➡ Richterskala angegeben.

Erdöl	48, 52
Erdkruste	194

Die Erde ist aus mehreren unterschiedlichen Schalen (Schichten) aufgebaut. Die äußere, die Erdkruste, besteht aus festem Gestein der Platten (➡ Plattentektonik). Die kontinentalen Platten sind bis zu 50 km mächtig (dick), die ozeanischen Platten bis zu 15 km.

Erdmantel 194

Die mittlere Schale im Aufbau des Erdkörpers. Der obere Mantel schließt an die ➡ Erdkruste an und reicht bis in eine Tiefe von 700 km. Er besteht aus plastischem bis zähflüssigem Gestein. Darunter, bis in eine Tiefe von rd. 2900 km, folgt der untere Mantel aus flüssigem Gestein. ➡ Konvektionsströmungen des heißen flüssigen Gesteins im Erdmantel bewegen die Platten der Erdkruste.

Erdstratosphäre	228
Erg	16
Ernährungsproblem	38, 76
Erosion	18
Eruption	202
extensive Weidewirtschaft	164

Viehhaltung mit wenig Aufwand an Arbeit und Kapital. Z. B. befindet sich hierbei das Vieh überwiegend auf der Weide; das weitere Viehfutter stammt überwiegend aus dem eigenen Betrieb. Die Herden laufen z. T. frei herum, die Weidegründe sind teilweise nicht umzäunt.

Faltengebirge	196
Familienplanung	72, 84

famille à enfant unique	84
source d'énergie (alternative)	216
matière première énergétique	214
drainage	25
coopération au développement	184

Soutien de pays économiquement peu développés par des pays prospères et par des organisations nationales et internationales publiques ou privées.

pays en développement 178

Pays dont les structures économiques, politiques, sociales et techniques sont arriérées par rapport aux pays industrialisés.

projet de développement	183
atmosphère terrestre	224
séisme	199

Secousses de la surface terrestre engendrées par de brusques mouvements en profondeur. Elles résultent de déplacements de plaques (➡ tectonique des plaques), d'éruptions volcaniques ou de l'écroulement de grandes cavités souterraines. L'endroit, d'où partent les secousses, est appelé foyer sismique. Les forces des séismes sont indiquées par des valeurs sur ➡ l'échelle de Richter.

pétrole	48, 52
croûte terrestre	194

La Terre est constituée de plusieurs enveloppes distinctes. L'enveloppe externe, la croûte terrestre, est composée par des roches dures des plaques (➡ tectonique des plaques). Les plaques continentales ont une épaisseur allant jusqu'à 50 km, les plaques océaniques n'atteignant que 15 km.

manteau terrestre 194

L'enveloppe intermédiaire de la Terre. Le manteau supérieur s'étend de la ➡ croûte terrestre jusqu'à une profondeur de 700 km. Il est formé de roches plastiques à visqueuses. En-dessous, jusqu'à environ 2900 km de profondeur, se trouve le manteau inférieur constitué de roches liquides. Des ➡ courants de convection de roches chaudes et liquides du manteau déplacent les plaques de la croûte terrestre.

stratosphère terrestre	228
erg	16
problème d'alimentation	38, 76
érosion	18
éruption	202
exploitation extensive de pâturages	164

Élevage avec un minimum de travail et de capitaux. Le bétail se trouve, p. ex., principalement en herbage tandis que le fourrage additionnel provient surtout de la production interne de l'exploitation. Les troupeaux se trouvent partiellement en pâturage libre et non pas dans des enclos.

montagnes de plissement	196
planning familial	72, 84

Favela	154	Favela	155

Die brasilianische Bezeichnung für ➡ Slum.

Désignation brésilienne pour ➡ bidonville

Fazenda	148	Fazenda	149
Fertigware	214	produit manufacturé	214
Flüchtlingsbewegung	111	mouvement de réfugiés	111
Fluss-Oase	23	oasis fluvial	23

Gebiet in der ➡ Wüste am Ufer eines Fremdlingsflusses (Fluss, der, aus einem niederschlagsreichen Gebiet kommend, eine Wüste durchfließt), durch den Pflanzenwachstum möglich ist.

Région dans le ➡ désert sur les rives d'un cours d'eau provenant d'une région pluvieuse. Le long de ce cours d'eau la croissance de la végétation est possible bien que le milieu soit désertique.

Foggara	23	foggara	23
Frontalaufnahme	252	prise de vue frontale	254
Geburtenkontrolle	72	contrôle des naissances	72
Gemäßigte Zone	8	zone tempérée	8
Gentechnik	134	génie génétique	134
Geopolitisch	51	géopolitique	51
Gesundheitsfürsorge	72	assistance médicale	72
Glasnost	107	glasnost	107
Globalisierung	244	Globalisation	244

Immer mehr Staaten der Erde beteiligen sich an der internationalen Arbeitsteilung, bei der jedes Land die Güter produziert und handelt, bei denen es im internationalen Wettbewerb gegenüber anderen Staaten Vorteile aufweist.

De plus en plus d'États participent à l'organisation du travail à l'échelle mondiale selon laquelle chaque pays se concentre sur la production des marchandises pour lesquelles il dispose d'avantages par rapport à d'autres pays.

Grundwasserspiegel	164	niveau d'eau souterraine	164
Grundwasservorrat	22	nappe phréatique	22
Grüne Revolution	76	Révolution Verte	76

Ertragssteigerung in der Landwirtschaft in Ländern der ➡ Dritten Welt seit Beginn der 1960er-Jahre. Die Ertragssteigerung wurde durch Züchtung von Hochleistungssorten hauptsächlich bei Weizen, Mais und Reis möglich.

Augmentation de la production agricole des pays du ➡ Tiers-monde depuis le début des années 1960. Cette augmentation des rendements fut surtout rendue possible par l'élaboration de semences améliorées du maïs, du riz et du blé.

GUS (Gesellschaft unabhängiger Staaten)	107	CÉI (Communauté des États indépendants)	107
Hackbauer	32	paysan sédentaire pratiquant la culture à la houe	32
Halbnomade	29	semi-nomade	29
Hamada	16	Hamada	16
Hilfe zur Selbsthilfe	183	aide (à un pays en développement) à s'aider lui-même	183
Hirse	24	millet	24

Ein Hauptnahrungsmittel in den Tropen und Subtropen Afrikas. Die Pflanze braucht viel Wärme, wächst aber noch auf relativ trockenen und nährstoffarmen Böden. Sie wächst schnell, und meist sind zwei Ernten im Jahr möglich.

Un des aliments de base des régions subtropicales et tropicales d'Afrique. Cette plante nécessite beaucoup de chaleur mais se contente de sols secs et pauvres en minéraux. La croissance rapide du millet permet souvent deux récoltes annuelles.

Hot Spot	204	Hot Spot	204
humid	260	humide	260

(lat. humidus = feucht) In einem humiden Gebiet fällt mehr Niederschlag als verdunsten kann. In einem humiden Klima stehen den Pflanzen das ganze Jahr ausreichende Niederschläge zur Verfügung. Das überschüssige Wasser reichert das Grundwasser an oder fließt in Bächen und Flüssen ab.

(lat. Humidus) Dans une région humide les précipitations sont plus importantes que l'évaporation. Dans un climat humide les plantes ont assez d'eau à leur disposition pendant toute l'année. L'eau excédentaire alimente la nappe phréatique ou les ruisseaux et fleuves.

Registerlexikon | Dictionnaire de registre

Hurrikan 209
Ein Hurrikan (englisch: Hurricane) ist ein tropischer Wirbelsturm, der über dem Golf von Mexiko entsteht. Hurrikans ziehen in einer gebogenen Bahn über die Karibische See und können auf das südliche Küstengebiet der USA treffen. Dort verursachen sie meist schwere Schäden.

Immigrant 118
Industrialisierung 62
Industrieland (-nation) 178, 214
Industriepark 140
Infrastruktur 88, 154
Sammelbegriff für Einrichtungen, die der Bevölkerung und der Wirtschaft zur Verfügung stehen. Unterschieden wird zwischen der wirtschaftlichen (Industrieanlagen, Verkehrswesen, Nachrichtenverbindungen, Energieversorgung), der sozialen (Wohnungen, Krankenhäuser, Freizeiteinrichtungen) und der Infrastruktur des Bildungswesens.

Inlandeis 172
Intensivierung der Landwirtschaft 82
Produktionsweise, bei der Produktionsfaktoren (z. B. spezielles Saatgut, Maschinen, Pflanzenschutz- oder Düngemittel) in großem Umfang eingesetzt werden, damit möglichst hohe Hektarerträge und gute Qualitäten erzielt werden.

Islam 49

Joint Venture 88

Karawane 29
Kartenskizze 266
Kinderarbeit 74
Klimazone 8
Einteilung der Erde nach den Klimaelementen und der Vegetation. Die Polarzone umfasst die Zonen des ewigen Eises und der Tundra. Die gemäßigte Zone hat deutliche Temperaturunterschiede in den Jahreszeiten und die Witterung ist wechselhaft. Die Subtropen haben heiße, trockene Sommer und Winterregen. Die Tropen erstrecken sich zwischen den Wendekreisen, Regen- und Trockenzeiten wechseln.

Kolonie 35
Kommunismus 104
Kondensation 208
Konsumgüter 88
Kontinentaldrift 192
Konvektionsströmung (thermische) 196
Konzern 167
Koran 49
Krill 174
Krater 202

Hurricane 209
Un Hurricane est un cyclone tropical qui prend naissance au-dessus du Golfe du Mexique. Les Hurricanes traversent la mer des Caraïbes sur une trajectoire courbée et peuvent atteindre la côte sud des Etats-Unis où ils provoquent des dégâts importants.

immigrant 118
industrialisation 62
pays industrialisé 178, 214
parc industriel 140
infrastructure 88, 154
Terme générique pour les installations à disposition de la population et de l'industrie. L'on distingue l'infrastructure économique (industries, transports, réseaux d'information, alimentation en énergie), l'infrastructure sociale (habitat, hôpitaux, installations de loisirs) et l'infrastructure de l'éducation.

glace intérieure 172
intensification de l'agriculture 82
Méthodes de production selon lesquelles les facteurs de production (p. ex. semences spéciales, machines, engrais et insecticides) sont utilisés massivement pour garantir une production importante et de haute qualité.

Islam 49

joint venture 88

caravane 29
croquis de carte 266
travail des enfants 74
zone climatique 8
Divison de la Terre selon les éléments du climat et de la végétation. La zone polaire englobe les zones des glaces éternelles et de la Toundra. La zone tempérée se caractérise par des différences de températures notables selon les saisons et le temps y est peu constant. Les zones subtropicales ont des étés chauds et secs ainsi que des hivers pluvieux. Les zones tropicales, avec des alternances pluviométriques, s'étendent entre le tropique du Cancer et le tropique du Capricorne.

colonie 35
communisme 104
condensation 208
biens de consommation 88
dérive continentale 192
courant de convection thermique 196
firme multinationale 167
Coran 49
krill 174
cratère 202

Kulturland	132		paysage cultivé	132
Kulturpflanzen	11		plantes cultivées	11

Vom Menschen angebaute Pflanzen (Nutzpflanzen). / Des plantes cultivées par l'homme.

Landflucht 90, 152, 180

Abwanderung von Menschen aus ländlichen Räumen in die Städte, weil sie sich dort bessere Lebensbedingungen erhoffen. In Entwicklungsländern entstehen durch die Landflucht an den Stadträndern ausgedehnte ➡ Slums.

Lava	202		lave	202
Legende	262		légende	264
Liane	143		liane	143
Lithosphäre	194		lithosphère	194
Machete	148		machette	149
Magma	202		magma	202

Glutflüssige, mehr oder minder gashaltige Gesteinsschmelze im ➡ Erdmantel. Die Temperatur beträgt etwa 1000 °C. In ➡ Vulkanen tritt Magma als Lava an die Erdoberfläche.

Mao Zedong	86		Mao Tsê-tung	86
Marktwirtschaft	87		économie du marché	87
Megalopolis	128		mégalopole	128

Aus Millionenstädten zusammenwachsende Riesenstadt. In Deutschland ist das Ruhrgebiet ein Beispiel dafür.

Melting Pot	130		melting-pot	130
Microchip	138		puce électronique	138
Militärhilfe	183		aide militaire	183
Mittelmeervegetation	48		végétation méditerranéenne	48
Monokultur	132, 219		monoculture	132, 219

Form der Bodenbewirtschaftung, bei der immer die gleichen Kulturpflanzen angebaut werden. Ökologische und wirtschaftliche Folgen sind vielfältig: einseitige Beanspruchung der Bodennährstoffe, Vermehrung von Schädlingen und Pflanzenkrankheiten, Schädigung der Bodenstruktur.

Monsun 78

(arabisch: mausim = Jahreszeit): ein halbjährlich die Richtung wechselnder, beständig wehender Wind, der im Sommer vom Meer zum Land und im Winter vom Land zum Meer weht. Der feuchte Sommermonsun bringt erhebliche Niederschläge.

Moschee 62

---

paysage cultivé 132
plantes cultivées 11

Des plantes cultivées par l'homme.

exode rurale 90, 153, 180

Émigration de gens du milieu rural vers les villes espérant y trouver de meilleures conditions de vie. Dans les pays sous-développés des ➡ bidonvilles se forment aux bords des villes.

lave 202
légende 264
liane 143
lithosphère 194
machette 149
magma 202

Fonte rocheuse contenant plus ou moins de gaz liquéfié dans le ➡ manteau terrestre. La température est à peu près de 1000 °C. Dans les ➡ volcans le magma sort à la surface terrestre sous forme de lave.

Mao Tsê-tung 86
économie du marché 87
mégalopole 128

Ville géante issue de l'agglomération de villes millionnaires. En Allemagne, la région de la Ruhr en est un exemple.

melting-pot 130
puce électronique 138
aide militaire 183
végétation méditerranéenne 48
monoculture 132, 219

Forme de culture où l'on cultive toujours les mêmes plantes. Les suites écologiques et économiques en sont multiples: perte de substances nutritives dans le sol, forte augmentation des parasites et des maladies des plantes, endommagement de la structure du terrain.

mousson 78

En langue arabe cela signifie: mausim=saison, c'est un vent semi-annuel soufflant constamment, mais changeant de direction; en été il souffle de la mer vers la terre, en hiver c'est dans le sens inverse: de la terre vers la mer. La mousson humide estivale provoque des pluies diluviennes.

mosquée 62

Nachhaltige Entwicklung (Nachhaltigkeit)	244		développement durable (durabilité)	244
Nahrungsmittelhilfe	183		aide alimentaire	183
Naturkatastrophe	246		catastrophe naturelle	264
Naturlandschaft	132		paysage naturel	132
Natürliche Lebensgrundlagen	244		conditions naturelles de vie	244
Nährstoff	147		élément nutritif	147

Registerlexikon | Dictionnaire de registre

Neulandgewinnung 100
Gewinnung landwirtschaftlicher Nutzfläche: an der Küste durch Eindeichung oder Aufschüttung, im Binnenland durch Trockenlegung vernässter Gebiete, durch Rodung in Waldgebieten oder durch Pflügen in Steppengebieten.

Niederschlag 32

Nomaden 28
Vollnomaden sind Tierhalter, die mit ihren Herden in jahreszeitlichen Wanderungen wechselnde Weideplätze aufsuchen. Bei *Halbnomaden* bewohnt ein Teil des Stammes Dauersiedlungen und betreibt etwas Ackerbau.

Oase 22
Stelle in der Wüste, an der Wasser vorkommt und damit Pflanzenwachstum möglich ist. Hier können Menschen dauerhaft leben und Anbau betreiben.

Oasentyp 22
Man unterscheidet die Oasentypen nach Herkunft des Wassers in Grundwasser-, Quell- und ➡ Fluss-Oasen.

Ökologie 244
Ein Gebiet der Biologie zur Erforschung der Wechselwirkungen zwischen den Lebewesen untereinander und mit ihrer Umwelt.

Ökonomie 244

Ökumene 32

OPEC 60
Organization of **P**etroleum **E**xporting **C**ountries, 1960 mit dem Ziel gegründet, durch Absprachen die Erdölfördermengen so zu begrenzen, dass dadurch der Weltmarktpreis für Erdöl bestimmt werden kann. Zur OPEC gehörten 2003 Algerien, Indonesien, Irak, Iran, Katar, Kuwait, Libyen, Nigeria, Saudi-Arabien, die Vereinigten Arabischen Emirate und Venezuela.

Orient 46
Ein alter Begriff für die Gebiete östlich von Europa. Orient bedeutet „aufgehend" (bezogen auf die Sonne). Heute bezeichnet der Orient die Länder Nordafrikas und Vorderasiens, deren Bevölkerung zu 90 und mehr Prozent dem Islam angehören.

Orientalische Stadt 62
Stadttyp, der gekennzeichnet ist durch die zentrale Moschee, ➡ Basare, einen Grundriss mit unregelmäßig verlaufenden Sackgassen, eine Stadtmauer und die Burg (Kasba). Die Häuser haben an der Straßenseite meist keine Fenster, sie öffnen sich zu innen liegenden Höfen.

Outback 162
Das extrem dünn besiedelte Landesinnere von Australien, das nur durch extensiv wirtschaftende Rancher oder durch Bergbau genutzt wird.

poldérisation 100
Gain de terre cultivable: le long des côtes on érige des digues ou on dresse des remblais, on assèche les régions marécageuses à l'intérieur du pays, dans les régions forestières on a recours au déboisement, dans les steppes on laboure la terre.

précipitations 32

nomades 28
Les nomades sont des éleveurs qui selon les migrations saisonnières recherchent différents pâturages. Chez les semi-nomades une partie de la tribu s'est établie durablement et pratique l'agriculture.

oasis 22
C'est un endroit dans le désert où il y a de l'eau et où il est donc possible de cultiver des plantes. Ici les gens peuvent vivre en permanence et pratiquer l'agriculture.

type d'oasis 22
Suivant la provenance de l'eau on distingue: des oasis alimentés par de l'eau souterraine, par une source ou par un fleuve.

écologie 244
Domaine de la biologie cherchant à analyser les effets des interactions entre les êtres humains eux-mêmes et ceux intervenant avec leur entourage.

économie 244

l'œcoumène 32

OPEP 60
Organisation des **p**ays **e**xportateurs de **p**étrole, fondée en 1960, ayant pour but de limiter les quantités de forage de pétrole de façon à pouvoir déterminer ainsi le prix mondial du pétrole. En 2003, l'Algérie, l'Indonésie, l'Irak, l'Iran, le Kater, le Koweït, la Libye, le Nigeria, l'Arabie-Saoudite, les Emirats Réunis et le Vénézuela étaient membres de l'OPEP.

Orient 46
Un terme ancien pour les régions situées à l'est de l'Europe. Le mot „Orient" signifie levant (par rapport au soleil levant). Aujourd'hui le mot „Orient" désigne les pays de l'Afrique du Nord et du Proche-Orient, qui, à 90 % ou plus sont des pays islamiques.

ville orientale 62
Ville typique caractérisée par la mosquée au centre, le ➡ bazar, un plan avec des cul-de-sac irréguliers, un mur entourant la ville et le château (kasba). Du côté de la rue la plupart des maisons n'ont pas de fenêtres, les ouvertures se font sur des cours intérieures.

Outback 162
L'intérieur de l'Australie, extrêmement peu peuplé, où il n'y a que des fermiers pratiquant l'agriculture extensive et où on exploite des mines.

Ozonloch	228	**dans la couche d'ozone**	228

Deutliche Abnahme des Ozongehaltes in der Ozonschicht, die erstmals an den Polen festgestellt wurde. Da Ozon mithilfe von UV-Strahlen aus Sauerstoff gebildet wird, ist dieser Prozess durch die Winterzeit an den Polen unterbrochen. Die durch Fluor-Chlor-Kohlenwasserstoffe (FCKW) angegriffene Ozonschicht kann sich erst im Sommer neu aufbauen.

Une diminution du contenu d'ozone dans la couche d'ozone, constatée pour la première fois aux pôles. Le processus de formation est interrompu en hiver aux pôles, parce que l'ozone se forme à partir de l'oxygène sous l'influence des rayons UV. La couche d'ozone attaquée par les chlorofluorocarbones (CFC) ne peut se rétablir que durant le semestre d'été.

Packeis	172	**glace accumulée** (banquise)	172
Passatwind	17	**alizé**	17

Ein beständig wehender Wind in den Tropen. Auf der Nordhalbkugel weht der Nordostpassat, auf der Südhalbkugel der Südostpassat.

C'est un vent qui souffle en permanence dans la zone tropicale. Dans l'hémisphère Nord, souffle l'alizé du Nord-Est, dans l'hémisphère Sud, c'est l'alizé du Sud-Est.

Perestroika	107	**perestroïka**	107
Physische Karte	262	**carte physique**	262
Pilzfelsen	18	**rochers fongiformes**	18
Pflanzendecke (natürliche)	10	**végétation** (naturelle)	10
Photosynthese	228	**photosynthèse**	228

Ein Prozess, bei dem in Pflanzen unter Mitwirkung des Blattgrüns und der Sonnenenergie aus Kohlendioxid organische Stoffe und Sauerstoff gebildet wird.

Un processus où les plantes transforment le dioxyde de carbone en matières organiques et en oxygène à l'aide de la chlorophylle.

Plantage	219	**plantation**	219

Landwirtschaftlicher Großbetrieb in den Tropen und Subtropen, der auf den Anbau von Nutzpflanzen (z. B. Kakao, Kaffee, Tee) für den Weltmarkt spezialisiert ist.

C'est une grande exploitation dans la zone tropicale et subtropicale qui est spécialisée dans la culture des plantes utiles (p. ex. le cacao, le café, le thé) pour le marché mondial.

Planwirtschaft	87, 104	**économie dirigée** (économie planifiée)	87, 104

Eine Wirtschaftsordnung, bei der das gesamte wirtschaftliche Geschehen von einer zentralen staatlichen Stelle aus nach einem einheitlichen Plan gelenkt wird. Die für jeweils mehrere Jahre aufgestellten Pläne betreffen Landwirtschaft und Industrie. Im Gegensatz zur *Marktwirtschaft* ist kein Betrieb in seiner Entscheidung hinsichtlich der Warenproduktion frei. Die Planwirtschaft war die Wirtschaftsordnung der Sowjetunion und anderer sozialistischer Staaten.

Un ordre économique, où tous les évènements économiques sont dirigés par un poste central national et d'après un plan unique. Les plans établis pour plusieurs années concernent l'agriculture et l'industrie. Contrairement à l'économie de marché, aucune entreprise ne peut décider librement des biens qu'elle produit. L'économie planifiée était l'ordre économique de l'Union Soviétique et d'autres États socialistes.

Plattentektonik	192, 195	**tectonique des plaques**	192, 195

Die ➠ Erdkruste besteht aus großen und kleinen Platten. Diese Platten schwimmen auf dem ➠ Erdmantel. Magmaströme im Erdmantel bewegen die Platten gegeneinander. Bewegen sich die Platten aufeinander zu, so kann eine in einem ➠ Tiefseegraben untertauchen und im Erdmantel aufschmelzen. Die Platte wird kleiner. Bewegen sich Platten voneinander weg, so steigt an den Plattengrenzen ➠ Magma auf, kühlt ab und bildet im Mittelozeanischen Rücken neuen Ozeanboden. Die Platten werden größer. Platten können miteinander verschweißt werden (z. B. Indische und Asiatische Platte durch den Himalaya) oder zerbrechen (z. B. die Afrikanische Platte im Ostafrikanischen Graben).

La ➠ croûte terrestre se compose de grandes et de petites plaques. Les plaques flottent sur le ➠ manteau terrestre. Des courants de magma dans le manteau déplacent les plaques. Quand les plaques convergent, il se peut qu'une plaque plonge dans un ➠ fossé océanique et fonde dans le manteau. La plaque devient plus petite. Quand les plaques divergent, du ➠ magma surgit aux bords des plaques, se refroidit et forme un nouveau sol océanique dans la dorsale océanique. Les plaques deviennent plus grandes. Les plaques peuvent être soudées l'une à l'autre (p. ex. la plaque indienne et asiatique par l'Himalaya) ou elles se cassent (p.ex. la plaque africaine dans le fossé de l'Afrique de l'Est).

Polarlicht	172	**aurore**	172

Registerlexikon | Dictionnaire de registre

Polartag, Polarnacht 172
Durch die Schrägstellung der Erdachse geht die Sonne in den Polargebieten im Sommer 24 Stunden nicht unter (Polartag) und im Winter nicht auf (Polarnacht). An den Polarkreisen dauern Polartag und Polarnacht jeweils 24 Stunden. Je weiter polwärts ein Ort liegt, desto länger werden Polartag und -nacht. An den Polen dauern sie ein halbes Jahr.

Polarzone	8
Primärwald	151
Pull-Faktor	152
Push-Faktor	152
Recycling	216
Regenwald (tropischer)	15
Reservat	167
Ressourcen	216
Richterskala	200

Die Stärke von ➡ Erdbeben kann man durch die Beobachtung von Schäden am Ort beschreiben (Mercalliskala) oder durch die Messergebnisse von Seismographen (Erdbebenmessgeräte) errechnen (Richterskala). Erdbeben der Stärke 1 bis 2 werden gerade wahrgenommen. Die stärksten gemessenen Erdbeben hatten die Magnitude (Maß für die Stärke) 8,6. Die Steigerung von einer Stufe auf der Richterskala bedeutet die Zunahme der Stärke um das 10-fache.

Rohstoffe	174, 214
Rohstofflieferant	214
Rohstoffreserve	111, 216
Russifizierung	110

Saurer Regen 234
Folge der Luftverschmutzung. Schwefeldioxid und Stickstoffoxide werden in der Atmosphäre zu Schwefelsäure und Salpetersäure umgewandelt. Diese Säuren gelangen zusammen mit anderen schädlichen Verbindungen als saurer Regen wieder zur Erde zurück. Hier richten sie Schäden an Gebäuden an, belasten Wasser, Boden und Pflanzen. Auch an vielen Waldschäden ist nach Meinung einiger Wissenschaftler der „saure Regen" schuld (➡ Waldsterben).

Schichtvulkan	202
Schildvulkan	202
Schmarotzer	143
Schwellenland	70

Ein ➡ Entwicklungsland, das in der Entwicklung seiner Wirtschaftskraft so schnelle Fortschritte macht, dass man annimmt, es werde bald den Stand eines Industriestaates erreicht haben, z. B. Indien und China.
Die „kleinen Tiger" Singapur, Südkorea und Taiwan haben 1997 den Sprung vom Schwellenland zum Industriestaat geschafft.

jour polaire/nuit polaire 172
Par l'inclinaison de l'axe terrestre, il n'y a pas, en été, de couché du soleil pendant 24 heures (jour polaire) et en hiver, il n'y a pas de lever du soleil (nuit polaire). Aux cercles polaires, la durée du jour polaire et de la nuit polaire est de 24 heures. Plus un lieu se trouve près des pôles, plus la durée du jour polaire et de la nuit polaire augmente. Aux pôles ils durent une demi-année.

zone polaire	8
forêt primaire	151
facteur d'attraction	153
facteur d'expulsion	153
recyclage	216
forêt tropicale	15
réserve	167
ressources	216
échelle de Richter	200

On peut mesurer l'intensité d'un ➡ tremblement de terre d'après l'observation des dégâts à l'endroit même (échelle de Mercalli) ou par les mesures des sismographes (échelle de Richter). Des tremblements de terre d'une intensité de 1 á 2 sont à peine perceptibles. Les tremblements les plus forts avaient une magnitude (mesure de l'intensité) de 8,5. L'accroissement d'un niveau sur l'échelle de Richter signifie une augmentation de l'intensité de 10 fois.

matières premières	174, 214
fournisseur en matières premières	214
réserve de matières premières	111, 216
russification	110

pluies acides 234
Une conséquence de la pollution de l'air. Le dioxyde de souffre et les oxydes d'azote ont été transformés dans l'atmosphère en acide sulfurique et nitrique. Ces acides retombent assemblés à d'autres compositions nocives sur la terre sous forme de pluies acides. Là, ils causent des dommages aux bâtiments, les eaux, le sol et les plantes. D'après l'opinion de quelques scientifiques, les pluies acides sont aussi responsables des dommages forestiers (➡ dépérissement des forêts).

strato-volcan	202
volcan-bouclier	202
parasite	143
nouveau pays industrialisé	70

Un ➡ pays en développement qui fait tellement de progrès dans le développement de sa puissance économique, qu'on pense qu'il va bientôt atteindre le niveau d'un pays industrialisé, l'Inde et la Chine par exemple.
En 1997, les « petits tigres » Singapour, la Corée du Sud et Taiwan ont réussi le passage d'un pays nouvellement industrialisé à un pays industrialisé.

Schwemmlandebene	82	plaine alluviale	82
Schwerindustrie	86	l'industrie lourde	86
seafloor spreading	196	seafloor spreading	196
Seismograph	200	sismographe	200
Selbstversorgung	15	autosuffisance	15

Wirtschaftsform, die alles was man zum Leben braucht, selbst erzeugt, sammelt oder jagt. Sie dient der Versorgung der Familie oder der Gruppe. Sie steht damit im Gegensatz zur Marktwirtschaft, die für den Verkauf produziert.

Forme économique produisant, collectant ou chassant tout ce qui est nécessaire à la vie. Elle subvient aux besoins de la famille ou du groupe. En cela, elle s'oppose à l'économie de marché qui produit pour la vente.

Senkrechtluftbild	252	photo aérienne verticale	254

Ein senkrecht von einem Flugkörper aus aufgenommenes Bild von einem Teil der Erdoberfläche.

Il s'agit d'une photo prise verticalement à partir d'un aéronef et montrant une partie de la surface terrestre.

Separatismus	118	séparatisme	118
Serir	16	serir (ou reg)	16
Sesshaft (machen)	30	sédentaire (sédentariser)	30
Signatur	262	signe conventionnel	264
Slum (-viertel)	130, 154	bidonville	130, 155

Elendsviertel, Wohnquartier armer Bevölkerungsschichten. Kennzeichen: verwahrloster Zustand, allmählicher Verfall der Bausubstanz, hohe Kriminalität und Arbeitslosigkeit.

Taudis. Quartier résidentiel de très basse qualité, manquant d'hygiène élémentaire, présentant une criminalité élevée et un chômage important.

Sonderkultur	137	culture spéciale	137
Sonderwirtschaftszone	88	zone économique spéciale	88
Sonnenenergie	36	énergie solaire	36
Soziale Disparität	178	disparité sociale	178
Sozialistische Marktwirtschaft	86	économie socialiste de marché	86
Stadtregion	128	région urbaine	128
Standortgunst	130	bénéfice de localisation	130
Steigungsregen	78	pluie orographique	78

Steigungsregen sind Niederschläge, die dann fallen, wenn sich feuchte Luftmassen an einem Berg oder einem Gebirge aufstauen, daran emporsteigen und sich dabei abkühlen. Durch das Abkühlen bilden sich Wolken, aus denen es schließlich regnet.

Les pluies orographiques sont des précipitations qui se forment quand les masses d'air humides heurtent un massif montagneux. Elles sont alors obligées de monter et se refroidissent. De cette façon se forment des nuages qui donnent finalement lieu à des précipitations.

Stockwerkbau	24, 143	structure échelonnée	24, 143

Der natürliche Aufbau des tropischen Regenwaldes, in der Regel mit vier Stockwerken: Bodenschicht (0 bis 3 m) mit Pilzen, Kräutern und Kriechpflanzen, Strauchschicht (bis 20 m) mit Sträuchern und jungen Bäumen, Baumschicht (bis 40 m) mit ausgewachsenen Bäumen. Darüber erheben sich noch bis in 70 m Höhe vereinzelte Baumriesen. In der Landwirtschaft wird Stockwerkbau z. B. in den Oasen betrieben, damit der Boden intensiver genutzt werden kann. So schützen die Bäume die niedrigen Kulturen am Boden vor der starken Sonneneinstrahlung.

Subdivision naturelle de la forêt tropicale, présentant 4 étages: Couche au sol (0 à 3 m) composée de champignons, d'herbes et de plantes rampantes. Couche des arbustes (jusqu'à 20 m) composée de buissons et d'arbustes. Couche arborée (jusqu'à 40 m) composée d'arbres adultes. Au-dessus de ces arbres adultes s'élèvent des géants de la forêt tropicale isolés qui peuvent atteindre une hauteur allant jusqu'à 70 m. En agriculture la culture étagée est utilisée dans les oasis afin de permettre une utilisation intensive des sols. Les arbres y protègent les cultures au sol du soleil.

Strukturschema	38	schéma structurel	38
Subduktion	196	subduction	196
Subtropen	8	zone subtropicale	8
Taifun	209	typhon	209
Thematische Karte	262	carte thématique	264
Thematische Kartenskizze	266	esquisse de carte thématique	268

Registerlexikon / Dictionnaire de registre

Thematische Merkskizze	266
Tiefbrunnen	22, 34
Tiefseegraben	196

Bis zu 11 km tiefe Einsenkung des Ozeanbodens, hauptsächlich am Rand des Pazifischen Ozeans. Die ➡ Plattentektonik erklärt ihre Entstehung damit, dass die ozeanische Platte unter die kontinentale Platte abtaucht. An den Rändern der Platten kommt es häufig zu Vulkanausbrüchen und ➡ Erdbeben.

Topographische Merkskizze	266
Tornado	212
Transamazonica	148
Treibhauseffekt	224

Bezeichnung für die Klimaerwärmung aufgrund von natürlichen Spurengasen in der Atmosphäre. Die kurzwelligen Sonnenstrahlen passieren zunächst ungehindert die Luftschicht bis auf den Erdboden. Von dort reflektieren sie als Wärmestrahlen in die Atmosphäre zurück. Da die Spurengase, die einen großen Teil der Wärmestrahlen zurückhalten, wie Glasscheiben eines Treibhauses wirken, spricht man hier von dem natürlichen Treibhauseffekt.

Da die Spurengase durch den wirtschaftenden Menschen zunehmen, kommt es zu einer zusätzlichen Erwärmung, dem künstlichen Treibhauseffekt.

Trockengrenze	34
Trockengürtel	48
Tropen	8, 14
Tropfbewässerung	222

Zuleitung des Bewässerungswassers durch Schläuche mit Löchern direkt an die Pflanzenwurzeln. Diese Form der Bewässerung ist besonders wassersparend, da es kaum Verluste durch Verdunstung gibt. Außerdem können dem Wasser Pflanzennährstoffe zugesetzt werden. Sie ist aber auch teurer und erfordert ständige Überwachung.

Überweidung	36

Als Überweidung bezeichnet man das starke Beweiden der Vegetation in Trockengebieten. Die Folge ist eine Vernichtung der Vegetation und damit ➡ Bodenerosion und ➡ Desertifikation.

UdSSR	104

(Union der Sozialistischen Sowjetrepubliken) 1922 von Lenin gegründeter und bis 1991 bestehender kommunistischer Staat. 1991 erlangten die Sowjetrepubliken (z. B. Russland, Weißrussland, Georgien, Ukraine) ihre Selbstständigkeit.

Umweltschaden	111
Vegetationszone	10
Verdichtungsraum	95

esquisse thématique	258
puits à grande profondeur	22, 34
abysse océanique	196

Dépression océanique pouvant aller jusqu'à une profondeur de 11 km. On les trouve surtout dans l'Océan Pacifique. Selon la ➡ tectonique des plaques, leur formation serait associée à la subduction, pendant laquelle les plaques océaniques s'enfoncent sous les plaques continentales. Aux bordures des fosses marines, on assiste fréquemment à des éruptions volcaniques et à des ➡ séismes.

esquisse topographique	258
tornade	212
transamazonica, route transamazonienne	149
effet de serre	224

Réchauffement climatique dû aux oligo-gaz naturels de l'atmosphère trrestre. Ils permettent aux rayons solaires d'atteindre la surface trrestre où la lumière se transforme en chaleur. La chaleur est ensuite réfléchie vers l'atmosphère. Or, les oligo-gaz agissent comme les parois en verre d'une serre et sont imperméables à la chaleur terrestre émise, ce qui amène la Terre à se réchauffer de plus en plus. On parle d'effet de serre naturel.

Les activités économiques des hommes augmentent la quantité des oligo-gaz dans l'atmosphère. Ceci entraîne un réchauffement supplémentaire, l'effet de serre artificiel.

limite d'aridité	34
ceinture aride	48
zone tropicale	8, 14
irrigation à gouttes	222

Dans ce type d'irrigation, des tuyaux amènent l'eau directement aux racines des plantes. Ce type d'irrigation permet d'économiser de l'eau, étant donné qu'il n'y a pratiquement aucune perte d'eau par évaporation. De plus l'eau peut être enrichie en substances nutritives. Or, cette forme d'irrigation est chère et nécessite une surveillance continue.

surpâturage	36

Par surpâturage, on entend un pâturage excessif de la végétation dans les régions arides. Les conséquences du surpâturage sont une destruction du tapis végétal ainsi que ➡ l'érosion des sols et la ➡ désertification.

URSS	104

(Union des Républiques Socialistes Soviétiques) État communiste créé en 1922 par Lénine et existant jusqu'en 1991. En 1991 les anciennes républiques soviétiques (ex. Russie, Biélorussie, Géorgie, Ukraine) ont acquis leur indépendance.

dégât environnemental	111
zone de végétation	0
zone de concentration urbaine	95

Verschiebungsspalte		198
Verwitterungsprozess		18

Lockerung und Zerfall von festem Gestein. Hauptarten sind die physikalische und die chemische Verwitterung. Bei der physikalischen Verwitterung zermürben hauptsächlich ständige Temperaturwechsel oder das Gefrieren eingedrungenen Wassers das Gestein. Bei der chemischen Verwitterung werden hauptsächlich einzelne Bestandteile des Gesteins gelöst, z. B. Kalkteilchen durch Regenwasser. Verwittertes Gestein kann durch Wasser und Wind abgetragen werden, es ist auch Voraussetzung für Umwandlungsvorgänge, durch die Boden entsteht.

Viehwirtschaft (nomadische)	15
Vollnomade (➠ Nomade)	29
Vorratsdauer (bei Rohstoffen)	216
Vulkan (-schlot)	202

Stelle der Erdoberfläche, an der Lava austritt. Ausgetretene, erkaltete Lava und Asche (in der Luft erstarrte Lavateilchen) bauen einen Vulkankegel auf.

Wachstumszeit (Vegetationszeit)	11

Zeitdauer, während der Pflanzenwachstum möglich ist, das heißt, in der Pflanzen blühen, fruchten und reifen.

Wadi	16
Waldsterben	234

Großflächige Schädigung von Baumbeständen bis hin zum völligen Absterben. Die Ursachen sind vielfältig und schwer zu gewichten. Als sicher gilt, dass die Luftverunreinigungen und der ➠ Saure Regen, aber auch Pilzbefall, Insekten, Dürre, Wildschäden usw. dazu beitragen. In Europa ist ein Viertel des Waldes krank. Nadelbäume sind stärker betroffen als Laubbäume.

Wanderarbeiter	90
Wasserressource	48
Weiderotation	36
Weidewirtschaft (extensiv, intensiv)	134, 164
Welthandelsorganisation (WTO)	88
Willy-Willy	209
Wirbelsturm (tropisch)	208
Wolkenschlauch	212
Wüste	15

Gebiet mit geringem oder keinem Pflanzenwachstum, wegen Trockenheit (Wüste der Tropen und der gemäßigten Zone) oder Kälte (Kältewüsten der Polarzonen).

Zarenreich	104
Zugbahn	211
Zuwanderung	26
Zyklon	209

---

faille de glissement	198
érosion	18

Désagrégation et décomposition des roches. On distingue essentiellement l'érosion physique et l'érosion chimique. Dans l'érosion physique, ce sont principalement les changements permanents de température ou le gel de l'eau infiltrée qui désagrègent la roche. Dans l'érosion chimique, ce sont principalement des parties de roche qui sont dissoutes, par exemple des particules calcaires, par l'eau de pluie. Des roches érodées peuvent être déplacées par l'eau et le vent, elles constituent également un préalable aux transformations par lesquelles le sol est constitué.

élevage nomade	15
nomades à part entière (➠ nomade)	29
durée des réserves (de matiéres premières)	216
volcan (cheminée volcanique)	202

Endroit de la surface terrestre d'où s'échappe de la lave. La lave et la cendre (des particules de lave pétrifiées à l'air) échappées et refroidies édifient un cône volcanique.

phase de croissance (phase de végétation)	11

Une période favorisant la croissance, c'est à dire pendant laquelle les plantes fleurissent, portent des fruits et mûrissent.

wadi (oued)	16
dépérissement des forêts	234

Détérioration étendue d'arbres jusqu'à leur dépérissement complet. Les causes sont variées et difficiles à évaluer. Il est certain que la pollution atmosphérique et les ➠ pluies acides, mais aussi les invasions de champignons, les insectes, la sécheresse, les dommages causés par les animaux sauvages etc. … y contribuent. En Europe, un quart des forêts est malade. Les conifères sont plus atteints que les feuillus.

travailleur itinérant	90
ressources en eau	48
rotation des pâturages	36
exploitation des pâturages (extensive, intens.)	134, 164
Organisation mondiale du commerce (O.M.C.)	88
Willy-Willy	209
cyclone tropical	208
trompe nuageuse	212
désert	15

Zone ayant peu ou pas de végétation en raison de la sécheresse (désert des tropiques et de la zone tempérée) ou du froid (déserts froids des régions polaires).

empire des tsars	104
trajectoire	211
immigration	26
cyclone	209

Quellenverzeichnis / Sources

Computerprogrammverzeichnis/Liste des programmes informatiques

Klimagramm
(Westermann-Verlag, Braunschweig)
Erde 3D/Glasklar edition
(Mega Systems)
Encarta Weltatlas
(Microsoft)
Entwicklungsländer
(Software für Geographie, Nürnberg)

Geographie Trainer
(bluebelt software, H. Ebert, Schwepnitz)
Lebensraum Wüste
(Geo-Klick, Klappacher und Putz OEG, Anif)
Superlative der Erde/Naturrekorde
(Springer-Verlag Heidelberg)
Phänomene der Erde/Naturkatastrophen
(Springer-Verlag Heidelberg)

Bildquellen/Sources de images

ACE ilustración, Barcelona: 252 M1, 254 M1
Alfred-Wegener-Institut für Polar- und Meeresforschung, Bremerhaven: 192 M1
Angermeyer, Holzkirchen: 147 M8(1)
Argus, Hamburg: 115.1 (Edwards)
Bavaria, Gauting: 31 M8, 47.1 (Sirman Press), 47.2 (Scholz), 66.1 (Kaunus), 81 M4 (Picture Finders), 92.3 (Viestri), 92.7 (Picture Finders), 100 M14 (Bramaz), 104 M2 (Kanus), 116 M3, 120 M8 (Schmied), 126 M2(1) (Scholz), 131 M6 (M.+H.), 159 M4 (TCL), 250.1 (Picture Finders), 252 M2 (Picture Finders), 254 M2 (Picture Finders)
Bilderberg, Hamburg: 151 M17
Böhn, Kitzingen: 88 M4
Botschaft Saudi-Arabien, Berlin: 57 M10(2)
Bronder, F., Luxemburg: 189 M7, 189 M9
CCC, München: Haitzinger 183 M2, M4, 184 M5, 185 M7; Hanel 183 M3; Mester 184 M6; Mohr 118 M1
Corbis, Düsseldorf: Titelbild (Alan Schein Photography)
Denzau, Essen: 76 M2
Deutsches Museum München: 53 M3
dpa, Frankfurt: 6.4, 7.2, 7.3, 11 M5, 14.1, 15.2, 24 M5, 27 M13, 32 M1, 45 M4, M5, 47.3, 50 M5, 51 M7, 57 M10(1), 65 M5, 67.1, 69 M2, 70 M4, 70 M5, 72 M2, 73 M3(1), 73 M6, 73 M7, 74 M8, 74 M9, 75 M10, 85 M5, 86 M1, 86 M2, 89 M7 (3 Fotos), 90 M1, 90 M3, 90 M4, 91 M5, 98 M8, 103 M19(1), 112 M1, 112 M2, 114.2, 115.3, 118 M4, 125 M11, 129 M2, 131 M5, 131 M7, 134 M4, 140 M7, 140 M8, 140 M9, 140 M10, 141 M12, 141 M13, 146 M6, 147 M7, 148 M9, 148 M11, 152 M1, 152 M2, 154 M7, 155 M9, 155 M10, 169 M3, 171.2, 173 M7, 174 M8, 174 M9, 175 M13, 178 M2, 180 M6, 182 M1(3), 190.1, 190.2, 191.1, 191.2, 198 M2, 200 M7, 200 M8, 201 M13, 201 M14, 202 M1, 202 M3, 205 M10, 205 M11, 205 M13, 206 M14, 206 M15, 207 M16, 207 M17, 210 M6, 212 M1, 213 M4, 217 M10, 217 M11, 220 M6, 221 M7, 226 M8, 232 M10, 233 M13, 234 M1, 237 M5, 238 M1, 240 M6, 241 M8, 242 M11, 243 M12, 243 M13
Ertel, Dortmund: 164 M3
Erzner, Berlin: 147 M8(2)

ESSO AG, Hamburg: 54 M3
Fischer, Hamburg: 122 M3
Fischer, Oelixdorf: 51 M8, 148 M10, 176.1
Focus, Hamburg: 75 M12
Foto-Present, Hamburg: 179 M3
Fregien, Laatzen: 12.1, 17 M5, 24 M4
Fricke, Heidelberg: 179 M5
Fujitsu-Siemens, München: 139 M5
GEO, Hamburg: 19 M8 (George)
Gerster, Zumikon (CH): 16 M2, 19 M9, 37 M6, 95 M2, 114.1, 164 M1, 198 M3
GTZ, Eschborn: 37 M4, 38 M7
Hennings, Hannover: 177.3
Ibrahim, Bayreuth: 14.2, 27 M12, 33 M3, 177.2
IFA, Taufkirchen: 57 M10(3), 64 M1, 165 M7
Informationsministerium von Kuwait: 63 M21
Jansen, Klein Nordende: 49 M4
Janicke, München: 135 M6
Japanische Botschaft, Berlin: 92.5, 92.6, 93.1, 99 M12
Jünger Verlag, Offenbach: 62 M18
Jürgens Ost + Europa Photo, Berlin: 105 M5, 107 M9, 108 M10
Julius, Vöhl-Kirchlotheim: 11 M8
Krensel, Hameln: 62 M19, 81 M7, 159 M3, 159 M5, 253 M3, 253 M4, 253 M5, 253 M6, 255 M3, 255 M4, 255 M5, 255 M6
Kuwait Airways, Frankfurt: 48 M2
Lade, Frankfurt: 117 M4 (Postl), 182 M1(4)
Lamping: 167 M5
Magnum, Hamburg: 62 M20 (Barbey)
Manshard, Freiburg: 102 M18
Mauritius, Berlin: 11 M6, 13.2 (Thonig), 17 M3 (Thonig), 26 M8 (Photri), 26 M9 (Thonig), 30 M5 (PPS), 40 M1, 40 M2, 41 M3 (Torino), 44 M2 (Reinhard), 49 M3 (Photri), 67.3 (Vidler), 77 M4 (AGE Kat.), 138 M2 (Westlight), 142 M7 (Vidler), 149 M14 (Camera Tres), 159 M6 (Vidler), 176.2 (Mollenhauer), 199 M4 (Photri)
Meyer, Hattingen: 93.3, 93.4
Miotke, Garbsen: 6.1
Müller, Olstykke (DK): 124 M7
Müller-Moewes, Königswinter: 127 M2(2)
NASA, Visible Earth: 218 M2, 233 M12
NOAA, Washington DC.: 209 M4
NWO, Wilhelmshaven: 57 M10(4+5)
Ohl, Reutlingen: 92.2

Ostermeyer: 201 M12
Pflüger, Springe: 12.2
Planungsamt der Stadt Stuttgart: 182 M1( )
Pongratz, München: 126 M2(2)
Rau, Berlin: 66.2
Reinert, Reutlingen: 39 M11
Reinhard, Heidelberg: 182 M1(2)
Ruppert, Bayreuth: 117 M6
Schliephake: 31 M7, 48 M1
Schmit, Luxemburg: 246 M3
Schneider, Winnenden: 103 M19(2)
Schornick, Miehlen: 7.1
Schüttler, Bielefeld: 6.3
Seidel, Baden-Baden: 31 M9
Siemens, München: 139 M4
Steckemesser, Waltrop: 57 M10(7)
Steenmans, Mönchengladbach: 127 M2(1), 128 M1
Steinbreier, Münster: 92.1
Superbild, München: 104 M1, 160.1
Taubert, Springe: 11 M7, 13.1, 15.1, 28 M1, 36 M2, 37 M5, 38 M8, 179 M4
The Image Bank, München: 14.3 (Carmichael), 120 M1
Toyota Deutschland: 67.2
Verlagsarchiv: 6.2, 7.4, 16 M1, 26 M10, 27 M11, 28 M2, 29 M4, 44 M1, 46.1, 46.2, 55 M4, 57 M10(6), 64 M2, 65 M4, 69 M3, 7 M6, 73 M3(2+3), 76 M1, 80 M3, 81 M5, 81 M6, 82 M8, 82 M9, 84 M1, 84 M2, 84 M3, 92.4, 93.2, 102 M17, 105 M3, 110 M14, 116 M1, 116 M2, 117 M5, 118 M2, 121 M9, 121 M10, 123 M4, 123 M6, 125 M10, 126 M2(3), 127 M2(3), 130 M4, 135 M7, 143 M3, 149 M13, 153 M5, 155 M11, 160.2, 161.1, 161.2, 161.3, 163 M4, 166 M1, 166 M2, 166 M4, 170.1, 170.2, 171.1, 172.3, 173 M5, 174 M10, 175 M11, 203 M5, 242 M10, 270 M2, 271 M2
Visum, Hamburg: 108 M11, 109 M12, 115.2
Waha, P. de, Luxemburg: 187 M5, 189 M6, 189 M8, 189 M10
Weiß, Bahlingen: 38 M9
Wetzel, Freiburg: 63 M22 (3 Fotos)
Wilczek, München: 151 M16
Wostok, Köln: 105 M4
Zefa, Düsseldorf: 99 M10 (Koch), 165 M5 (McKenna)